Hartwig A. Vogelsberger

Die letzten Zaren

Hartwig A. Vogelsberger

Die letzten Zaren

Rußland auf dem Weg zur Revolution

Bechtle

Schutzumschlag: Atelier Bachmann + Seidel, Reischach
Schutzumschlagmotive: Von links nach rechts: Alexander II., Alexander III. und Nikolaus II., Archiv für Kunst und Geschichte, Berlin
Satz: Fotosatz Völkl, Puchheim
Gesetzt auf: Macintosh, 11/12,5 Punkt Stempel Garamond
Druck: Jos. C. Huber KG, Dießen
Binden: Großbuchbinderei Monheim, Monheim
Printed in Germany
ISBN 3-7628-0551-2

Dieses Buch ist dem Andenken meines lieben verstorbenen Vaters Alfons A. Vogelsberger gewidmet, einem stillen bescheidenen Menschen, der die unendliche Weite Rußlands – im Gegensatz zu mir – leider nur als an der Front kämpfender Soldat erlebte.

Inhalt

Danksagung

Stellvertretend für die vielen Menschen, die mir beim Abfassen dieses Buches auf die eine oder andere Weise behilflich waren, möchte ich mich bei folgenden Personen bedanken: meiner über alles geliebten Mutter *Bertha Assunta Vogelsberger,* Stans, die mir meine Autorenkarriere erst richtig ermöglichte und mich viele Jahre lang großzügigst unterstützte; meinem langjährigen Freund Oberstleutnant Dir. Prof. Mag. *Siegfried Kirchner,* Schwaz, der immer für mich da war und besonders in Zeiten der Not, als die Stürme des Lebens zuweilen recht heftig an meine Tür pochten; my dear and treasured friend Regierungsrat a. D. *Leonhard Wolkenstein-Rodenegg,* Innsbruck, Brixen, Venedig, einer wandelnden Enzyklopädie in Belangen alter Adelsgeschlechter; Dr. *Otto von Habsburg,* Mitglied des Europäischen Parlamentes, Pöcking; dem hochgeschätzten Historiker des Hauses Habsburg, Dr. *Michael Salvator Habsburg-Lothringen,* Persenbeug bei Ybbs; Mag. *Markus Salvator Habsburg-Lothringen,* Ischl; *Johann Salvator Habsburg-Lothringen,* Traunkirchen, dem ich mich besonders verbunden fühle und dessen angeborene Würde und Vornehmheit mir Bewunderung abringen; Seiner Exzellenz *Wladimir Polenow* von der russischen Botschaft in Wien; meinem großen Kollegen Colonel *Gordon Brook-Shepherd,* London, »a mine of knowledge« in jeder Hinsicht; *Leonid Graf Miradowitsch,* Montreal, einem faszinierenden Gesprächspartner; meinem Freund und Forum-Alpbach-Mitbegründer Dr. *Walter Körner,* Nendeln, Liechtenstein; meinem ehemaligen Schachpartner und Karl-Kraus-Experten, Diplomkaufmann *Klaus Darbo,* Stans; seiner Gemahlin *Heidemarie Darbo,* Stans, die nicht nur seit Jahren zu meinen treuesten Leserinnen gehört, sondern mir auch gelegentlich wertvolle Tips gab; *Annemarie Westerholt,* Traunkirchen, für ihre Gastfreundschaft und offene Aufnahme; Dr. *Hermann Czetsch-Lindenwald*, Traunkirchen, der trotz seiner wertvollen, nervenaufreibenden, segensreichen Entwicklungsarbeit unter den Ärmsten der Armen in Ruanda/Afrika bei seinen seltenen Heimaturlauben stets Interesse an meiner Arbeit bekundete; meinem hochgeschätzten und vielleicht liebenswertesten Freund und Lehrer, Landespreisträger Univ.-Prof. Dr. *Franz Hampl*, Innsbruck; meinem vielbewunderten Freund Commander *Mark E. Cheyne*, Royal Navy, D. S. C., dem Rider-Haggard-Enkel aus Ditchingham, Norfolk, und seiner charmanten Gattin *Nada Haggard Cheyne*, und last but by no means least bei meinem Verleger Dr. *Herbert Fleissner* für das mir entgegengebrachte Vertrauen.

H. A. V.

Vorwort

Der Zusammenbruch des Kommunismus in der ehemaligen Sowjetunion und in fast all ihren Satellitenstaaten hat Rußland und damit seine niemals objektiv aufgearbeitete Vergangenheit erneut zum Gegenstand zahlreicher Buchveröffentlichungen gemacht. Viele Historiker können nun, da die Geheimarchive, siebzig lange Jahre vom marxistischen Machtapparat strengstens unter Verschluß gehalten, geöffnet worden sind, ihr Augenmerk auf das vorsowjetische Rußland lenken. Als im Mai 1991 die Skelette der 1918 ermordeten Zarenfamilie entdeckt wurden, löste der Sensationsfund sogleich eine Welle von Publikationen aus.
Die Endphase des Zarenreiches und die tragikumwitterte Figur des letzten Herrschers aller Reußen, dieses rätselhaften verschlossenen Menschen, wie ihn der Moskauer Intellektuelle Edward Radsinski, der im heutigen Rußland meistaufgeführte Dramatiker, in seiner 1992 erstmals erschienenen und in den USA rasch zum Bestseller avancierten Lebensbeschreibung *Nikolaus II. Der letzte Zar und seine Zeit*[1] bezeichnete, beschäftigten eine Vielzahl von Biographen. Nachdem die Wahrheit über die Auslöschung der Zarenfamilie siebzig Jahre totgeschwiegen worden war und die Person des »Bürgers Romanow« – ganz im Stile der kommunistischen Machthaber – mit einer Aura staatlich verordneter, vier Generationen währender Haßgefühle umgeben wurde, erfährt der letzte Kaiser Rußlands nun endlich eine Rehabilitierung.
Selbst die russischen Historiker nehmen jetzt, wie es das Beispiel Radsinskis beweist, eine differenzierte Haltung ein und begegnen dem in Jekaterinburg exekutierten Zaren vielfach mit unverhohlener Sympathie. Das Leben und Sterben von Nikolaus II. birgt alle Ingredienzen eines Shakespeareschen Königs-

dramas, und das Porträt des zaghaften kleinen Mannes mit den unvergeßlichen Augen, der einst ein Sechstel der Erde beherrschte, welches seine Biographen der neunziger Jahre von ihm zeichnen, unterscheidet sich in gravierendem Maße von dem düsteren Bildnis, das das untergegangene Sowjetregime von ihm entwarf. Wie Elisabeth Heresch im Vorwort ihrer Nikolaus-Biographie ausdrücklich betont, konnten die sowjetischen Staatshistoriker den Zaren nur als charakterschwachen, geistlosen Despoten darstellen, der brutal mit der Opposition umging und nach offizieller marxistischer Diktion ein »ungeeigneter Herrscher über ein morsches, nicht lebensfähiges Reich war, dessen verdientes Ende vorprogrammiert und unvermeidlich gewesen sein mußte«.[2]

Dieses wenig schmeichelhafte Bild eines Mannes, der, wie er einmal selbst zugab, den Zarenthron eher widerwillig bestieg, bedarf nicht nur einer Objektivierung, sondern einer völlig neuen Bewertung. Mehrere Biographen haben versucht, die Wahrheit über Nikolaus II. ins Bewußtsein der Öffentlichkeit zu bringen.[3] In dem an sich enttäuschenden, weil keine wirklich neuen Erkenntnisse zutage fördernden, 1994 erschienenen Buch *Die Zarenmörder*[4] verweisen die beiden Autoren, die russischen Historiker Juri Buranow und Wladimir Chrustaljow, auf die hochinteressante Tatsache, daß bisher lediglich neun Skelette aufgefunden wurden, mit deren Examinierung sich immer noch Sonderkommissionen beschäftigen. Buranow und Chrustaljow weisen darauf hin, daß nur die Gebeine der Zarin und drei ihrer Töchter eindeutig identifiziert werden konnten. Sie halten die Untersuchung des Skeletts des Zaren für noch nicht abgeschlossen und bezeichnen die Überreste Nikolaus' II. als noch nicht eindeutig identifiziert. Laut ihren Ausführungen tappt die Untersuchungskommission in bezug auf Zarewitsch Alexej und eine Zarentochter völlig im dunkeln. Damit eröffnete dieses Historikerduo ein weites Spekulationsfeld. Nicht nur der »Mythos Anastasia« wurde dadurch neuerlich genährt, sondern man verstieg sich sogar zur äußerst wagemutigen (und natürlich unhaltbaren!) Theorie, daß auch der Thronfolger das Massaker überlebt haben könnte und unerkannt irgendwo in einem Zwangslager oder Irrenhaus in den fünfziger Jahren verstorben sei. Eine Variation dieser These taucht auf im Anastasia-Buch des amerikanischen Journalisten Peter Kurth, *Anastasia. Die letzte Zarentochter. Das Geheimnis der Anna Anderson.*[5] Anna Anderson, die bis zu ihrem Tod im Jahre 1984 hartnäckig behauptete, die auf wundersame Weise gerettete Großfürstin Anastasia zu sein, wurde jedoch inzwischen posthum der Lüge überführt, und zwar durch exakte pathologische Untersuchungen in Großbritannien.

Im vorliegenden Werk werden wir auch versuchen, einen anderen Mythos zu entzaubern, nämlich den des Wundermönches Rasputin, den manche als »Genie des Teufels« brandmarkten und andere als heiligen, mit übersinnlichen Kräften ausgestatteten Gottesmann feierten. Wir werden zeigen, daß Rasputins Einfluß, vor allem auf den Zaren, bei weitem nicht so groß war, wie allgemein behauptet wird.

Vor Beginn des Ersten Weltkrieges gab es drei mächtige Kaiserreiche, die die Geschicke Europas entscheidend mitbestimmten und prägten: Österreich-Ungarn, das Deutsche Kaiserreich und das zaristische Rußland. 1918, als der Weltbrand nach vierjährigem mörderischem Wüten endlich erlosch, existierten sie nicht mehr. Man brauchte sie auf keiner Karte mehr zu suchen, sie waren weggewaschen ohne jede Spur, wie Stefan Zweig schreibt. Sowohl der britische Staatsmann Sir Winston Churchill wie auch der spätere südafrikanische Premier Jan Smuts stellten bereits Anfang der zwanziger Jahre fest, daß es ein schwerer, unverzeihlicher Fehler der Siegermächte gewesen war, die Donaumonarchie zu zerschlagen. Als genauso folgenschwer und verhängnisvoll wie die Vernichtung Österreich-Ungarns sollte sich der mutwillig herbeigeführte Untergang des Zarenreiches für die Nachwelt erweisen. Es ist unbestritten, daß die führenden Politköpfe der Siegermächte, von klaren, aber falschen Ideologien gelenkt, mit der Zerstörung der alten Ordnung Europas und vor allem durch das schmachvolle, den Verlierern oktroyierte Friedensdiktat zum Wegbereiter für Hitler und Stalin wurden und die Welt einundzwanzig Jahre später in die verheerendste Katastrophe des Jahrhunderts stürzten. Das Rad der Geschichte rollte unaufhaltsam weiter – geradewegs auf den Abgrund zu.

Vergleicht man die Schicksale der drei entthronten Kaiser, so muß festgestellt werden, daß der von vielen Historikern späterer Generationen als inkompetent und verbohrt bezeichnete Wilhelm II. – man denke nur an Golo Manns vernichtendes

Urteil vom »gefährlichen Narren Wilhelm« – wohl am besten abschneidet. Er verstarb, hochbetagt und mit allen irdischen Reichtümern gesegnet, im holländischen Exil. Zudem hatte der »alte Mann in Doorn«, wie man den verbannten Kaiser zu nennen pflegte, zwanzig Schlösser in seiner Heimat Deutschland behalten dürfen. Österreich-Ungarns letzter Kaiser, Karl I., wurde – nach zwei gescheiterten Restaurationsversuchen in Ungarn, die Reichsverweser Admiral Nikolaus von Horthy zu vereiteln wußte – ins Exil nach Madeira geschickt, wo er am 1. April 1922, verarmt und gebrochen, an den Folgen einer schweren Lungenentzündung starb. Und der so oft verunglimpfte Zar Nikolaus II., der, wie Tatjana Botkin in ihren Memoiren schreibt[6], 1914 nicht zögerte, seine Armeen in die Hölle schlechtvorbereiteter Offensiven zu schicken, und so das Wunder an der Marne ermöglichte, jener Mann, unter dessen Herrschaft Rußland einen ungeahnten Wirtschaftsaufschwung erlebte und nahe daran war, die westlichen Weltmächte auf diesem Sektor zu überholen, der sensible Träumer und dennoch charakterfeste Autokrat, welcher schon 1898 den Anstoß gab, eine internationale Friedenskonferenz einzuberufen, um das Schreckgespenst des Krieges für immer aus dem Gedächtnis der Menschen zu verbannen, starb 1918 im Kugelhagel seiner Mörder in Jekaterinburg.

Die Tatsache, daß der Kommunismus in seinem Ursprungsland so elendiglich Schiffbruch erlitten hat, markiert einen gewaltigen Hoffnungsschimmer für die Menschen, der bis weit ins nächste Jahrtausend hinüber leuchten wird – obwohl der kommunistische Riese China, taumelnd und längst in seinen Grundfesten erschüttert, weiter existiert und der scheinbar unverwüstliche Diktator Kubas, Fidel Castro, sich einem Dinosaurier gleich gegen die Zeichen der Zeit sträubt und sein von der Natur so besonders reich gesegnetes Land nach wie vor gnadenlos in den Staub tritt. Es ist ein unbestrittenes Faktum, daß der Kommunismus im Sterben liegt, auch wenn seine Todeszuckungen vielleicht noch geraume Zeit andauern werden. Vieles hat sich zum Besseren gewendet.

1992 schrieb mir Dr. Otto von Habsburg, ein wahrhaft großer Europäer, steter Kämpfer für den Frieden und echter Jahrhundertzeuge, der Sohn des letzten Kaisers von Österreich-Ungarn, seine bewegte Vita kurz resümierend, unter anderem folgendes:

»... Blicke ich zurück auf den langen Weg, der hinter mir liegt, kann ich nur Gott danken. Es waren stürmische Zeiten, aber die Arbeit ist sinnvoll. Ich habe den Aufstieg und das böse Ende zweier gottlos-totalitärer Diktaturen erlebt. Länder, die manche für immer ausgelöscht wähnten, sind neu erstanden und können hoffen, in Frieden und Freiheit im Rahmen unseres Europas zu leben. Die Einigung des Erdteiles hat trotz aller Rückschläge beachtliche Fortschritte gemacht. Es kommt nicht der Untergang des Abendlandes, wie man vor Jahrzehnten glaubte, sondern es naht ein neuer Frühling ...«[7]
Dieser von Otto von Habsburg angesprochene Frühling naht tatsächlich, auch wenn die fahlen Rosse der Apokalypse vier schreckliche Jahre lang durch das ehemalige Jugoslawien preschten, wir dort einen geradezu atavistisch anmutenden Rückfall in die Barbarei erleben mußten und sich die Bestialität in diesem speziellen Fall neuerlich besonders weit vorgewagt hat. Längst haben die Vorboten des neuen Frühlings Rußland erreicht und dazu beigetragen, daß aus dem Elendsgrab von Nikolaus II. nun endlich Blumen der Wahrheit sprießen dürfen. Noch vor neunzehn Jahren schrieb die schon einmal erwähnte Tatjana Botkin, die Tochter des zusammen mit der Zarenfamilie exekutierten Leibarztes des russischen Kaiserhauses, voller Verbitterung: »In meiner Heimat, die sich Rußland nannte, ist jede Spur der Romanows, jede Erinnerung an sie getilgt worden ... Die Städte, die ich kannte und liebte, tragen nun die Namen der Henker, die die Menschen, die mir teuer waren, ermordet haben; in Jekaterinburg, das heute Swerdlowsk heißt, hat 1978 ein Bulldozer das Haus zur besonderen Verwendung (das sogenannte Ipatjew-Haus, in welchem die Exekutierung der Zarenfamilie stattfand; Anmerkung des Verfassers) nächtens dem Erdboden gleichgemacht, weil es, wie man mir aus der Sowjetunion berichtet, langsam zu einem Wallfahrtsort zu werden drohte ...«[8]
Heute existiert die Sowjetunion nicht mehr, Rußland ist wieder Rußland geworden, Petersburg neu erstanden. Andropow ließ das Ipatjew-Haus schleifen, aber an seiner Stelle steht heute ein schlichtes weißes Kreuz, das an die Ermordung der Zarenfamilie erinnert. Rußland bekennt sich zum letzten Zaren, was nicht nur durch das in Zarskoje Selo errichtete Nikolaus-Denkmal, sondern vor allem auch durch den Beschluß der russischen Regierung, die sterblichen Überreste der Zarenfamilie am

17. Juli 1998, exakt achtzig Jahre nach dem Massaker von Jekaterinburg, in der kaiserlichen Familiengruft in St. Petersburg beizusetzen, dokumentiert wird. Heute dürfen die Historiker das Leben und Martyrium Nikolaus' II. und seiner Angehörigen erforschen und tauchen wißbegierig hinab in eine längst versunkene Welt. Als der Dramatiker Edward Radsinski zum erstenmal im so lange im Geheimarchiv schlummernden Tagebuch des letzten Zaren blättern durfte, glaubte er, »über Jahrhunderte hinweg von anderen Händen berührt zu werden«.[9]

Über die Zarenzeit und Nikolaus II. im besonderen sind in den letzten acht Jahren zahlreiche Bücher erschienen, sowohl von russischen wie auch von westlichen Autoren. Der Leser wird daher vielleicht die legitime Frage stellen: Wozu überhaupt ein neues Buch über Nikolaus und die Romanows? Ich vermag dazu nur eine Antwort zu geben: Ich bin schlicht unzufrieden mit dem Porträt, das die verschiedenen Biographen von Nikolaus II. entwarfen. Selbst in Radsinskis zweifellos sehr gelungener Lebensbeschreibung erblicke ich keinen lebenden, atmenden Menschen. Das Bild, das die Biographen entwerfen, ergibt kein einheitliches Ganzes, ständig stößt man auf Widersprüche in Charakter und Wesen dieses rätselhaften Mannes; es ist nach meinem Dafürhalten nicht das Gemälde eines lebenden Menschen, sondern eher das einer krampfhaft zum Leben erweckten, versteinerten Gestalt.

Als ich nach umfangreichen, jahrelangen Recherchen schließlich mit der Abfassung des vorliegenden Werkes begann, stellte ich zudem fest, daß sich das Thema mehr und mehr zu verselbständigen begann. Es war Dr. Herbert Fleissner, der mit verlegerischem Weitblick erkannte, daß hier keine Nikolaus-Biographie im eigentlichen Sinne entstand, sondern vielmehr eine kaleidoskopartige Panoramaaufnahme der Endphase des Zarismus. Sicherlich steht Nikolaus II. im Vordergrund des hier Geschilderten, aber auch andere historisch interessante Gestalten, die sich um seinen Thron drängten, werden exakt geschildert. Zusammen mit ihrem toten Herrscher bilden sie die Abendröte des Zarismus, die der Leser, von meiner zugegebenermaßen etwas ungewöhnlichen Warte aus betrachtet, kennenlernen soll. Das immer noch stark im Umbruch begriffene Rußland von heute kann nur neu erstehen, indem es sich auf seine Vergangenheit besinnt und endlich aus dem grausamen Schatten der blutigsten Revolution der Neuzeit tritt. Zu dieser so nötigen Vergangenheitsbewältigung, um dieses vielzitierte Wort erneut zu strapazieren, gehört auch eine objektive und vorurteilsfreie Betrachtung des letzten Zaren und seines näheren Umfeldes. Gewiß wird dabei das Hauptaugenmerk auf Nikolaus II. gelegt werden müssen. Denn mit all der Tragik, die ihn umgab, mit all seinen Fehlern und Schwächen, seinem zögerlichen Wesen und seiner oftmals fehlenden Durchsetzungskraft war Nikolaus von Rußland, der letzte Zar, mit dem die Romanow-Dynastie für immer vom Angesicht der Erde verschwand, ein Herrscher, dessen trauriges Schicksal uns nicht nur menschlich bewegt, sondern Glanz und Untergang einer längst ins Dunkel der Geschichte gesunkenen Epoche eindrucksvoll heraufbeschwört.

Hartwig A. Vogelsberger Vomp, Unterer Gatterer, im April 1998

Der Zarewitsch zwischen zwei Särgen

In der Nacht auf den 1. März 1881 fiel starker Nieselregen auf das schlafende St. Petersburg. Ostern nahte. Im Winterpalast, der von Elitekosakeneinheiten streng bewachten, prächtigen Residenz des russischen Herrschers, hatte sich auch der Zar, Alexander II., längst zur Ruhe begeben. Der Befreiungszar, der im Jahre 1861 durch einen kaiserlichen Ukas die Aufhebung der Leibeigenschaft verfügt hatte, schlief unruhig in dieser Nacht. Bis Mitternacht hatte sich der Zar mit seinem Lieblingsprojekt, einer bevorstehenden Verfassungsänderung, beschäftigt. Lange hatte er damit geliebäugelt, der Feudaldespotie seines Landes schlagartig ein Ende zu setzen. Rußland sollte sich den führenden zivilisierten Staaten der Welt angleichen, der Autokratie langsam abschwören, das Staatsschiff sollte eine radikale Wendung nehmen.
Das bereits vollständig ausgearbeitete Verfassungskonzept des Zaren, an dessen Zustandekommen die beiden Minister Abasa und Loris-Melikow federführend mitgewirkt hatten, gipfelte im wesentlichen in der im damaligen Rußland von niemand erwarteten revolutionären Idee, einen langsamen, aber stetigen Wechsel vom Absolutismus zur konstitutionellen Monarchie westlicher Prägung in die Wege zu leiten. Im Vorfrühling des Jahres 1881 gedachte Zar Alexander II. seine Idee zu realisieren, um mit diesem Akt seine seit 1855 währende Regentschaft zu krönen. Der vom Humanitätsgedanken beseelte Herrscher über ein Sechstel der Welt konnte nicht ahnen, daß dies seine letzte Nacht auf Erden sein würde. Sein Traum von der alle Lebensbereiche beeinflussenden Verfassungsreform sollte niemals Wirklichkeit werden. Denn in derselben Nacht waren andere, echte Revolutionäre am Werk. Sie arbeiteten fieberhaft an der Konstruktion von vier Höllenmaschinen, mit deren Hilfe sie den

»Befreiungszaren« ins Jenseits befördern wollten. Wer waren diese Leute, die in einer Petersburger Bürgerwohnung bis zum frühen Morgen Bomben bastelten? Eigentlich nur sechs junge Menschen, die Kerntruppe einer berüchtigten Terrororganisation, die sich den Namen »Wille des Volkes« – Narodnaja Wolja – gegeben hatte. Kopf dieser Organisation war eine Frau, Vera Figner, die es sich später nicht nehmen ließ, diese Nacht und das am nächsten Tag Rußland erschütternde Attentat als Höhepunkt ihres Lebens darzustellen. Neben Vera Figner schickte sich eine zweite Frau, Sofja Perowskaja, an, das Schicksal Rußlands in ihre revolutionären Hände zu nehmen. Vier junge Männer und zwei junge Frauen also beschlossen in jener Nacht, Rußland endgültig vom Tyrannenjoch des »Befreiungszaren«, der erstaunlicherweise bereits sieben Mordanschläge überlebt hatte, zu erlösen. Der harte Kern der Narodnaja Wolja, der in diesen Stunden in der kleinen Petersburger Wohnung so hektische Aktivitäten an den Tag legte, war von ungeheurem Fanatismus beseelt.

Alle sechs waren Revolutionäre aus Berufung und hätten dem Vater des Nihilismus, Alexander Herzen, wohl ausnehmend gut gefallen. Ihr Gebetbuch war Bakunins *Katechismus des Revolutionärs.*

Die jungen Verschwörer um Vera Figner hatten Angst vor der angekündigten Verfassungsänderung des Zaren, über die im Volk so viel gemunkelt wurde. Sollte es dem Zaren gelingen, sein Reformwerk, das der Narodnaja-Wolja-Kreis für schleppend, träge, langsam und dem wahren Willen des Volkes zuwiderlaufend hielt, erfolgreich zu beenden, würde der Revolutionsgedanke vielleicht allmählich verblassen. Dies durfte um keinen Preis der Welt geschehen. Das saturierte Volk durfte nicht erneut verblendet werden und in einen apathischen Zustand vermeintlichen Glücks und Wohlbefinden verfallen! So gingen die Attentäter ans Werk. Sie postierten sich mit ihren – makabererweise als Osterkuchen – getarnten Bomben an jenen neuralgischen Punkten, die der zum Ministerrat jagende Kutschenkonvoi des Zaren unweigerlich passieren mußte. Die Verschwörer hatten offenbar hervorragende Planungsarbeit geleistet.

Unzählige Passanten – darunter die mit ihren selbstkonstruierten Höllenmaschinen der vergangenen Regennacht bewaffneten

Revolutionäre – jubelten dem kleinen Zarenkonvoi zu. Im ersten offenen Wagen saß Oberst Fjodor Michailowitsch, der Zar Alexander täuschend ähnlich sah. Deshalb traf die erste Bombe der Verschwörer wohl auch ihn. Die Ereignisse überstürzten sich. Der ohrenbetäubende Explosionslärm ließ die Pferde scheuen, Schreckensschreie der sich tumultartig zerstreuenden Menge erfüllten die Luft, der blutüberströmte Oberst Michailowitsch sackte in sich zusammen. In diesem Wirrwarr von Stimmen, Pferdegewieher, der Rauchentwicklung und der in den Köpfen der entnervten zahllosen Jubler widerhallenden Detonation bewahrte der Adjutant des Zaren als einziger die Übersicht und gab den geschockten Kutschern des geschlossenen Zarenwagens den unmißverständlichen Befehl: »Sofort weiterfahren!« Doch Alexander II. selbst hob diese beherzte Anweisung mit einem donnernden »Nein, anhalten!« auf und unterschrieb damit sein Todesurteil. Der Zar stürzte aus der Kutsche und rannte auf den ersten Wagen zu. Er nahm den sterbenden Oberst in die Arme und streichelte ihm das Haupt. Da explodierte der nächste Osterkuchen. Seelenruhig hatte sich der zweite Attentäter dieses Tages seinen Weg durch die verschreckte Menge erkämpft und aus unmittelbarer Nähe die Bombe auf den Zaren geworfen. Schwer verletzt, mit entsetzlich blutenden, zerfetzten Beinen brach der Zar zusammen. Drei Kosaken betteten ihn in seinen Wagen. Mit kaum vernehmbarer Stimme erteilte Alexander II. seinen letzten Befehl: »Zurück zum Palast, um zu sterben!«

Der junge Wachsoldat Alexander Wolkow, dessen späteres Leben eng mit Zar Nikolaus II. verbunden sein würde, stand zu diesem Zeitpunkt in der Kaserne seines Regimentes, der Pawlowsker. Erstaunt vernahm er die zwei gewaltigen Detonationen, die aus der Nähe des Katharinenkanals zu kommen schienen, sah die enorme Rauchentwicklung und beobachtete verstört, wie zwei eskortierte Kutschen an ihm vorbeirasten. In der ersten saß der schwerverwundete, verblutende Zar. Vergeblich bemühten sich die drei Kosaken, die Blutung notdürftig zu stillen. In der zweiten saßen der neue Zar Alexander III. und sein Sohn Nikolaus, der an diesem Tag zum russischen Thronfolger wurde.

Im Winterpalast versammelte sich die Familie um den Sterbenden. Der bärenstarke kahlköpfige Mann mit der hünenhaften

Figur stand am Fuß des Totenbettes seines Vaters. Seine Schultern zuckten. Alexander III. weinte. An seiner Seite warf seine Frau, die nunmehrige Zarin Maria Fjodorowna, ebenfalls mit den Tränen kämpfend, einen letzten Blick auf ihren langsam verlöschenden Schwiegervater, der auf so grauenvolle Weise daran gehindert worden war, sein letztes Manifest, das die neue Verfassung proklamiert hätte, zu unterzeichnen. Am lautesten aber weinte ein schmächtiges verstörtes, dreizehn Jahre altes Knäblein, das einen blauen Matrosenanzug trug. Während der Zarewitsch Nikolaus schluchzend auf die Todeszuckungen Alexanders II. starrte, umarmten einander die Verschwörer in der Wohnung von Vera Figner. Freudig erregt feierten sie den Erfolg ihrer ruchlosen Tat.
Großfürst Alexander, in der Familie Sandro genannt, ein Neffe des mit dem Tode ringenden Zaren, schilderte die Sterbeszene, die sich indes im Winterpalast abspielte, am eindruckvollsten: »Der Anblick des Zaren war schrecklich. Die Ärzte drängten sich aufgeregt an seinem Krankenbett, konnten aber eigentlich für ihren Patienten nichts mehr tun ... Ich nahm Nicky bei der Hand; er war totenblaß in seinem blauen Matrosenanzug ... Der Blick des Sterbenden war auf uns gerichtet, aber seine Augen waren schon ausdruckslos ...«[1]
Der Anblick des unter entsetzlichen Qualen sterbenden Großvaters sollte sich für immer unauslöschlich ins Gedächtnis des Zarewitsch eingraben. Durch eine elende Bluttat war Nikolaus nun zum Thronfolger des mächtigsten Reiches der Erde geworden. Und durch eine ebenso elende Bluttat würde er sein Leben siebenunddreißig Jahre später als letzter Herrscher des Hauses Romanow beenden müssen. Der 1. März des Jahres 1881 markierte jedenfalls einen tiefen Einschnitt in das kindliche Gemüt und Dasein von Nikolaus.
Das tiefgläubige russische Volk betrauerte zwar die Ermordung des »Befreiungszaren«, doch auch andere Stimmen wurden in jenen Tagen in St. Petersburg laut, Stimmen, die davon sprachen, daß das Bombenattentat Gottes strafende Antwort, ja die Rache des Allmächtigen für den sündhaften Lebenswandel des Zaren gewesen war. Der dreizehnjährige Zarewitsch blieb von diesem Gerede nicht verschont. Im Gegensatz zu seinem Vater, dem jetzigen Alexander III., der sich, wie wir bald genau erfahren werden, als geradezu idealer, vorbildlicher und glücklicher Ehe-

mann erwies, war Nikolaus' Großvater ein ausgesprochener Hedonist, Lebemann und Frauenheld gewesen. Die endlosen Liebesaffären des »Befreiungszaren« hatten seine Gattin Maria Alexandrowna oftmals an den Rand der Verzweiflung gebracht. Als sich die Zarin endlich mit den ständig wechselnden Amouren ihres heißblütigen Gemahls abgefunden zu haben schien, geschah das Unerwartete. Der Zar verliebte sich erneut. Doch diesmal handelte es sich nicht um eines seiner kurzlebigen amourösen Abenteuer. Die neue Geliebte Alexanders II. wurde zur großen Liebe seines Lebens. Diese Frau war die bildschöne Fürstin Dolgorukaja. Bis zu seinem tragischen Ende blieb er ihr treu. Die Demütigung der Zarin Maria Alexandrowna war perfekt, als diesem »sündigen Bündnis« Kinder entsprossen. Von nun an gab es zwei Zarenfamilien, eine offizielle, repräsentiert durch die Zarin und ihren Sohn, den damaligen Zarewitsch Alexander, und eine inoffizielle, die sich um die Fürstin Dolgorukaja und ihre Kinder gruppierte.

Der Zar schien sich in der Rolle des »Bigamisten« zu gefallen. Als sich die Attentate auf ihn zu häufen begannen, setzte sich Alexander II. über alle Konventionen hinweg und quartierte aus Sicherheitsgründen auch die Fürstin und ihre gemeinsamen Kinder im Winterpalast ein. Diese außergewöhnliche Vorgehensweise brachte die gewaltig aufbrodelnde Gerüchteküche des Hofes förmlich zum Überlaufen. Allein der Zar fegte jede Kritik an seiner Lebensführung vom Tisch, nahm weder die mahnenden Worte der Kirchenfürsten noch die warnenden Stimmen mancher Politiker zur Kenntnis, sondern trieb zielstrebig sein Reformwerk voran.

Als die leidgeprüfte Zarin Maria Alexandrowna 1880 starb, brüskierte Alexander II. die Welt mit der vielleicht extravagantesten Handlung seiner Regentschaft. Wenige Monate nach dem Tod von Nikolaus' Großmutter ehelichte der Zar seine Langzeitgeliebte. Nun saß die Fürstin Dolgorukaja auf dem Zarenthron. In weiser Voraussicht leistete die neue Zarin sogleich einen Renunziationseid, in dem sie auf alle Thronansprüche ihres Sohnes verzichtete. Sie konnte sich auch nicht mehr lange an ihrem mittlerweile zweiundsechzig Jahre alten Gemahl erfreuen. Als die Bombe vom 1. März 1881 dem scheinbar unverwüstlichen Alexander II. die Beine zerfetzte und er noch am selben Tag an den Folgen dieser schweren Verwundung

starb, war sie Witwe. Sie war nur einige Monate Zarin gewesen. All dies erfuhr der dreizehn Jahre alte Zarewitsch Nikolaus nun zum erstenmal im Detail und in seiner ganzen Tragweite.
Mehr und mehr aber wandte er sich nun seinem Vater zu und begann, ihn regelrecht zu vergöttern. Bis zu seinem Tod im Jahre 1894 sollte Alexander II. für Nikolaus das Vorbild eines unvergleichlichen Vaters bleiben. Wenden wir uns nun dieser überstarken Vaterfigur zu. Worin unterschied sich der neue Zar von seinem Vorgänger? Wie verliefen die Kindheits- und Jugendjahre von Zarewitsch Nikolaus?
Nikolaus' Vater, Zar Alexander III., wurde im März 1845 als zweiter Sohn des Reformkaisers geboren.
Obwohl es ein unbestrittenes Faktum ist, daß die Romanows gegen Ende des 19. Jahrhunderts – hauptsächlich aufgrund ihrer Heiratspolitik der Vergangenheit – kaum einen Tropfen russisches Blut in den Adern hatten, sahen sich die Zaren als vollwertige, reinblütige Russen. Niemand verkörperte diese mentale Russifizierung stärker als Alexander III. Der stämmige Mann, der nun auf dem Zarenthron saß, war in seiner Jugend aufgrund seiner Statur und seines gelegentlich derben Auftretens im Familienjargon »bytschok«, junger Stier, genannt worden. Bald schon sollte er beweisen, daß dieser Spitzname unzutreffend war und er vielmehr die menschgewordene Verkörperung des »russischen Bären« darstellte. Während sein erstgeborener Bruder Nikolaus die einem Thronfolger gemäße Ausbildung erhielt, schien man die Erziehung Alexanders ein wenig vernachlässigt zu haben. Nach seiner Studienzeit, die ihm keine große Freude bereitete, obwohl er, sprachbegabt wie alle Romanows, spielend leicht die drei Fremdsprachen Englisch, Französisch und Deutsch erlernte, trat Alexander in die Armee ein. Seine Brüder Wladimir, Sergej und Paul folgten seinem Beispiel. Alexej, der viertgeborene Sohn von Zar Alexander II., wählte als einziger die Marine als Betätigungsfeld. 1865 verstarb Thronfolger Nikolaus in Nizza an den Auswirkungen der Schwindsucht. Er war mit der Dänenprinzessin Dagmar verlobt gewesen. Auf dem Totenbett legte er seinem jüngeren Bruder Alexander nahe, seine Braut, Prinzessin Dagmar, zu heiraten. Als der sterbende Zarewitsch diesen Bund segnete, indem er die Hände der beiden trauernden jungen Menschen zusammenfügte, ahnte er nicht, daß er damit den Grundstein zu einer überaus glücklichen Ehe

legen sollte. Prinzessin Dagmar, aus der nun die russische Großfürstin Maria Fjodorowna wurde, war die ideale Ergänzung für Alexander. Dieses Paar sollte sich stets die Treue halten. Sein harmonisches Eheleben prägte auch den Charakter des späteren Nikolaus II.

Alexander III., den »jungen Stier«, zeichneten hervorragende Charaktereigenschaften aus: sein großes Herz, seine Mildtätigkeit und spartanische Lebensführung – auf Luxus legte er so gut wie keinen Wert, eine Eigenschaft, die er, gepaart mit einem Hang zur Sparsamkeit, während seiner gesamten späteren Regentschaft beibehielt; große Summen aus seiner Privatschatulle gingen an Armen- und Waisenhäuser, Spitäler oder unverschuldet in Not geratene Einzelpersonen – und seine legendäre Wahrheitsliebe. »Konventionelle Förmlichkeiten dürfen nicht auf Kosten der Wahrheitsliebe eingehalten werden!« lautete das Diktum, das Alexander III. ein Leben lang begleiten würde. Er haßte Lügen aller Art. Durch diesen fast pathologischen Zwang, in jeder erdenklichen Situation unverbrüchlich an der Wahrheit festzuhalten, brüskierte Alexander oftmals nicht nur zahlreiche Repräsentanten des Hofes, ausländische Botschafter, sondern auch Verwandte und Mitglieder anderer Herrscherhäuser. Als der überzeugte Nichttänzer Alexander, der im Gegensatz zu seiner Frau Bälle und formelle Festivitäten geradezu verabscheute, anläßlich einer hochoffiziellen Ballveranstaltung in Wiesbaden mit einer deutschen Cousine einen Walzer tanzen mußte, benahm er sich wie ein Elefant im Porzellanladen. Die Cousine, sicherlich nicht besonders erbaut über das endlich hinter sich gebrachte Tanzopfer, verneigte sich und sagte, streng dem Zeremoniell folgend: »Ich danke Euer Kaiserlichen Hoheit für das übergroße Vergnügen dieses Tanzes!« Alexanders impulsiv-forsche Antwort stellte eine Kampfansage an jede Konvention und Etikette dar: »Warum können Sie nicht ehrlich sein? Es war doch nur eine Pflicht, der sich keiner von uns beiden entziehen konnte. Ich habe Ihre Tanzschuhe ruiniert, und mir ist von dem Parfüm, das Sie verwenden, übel geworden. Lassen Sie Ihre Handschuhe mit Kreide oder mit Mehl reinigen?«[2] Dieses barsche Benehmen, mit dem der Zarewitsch die Creme der Wiesbadener Gesellschaft vor den Kopf stieß, paßte nicht zu einem Mitglied einer Kaiserfamilie. Bytschok Alexander, der zum Urbild eines Patriarchen werden sollte, stellte schon in jungen

Jahren eine Ausnahmeerscheinung innerhalb der Zarenfamilie dar.
Er zog seine Uniform nur sehr ungern an, viel lieber trug er russische Bauerntracht und gab sich so spartanisch und volkstümlich wie möglich. Durch seine Eheschließung mit der Dänenprinzessin wurde Alexander schlagartig aus jener phlegmatischen Gleichgültigkeitsatmosphäre gerissen, welche ihn bis dato zu umgeben schien. Als er sie 1866, mit einundzwanzig Jahren, heiratete, zog das Glück in sein Leben ein.
Als am 6. Mai russischer Zeitrechnung (nach westlicher Zeitrechnung war es der 18. Mai) in St. Petersburg der ersehnte Sohn Nikolaus auf die Welt kam, schien das Glück des Großfürstenpaares perfekt. Zar Alexander II. feierte die Geburt seines ersten Enkels mit einem Amnestiedekret, das auch politischen Häftlingen die Freiheit wiedergab. Maria Fjodorowna sollte ihrem Mann noch fünf weitere Kinder schenken: Alexander, Georgij, Xenia, Michail und Olga. Die Eltern mußten jedoch sehr bald den Tod des zweiten Sohnes betrauern. Alexander starb als einjähriges Kleinkind. Nikolaus' Lieblingsbruder Georgij kam 1871 zur Welt und starb bereits 1899, im Alter von neunundzwanzig Jahren. Er wurde ein Opfer der Tuberkulose. Die 1875 geborene Schwester Xenia überlebte, genau wie die sieben Jahre später zur Welt gekommene Olga, den Untergang des Zarenreiches. Beide Schwestern verstarben 1960 im Exil. Nikolaus' dritter Bruder, Großfürst Michail, geboren 1878, wurde – ebenso wie der letzte Zar – 1918 ermordet.
Wie wiederholt angesprochen, verlief das Familienleben Alexanders III. ausgesprochen harmonisch. Er liebte seine Frau und seine Kinder über alles. Maria Fjodorowna war klug genug, sich nicht in die Regierungsgeschäfte ihres Mannes zu mischen. Der Zar hätte auch kein Eingreifen seiner Gattin geduldet. Sie hatte ihre Rolle als Mutter zu spielen und durfte bei den jeweiligen Anlässen offizieller Natur ihrer Ballpassion frönen. Diese Hofbälle, die durch ihre pompöse orientalische Prachtentfaltung sämtliche ausländische Botschafter erstaunen ließen, fanden stets in St. Petersburg statt. Allein Alexander III., dem im Grunde nichts an den von seiner Gattin so geliebten Saisoneröffnungen lag – seine Vergnügungen waren vergleichsweise bescheidener Natur; er war ein leidenschaftlicher Jäger und Fischer und betätigte sich mit Vorliebe als Tischler; viele Stunden verbrachte

er an seiner Hobelbank, die er mit außerordentlichem Geschick handhabte –, lebte zumeist nur in der Zeit von Neujahr bis zum Anbruch der Fastenperiode im Zentrum der Hauptstadt.

Das Familienleben des vom Spartanertum durchdrungenen Riesen auf dem Zarenthron spielte sich hauptsächlich in der sogenannten Gatschina ab. In diesen riesigen, westlich von St. Petersburg gelegenen Palast, der Hunderte von Räumen aufwies und in welchem sich die »Schätze und Kostbarkeiten mehrerer Generationen von Zaren ansammelten«[3], hatte sich der Zar nach der Ermordung seines Vaters zurückgezogen. Charakteristischerweise bestimmte Alexander III. nicht die Vorzeigesäle dieses Prachtbaus als Wohnung für sich und seine sechsköpfige Familie. Die kaiserliche Wohnung befand sich im Mezzanin, und Nikolaus und seine Geschwister tollten in den relativ kleinen Räumen herum, die man früher der Dienerschaft zugewiesen hatte. Das Prinzip der Einfachheit und Ungezwungenheit regierte den Tagesablauf in der Gatschina. Alexander III. wollte keine verwöhnten, schon in jungen Jahren in unermeßlichem Reichtum schwelgenden Kinder heranziehen. Er legte jedoch gesteigerten Wert auf Religiosität und Traditionsbewußtsein. Ausdrücklich verfügte Alexander III., seine Kinder demselben Abhärtungsprozeß zu unterwerfen, den er sich selbst auferlegt hatte: Daunenbetten waren nicht erlaubt, man schlief auf schlichten, relativ unbequemen Feldbetten; der Tag begann mit einem eiskalten Bad; Frühstück, Mittag- und Abendessen konnten nur als karg und frugal bezeichnet werden. Das Wort naschen kannten die Zarenkinder gar nicht. Durften der Zarewitsch und seine Geschwister gelegentlich, vor allem wenn Gäste die Gatschina mit einem Besuch beehrten, gemeinsam mit ihren Eltern speisen, so verließen sie die Tafel zumeist mit leerem Magen, da die Speisen zuerst dem Zarenpaar, dann den Gästen und erst zuletzt ihnen serviert wurden. Alexander III. hatte zwar einen gesegneten Appetit, wenn er aber einmal mit dem Essen fertig war, wurde die Tafel sofort aufgehoben. Es konnte also vorkommen, daß eifrige Diener abservierten, kaum daß die Zarenkinder ihre Löffel in die Suppe getaucht hatten.

Schon als Zarewitsch hatte Alexander III. seine Ansichten zur Haute cuisine unmißverständlich kundgetan: »Die feinen Gerichte bei Tisch wurden von den verdammten Franzosen erfunden. Ein russischer Magen braucht eine richtige Nahrung, nicht dumme Leckerbissen, die nur für ein Kätzchen zum Knabbern passen!«[4] Bei seinen unerwarteten Inspektionsbesuchen in der Palastküche ergötzte er sich oft an einem Teller Kohlsuppe. Sein Lieblingsgericht aber war die Nationalspeise der russischen Bauern – der aus Buchweizen zubereitete Gretscha-Brei, den die Hofköche konsterniert in ihr Kulinarienprogramm aufnehmen mußten. Wenn Nikolaus sehr zu seiner großen Freude den Zaren manchmal auf seinen häufigen Pirschgängen begleiten durfte, sah er, wie der mächtigste Mann des Reiches folgende Köstlichkeiten aus dem stets mitgeführten Ranzen zauberte: zwei hartgesottene Eier, ein paar überdicke Schnitten Schwarzbrot und geräucherte Heringe. Die strikte Erziehung des Zaren äußerte sich auch darin, daß er seinen Kindern kein Taschengeld zubilligte.

Das Leben des jungen Nikolaus in der Gatschina hatte etwas von einer gefängnishaften Aura an sich. Schwerbewaffnete Posten paradierten ständig um den riesigen Palast. Der Zar wurde rund um die Uhr bewacht, selbst im Palastgarten standen, mehr oder weniger diskret postiert, überall Wachen. Alexander III. hatte seine Lehren aus dem Attentat auf seinen Vater gezogen. Zu Beginn seiner Regentschaft wurde der junge Soldat Alexander Wolkow, den wir schon beim Wachestehen in der Kaserne des Pawlowsker Regimentes kennenlernten, zur inneren Gatschina-Palastgarde überstellt. Fasziniert beobachtete er eine nachmitternächtliche Szene, die sich vor allem in Vollmondnächten im Palastpark abspielte. Der Zar hatte sich zum nächtlichen Fischfang entschieden: »... Der Mond schien über dem Park. Wolkow stand allein am Ufer. Es sollte so aussehen, als wäre er der einzige Wachposten. Doch die richtige Wache, bestehend aus dreißig Mann, hielt sich in den Büschen rund um den See versteckt. Dem Boot des Zaren folgte ein anderes mit einer Eskorte. Im Zarenboot leuchtete ein Jäger mit der Laterne, die Fische kamen auf das Licht zugeschwommen, und der Zar spießte die auftauchenden Fische mit der Harpune auf ...«[5]
Wenn Alexander III. seinen Passionen, dem Jagen und dem Fischen, frönte, vergaß er sogar gelegentlich das Regieren. Die Geschäfte des Staates mußten ruhen. Einmal wurde der Zar direkt auf seine Leidenschaften angesprochen. Als man ihm vorwarf, er würde seine Regierungsgeschäfte vernachlässigen, rief der Herrscher über alle Reußen dem Fragesteller frenetisch

lachend entgegen: »Europa kann warten, wenn der russische Zar fischt!« Bald stand dieser stolze Satz nicht nur in der Londoner *Times*, sondern in allen renommierten Blättern der Weltpresse. Queen Victoria hegte wenig Sympathie für diesen sonderbaren Menschen auf dem Zarenthron, wie sie Rußland überhaupt als instabiles und gefährliches Land bezeichnete. Das Urteil der ehrwürdigen Monarchin über Alexander III. lautete schlicht: »I hate the fat Tsar!«

Der fette Zar war zwar ausgesprochen xenophob, besonders seine Antipathie gegen Deutschland nahm zuweilen fast grotesk-pathologische Ausmaße an, aber er sollte als Friedenszar in die Geschichte eingehen. Er haßte den Krieg und hatte auch schon in seiner Zeit als Zarewitsch nie einen Hehl aus seiner Einstellung gemacht, daß jeder Krieg verwerflich sei. 1871 äußerte er sich auf folgende Weise über die Notwendigkeit, Kriege zu führen: »Es heißt zwar, daß wir in einem zivilisierten Zeitalter leben, aber die wilde Bestie ist in uns noch immer lebendig. So ziehen wir in den Krieg und schnappen einem Nachbarn sein Territorium weg und bemänteln hernach alles mit Ausreden, die wir nicht einmal einem Schulbuben angehen ließen. Die Welt ist in einer großen Verwirrung. Jedes Land sollte sich nur um seine eigenen Angelegenheiten kümmern!«[6] Während sein Vater offen mit Preußen und Österreich-Ungarn sympathisierte, kritisierte Alexander die Außenpolitik seines Vaters und verärgerte vor allem seine deutschen Verwandten mit dem impulsiven Ausspruch: »Österreich war für uns nie mehr als ein schwankendes Rohr, Preußen will uns als Leiter gebrauchen, um selbst an die Spitze zu klettern, und der Himmel möge Europa helfen, wenn es je dahin gelangen sollte!«[7] Alle Differenzen mit dem Vater, die besonders nach 1866 akut geworden waren, als die Liebschaft des Kaisers mit der Fürstin Dolgorukaja die Petersburger Gesellschaft zu erschüttern begann, wurden durch das Bombenattentat vom 1. März 1881 förmlich hinweggefegt. Vergessen waren die vielen harten Auseinandersetzungen, war doch sein Vater den Märtyrertod gestorben!

Ein Jahr nach der Ermordung des Großvaters begann der vierzehnjährige Nikolaus ein Tagebuch zu führen. Es ist viel über Nikolaus' lakonische Tagebuchführung geschrieben worden. Mehrere Historiker stellten fest, daß Nikolaus II. in nahezu gleicher Weise Tagebuch führte wie sein Cousin, König George

V. von England. Während man George V. jedoch Bewunderung dafür entgegenbrachte, daß er einfach Termine aneinanderreihte oder sich mit der ausführlichen Beschreibung der Wetterverhältnisse begnügte, und seine präzise Beobachtungsgabe lobte, legte man die nahezu identischen Betrachtungen Nikolaus' als Zeichen seiner Gefühlsarmut, Ausdrucksschwäche und seines apathischen Desinteresses im allgemeinen aus. Nikolaus' Tagebucheintragungen dauerten sechsunddreißig Jahre. Ganze fünfzig sorgfältig durchnumerierte Hefte zeugen von seiner kalligraphisch schönen Schrift. Auch das letzte, das einundfünfzigste Heft, trägt Nummern auf jeder Seite. Es ist jedoch unvollständig. Die Mordschüsse von Jekaterinburg setzten den Tagebuchaufzeichnungen des letzten Zaren von Rußland ein jähes Ende. Im Gatschina-Palast machte Nikolaus am 1. Januar 1882 seine erste Eintragung. Sie liest sich auszugsweise so: »Mein Tagebuch beginnt am ersten Januar 1882. Am Morgen habe ich Schokolade getrunken und die Reserveuniform angezogen ... Ich bin mit Papa in den Garten gegangen. Wir haben gesägt, gehackt und ein großes Feuer entfacht ... Papa, Mama und ich haben zwei Abordnungen empfangen. Mir haben sie einen vortrefflich gearbeiteten Holzteller mit der Aufschrift ›Von den Woronescher Bauern für den Zarewitsch‹ geschenkt. Mit Brot und Salz und einem russischen Handtuch ...«[8]

Während der Zarewitsch kindliche Spiele und Alltäglichkeiten in seinem Tagebuch festhielt, gab Zar Alexander III. knappe und unzweideutige Manifeste und Memoranden heraus, in denen sein unerschütterlicher Glaube an die Kraft und Gerechtigkeit der autokratischen Macht zum Ausdruck kam. Der neue Zar betonte, daß seine Außenpolitik nur ein Ziel haben würde: die Erhaltung des Friedens. Sein innenpolitischer Kurs unterschied sich diametral von dem seines Vaters. Verschiedene moderne Autoren zögerten nicht, die dreizehnjährige Regentschaft Alexanders III. als Schreckensregime zu brandmarken.[9] Entspricht dieses Bildnis der Realität? Sicherlich befand sich das Riesenreich von 1883 an in einem permanenten Zustand verstärkter Überwachung mit all den dazugehörigen Konsequenzen wie Einschränkung der Freiheit der Person, von Militärtribunalen abgehandelten Zivilprozessen oder willkürlichen Verbannungen und dem Verbot jeder staatskritischen Publikation. Dennoch folgte Alexanders Regierungspolitik – von seinem Standpunkt aus betrachtet – einer stringenten Logik. Was hatten all die Reformen seines Vaters gebracht – die Pressefreiheit, die Aufhebung jeglicher Zensur? Wie hatte man dem Befreiungszaren für seine Mildtätigkeit und Humanität gedankt? Man hatte ihn ermordet! Alexander III. handelte, ohne zu zögern. Graf Loris-Melikow, der Mitreformer seines Vaters, der sich schon in der Rolle eines konstitutionellen Ministers sah, wurde umgehend entlassen und zog es vor, ins Exil zu gehen. Wichtigster innenpolitischer Berater des Zaren wurde Konstantin Pobedonoszew, der Oberprokurator des Synods, den er auch zum Erzieher seines Sohnes Nikolaus bestimmte. Der neue Kurs war damit vorprogrammiert. Pobedonoszew stellte alle Reformen in Frage, bezeichnete den Parlamentarismus als größte Lüge unserer Zeit, und trat dezidiert für die Aufrechterhaltung der Selbstherrschaft ein. Immer wieder hämmerte er dem Kaiser und auch dem Zarewitsch mit seiner durchdringenden Stimme ein, daß Rußland einen Sonderfall darstelle und Pressefreiheit nur die Umsturzgefahr begünstige. Dieser Mann setzte das erste Manifest Alexanders III. auf, das dieser mit eigener Hand überarbeitete. Auch ein anderer Mann hatte etwa zur selben Zeit eine Art Manifest verfaßt. Es war Graf Leo Tolstoi, der auf die Bibel setzte und nur durch die Nächstenliebe eine Umwälzung in Rußland herbeiführen wollte. In seiner 1881 abgefaßten und an den Zaren adressierten Denkschrift appellierte Tolstoi fast flehentlich, die Mörder Alexanders II. zu begnadigen. Die Denkschrift des Dichterfürsten drang gar nicht zum Kaiser vor, wohl aber ein zum denkbar ungünstigsten Zeitpunkt abgefaßtes Dokument des Komitees der Sozialrevolutionären Partei Rußlands. Dieses Dokument, das Alexander noch vor der Beerdigung seines Vaters erreichte, trug den Charakter eines Ultimatums. Es enthielt das Versprechen der Revolutionäre, der Gewalt fortan zu entsagen, falls der Zar unverzüglich die Nationalversammlung einberiefe und den Völkern des Reiches alle konstitutionellen Rechte garantiere. Unverhohlen drohte man mit weiteren Terroraktionen, Anschlägen und Attentaten für den Fall, daß nicht alle Forderungen akzeptiert würden. Das Ultimatum, das Alexander III. begreiflicherweise in Rage versetzte, schloß mit dem lapidaren Satz: »Nun liegt es allein bei Ihnen, zu entscheiden, welchen der beiden Wege Sie zu gehen gedenken!«

Der Zar zerriß das perfide Schriftstück und ließ in seinem ersten

Manifest an seine Völker keinen Zweifel daran, daß er nicht im Traum daran dachte, die erbliche Autokratie abzuschaffen. Almedingen gibt dem Manifest der Sozialrevolutionäre die Hauptschuld am beinharten Regierungsstil Alexanders III.: »Es wäre kaum übertrieben, zu behaupten ... (dieses) Dokument trage zum Großteil die Schuld an so manchen düsteren Augenblicken während der ... Regierungszeit Alexanders III.: an dem verstärkten Einsatz der Geheimpolizei, der verschärften Zensur ... und dem brutalen Krieg gegen jedes ›subversive Denken‹ ... Alexander III. wußte um die Empörung des Volkes über die Ermordung seines Vaters und fand sie durch sein Vorgehen vollauf gerechtfertigt. Er konnte grausam sein und war es vor allem gegen jene Minorität, deren Politik dem Volk und dessen Bedürfnissen völlig verständnislos und fremd gegenüberstand ...«[10]

Die Angehörigen jener Minorität, die am meisten unter dem Schreckensregime Alexanders III. zu leiden hatten, waren die Juden. Die dunkelste Seite der Regentschaft des Friedenszaren gipfelte in den grauenhaften Pogromen von Jelisawetgrad, Kiew, Charkow, Smolensk und Witebsk, die bereits wenige Monate nach seiner Thronbesteigung einzusetzen begannen und mehr oder weniger öffentliche Billigung fanden. Ein Grund für den pathologischen Judenhaß Alexanders mag darin bestanden haben, daß er dem sich schnell verbreitenden Gerücht Glauben schenkte, die Juden seien federführend an der Ermordung seines Vaters beteiligt gewesen. Sie hätten subversive Aktivitäten der Sozialrevolutionäre mitfinanziert und würden eine latente Gefahr für den autokratischen Staat darstellen. Für Alexander III. war jeder Jude ein Wucherer, der sich am russischen Volk mästete und den Nihilismus im falschen Herzen trug. Mit der für ihn charakteristischen Sturheit weigerte sich dieser Zar, jemals einzusehen, daß Terrororganisationen wie die der Narodnaja Wolja rein russischen Ursprungs waren.

In seiner Verblendung malte Alexander III. sogar wiederholt das Gespenst einer jüdischen Weltverschwörung an die Wand. Diese groteske Idee hatte ihm unter anderen auch sein Innenminister Graf Ignatjew eingehämmert. Ignatjew, ein eingefleischter Antisemit, wies immer wieder auf das vom internationalen Judentum geplante Weltkomplott hin, dessen erklärtes Ziel es sei, das bestehende Gesellschaftssystem zu unterminieren, auszuhöhlen und zu zerstören. Diese Verschwörung würde gigantische Ausmaße annehmen, betonte Graf Ignatjew, und das totale Chaos, die Anarchie, zur Folge haben. Die Hetzparolen des Innenministers wurden von Alexanders Berater Pobedonoszew unterstützt, der zudem das Primat der russisch-orthodoxen Kirche durch Zwangsbekehrungen zum wahren Glauben untermauern wollte. Diese Ausgrenzung der Minoritäten war natürlich auch die Folge von Alexanders übersteigertem Nationalismus. Der Zar sah sich als Gossudar (= Herrscher) über ein reinrassiges Russenvolk, das nur in seiner Phantasiewelt existierte. Die Realität sah ganz anders aus. E. M. Almedingen hat die Zusammensetzung des Vielvölkerstaates wie folgt analysiert:

> ... Der Zar war Herrscher über Sibirien, dessen Bevölkerung sich aus vielen Stämmen zusammensetzte, er war der Herr des Kaukasus und weiter Gebiete Zentralasiens, er war der Herr über Finnland und Polen, über die baltischen Provinzen und die Krim. Seine Untertanen sprachen Hunderte von Dialekten. Er hatte über fünf Millionen Juden in seinem Herrschaftsgebiet. In seinem Volk gab es Orthodoxe, Katholiken, Lutheraner, Calvinisten, Baptisten, Methodisten, Buddhisten und Mohammedaner. Es gab aber auch noch zahlreiche Abarten einheimischer Nonkonformisten, gar nicht zu reden von den kaum bekannten Sekten, deren Anhänger sich aus den zahllosen Völkerstämmen Sibiriens und anderer Gegenden rekrutierten ...[11]

Doch Ethnologie war nicht die Stärke Alexanders III. Da Rußland den Russen gehörte, wie er stets lautstark postulierte, mußten alle andersrassigen Einwohner des Riesenreiches entweder russifiziert oder aber als Bürger zweiter Klasse behandelt werden. Der gläubige orthodoxe Christ Alexander III. nahm die Pogrome des Jahres 1881 gelassen zur Kenntnis. Als in den erwähnten Städten die jüdischen Viertel brannten und der aufgebrachte Mob mit dem Haßruf »Bej Shidow!« (Schlagt die Juden nieder!) auf den Lippen Geschäfte plünderte und Männer, Frauen und Kinder gnadenlos abschlachtete, griff der gefürchtete allmächtige Polizeiapparat nicht ein. In diesen Tagen wurden an den Juden Greuel verübt, die an die Bluttaten der Tataren erinnerten. Die Antwort der Polizei, ob nun in Jelisawetgrad,

Kiew oder Smolensk, trug immer denselben lakonischen Charakter: »Wir waren machtlos. Wir konnten nichts tun. Der Pöbel war einfach unaufhaltbar!«
Die These, daß die gewalttätigen Ausschreitungen des Mobs gegen die jüdischen Mitbürger mehr oder weniger durch höchste Regierungsstellen sanktioniert worden waren, läßt sich leider nicht von der Hand weisen. Offiziell bedauerte man zwar diese ungeheuren Ereignisse – Untersuchungskommissionen wurden eingesetzt, die Staatskasse erklärte sich bereit, Reparationszahlungen, wenn auch in sehr bescheidenem, völlig unzureichendem Ausmaß, zuzugestehen –, doch es kann kein Zweifel daran bestehen, daß das Problem mit den Pogromen staatlicherseits bewußt verharmlost wurde. Zar Alexander III. selbst zeigte keinerlei Mitleid mit den zahllosen Toten und Hinterbliebenen. Seine Reaktion auf die Pogrome bestand in einer konsequenten Beschneidung der Lebensrechte aller jüdischen Einwohner des Reiches. 1882 erließ er die nach seinem Innenminister benannten Gesetze. Das neue, die Juden betreffende Gesetzesdekret trug die Handschrift dreier Männer: Ignatjews, Pobedonoszews und Zar Alexanders III. selbst. Worin bestanden die gravierendsten Einschränkungen für Juden? Sie durften keine Verwaltungsposten bekleiden, nicht in den Militärdienst eintreten, keine höhere juristische Laufbahn einschlagen, kein Land besitzen, keine Ehen mit Christinnen eingehen. Die jüdischen Schulen wurden geschlossen; es durften keine hebräischen Bücher mehr gedruckt werden, und die Steuerlast fiel höher aus als im Falle der nichtjüdischen Mitbürger.
Während viele Juden die einzig mögliche Konsequenz zogen und in Scharen auswanderten – der größte Prozentsatz der emigrierenden, weitere Pogrome befürchtenden Juden fand in den USA Aufnahme, Frankreich und England gewährten ebenfalls bereitwillig Asyl; manche flüchteten auch nach Nordafrika –, quälte sich Nikolaus durch seine Unterrichtsstunden.
Vierundzwanzig Stunden in der Woche mußte Nikolaus, einem strengen, von Unterrichtsminister Grigorij Deljanow entworfenen Plan folgend, die Schulbank drücken. Der zerstreute Jüngling war nach dem Urteil seiner Lehrer ein recht durchschnittlicher Schüler. Arithmetik und Naturkunde schienen ihn nicht zu interessieren, man bemängelte seine schwache Konzentrationsfähigkeit und allgemeine Interesselosigkeit. An seiner Sprachbe-

gabung war allerdings nicht zu zweifeln. Mit fünfzehn Jahren sprach der russische Thronfolger perfekt Deutsch, Französisch und Dänisch, und sein Englisch unterschied sich in keiner Weise von dem seiner hochgestellten britischen Verwandtschaft. Nikolaus war zweifelsohne ein musisch begabter junger Mann. Er konnte sehr gut zeichnen und ausgezeichnet Klavier spielen. Sein Lieblingsfach aber war Geschichte. Der Einfluß des Vaters war hier besonders stark spürbar. Nikolaus begann, die russische Geschichte und damit die Vergangenheit der Romanow-Dynastie zu idealisieren. In den Deutschen sah er – wiederum kompromißlos den Doktrinen seines Vaters folgend – den potentiellen Feind Rußlands. Bismarck, den Eisernen Kanzler, haßte er ebenso inbrünstig, wie es Alexander III. tat. In bezug auf Bismarck war die Saat des Hasses, die Alexander III. seinem Sohn eingepflanzt hatte, also voll aufgegangen. Erwähnt werden muß noch, daß sich der Zarewitsch besonders für Sport begeisterte. Im Gegensatz zu den Äußerungen vieler seiner modernen Kritiker[12] war Nikolaus zwar ein sensibler, verträumter Jüngling, nachdenklich, gelegentlich ernst und zur Melancholie neigend, aber keineswegs unintelligent.

Er tat alles, um dem vergötterten Vater zu gefallen. Hatte Nikolaus, wie von manchen Autoren angedeutet, Angst vor dieser übermächtigen Vaterfigur? Sicherlich nicht. Er litt wohl etwas darunter, daß Alexander mitunter die jüngeren Geschwister favorisierte und sie ihn öfter als er bei seinen Ausflügen in die Natur begleiten durften, aber seine Zuneigung und Liebe war aufrichtig. Allerdings legte Alexander bei Nikolaus, dem Erben seines Thrones, wesentlich härtere Maßstäbe an den Tag, als er es bei seinen jüngeren Kindern tat.

1885 verlegte der Zar seine Residenz von der Gatschina in das im Zentrum der Hauptstadt gelegene Anitschkow-Palais. Die Regierungsgeschäfte erledigte Alexander im Winterpalast. Manchmal spielte Olga, das jüngste Kind, unter dem Schreibtisch ihres Vaters. Wie die Großfürstin in ihren Memoiren nicht ohne Stolz betont, genoß sie als einzige diese Vorrangstellung. So wurde sie auch einmal Zeuge der ungeheuerlichen Kraft ihres Vaters, als er ihr ein Kunststück vorführte, das ihr jugendliches Herz begeisterte: Mit der bloßen Hand zerquetschte er eine Gabel. Kraftakte dieser Art, die seine Frau verständnislos zur Kenntnis nahm, sollten mit dem Andenken Alexanders III. verbunden bleiben. Zeugnis darüber konnte auch der Botschafter Österreich-Ungarns ablegen. Als er einmal in der heiklen Balkanfrage beim Zaren vorsprach, drohte er ihm ziemlich unverhohlen, die Donaumonarchie könne jederzeit zwei oder drei Armeekorps mobilisieren, falls er etwa an ein Eingreifen auf dem Pulverfaß Balkan denke. Der Zar lachte laut auf, zerbog einen Silberlöffel und warf ihn dem verblüfften Botschafter grinsend auf dessen Teller. Dann sagte er: »Das ist es, was ich mit ihren zwei oder drei Armeekorps tun würde!« Der kinderliebende Zar war eine starke Persönlichkeit im wahrsten Sinn des Wortes. Allein durch sein riesenhaftes Äußeres schüchterte der Gossudar so manchen offiziellen Besucher im Winterpalast ein. Hinzu kamen seine Unberechenbarkeit, plötzliche Wutausbrüche, die jedoch mit zunehmendem Alter immer stärker verebbten, und seine kompromißlose, keinen Widerspruch duldende Art. Alexander III. herrschte absolut. Kurz nach seinem Regierungsantritt beschloß der damalige Finanzminister Bunge, von sich aus seinen Posten zur Verfügung zu stellen. Er wurde in den Winterpalast zitiert, wo ihm der Zar ins Gesicht schrie: »Bunge! Sie scheinen wohl vergessen zu haben, daß in meinem Lande Minister ernannt oder entlassen werden, aber nicht demissionieren! So, nun können Sie gehen. Sie sind entlassen!« Nikolaus' Vater war ein Mensch voller Gegensätze. Er konnte hart und grausam, aber auch erstaunlich großzügig und sanftmütig sein. Wie schon in seiner Zeit als Zarewitsch gab er große Summen für karitative Zwecke aus. Übertriebene Unterwürfigkeit und Kriechertum stießen ihn merkwürdigerweise zutiefst ab. Die ihn erreichenden zahllosen Gnadengesuche überprüfte er stets sehr gewissenhaft. Belegt ist der Fall eines Staatsbeamten der unteren Kategorie, der sich einer Veruntreuung schuldig gemacht hatte, verurteilt worden war, um sodann an die Gnade des Gossudaren zu appellieren. Alexander III. ließ sich die Akten kommen. Er wunderte sich darüber, daß der Veruntreuer im Gnadengesuch mit keinem Wort seine zehnköpfige Familie erwähnt hatte, die nun faktisch mittellos dastand. Es gefiel ihm, daß der so tief Gesunkene kein Speichellecker zu sein schien. Er erkundigte sich nach dem Gehalt des Verurteilten. Es war so erschreckend niedrig, daß der Zar einen seiner gefürchteten Wutanfälle erlitt. Tobend erklärte er dem zuständigen Minister: »Ein solcher Hungerlohn muß ja zum Diebstahl auffordern!«

Der Herrscher handelte umgehend. Die Strafe des Kulpriten wurde erheblich herabgesetzt, seine Familie bis auf weiteres mit Geldern aus der Privatschatulle des tyrannischen Friedenszaren versorgt. Gleichzeitig erhielten zehntausend niedere Staatsbeamte eine beträchtliche Lohnerhöhung. Auch solch spontane Handlungen zeichneten den grimmigen Kaiser aus.
Es ist Alexander III. nicht abzusprechen, daß er stets im Interesse seines Volkes und Landes handeln wollte. Ähnlich wie Kaiser Franz Joseph I. von Österreich-Ungarn sah er sich immer nur als ersten Diener des Staates. Sein Amt war ihm vom Schöpfer persönlich übertragen worden, er mußte die Bürde der Krone vor allem im Interesse seiner Völker tragen. Rücksichtslos setzte er seine persönliche Zivilliste um achtzehn Millionen Rubel per annum herab und reorganisierte die Haupteinnahmequelle seiner Dynastie, die riesigen Besitzungen und Latifundien, von denen sich die meisten auf der Krim befanden, auf äußerst erfolgreiche Weise. Dadurch gelang es dem sparsamen Zaren, der niemals auch nur eine Kopeke sinnlos verschwendete, die Einkünfte, welche diese Ländereien abwarfen, bis zum Jahre 1884 zu verdoppeln. Alexander III. forcierte den Ausbau der Industrie. Seine Eisenbahnprojekte zum Beispiel nahmen gewaltige Dimensionen an. Während seiner Herrschaft wurden zahlreiche neue Linien angelegt. Zu seinen ambitioniertesten Projekten gehörte der Bau einer Eisenbahnlinie, die vom Kaspischen Meer bis nach Samarkand führte. Noch gigantischer war die gleichfalls von ihm initiierte, später weltberühmt gewordene »Weliki Sibirskij Put«, die Transsibirische Eisenbahn, die sich, siebentausend Kilometer lang, von Omsk nach Irkutsk, quer durch die gesamte Mandschurei, bis zum am Stillen Ozean gelegenen Wladiwostok erstrecken sollte.
Der unter seinem Vater vernachlässigte Brückenbau wurde ebenso forciert wie die Trockenlegung großer Sumpfgebiete. Als eindruckvollstes Beispiel sollen hier nur die sogenannten Pripjet-Sümpfe erwähnt werden, die ein Areal umfaßten, dem in etwa die Größe Englands entsprach. Besonders erfolgreich gestaltete sich auch die Finanzpolitik des Friedenszaren, die jedoch hauptsächlich auf das Genie des betreffenden Ministers, Sergej Witte, zurückzuführen war. Alexander III. erkannte die Begabung seines Finanzministers und ließ ihm bei seinen ehrgeizigen Vorhaben weitgehend freie Hand.

Der Zar bemühte sich auch, seinem ständig wachsenden Familienclan, den vielen Onkeln, Neffen und Nichten, den Großfürsten und -fürstinnen, eine Art von Zusammengehörigkeitsgefühl einzubleuen. Sein Auge ruhte auf allen Mitgliedern und Repräsentanten des Kaiserhauses. Er überwachte die Aktivitäten der Großfürsten und sorgte dafür, daß sie ihren Pflichten nachkamen.

Es erscheint unverständlich, warum der Zar, der Deutschland verabscheute, einer dynastischen Zweckehe zwischen seinem Bruder, Großfürst Sergej Alexandrowitsch, und der deutschen Prinzessin Ella von Hessen-Darmstadt zustimmte. Ella war eine der vier Töchter des Großherzogs von Hessen-Darmstadt, Ernst Ludwig IV., und seiner Frau Alice. Alice von Hessen-Darmstadt, eine Tochter Königin Victorias, starb schon mit fünfunddreißig Jahren. Alle vier Töchter waren ausgesprochen gutaussehend, die jüngste und hübscheste, Alix, sollte das Schicksal dazu ausersehen, zur letzten Zarin Rußlands zu werden. Queen Victoria, die Großmutter Europas, hatte für keine ihrer Hessen-Darmstadt-Enkelinnen eine russische Mesalliance-Ehe vorgesehen. Daß Ella ihren eigenen Willen durchsetzte, traf die alte ehrwürdige Monarchin wie ein Keulenschlag. Dabei hatte die hessische Prinzessin nicht gezögert, die glänzendste Partie Deutschlands zurückzuweisen. Während er in Bonn seine Studien vervollkommnete, war der spätere Wilhelm II. öfter in Darmstadt aufgetaucht und hatte sich auf der Stelle in die 1864 geborene, hübsche, aber eigenwillige Ella verliebt. Der damalige Preußenprinz konnte ihr Herz offenbar nicht entflammen, und Ella wies ihn ziemlich brüsk ab. Königin Victoria nahm dies konsterniert zur Kenntnis, war doch der künftige Wilhelm II. ihr Lieblingsenkel, der sich 1901, als die greise Monarchin quasi symbolisch mit dem nach ihr benannten Zeitalter und ihrem Jahrhundert starb, als erster – und noch vor ihrem Sohn, dem damaligen Prince of Wales und späteren König Edward VII. – aus Berlin herbeieilend an das Totenbett der geliebten Großmutter begeben sollte.[13]

Da Wilhelm II. bei Ella also keine Chance hatte, beschloß die Königin von England, persönlich Schicksal zu spielen. Sie bestimmte nun Fritz von Baden, einen Enkel Kaiser Wilhelms I., zum Wunschkandidaten für Ella. Doch der Großherzog von Baden, Friedrich II., wurde von der resoluten Ella ebenso abgewiesen. Sie hatte sich nämlich zu dieser Zeit in den imposanten Sergej von Rußland verliebt. Abermals war die Königin entrüstet. Für sie waren alle Romanows leichtlebig und arrogant, das Klima war ungesund, die Russen skrupellos, eine prinzipienlose, England gegenüber feindlich eingestellte Gesellschaft. So klagte sie in einem Brief an Victoria, die älteste Tochter von Ernst Ludwig IV. Doch alle Ermahnungen fruchteten nichts. Am 15. Juni 1884 heiratete Ella in St. Petersburg den gutaussehenden, großgewachsenen Großfürsten Sergej Alexandrowitsch. Den Großfürsten, der mit einer Körpergröße von 1,96 m sogar seinen Bruder, den Zaren, überragte und mit besonderer Härte die kaiserliche Garde kommandierte, umgab jedoch ein dunkles Geheimnis. Der tiefgläubige Bruder des Zaren war homosexuell. Ella sollte eine platonische Ehe führen müssen und niemals Kinder haben. Außerdem sollte sie ihr Gemahl, den sie aufrichtig liebte – auch als sie von seinen homosexuellen Vorlieben erfuhr –, mit Zechgelagen und fürchterlichen Wutausbrüchen quälen. Sie würde sich ganz in die Arme der Religion flüchten müssen. Doch davon ahnte am 15. Juni 1884 niemand etwas. Niemand? Der Zar kannte die Neigungen seines Bruders und verabscheute sie. Hatte er deshalb dieser Scheinehe zugestimmt? Um der Welt zu suggerieren, daß sein Bruder durchaus imstande war, ein normales Sexualleben zu führen? Um den Ehrenschild der Romanow-Familie – zumindest offiziell – nicht zu beflecken?

Jedenfalls fand die Hochzeit unter großer Prachtentfaltung statt. Die Geschwister der Braut, Ernst Ludwig, der einzige Sohn des Großherzogs, Victoria, Irene und die damals erst zwölf Jahre alte Alix, wohnten zusammen mit ihrem Vater in Schloß Peterhof, der außerhalb von St. Petersburg gelegenen Sommerresidenz des Zaren. Man hat das am Meer gelegene, von unzähligen Blumen umrankte und von Teichen umgebene Peterhof oftmals als Klein-Versailles bezeichnet. Wie sich der Bruder der Braut in seinen Memoiren erinnerte, hatte die am 15. Juni 1884 geschlossene Ehe den Charakter einer Märchenhochzeit.

Das Jahr 1884 sollte eines der wichtigsten und schicksalsträchtigsten im Leben von Nikolaus sein. Denn im Zuge der Hochzeitsfeierlichkeiten lernte der sechzehnjährige Zarewitsch Alix von Hessen-Darmstadt, seine zukünftige Kaiserin, kennen. Zum erstenmal begegnete er ihr in Peterhof auf der kleinen

Zarendatscha Alexandria. Auf der Stelle verliebte er sich in das zwölfjährige, hübsche, aber ernste Mädchen mit dem langen blonden Haarschopf. In ein Fenster der Datscha ritzten sie gemeinsam ihren Namen ein: Nicky und Alix. Der schüchterne, zuvorkommende und wortkarge Zarewitsch bemühte sich in rührender Weise um das blauäugige, verschlossene Mädchen, das seinen bewundernden Blicken verlegen auswich. Er wußte nicht so recht, wie er sich der Zwölfjährigen, deren kontemplatives Wesen ihn so einnahm, erklären sollte. So wandte er sich an seine Schwester Xenia, die als einzige Zugang zu der nicht unbedingt geselligen Alix gefunden zu haben schien. Auf ihren Rat hin bat er seine Mutter um eine brillantenbesetzte Brosche, die er Alix verehrte. Zaghaft nahm das Mädchen das kostbare Geschenk des Zarewitsch an. Für ihn war die Annahme des Geschenks gleichbedeutend mit einer Liebeserklärung. Schon am nächsten Tag aber mußte er eine schmerzliche Ernüchterung erfahren. Beim Kinderball im Anitschkow-Palais tanzte Alix zwar mit ihm, doch die Brosche trug sie nicht, sondern gab sie ihm sogar wortlos zurück. Damit machte das streng puritanisch erzogene Mädchen ihr unziemliches Verhalten vom Vortag, nämlich die Annahme der Brosche, wieder gut. Nikolaus war ratlos. In einer ersten Trotzreaktion retournierte er die Brosche an seine Schwester Xenia, ihr gleichzeitig verkündend, daß ihr Vorschlag nicht den gewünschten Erfolg gezeitigt habe. Zehn Jahre später würde er das Schmuckstück zurückverlangen, um es abermals Alix zu schenken. Die bewußte Brosche würde im Leben der Alix von Hessen-Darmstadt nochmals eine eigenartige Rolle spielen. Am Tag ihrer Exekution trug Zarin Alexandra nämlich dieses später liebgewonnene, 1884 verschmähte Geschenk ihres Nikolaus. All dies lag in weiter, unausdenklicher Ferne, als Alix wieder abreiste, um einen ziemlich verstörten Zarewitsch zurückzulassen. Der Thronfolger Rußlands beschloß, auf die wahre, ideale Liebe, die Alix hieß, zu warten.
Seine Ausbildung ging indes weiter. Im Jahre 1885, als Nikolaus siebzehn Jahre alt geworden war, erfuhr er seine erste militärische Ehrung – interessanterweise durch einen ausländischen Monarchen. Kaiser Franz Joseph I. von Österreich-Ungarn verlieh ihm per Spezialdekret den Rang eines Obersten im fünften österreichisch-ungarischen Ulanenregiment. Im selben Jahr wurde der Lehrplan des Zarewitsch erweitert, die Hinwendung

zur Militärkarriere begann sich abzuzeichnen. Die neuen Unterrichtsfächer Navigation, Strategie, Kriegsführungstaktik sowie das Strafrecht des Militärs interessierten ihn brennend. Er begeisterte sich für große Feldherrn der Antike wie Alexander den Großen und vor allem Hannibal.[14] Mit neunzehn Jahren trat der Zarewitsch in die kaiserliche Garde ein und begann seine praktische Militärausbildung, die er sichtlich genoß. Allerdings sah er in der Armee lediglich ein Instrument zur Sicherung und Aufrechterhaltung des Friedens. Als er ein Handbuch für Kadetten in die Hand bekam, las er darin kopfschüttelnd: Rußland ist kein Handels- und kein Agrarstaat, sondern ein Militärstaat, und seine Bestimmung ist, eine Gefahr für die Welt zu sein! Bestimmung unrichtig! lautete die Randnotiz des Thronfolgers. Die Garde kann als absolute Eliteeinheit des russischen Heeres bezeichnet werden. Sie rekrutierte sich aus Brigaden der drei Divisionen der Kavallerie, Infanterie und Artillerie. All ihre Offiziere entsprangen dem Hochadel. Nikolaus, der sich gehorsam dem harten Drill unterwarf und eine besondere Zuneigung für Unteroffizier Alexander Wolkow, der ihm die Kunst des Marschierens beibrachte, zu entwickeln begann, legte gesteigerten Wert darauf, wie jeder gewöhnliche Soldat behandelt zu werden. Das Soldatenleben schien dem Thronfolger zu behagen und seinen ohnehin stark ausgeprägten Patriotismus zu vertiefen. Die berüchtigten Saufgelage der Garde hingegen wurden vom Oberbefehlshaber Großfürst Sergej Alexandrowitsch nicht nur toleriert, sondern als unumgänglich erachtet. Nach Ansicht dieses riesigen Mannes, der selbst nur allzuoft im Alkohol Vergessen suchte, waren sie nicht vom Soldatenalltag zu trennen. Dennoch herrschte eiserne Disziplin in dieser rauhen Männergesellschaft. Wie der Großfürst stets betonte, hatte jeder Offizier – auch nach durchzechter Nacht – die Pflicht, frühmorgens auf dem Exerzierplatz vorbildhaft für die Truppe seinen Mann zu stehen. Es ist erstaunlich, mit welchem Enthusiasmus sich der introvertierte Zarewitsch in dieses zügellose Treiben stürzte. Die wahrhaft legendären Zechgelage, das spektakuläre Wettsaufen, die Trinkexzesse seiner Kameraden – all dies schien ihn nicht abzustoßen. In Krasnoje Selo wurde er mit allen Feinheiten der bacchanalischen Ausschweifung russischer Gardeart vertraut gemacht. Dennoch äußerte sich der Thronfolger niemals negativ über die Garde, den Stolz und die Zierde Rußlands.

In Sergej Alexandrowitsch hatte er einen überharten, gestrengen Oberkommandanten, der das Gardeleben weitgehend prägte. Er schien sich vor dem lasterhaften Onkel zu fürchten und befolgte jeden seiner barschen Befehle geradezu untertänig. Der Großfürst war für ihn eine Respektsperson.

Innerlich revoltierte er zwar, als er mit verschiedenen besonders merkwürdigen Trinkmethoden der Offiziere konfrontiert wurde, aber selbst in seinem Tagebuch verlor er kein Wort über die Ausgelassenheit der Kameraden. So erwähnte er zum Beispiel niemals jene drei Variationsarten des Pokulierens, mit denen die Gardisten offenbar den alten Römern Konkurrenz machen wollten: »Ellbogen-, Treppen- und Wolfstrinken«. Was hatte man darunter zu verstehen? Beim »Ellbogentrinken« wurden die randvoll gefüllten Gläser auf die Ellbogen plaziert und mit einem einzigen großen Schluck ausgetrunken. Die »Treppentrinker« soffen sich entlang einer Treppe nach oben. Auf jeder Stufe stand ein Glas, das ebenfalls auf einmal geleert werden mußte. Manche Offiziere machten auf halbem Wege schlapp, sie erreichten das Treppenende nicht, sondern fielen wie vom Blitz getroffen sinnlos betrunken um. Beim sogenannten »Wolfstrinken« handelte es sich um einen der genialen Einfälle seines Onkels. Mitten in der Nacht und zumeist bei eisigem Wetter liefen die Gardeoffiziere nackt auf den Übungsplatz. Ihnen folgten Diener, die kübelweise Sekt mitschleiften. Während die nackten, vor Kälte zitternden Zecher die Sektkübel leerten, imitierten sie lautstark Wolfsgeheul.

Nikolaus nahm all diese ungeheuren Exzesse wahr. Seine Würde als Zarewitsch ließ es zwar nicht zu, daß er einer Gruppe dieser Spezialtrinker angehörte, aber auch er erwachte oftmals schwer verkatert. Gelegentlich war er sogar stockbetrunken, wie er in seinem Tagebuch zugab. Es wäre jedoch verfehlt, anzunehmen, daß das Gardeleben ausschließlich aus Trinkgelagen bestand. Bei allen unbestrittenen Ausschweifungen hatten dennoch Zucht und Ordnung Vorrang. Außerdem verehrte die Garde, das Herzstück und Rückgrat der Armee, die Person des Zaren besonders. Oftmals nahm Nikolaus an der Seite des Vaters glanzvolle Truppenparaden ab, wo er sich von der Loyalität und dem Enthusiasmus der Garde überzeugen konnte.

Noch zwei Vorlieben zeichneten den jungen Zarewitsch aus: die Oper und die Jagd. Zu den von Nikolaus bevorzugten Komponisten gehörten sein ehemaliger Musiklehrer Michail Glinka, Pjotr Iljitsch Tschaikowski und Modest Mussorgski. Was die Jagd betraf, so war Nikolaus zwar ein ausgezeichneter Schütze, der gerne im Staatsforst oder in Spala, einem anderen bevorzugten Revier, das in Russisch-Polen lag, jagte, aber er war nicht der grausame Wildkiller, den manche moderne Autoren aus ihm machten. Ganz im Gegenteil ließ der Zarewitsch schon in jungen Jahren einen für ihn typischen, sympathischen Charakterzug erkennen: Er unterließ Weidwundschüsse, da er das Wild nicht leiden sehen konnte.

1888 hatte Nikolaus sich vom Unteroffizier zum Leutnant und schließlich zum Kompaniekommandanten des Preobraschenskij-Regiments hochgedient. Sein Vater Alexander III. beförderte ihn zum Oberst dieser Eliteeinheit. Der nunmehr zwanzig Jahre alte Oberst litt immer noch stark unter seiner angeborenen Schüchternheit. Als begeisterter Tänzer liebte er zwar Bälle, die traurigen Lieder der russischen Zigeunerchöre ergriffen ihn, das Regimentsleben gefiel ihm. Aufgrund seiner Introvertiertheit wäre es dem Thronfolger aber niemals eingefallen, seine privilegierte Position für Frauenabenteuer auszunützen. Immer noch wartete er auf die wahre Liebe. Er erinnerte sich an die blonde Hessenprinzessin und träumte von ihr. Gelegentlich hatte er Melancholieanfälle. Am 6. Mai 1888 schrieb er ins Tagebuch: »Ich bin zwanzig, ein alter Mann ...«

Am 17. Oktober desselben Jahres entging Nikolaus nur knapp dem Tod. Er reiste mit seinen Eltern und den Geschwistern im Sonderzug nach Livadia, der prächtigen Krimresidenz des Zaren. In der Nähe von Charkow, in einem Ort namens Borki, kam es zur Katastrophe. Ein ohrenbetäubender Knall ließ zuerst auf ein Attentat schließen. Der kaiserliche Zug entgleiste, die Waggons donnerten auf einen Abhang zu. Die Zarenfamilie befand sich im Speisewagen, der weitgehend zertrümmert wurde. Die Lage erschien fatal. Erst in gefährlicher Nähe des Abgrunds kam der Speisewagen endlich zum Stillstand. Die Wagendecke wies gewaltige Sprünge auf, drohte einzustürzen und die Zarenfamilie zu zermalmen. Die Bärenkräfte des Gosudaren verhinderten den sicher scheinenden Tod aller Familienmitglieder. Der schwergewichtige Hüne stemmte sich einem Titanen gleich gegen das einstürzende Wagendach. »Verlaßt sofort den Wagen!« schrie Alexander III. Mit übermenschlicher

Anstrengung hielt der aufstöhnende Zar die ächzende, sich langsam herabsenkende Decke auf. Er stand wie ein Fels, bis sich seine Frau und die Kinder ins Freie gerettet hatten. Erst kurz bevor die Decke krachend herabstürzte, brachte sich auch der Zar in Sicherheit. Er schien unverletzt und umarmte seine Familie. Niemand konnte damals ahnen, daß sich der Riese Alexander durch seinen Herkuleskampf gegen die Wagendecke einen bleibenden Nierenschaden zugezogen hatte, der sechs Jahre später zu seinem Tod führen sollte. Der Zar zeigte keinerlei Anzeichen dafür, daß die Rettungsaktion seiner außergewöhnlich starken physischen Konstitution geschadet haben könnte. Dennoch plagten ihn schon wenige Monate nach der Zugentgleisung zuweilen heftige Schmerzen in der Nierengegend. Alexander III. negierte diese vorerst nicht allzu häufig auftauchenden Attacken bewußt. Seiner Gattin erklärte er, er sei so gesund wie immer. Als diese ihm trotzdem vorschlug, vorsorglich einen Arzt zu konsultieren, ignorierte er ihren Rat mit der Bemerkung, es sei lächerlich, wegen einer kleinen gesundheitlichen Unpäßlichkeit gleich viel Aufhebens zu machen.
Für Nikolaus ging das unbeschwerte Leben weiter. Er besuchte Bälle und Feste und gewöhnte sich das Rauchen an. Das neue Jahr brachte auch das lang ersehnte Wiedersehen mit Alix von Hessen-Darmstadt, welche zusammen mit ihrem Vater und ihrem Bruder nach Rußland aufbrach, um Ella, die Großfürstin Jelisaweta Fjodorowna, zu besuchen. Die deutschen Verwandten erreichten St. Petersburg zu Beginn des Jahres. Das Venedig des Nordens zeigte sich von seiner prachtvollsten Seite. Es war Saison, eine rauschende Ballnacht folgte der anderen. Die Besucher aus dem von Goethe so sehr geliebten Darmstadt fühlten sich wie in ein Wintermärchen hineinversetzt. Die vielen Palais der Reichen und Mächtigen der Hauptstadt des Zarenreichs wirkten – aufgrund ihres italienischen Baustils – unrealistisch und dennoch betörend in dieser Winterlandschaft. Da standen sie, am Ufer der Newa, des Flusses, der die Stadt in Inseln teilte. Ein schneeüberzuckerter Palast nach dem anderen kündete von Prunk und Pomp, Reichtum und Wohlstand. Die drei hessischen Gäste bewunderten natürlich vor allem den Winterpalast, wo man sie herzlich willkommen hieß. Nikolaus war überglücklich. Die nun siebzehn Jahre alte, ihn deutlich überragende blonde Alix war zur Schönheit erblüht. Der romantisch veran-

lagte Thronfolger ließ keine Gelegenheit aus, in ihrer Nähe zu sein. Sie durchtanzten die Nächte, er ging mit ihr Schlittschuh laufen, führte sie in Opern und Konzerte. In ihrer Nähe ließ er die Maske der Schüchternheit fallen; sie fand ihn »very charming indeed« und fühlte sich zweifellos sehr stark zu ihm hingezogen; besonders seine Augen, diese unvergeßlichen blauen Augen, hatten es ihr angetan. Die perfekte Idylle schien ihren Lauf zu nehmen. Erneut sprach Nikolaus von Liebe, von der großen, echten und wahren Liebe, die er für sie empfand. Doch obwohl sich auch Alix mehr und mehr in den russischen Thronfolger zu verlieben begann, bewahrte das so puritanisch erzogene Mädchen Contenance. Alix zeigte ihre Liebe nicht offen, wollte der Stimme ihres Herzens nicht folgen. Sie war unsicher, etwas quälte und beunruhigte sie. War es die von ihrer Mutter geerbte Nervosität, die Exaltiertheit ihrer Natur, die schlimme Vorahnungen hervorrief? Jedenfalls konnte sich die so heftig Umworbene nicht aufraffen, Nikolaus ihre aufkeimende Liebe einzugestehen.

Nicky aber ging zu seinem Vater. Auf Schloß Peterhof kam es zu einer Aussprache, bei der ihm der Zar ziemlich unverblümt erklärte, daß an eine Heirat mit der Hessenprinzessin nicht zu denken sei. Auch bei seiner Mutter hatte Nikolaus keinen Erfolg. Das Urteil der Zarin über den schönen jungen Schwan Alix war geradezu vernichtend: »Ein Mädchen ohne Charme und Anmut, steif, kalte Augen, eine schlechte Tänzerin, eine Haltung, als hätte sie ein Lineal verschluckt!« Nikolaus fiel aus allen Wolken. Diesen wenig schmeichelhaften Eindruck hatte seine geliebte Alix also bei Hofe hinterlassen. Desillusioniert beschloß er, vorerst den Weg des geringsten Widerstandes zu gehen. Er akzeptierte den negativen Entschluß des Zaren, aber in seinem Herzen war die Entscheidung, wer einmal seine Kaiserin sein würde, längst gefallen. Er konnte nur eines tun – warten. Ahnte Alix, was hinter den Kulissen vor sich ging? Wohl kaum. Nikolaus hatte niemanden in seine Heiratspläne eingeweiht, nicht einmal das Mädchen, das er zur Braut auserkoren hatte! Alix' Bruder Ernst Ludwig tat die Verliebtheit des Zarewitsch als Schwärmerei ab und stürzte sich voll ins Ballgeschehen. In seinen Memoiren erinnerte er sich an die Ballsucht, die damals alle anzustecken schien, und schrieb davon, daß er niemals mehr in seinem Leben ein solches Tanzen wie in jenem

Petersburger Winter erlebt habe.[15] Den verhinderten Bräutigam Nikolaus und seine verunsicherte Schwester erwähnte er mit keinem Wort. Bälle waren ihm damals wohl wesentlich wichtiger als das Gefühlsleben seiner Schwester. Zarin Maria Fjodorowna glänzte auf all diesen Bällen als stolze Gastgeberin. Sie stellte ihren kostbarsten Schmuck zur Schau, trug die Diademe, Perlenketten und Diamantringe, wie um der Welt zu beweisen, daß sie den Mittelpunkt des Gesellschaftslebens am prunkvollsten Hof Europas darstellte.

Während Nikolaus also einen schmerzlichen persönlichen Verzicht hinnehmen mußte, hatte sich ein anderer Prinz aus einem anderen mächtigen Reich heimlich aus dem Leben gestohlen. Am 30. Januar 1889 erschoß sich der labile, lebensmüde Kronprinz Rudolf von Österreich-Ungarn mit seiner Geliebten Mary Vetsera in Mayerling. Die Zarin hatte schon die Einladungskarten zu einem weiteren Ball abgeschickt, als die Nachricht vom Selbstmord des österreichischen Thronfolgers St. Petersburg erreichte. Der Zar, der Bälle ohnehin nicht ausstehen konnte, verfügte Hoftrauer und wollte die bewußte Festveranstaltung absagen. Doch die Zarin dachte nicht daran, sich von ihrem Vergnügen abbringen zu lassen, und kam auf die makabre Idee, einen sogenannten »Bal noir« auszurichten. Der für den 7. Februar angesetzte Ball fand statt. Man trug Schwarz, aber man feierte. Österreich und Wien waren weit weg. In Petersburg wurde getanzt.

Bald darauf reisten die hessischen Verwandten wieder ab. Es kam zu keinen bewegenden Abschiedsszenen. Alix und Nikolaus blieben in Briefkontakt. Ihre Korrespondenz der damaligen Zeit bestand zumeist aus kurzen, belanglosen, in englischer Sprache gehaltenen Briefen, die Alltäglichkeiten zum Inhalt hatten. Ein Alix besonders erheiterndes Schreiben aber beinhaltete den Staatsbesuch des Schahs von Persien in Rußland. Nikolaus schrieb der Hessenprinzessin wörtlich, der Schah sei »zu komisch« gewesen. Dabei hatte sich der Schah-in-Schah, Nasr-es-Din, ein megalomaner orientalischer Despot, der wie eine besonders groteske Figur aus *Tausendundeiner Nacht* wirkte, in Rußland noch relativ gesittet aufgeführt. Er traf zwar mit riesigem Gefolge – inklusive Haremsdamen und einem kleinen Privatzoo – ein, kokettierte wie immer auffällig mit hübschen Töchtern der Nacht, zügelte aber seine sprichwörtlichen Extravaganzen etwas.

Nikolaus fand ihn zum Totlachen. Nur schwer konnte er die Form wahren, als der Schah anläßlich eines Truppenaufmarsches immer wieder seine goldenen Augengläser aus der Tasche holte und fasziniert die vorbeiparadierenden Soldaten beobachtete. Wiederholt stellte der Schah die Frage: »Sind das neue Soldaten oder schon wieder die alten?« Als Nikolaus Alix den Brief über den komischen Staatsbesuch des Schahs schrieb, ahnte er nicht, daß sie in der Zwischenzeit ein verlockendes Heiratsangebot ausgeschlagen hatte. Königin Victoria hatte die Enkelin nach Windsor zitiert und fand, es sei hoch an der Zeit, die liebe Alicky standesgemäß zu vermählen. Ihr Wunschkandidat war Edward Albert Victor, der Duke of Clarence and Avondale, genannt Eddy, der älteste Sohn des späteren Edward VII., und somit ebenso ein Enkel von ihr. Kein einziges anderes Mitglied des englischen Königshauses wurde posthum derart diffamiert wie der 1864 geborene unstete Eddy, der schon im Alter von achtundzwanzig Jahren verstarb. Im Frühling des Jahres 1889 machte eben dieser Skandalprinz, zweifelsohne von ihrer beider Großmutter angespornt, Alix einen Heiratsantrag. Alix wies den leicht entflammbaren Duke of Clarence and Avondale mit von niemand erwarteter Bestimmtheit ab. Die alte Königin war mehr als brüskiert. Wie konnte ihre Lieblingsenkelin nur so unvernünftig sein und die beste Partie, die es gab, zurückweisen? Verstand sie denn nicht, daß eine Verbindung mit Eddy ihr die einmalige Chance bot, später zur Queen-Empress, zur Königin von Großbritannien und Kaiserin von Indien zu werden? In einem Brief an Alix' Schwester Victoria ließ die Königin ihrem Unmut freien Lauf, bezeichnete die Zurückweisung Eddys als Wahnsinnstat und fragte wörtlich, was für Hirngespinste die halsstarrige Alicky denn im Kopfe habe.[16]

Das Hirngespinst hieß Nikolaus. Das begann auch die Königin langsam zu ahnen und beschloß, alles daran zu setzen, Alix dem Zugriff weiterer russischer Cousins zu entziehen. Sie konnte nicht ahnen, daß gerade der verhaßte fette Zar Alexander III. in dieser Angelegenheit exakt dieselbe Zielrichtung verfolgte wie sie selbst. Bereits Ende 1889 kam es zu einer weiteren Aussprache zwischen Vater und Sohn. Hier wurde nüchtern und sachlich Alexanders Heiratspolitik erörtert. Obwohl Frankreich längst Republik war, schwebte dem autokratischsten aller Zaren ein langfristiges Bündnis mit diesem Land vor. Während Niko-

laus also neuerlich von Liebe sprach und sofort Alix ins Spiel brachte, erklärte der Zar abrupt, daß die Hessenprinzessin kein Thema sei, und wies statt dessen auf die Vorteile hin, die eine dynastische Zweckehe zwischen Nikolaus und Helene d'Orleans, der Tochter des Grafen von Paris, Rußland bringen würde. Zum erstenmal revoltierte Nikolaus offen. Kategorisch weigerte er sich, die der entthronten französischen Königsfamilie entstammende Tochter des Grafen von Paris auch nur in Erwägung zu ziehen. Helene d'Orleans sollte sich ein Jahr später – allerdings nur inoffiziell – mit dem von Alix abgewiesenen Eddy verloben. Der Graf von Paris machte seiner Tochter jedoch unmißverständlich klar, daß Eddy nicht nur ein Schürzenjäger par excellence war, sondern es noch einen zweiten, zwingenderen Grund gab, die Verlobung zu lösen: die sogenannte Glaubensfrage. Helene war katholisch, und die römisch-katholische Kirche erlaubte keinen Glaubenswechsel, Eddy aber gehörte der Church of England an. So fügte sich Helene, die sich tatsächlich ein wenig in Eddy verliebt hatte, in ihr Schicksal, und die Romanze fand ein jähes Ende. Eddy trauerte der Französin nicht lange nach und stürzte sich in eine leidenschaftliche – und vom englischen Hof nicht gebilligte – Affäre mit Lady Sybil St. Clair Erskine. Noch während er mit Helene d'Orleans turtelte, hatte der »difficult Prince« allerdings schon Beziehungen zu dieser Dame der englischen Gesellschaft aufgenommen.
Während Eddys Affären seinen schmetterlingshaften Charakter unterstrichen, setzte Nikolaus seine gehorsame Rebellion fort und erklärte seinen Eltern, er würde vorläufig noch nicht an eine Ehe denken. Der Zar beschloß, Nikolaus Zeit zu lassen, und schickte ihn zur Ablenkung auf eine Mittelmeerreise. Als er zurückkehrte, mußte der Zar feststellen, daß Nikolaus immer noch von Alix träumte. Alexander III. versuchte nun, den ewigen Junggesellen auf andere, drastischere Weise von seiner Sehnsucht nach Alix zu kurieren – er suchte ihm eine Geliebte. Es handelte sich um die polnische Ballerina Mathilda Kschessinskaja, die Nikolaus am 23. März 1890 kennenlernte. Mathilda, die »kleine K.«, wie Nikolaus sie in seinem Tagebuch nannte, wurde 1872, im selben Jahr wie Alix von Hessen-Darmstadt, geboren. Sie war die Tochter des berühmten Tänzers Felix Kschessinski, der der Petersburger High-Society die Mazurka beibrachte. Mathilda sollte uralt werden und zeitlebens mit den

Romanows verbunden bleiben. 1971 verstarb sie im Alter von neunundneunzig Jahren in Paris. Wir werden noch auf ihr Schicksal nach dem Sturz des Zarenreiches eingehen. In der Seine-Metropole gab sie auch ihre Memoiren heraus und schrieb von der großen Liebe ihres Lebens – Zarewitsch Nikolaus. In den Armen dieses kleingewachsenen, großäugigen, bezaubernden, verführerischen Mädchens, welches die »Fee vom Hirschpark«[17] genannt wurde, sollte der russische Thronfolger nach dem Willen des Vaters endlich die blonde Hessenprinzessin vergessen.

An jenem 23. Mai 1890 besuchte Nikolaus zusammen mit seinen Eltern den Abschlußwettbewerb der Petersburger Ballettschule. Der Auftritt von Mathilda Kschessinskaja löste Begeisterungsstürme und wilde Ovationen aus. Der Zar verlangte nach der Ballerina, sah das kleine zarte Mädchen mit den übergroßen Augen lange an und sagte schließlich: »Streben Sie danach, ein Kleinod zu sein und zum Ruhm des russischen Balletts beizutragen!« Es folgte ein rauschender Ball mit anschließendem üppigem Festdiner. Erneut befahl Alexander die Tänzerin zu sich und ließ sie an der Tafel neben Nikolaus sitzen. Augenzwinkernd scherzte sie: »Aber bitte flirten Sie nicht allzu viel!« Es sollte nicht dazu kommen, weil der Zarewitsch, aus dessen Augen Hilflosigkeit sprach, den ganzen Abend kein Wort mit ihr sprach. Er saß stumm neben ihr, was die Tänzerin verblüffte.

Erst im Juni kam es zum ersten Sprechkontakt zwischen der kleinen glutäugigen Mathilda und dem Zarewitsch. In Krasnoje Selo fanden die Sommermanöver der Garde statt. Nikolaus nahm daran teil. Das kaiserliche Ballett gab ebenfalls ein Sommergastspiel in Krasnoje Selo. So sahen sie sich wieder – der schüchterne introvertierte Thronfolger und die Ballerina Mathilda Kschessinskaja, die ihre Liebe nicht verbergen konnte. Nikolaus besuchte sie hinter den Kulissen. Er kam mehrere Tage hintereinander, doch er erklärte sich nicht. Er sprach über Alltägliches – das Wetter, seine Pferde, den Soldatenalltag. Mathilda konnte es nicht glauben: keine Berührung, kein Austausch von Zärtlichkeiten, kein noch so flüchtiger Kuß, nur albernes, aus der Verlegenheit geborenes Gerede. Mathilda wurde ungeduldig. Sie war zwar glücklich, weil sich die Rendezvous mit dem Thronfolger häuften und sie infolgedessen

Hauptgegenstand des Hofklatschs geworden war und als Geliebte des Zarewitsch gehandelt wurde, aber es geschah nichts. Die Gespräche wurden langsam intimer, aber es blieb bei einer rein platonischen Freundschaft. Mathilda wartete und wartete. Sie begriff nicht, daß auch ihr überschüchterner Verehrer wartete, allerdings auf eine andere, auf Alix von Hessen, der er die Treue hielt. Dennoch begann sich sein Gefühl der Zuneigung für die »kleine K.« zu intensivieren.

Im Spätsommer dieses Jahres dann besuchten die hessischen Verwandten erneut Rußland. Ernst Ludwig IV., sein Sohn und seine Töchter Victoria und Alix logierten bei Ella und Großfürst Sergej Alexandrowitsch auf dessen Gut Iljinskoje bei Moskau. Weit weg im fernen Petersburg lamentierte Nikolaus darüber, daß er Alix nicht sehen konnte, denn der Zar hatte ihm ausdrücklich verboten, nach Iljinskoje zu reisen. Am 20. August schrieb er traurig ins Tagebuch: »Mein Gott! Wie gern möchte ich nach Iljinskoje fahren! Wenn ich sie jetzt nicht sehe, muß ich wieder ein ganzes Jahr warten, und das ist schwer!!!« Nicht ganz einen Monat später, am 23. Oktober 1890, trat der russische Thronfolger eine Weltreise an.

Vielleicht würden ihn die neuen Eindrücke, all die fremden Länder ablenken und vieles vergessen lassen. So wünschte es sich vor allem sein Vater. Aber als die Yacht *Pamjatj Asova* auslief, stellte Nikolaus erstmals fest, daß sich seine Gedanken um zwei Frauen drehten. Er dachte an Alix, den blonden, scheinbar unerreichbaren hochgewachsenen Traum, und an den anderen, jederzeit erfüllbaren Traum, die dunkle »kleine K.«, die ihn so tränenreich verabschiedet hatte. Lange Zeit würde er nun von beiden getrennt sein. Folgende Stationen waren für die Weltreise geplant: Ägypten, der indische Subkontinent, das heutige Sri Lanka, also die Insel Ceylon, Thailand, damals noch Siam genannt, die britische Kronkolonie Singapur und Japan. In Kairo sah sich Nikolaus zusammen mit seinem relativ großen Gefolge, das verschiedene russische Fürsten sowie den griechischen Prinzen Georgie einschloß, die Pyramiden, eines der sieben Wunder der alten Welt, an. In der Nilmetropole kam offenbar auch das Nachtleben nicht zu kurz. Nikolaus berichtet in seinem Tagebuch von heimlichen Besuchen bei Bauchtänzerinnen, die alle Hüllen fallen ließen und den ihn begleitenden Fürsten Uchtomskij in »verschiedener Weise bearbeiteten«.

Der Reiz Indiens, des Juwels der englischen Krone, schien dem Zarewitsch entgangen zu sein. Indien beeindruckte ihn nicht. Mit der Mentalität der Inder konnte er sich nicht anfreunden, die Präsenz der britischen Kolonialtruppen stieß ihn ab. Wie in seinem Tagebuch nachzulesen ist, fand er es unerträglich, »von diesen Engländern umgeben zu sein und überall diese roten Uniformen zu sehen«. Die Uniformen der französischen Kolonialtruppen in Saigon, wo er am 16. März 1891 eintraf, gefielen ihm wesentlich besser. Saigon empfing ihn mit offenen Armen. Der Gouverneur dieser französischen Überseekolonie erwies sich als ausgezeichneter Gastgeber und setzte alles daran, den Besuch des russischen Thronfolgers zu einem Großereignis zu machen. Truppenparaden fanden statt, Bälle wurden veranstaltet, die Straßen füllten sich mit jubelnden Menschen, die den Zarewitsch lautstark hochleben ließen.
In Japan empfing man ihn ebenso begeistert. Am 27. April traf er in der alten Kaiserstadt Kioto ein. Er schien Gefallen an der Stadt zu finden und schrieb ins Tagebuch: »... So viele Wunder, daß man nicht weiß, wo man hinschauen soll. Wir haben ein Bogenschießen gesehen und ein Pferderennen in historischen Kostümen ... Um neun Uhr bin ich mit Georgie zu einem Teehäuschen gefahren. Als Georgie tanzte, haben die Geishas vor Lachen gekreischt!« Zwei Tage später entging Nikolaus zum zweitenmal wie durch ein Wunder dem Tod. In der Kleinstadt Otsu wurde ein Attentat auf ihn verübt. Ein japanischer Polizist verwundete den Zarewitsch durch einen Säbelhieb am Kopf. In seinem Tagebuch schilderte Nikolaus den exakten Ablauf des Attentats:

> 29. April. Ich erwachte an einem wunderschönen Tag, dessen Ende ich nicht erlebt hätte, wenn mich nicht Gottes große Gnade vor dem Tode errettet hätte. Von Kioto fuhren wir mit Rikschas in die kleine Stadt Otsu ... Dort suchten wir das Haus des Gouverneurs auf. In seinem völlig europäisch eingerichteten Haus wurde ein Markt abgehalten ... Georgie kaufte einen Bambusstock, der mir eine Stunde später einen großen Dienst leisten sollte. Nach dem Frühstück machten wir uns auf den Rückweg ... Wir bogen mit den Rikschas in eine schmale Straße voller Menschen. Plötzlich bekam ich einen heftigen Schlag auf die rechte Kopfhälfte, über dem

> Ohr. Ich drehte mich um und sah die widerliche Visage eines Polizisten, der mit beiden Händen einen Säbel hielt und zum zweitenmal ausholte. Ich rief: »Was ist?« und sprang auf den Fahrdamm. Als ich sah, daß der Unmensch mich verfolgte und keiner ihn aufhielt, lief ich die Straße hinunter und versuchte mit der Hand das Blut zu stoppen, das aus der Wunde rann. Ich wollte in der Menge untertauchen, konnte es aber nicht, weil die Japaner vor Schreck in alle Richtungen davongerannt waren. Als ich mich noch einmal umdrehte, sah ich Georgie, der dem mich verfolgenden Polizisten nachsetzte. Ich lief noch etwa sechzig Schritt bis zu einer Nebengasse und blickte zurück. Da war, Gott sei Dank, alles vorbei. Georgie, mein Retter, hatte den Schurken mit einem Stockhieb niedergestreckt, und als ich herankam, schleiften ihn unsere Rikschafahrer und ein paar Polizisten an den Beinen ... Rambach (der Arzt) legte mir einen ersten Verband an und brachte vor allem die Blutung zum Stillstand. Die Menschen auf den Straßen rührten mich: Die meisten knieten nieder und hoben die Hände zum Zeichen des Bedauerns.[18]

Die Motive des Attentäters konnten nie restlos aufgeklärt werden. Wahrscheinlich handelte es sich bei dem japanischen Polizisten, der dem Zarewitsch um ein Haar den Kopf gespaltet hätte, um einen verrückten Fanatiker.
Zweimal, in Borki und in Otsu, hatte der Zarewitsch nun also dem Tod ins Auge geblickt, und beide Male war er glimpflich davongekommen. Tiefgläubig, wie er war, glaubte er, den besonderen Schutz des Allmächtigen zu genießen. Er erholte sich relativ rasch, setzte seine Reise fort und wurde am 1. Mai 1891 in Tokio vom japanischen Kaiser empfangen. Zur selben Zeit ging eine dringliche Depesche Alexanders III. ein, in welcher der besorgte Vater den Sohn aufforderte, unverzüglich in die Heimat zurückzukehren. In Tokio notierte der Zarewitsch: »... Ich zürne den guten Japanern nicht wegen der scheußlichen Tat eines Fanatikers. Ich schätze nach wie vor ihre mustergültige Ordnung und Sauberkeit. ... Um elf Uhr Empfang beim Mikado.«
Er kehrte also heim. In Wladiwostok legte er den Grundstein zum Bau der Transsibirischen Eisenbahn. Er fuhr die sibirischen Flüsse entlang, und am 10. Juli erreichte er Tobolsk, wo ihn der

Bürgermeister traditionsgemäß mit Brot und Salz willkommen hieß. Eine Honoratiorenabordnung aus der Stadt Tjumen bereitete dem Thronfolger einen begeisterten Empfang. Er besuchte ein Museum und betete in der Kirche von Tobolsk. Tobolsk! Erst nach vielen Jahren sollte er diese sibirische Stadt wiedersehen. Dann würde man ihm allerdings kein Brot und kein Salz mehr reichen.

Über Omsk trat er die Heimreise an und fuhr ohne Zwischenstopp zu seinen Eltern nach Krasnoje Selo. Dort notierte er am 7. August 1891: »Seltsam, nirgendwohin mehr fahren zu müssen. Keine Übernachtungen mit später Ankunft und zeitiger Abreise ...« Die Routine des täglichen Lebens begann erneut. Inzwischen wartete die »kleine K.« sehnsüchtig auf eine Nachricht von dem Mann ihres Herzens. Doch der Zarewitsch blieb vorerst stumm. In seinen Tagebucheintragungen vom Dezember 1891 finden wir keinen Hinweis dafür, daß er an eine Wiederaufnahme der platonischen Freundschaft mit der Ballerina dachte.

In gelegentlich zur Diskussion gelangenden Fragen der Außenpolitik, die ihn nicht besonders zu interessieren schienen, stellte sich Nikolaus voll und ganz hinter die Linie seines Vaters, der eindeutig deutschfeindlich war. Dies lag nicht zuletzt an Alexanders übersteigertem Haß auf den Fürsten Bismarck, den Nikolaus, wie schon einmal kurz angesprochen, uneingeschränkt übernahm. Die Zeiten der deutsch-russischen Freundschaft schienen zumindest nach dem Berliner Kongreß von 1878 endgültig vorbei. Dabei war Preußen während der Regierungszeit Alexanders II. lange Zeit Rußlands einziges Tor zum Westen gewesen. Die blutige Niederschlagung des Aufstandes in Polen hatte sowohl in England wie in Frankreich eine regelrechte Russenfeindlichkeit ausgelöst. Man betrachtete Rußland als rückständiges, ja sogar barbarisches Reich. Bismarck, der Preußen und später das deutsche Kaiserreich bis zu seiner Absetzung durch Wilhelm II. sechsundzwanzig Jahre hindurch mehr oder weniger politisch dirigiert hatte und dessen legendäre Bündnispolitik immer darauf hinausgelaufen war, Deutschland aus einem Zweifrontenkrieg herauszuhalten, hatte die Neutralität Alexanders II. im Französisch-Preußischen Krieg von 1870 damit erkauft, daß er ihm die Wiederherstellung der russischen Schiffahrtsrechte im Schwarzen Meer garantierte. Preußens Sieg

über Frankreich und Bismarcks Schaffung des deutschen Kaiserreiches waren in Rußland enthusiastisch begrüßt worden. Man sprach vom ersten wichtigen Schritt zum Kräftegleichgewicht in Europa. Geschickt hatte Bismarck die russenfeindlichen Gefühle Englands auszunützen gewußt, indem er das sogenannte Dreikaiserbündnis zwischen Alexander II., Wilhelm I. und Franz Joseph I. ins Leben rief, in welchem sich alle drei Monarchen verpflichteten, sich gegenseitig die Treue zu halten. Dieser Vertrag des Jahres 1871 bestand darin, daß der deutsche Kaiser, der Kaiser von Österreich und der von Rußland sich zur Neutralität verpflichteten, wenn einer der drei Staaten durch eine vierte Macht angegriffen würde. Fürst Gortschakow, der greise Außenminister Alexanders II., war ein glühender Anhänger Bismarcks und des Dreikaiserbündnisses. Alexander II. war mißtrauischer und äußerte wiederholt, daß er Bismarck für einen gerissenen und skrupellosen Politiker halte. Erste Risse im Bündnis zeigten sich bereits 1875, als die deutsche Reichsregierung schärfsten Protest gegen Aufrüstungsmaßnahmen Frankreichs einlegte und mit einer drohenden Note antwortete, welche erneute Kriegsgefahr heraufbeschwor. Außenminister Gortschakow beschwor seinen Souverän, untätig zu bleiben. Alexander II. aber fuhr zu Wilhelm I. und drohte ihm seinerseits. Er dulde nicht, daß Frankreich angegriffen werde, sagte er dem alten deutschen Kaiser und machte unmißverständlich klar, daß Rußland im Konfliktfall nicht abseits stehen, sondern vielmehr auf der Seite Frankreichs eingreifen würde. Bismarck sah sich gezwungen, seine ehrgeizigen Pläne fallenzulassen, die Königin und die britische Regierung priesen Alexander als Erhalter des Friedens in Europa, aber der Dreikaiserbund begann sich langsam aufzulösen und sollte nie mehr wiederbelebt werden.
Im selben Jahr kam es jedoch dennoch zu einem Krieg, nämlich auf dem Balkan, wo Mißernten und Hungersnöte auftraten, die Türken sich aber weigerten, Erleichterungen der Steuerlasten zu erlauben. Aufstände in Bosnien und der Herzegowina wurden blutigst unterdrückt, und Serbien und Montenegro machten mobil. Dies kam einer Herausforderung der Türken gleich. Bald brannte der Balkan, und obwohl Alexander II. keinen Krieg wollte, wurde auch er ein Opfer der allgemeinen Slawenfreundlichkeit. Die Presse sprach von einem heiligen Kreuzzug. Es gelte, die slawischen Brüder zu befreien und die Ehre des Kreu-

zes zu retten. Kriegshetzer beherrschten die Szene. Die Slawomanie griff immer weiter um sich, und als sich die Türkei 1877 weigerte, dem Wunsch der Großmächte nach inneren Reformen nachzukommen, trat auch Rußland in den Krieg ein. Neun Monate dauerte dieser blutrünstige Feldzug der Russen gegen die Türken. Obwohl der Konflikt für die Russen unter denkbar ungünstigsten Voraussetzungen begonnen hatte, drangen sie schließlich bis knapp vor Konstantinopel vor. Im Frieden von San Stefano wurde die Unabhängigkeit der Balkanländer für immer garantiert. Doch wie später im Ersten Weltkrieg schien Rußland umsonst gekämpft zu haben. Serbien und Montenegro beklagten sich über bulgarische Gebietszuwächse, während die Bulgaren selbst sich über ihre willkürlich gezogenen Grenzen beschwerten. Die Lösung sollte ein Kongreß bringen, der vom 13. Juni bis 13. Juli in Berlin tagte. Hier agierte nun Fürst Bismarck ganz nach seinem Belieben. Der Eiserne Kanzler gestaltete schlicht die russischen Friedensbedingungen für die Türkei nach eigenem Gutdünken um. Mazedonien mußte zurückgegeben werden, Bosnien und die Herzegowina wurden österreichisch-ungarisches Protektorat. Alexander II. und Außenminister Gortschakow waren entsetzt und fühlten sich hintergangen. Statt eines vom Zaren gewünschten Bulgarien, das mit Ostrumelien und Mazedonien bis zur Ägäis reichen sollte, wurde Ostrumelien eine verwaltungsautonome Provinz der Türkei. Ferner wurde die russische Okkupation Bulgariens auf neun Monate befristet. Der große Verlierer des Berliner Kongresses war also Rußland. Daran konnte auch der zornige Brief, die sogenannte Briefohrfeige, Alexanders an Wilhelm I. vom August des Jahres 1879 nichts ändern. Vor allem in der russischen Armee wurde durch die Vorgehensweise Bismarcks ein unauslöschlicher Haß auf Deutschland entfesselt. Neun Jahre später befahl Bismarck – trotz eines im Jahr zuvor mit Rußland abgeschlossenen Rückversicherungsvertrages, der drei Jahre währen sollte – der Reichsbank, die russischen Wertpapiere von der Beleihung auszuschließen. Die Folge war der Abfluß russischer Werte nach Amsterdam und vor allem nach Paris. Die russischen Staatsschulden wurden auf den französischen Kapitalmarkt verlagert. Dies waren die Vorzeichen des später unter Alexander III. geschlossenen Allianzbündnisses mit der Republique Française.

Der Deutschlandhaß Alexanders III. war also in gewisser Weise verständlich. Er machte auch seinem Sohn Nikolaus klar, in Deutschland einen doppelzüngigen, unverläßlichen Partner, ja potentiellen Feind zu sehen.
So stand die außenpolitische Lage im Jahre 1892, als das Leben des Zarewitsch wieder in gewohnten Bahnen zu verlaufen begann. Er erfüllte seine Repräsentationspflichten und startete eine Sammelinitiative zur Bekämpfung einer von einer Mißernte ausgelösten Hungersnot. Die Sammlung erbrachte einen ziemlich hohen Betrag, den er mit den Mitteln seiner Privatschatulle verdoppelte.
Am 14. Juni (westlicher Zeitrechnung) verstarb auf Schloß Sandringham in Schottland der erst achtundzwanzig Jahre alte Duke of Clarence, jener von Alix abgewiesene skandalumwitterte Eddy, an einer schweren Grippe. Nikolaus lehnte es ab, zu Eddys Begräbnisfeierlichkeiten nach London zu fahren. Er ließ sich vertreten. Vielleicht erschien ihm dieser traurige Anlaß unpassend, die sicherlich anwesende Alix wiederzusehen. Zu Beginn des Jahres verstarb auch Alix' Vater, der Großherzog von Hessen-Darmstadt. Die nunmehr zwanzig Jahre alte Prinzessin konnte den Tod des geliebten Vaters nur schwer verkraften. Auf dem Totenbett hatte Ernst Ludwig IV. ihr das feierliche Versprechen abgenommen, nicht wie Ella nach Rußland zu heiraten. Er beschwor sie, ihren Glauben unter keinen Umständen zu wechseln und den Avancen des russischen Thronfolgers um jeden Preis zu widerstehen. Obwohl Alix mittlerweile klar war, daß sie Nikolaus liebte, resignierte sie. Der Wunsch des toten Vaters mußte respektiert werden. Im März des Jahres schien sie fest entschlossen, Nikolaus für immer zu vergessen.
Der Zarewitsch hingegen träumte weiter von ihr, aber er wurde auch ständig an die glutäugige Ballerina erinnert, die zum erklärten Schwarm der Garde geworden war. Ganz Petersburg sprach von ihr, ihrer Schönheit und Anmut, ihrem Temperament und ihrer Leidenschaftlichkeit. Sie war kein ferner, unerreichbarer Traum wie Alix, sie war Realität, betörende, verführerische Realität ... Am 25. März 1892 beschloß er, sie aufzusuchen. An jenem Märznachmittag lag die Ballerina auf dem Sofa ihres Salons in der elterlichen Wohnung in St. Petersburg. Sie litt an einem schmerzhaften Augenfurunkel, trug eine Piratenklappe über dem entzündeten Auge und wollte niemanden sehen.

Als das Hausmädchen in den Salon kam und ihr berichtete, daß ein Gardeoffizier, ein Husar namens Alexander Wolkow, im Flur stünde und sie zu sprechen wünschte, reagierte sie zunächst indigniert. Sie kannte keinen Wolkow. Dennoch entschloß sie sich, einer unerklärlichen spontanen Eingebung folgend, den Offizier gnädig einzulassen. Wenige Minuten später stand der Zarewitsch im Salon. Mathilda war fassungslos vor Glück. Eineinhalb Stunden war sie nun ganz allein mit dem Thronfolger, der sich endlich erklärte. Die wenig dekorative Augenklappe schien ihn nicht zu stören. Einen Tag darauf schickte er ihr die folgende Nachricht, die ihr Herz höher schlagen ließ: »Seit ich Ihnen begegnet bin, bin ich wie berauscht. Ich hoffe, ich kann Sie bald wiedersehen. Nicky.« Mathilda Kschessinskaja hatte ihr Ziel erreicht. Jetzt war er für sie nicht mehr der Zarewitsch, der unnahbare Thronfolger, jetzt war er Nicky. Beinahe täglich trafen große Blumensträuße ein. Er begann sie zu verwöhnen. Der Thronfolger ging bald in der einfachen Wohnung des Ballettlehrers Felix Kschessinski ein und aus. Wenn er nicht kommen konnte, schrieb er ihr kurze, rührende Liebesbriefe. Auf Nikolai Gogols Meisterwerk *Taras Bulba* Bezug nehmend, nannte er sie liebevoll seine »Panotschka«.[19] Panotschka und Nicky! Die Kschessinskaja triumphierte. Der Zarewitsch liebte sie; die Großfürsten Sergej und Alexander, die den Thronfolger manchmal begleiteten und sich im geschmackvoll eingerichteten Salon der kleinen K. wie zu Hause fühlten, bewunderten sie. Ob sie ahnte, daß dieses Märchen nur von kurzer Dauer sein konnte? Sicherlich. Aber wie sie in ihren Memoiren schrieb, dachte sie damals nur daran, so oft wie möglich mit Nicky zusammenzusein.

Der Zarewitsch aber war zu diesem Zeitpunkt offenbar hin und her gerissen zwischen zwei begehrten Frauen. War es tatsächlich möglich, daß er beide liebte? Vieles schien darauf hinzudeuten. Anläßlich eines Staatsbesuches, den er zusammen mit seinem Vater in Dänemark absolvierte, schrieb er Mathilda glühende Liebesbriefe aus Kopenhagen. Gleichzeitig aber brachte er nochmals das Thema Alix aufs Tapet. Der Zar verhielt sich wie der alte furchteinflößende Taras Bulba persönlich. »Alix von Hessen? – Kommt nicht in Frage!« brüllte er seinem Sohn mit Stentorstimme zu. Alix blieb also ein Traum. Doch »Panotschka« war längst kein Traum mehr. Nach seiner Rückkehr aus

Dänemark überredete die kleine K. Nikolaus, ihr eine eigene Wohnung zu besorgen. Er erwies sich als äußerst großzügig und schenkte ihr ein reizendes Hotel am Anglijskij-Prospekt. Eigentlich war das Hotel ein ehemaliges Schloß. In diesem Prachtbau an der englischen Uferstraße, den die Bolschewiken 1917 besetzen und entweihen sollten, passierte es dann endlich. Sie verbrachten ihre erste gemeinsame Liebesnacht. Mathilda Kschessinskaja wurde zur offiziellen Geliebten des Zarewitsch. Fast jeden Abend erschien er im reizenden Hotel und überhäufte sie mit Geschenken. Die Primadonna erlebte die Glanzzeit ihres Lebens. Stolz saß sie in ihrem Lieblingssalon vor dem großen Kamin, über dem ein gewaltiger Spiegel hing, und erwartete ihren Liebhaber. An ihrem Arm funkelte ein saphirbesetztes Brillantband. Petersburg lag ihr zu Füßen, der große Pjotr Iljitsch Tschaikowski schrieb ihr Rollen auf den Leib, sie taumelte von Erfolg zu Erfolg und schlief mit dem begehrtesten Junggesellen des Reiches. Sie genoß ihr Glück in vollen Zügen, obwohl sie ahnte, daß der Zar, der die Liaison zwar gefördert hatte, unnachgiebig die Beendigung der Affäre verlangen würde, wenn der Zarewitsch einmal standesgemäß heiraten sollte. Sie war sich der Kurzlebigkeit ihrer Idylle bewußt, doch sie verdrängte den Gedanken an das Unvermeidliche. Sie lebte ganz in der Gegenwart. Noch gehörte Nikolaus ihr, noch soupierte sie an seiner Seite in den Nobelrestaurants der Hauptstadt, noch schlief sie mit ihm.

In den Herbstmonaten des Jahres wurden Nikolaus' Besuche immer sporadischer. Als sich das Jahr seinem Ende näherte, war die Beziehung zwar noch intakt, aber Mathilda Kschessinskaja wurde in Nikolaus' Tagebuchaufzeichnungen nicht mehr erwähnt. Er zeigte sich unstet in diesen letzten Monaten des Jahres 1892. Im Tagebuch vermerkte er »unerträgliche Vormittage«, das fast tägliche Empfangen von Gesandten und Botschaftern schien ihn zu ermüden. Daß das Attentat von Otsu doch nicht ganz ohne Folgen geblieben war, bewiesen nicht nur unerwartet auftauchende Migräneanfälle, sondern auch eine stärker werdende antijapanische Haltung. Offenbar zürnte er den »guten Japanern« nun doch nachträglich.

Als er den diplomatischen Vertreter des Tenno in Privataudienz empfing, behandelte er ihn zwar höflich-distanziert, aber in seinem Tagebuch war die Rede vom »sinnlosen Gefasel des japani-

schen Makaken«. Diesen abschätzigen Ausdruck sollte er von jetzt an stets verwenden, wenn er von den Japanern schrieb.
Seine Gedanken wanderten zu Alix. Über Ella ließ er ihr ausrichten, daß er sie nach wie vor liebe. Ella tat ihr Bestes, doch Alix blieb hart. Sie gehorchte dem Wunsch ihres Vaters und reagierte ablehnend. Der konfliktscheue Nikolaus mußte in diesen Monaten zudem zur Kenntnis nehmen, daß sein eigener gestrenger Vater in ihm noch immer das Kind sah. In die Regierungsgeschäfte wurde er einfach nicht mit einbezogen. Der Zarewitsch startete zaghafte Profilierungsversuche, die der übermächtige Vater jedoch sofort unterband. Alexander III. hatte ihn zum Gehorsam, aber bedauerlicherweise nicht zur Selbständigkeit erzogen. Das schwach ausgeprägte Selbstbewußtsein des Thronfolgers litt wohl unter den Maßnahmen des dominanten Vaters, aber er fand sich bald damit ab. Wie immer revoltierte er innerlich, während er sich nach außen hin fügte. Manche Minister stellten damals fest, daß der Thronfolger Apathieanfälle erlitt, sobald Regierungsangelegenheiten erörtert werden sollten. Das war seine Art der gehorsamen Rebellion. Sein Vater weigerte sich, ihn mit den Geschäften der Staatsführung vertraut zu machen, also ließ er den Eindruck entstehen, die Kunst des Regierens würde ihn ohnehin nur langweilen. Ihm blieben seine Repräsentationspflichten und die Liebe der kleinen K. So verging ein weiteres Jahr seines zerstreuten Lebens.
Im Frühsommer des Jahres 1893 reiste der Zarewitsch nach London, um an der Hochzeit von »dear cousin George« teilzunehmen. Er kam in offizieller Vertretung seines Vaters. Die Braut war May Teck, die Exverlobte des toten Eddy, der Bräutigam der Duke of York, Nikolaus' Vetter George. Nikolaus mochte beide sehr gern. May bezeichnete er als bildhübsch. London erstrahlte im Lichterglanz, Feuerwerke illuminierten den Nachthimmel. Die Hochzeitsfeierlichkeiten beeindruckten ihn sehr. Er gönnte Cousin George sein Glück und berichtete Petersburg heiter, daß er öfter mit dem Bräutigam verwechselt worden sei. Nikolaus war gerne in London und wohnte der Prunkhochzeit glücklich bei. Aber sein Tagebuch verrät, daß er vor allem deshalb an die Themse gekommen war, um Alix wiederzusehen. Erneut wurde er enttäuscht. Alix blieb der Hochzeit von May und George bewußt fern.
Alix, die beschlossen hatte, sich ganz für ihren Bruder aufzuop-

fern, reagierte sehr betroffen, als sich Großherzog Ernst Ludwig V. im selben Jahr verlobte. Seine Wahl fiel auf die siebzehnjährige Prinzessin Victoria Melita von Sachsen-Coburg-Gotha. Melita, ein aufgewecktes, lebenshungriges Mädchen mit ausgeprägtem Selbstbewußtsein, war die Tochter des Duke of Edinburgh, eines weiteren Sohnes von Königin Victoria. Ernst Ludwig war sehr lange Junggeselle gewesen, und Alix hatte an seinem Hof die Rolle der ersten Dame des Hauses gespielt. Nun sollte sie also bald im Schatten der leichtlebigen Cousine, die den Spitznamen Ducky trug und die sie nicht ausstehen konnte, stehen. Alix war tief unglücklich. Sie verfiel in eine starke Depression, die sich auch auf ihre Gesundheit auswirkte. Psychosomatisch bedingte Ischiasbeschwerden traten auf. Ihre seelische Isolation wurde immer größer. Ella übermittelte ihr Briefe von Nikolaus. Wie immer schrieb der russische Thronfolger von seiner übergroßen Liebe zu ihr. Obwohl er nach wie vor – zumindest sporadisch – die Beziehung zur kleinen K. aufrechterhielt, schrieb er der Hessenprinzessin, daß er nur sie liebe und es sein Herzenswunsch sei, sie zu seiner Frau zu machen. Alix' Antwort vom 7. November 1893 ernüchterte Nikolaus. Die Hauptargumentation der Hessenprinzessin war, daß die Religionsbarriere einfach zu groß sei und sie – ungeachtet der Gefühle für ihn – niemals den Glauben wechseln könne und einer Ehe daher Gottes Segen versagt bleiben würde. Der verzweifelte Nikolaus konnte sich mit Alix' Entscheidung nicht abfinden und appellierte in einem langen, von seiner Niedergeschlagenheit zeugenden Brief, der die Gatschina am 17. Dezember verließ, an die Angebetete, ihren Entschluß nochmals zu überdenken. Insbesondere wies er in diesem Schreiben auf die Tiefe der russisch-orthodoxen Religion hin. Außerdem bestürmte er Ella immer wieder, auf ihre Schwester einzuwirken, war doch auch sie freiwillig konvertiert und hatte im russisch-orthodoxen Glauben die echte Erfüllung gefunden, wie sie zugab.

Doch nicht Ellas briefliche Appelle an Alix, die Frage des eventuellen Religionswechsels zu überdenken, sondern der besorgniserregende Gesundheitszustand des Zaren gab Anfang 1894 den Dingen einen völlig neuen Lauf. Alexanders Nierenschmerzen traten nun regelmäßig auf. Immer noch weigerte sich der Zar, einen Arzt zu Rate zu ziehen. Aber so sehr er sich auch dagegen sträubte, seine sprichwörtliche Riesenkraft begann dahinzuschwinden. Schließlich wurde auf unerbittliches Drängen der Zarin der Hofarzt konsultiert, der eine Niereninfektion chronischer Natur feststellte und dringend empfahl, einen Spezialisten hinzuzuziehen. Obwohl er wiederholt versicherte, er fühle sich zwischen den Anfällen völlig gesund und es bestünde kein wirklicher Anlaß zur Sorge, beschloß der Zar, für den Fall der Fälle vorzusorgen. Falls ihm tatsächlich nur noch wenig Zeit blieb, mußte die baldige Eheschließung des Thronfolgers forciert werden. Da für Nikolaus offenbar keine andere Braut als Alix in Frage kam, gab der schwerkranke, neunundvierzig Jahre alte Zar endlich nach.

Nikolaus bat seinen Vater fast flehentlich, zu der im April 1894 in Coburg stattfindenden Hochzeit zwischen Ernst Ludwig V. von Hessen-Darmstadt und Ducky Victoria Melita reisen zu dürfen. Er wollte Alix nochmals eindringlich ins Gewissen reden und ihr einen offiziellen Heiratsantrag machen. »Meinetwegen!« brummte der von seiner Krankheit bereits stark gezeichnete Gossudar. Er nahm seinem Sohn jedoch das Versprechen ab, alle Alix betreffenden Pläne endgültig zu begraben, falls diese sich weiterhin weigere, zum russisch-orthodoxen Glauben überzutreten. Nikolaus frohlockte. Neben ihm, Ella und Sergej Alexandrowitsch reisten noch fünf andere russische Großfürsten nach Coburg, das im April 1894 kurzzeitig zum Zentrum des europäischen Hochadels wurde. In Coburg gaben die Königshäuser Europas einen der letzten ganz großen Bälle des ausgehenden 19. Jahrhunderts. An hochadeliger Prominenz fehlte es wahrlich nicht. Die fünfundsiebzig Jahre alte Königin Victoria selbst, die »Großmutter Europas« (und der beiden Brautleute), führte die englische Delegation an, der stets uniformierte Kaiser Wilhelm II. eilte aus Berlin herbei. Neben der Königin und dem Kaiser fanden sich Fürsten, Herzöge, Prinzen und Prinzessinen ohne Zahl in Coburg ein. Coburg tanzte und feierte. Voller Zuversicht blickte man in die Zukunft.

Jeder im großen russischen Gefolge wußte, daß Nikolaus damit rechnete, unmittelbar nach der Hochzeit des Großherzogs seine eigene Verlobung bekanntgeben zu können. Am 5. April führte Nikolaus ein erstes Gespräch mit Alix. Es zeigte nicht den gewünschten Erfolg. Sie weinte und weigerte sich nach wie vor, die Religion zu wechseln. Die nächsten zwei Tage vermied er es, weiter in sie zu dringen.

Auf Schloß Rosenau fand abends der feierliche Hochzeitsball statt. Alle tanzten, alle waren glücklich. Auch Nikolaus, der Alix mit seinen Blicken verschlang und jeden Anwesenden lieb fand – die ehrfurchtgebietende alte Königin Victoria, Ernie und Ducky, den Vater der Braut, Onkel Affie, Alfred Duke of Edinburgh, der während der Trauungszeremonie eingeschlafen war, Ella und Sergej Alexandrowitsch, den guten alten Onkel Großfürst Wladimir und sogar den mit Orden behängten Kaiser Wilhelm II., der mit seiner Uniform zu schlafen schien. Alix war nicht nach Tanzen zumute. Nicky war bezaubernd, und sie liebte ihn, aber konnte sie das Versprechen brechen, das ihr der sterbende Vater auf dem Totenbett abgenommen hatte? Nach einer schlaflosen Nacht rang sie sich durch, der Stimme ihres Herzens zu folgen, und am 8. April gab sie Nicky endlich das lang ersehnte Jawort. Während die entscheidende Unterredung stattfand, saßen Wilhelm II. und Ella voller Spannung im Nebenzimmer. In seinen Memoiren, die der gestürzte Hohenzollern-Herrscher in vorgerücktem Alter im holländischen Exil niederschrieb – sein Biograph Friedrich Hartau bezeichnete die in der Emigration verbrachte Endphase im Leben des letzten deutschen Kaisers als »Gespenstersonate in Doorn«[20] –, erzählt Wilhelm II., daß er die Verlobung herbeigeführt habe. Nach seiner (frei erfundenen) Version ging Nikolaus ratlos vor dem Zimmer auf und ab. Da riß dem Kaiser, der Entschlußlosigkeit nicht ertragen konnte, die Geduld. Energisch trat er auf Nikolaus zu, riß einen Blumenstrauß aus einer Vase und gab ihn dem verdutzten Zarewitsch in die Hand. »Und jetzt sei ein Mann, Nicky!« sagte der deutsche Kaiser. »Zieh deine Uniform mit dem Säbel an, und mach ihr einen Heiratsantrag!« Es ist unbestritten, daß sich der Kaiser sehr über diese Verlobung freute. Er hielt Nikolaus für schwach, unintelligent und leicht manipulierbar. Für ihn bestand kein Zweifel, wer in dieser Ehe den Ton angeben würde. Alix von Hessen-Darmstadt würde den zukünftigen Herrscher aller Reußen wie eine Puppenspielerin am Gängelband führen und eine deutschfreundliche Politik Rußlands begünstigen. Davon war Wilhelm II. zutiefst überzeugt. Allein er unterschätzte Nikolaus und vor allem Alix' unbeugsamen Charakter. Nach ihrer Konversion und Heirat würde es nur noch ein Vaterland und eine Heimat für sie geben – Rußland. Der Kaiser verstand auch nicht, daß Nikolaus sich – genau wie sein Vater Alexander III. – zu Frankreich hingezogen fühlte und im Grunde seines Herzens deutschfeindlich war. Als man Nikolaus nach seiner Rückkehr nach St. Petersburg zu seiner Verlobung mit der deutschen Prinzessin beglückwünschte, antwortete er ungewöhnlich energisch: »Sie ist keine deutsche, sondern eine englische Prinzessin!«

Wilhelm II. sah einfach nicht ein, daß Bismarcks Außenpolitik eine neuerliche Annäherung zwischen Deutschland und Rußland praktisch unrealisierbar gemacht hatte. Welch kühne Träume und Visionen erfüllten damals sein Hirn, als die Verlobung offiziell bekanntgegeben wurde! Dachte er vielleicht daran, daß Deutschland und Rußland in nicht allzu ferner Zukunft ganz Europa unter sich aufteilen würden? Diesen grotesken Vorschlag hatte er schon Alexander III. einmal unterbreitet. Der Zar hatte dem jungen deutschen Kaiser, dem natürlich auch nicht abzusprechen war, daß er – von seiner Warte aus betrachtet – die Interessen eines Volkes im Auge hatte, damals eine brüske Abfuhr erteilt. »Sieh dich doch einmal im Spiegel an, Willy! Und benimm dich doch nicht ständig wie ein tanzender Derwisch!« hatte Alexander III. ziemlich barsch erklärt. Doch im Gegensatz zu Nikolaus strotzte der zweifelsohne sehr intelligente Wilhelm vor Selbstsicherheit, neigte aber auch zu krasser Selbstüberschätzung, wie aus vielen seiner unbedachten, impulsiv-spontanen Reden hervorging.

Am 8. April 1894 schloß er Nicky und Alix in die Arme und träumte davon, durch die bevorstehende Hochzeit Rußland in die Hand zu bekommen und vielleicht sogar zum Weltmonarchen aufsteigen zu können. Nikolaus und Alix ahnten nichts von den großen Plänen und Träumen Wilhelms II., der ihre Verlobung so sehr begrüßte. Sie hatten endlich zueinandergefunden. Sie fühlten sich wie Adam und Eva im Paradies. Nikolaus schenkte Alix einen Rubinring und jene Brillantbrosche, die sie ihm 1884 beim Kinderball im Anitschkow-Palais retourniert hatte. Alix sollte sich nie mehr von dieser Brosche trennen.

Glückwunschtelegramme aus aller Welt trafen ein. Die Zarin übersandte der zukünftigen Schwiegertochter zwei kostbare Geschenke: eines der legendären Ostereier des Hofjuweliers Fabergé und ein prächtiges Smaragdarmband. In ihrem Dankesbrief schrieb Alix, daß Nicky das Herz aller, auch das der Königin Victoria, erobert habe und sie sich sehr bemühen würde, die russische Religion lieben zu lernen. Die zwölf Tage nach der Verlobung verliefen sehr idyllisch und glücklich. Coburg versank im Flieder. Selbst der Frühling schien den Verliebten gratulieren zu wollen. Sie unternahmen Kutschfahrten, lagen im Gras, umarmten und küßten sich, gingen Hand in Hand durch die verträumten Gäßchen.

1894 standen sie an einem jener großen Erkerfenster des Coburger Schlosses und winkten den ihnen zu Ehren vorbeiparadierenden Kavallerieregimentern zu – britischen Ulanen, zaristischen Gardisten, unter ihnen Alexander Wolkow, der ein Geschenk für Alix mitgebracht hatte, und Einheiten des Großherzogs von Hessen. Gemeinsam verbrachten sie das Osterfest. Die Zeit verging im Flug. Während die Weltpresse von der Verlobung des Zarewitsch mit Alix von Hessen-Darmstadt berichtete, begleitete Nikolaus seine Braut zum Bahnhof. Es war der 20. April 1894. Alix fuhr zur königlichen Großmutter nach Windsor. In Petersburg las die kleine K., daß die Verlobung des Thronfolgers in weiten Teilen Rußlands mit Dankgottesdiensten gefeiert wurde. Sie war traurig und weinte. Sie hatte Nikolaus für immer verloren. Ihr kurzes Glück war vorbei. Doch wie sie in ihren Memoiren schrieb, war sie »in ihrem Kummer nicht allein«. Nun wurde Großfürst Sergej Michailowitsch, der Leiter des russischen Hofballetts, zu ihrem neuen Liebhaber.

Noch am Tag ihrer Abreise schrieb Nikolaus im Coburger Palais Edinburgh einen glühenden Liebesbrief an Alix. Sie fuhr nach England, er kehrte nach Petersburg zurück, ständig den Verlobungsring an seinem Finger betrachtend. Das reizende Hotel an der englischen Uferstraße hatte – wie seine Bewohnerin – seinen Zauber verloren. Nun, da er sich in heiliger unauflöslicher Allianz mit Alix verbunden fühlte, würde er nie mehr zur kleinen K. ins Schloßhotel kommen. Schon kurz nach seiner Rückkehr aus Coburg wandte sich die Ballerina brieflich an den Zarewitsch. Berechnend, wie sie war, bat sie den gutmütigen ehemaligen Liebhaber, an ihn herantreten zu dürfen, falls sie jemals in Not geraten oder ein ernstes Problem haben sollte. Sie kannte den sanftmütigen Charakter des Zarewitsch genau. Nikolaus antwortete umgehend. Natürlich könne sie im Notfall auf ihn zählen, schrieb er der Tänzerin in seinem Abschiedsbrief. Sie war die einzige Geliebte seines bisherigen Lebens gewesen. Sie hatte ihm das unbeschwerte Junggesellendasein versüßt und ihn zum Mann gemacht. Das würde er niemals vergessen. Gerührt und erleichtert las die Ballerina: »Was auch immer in meinem Leben geschehen wird, die Tage, die ich in Deiner Nähe verbracht habe, werden mir als die strahlendsten Erinnerungen an meine Jugendzeit in meinem Gedächtnis bleiben!« Der Zarewitsch ersuchte die Tänzerin, selbst den Ort festzulegen, wo ihr allerletztes Rendezvous, der endgültige Abschied, stattfinden sollte. Sie trafen sich an der Wolkomski-Chaussee, irgendwo an der breiten Straße zwischen Petersburg und Krasnoje Selo. Mathilda kam aus der Hauptstadt. Ihre Kutsche hielt bei einer Scheune, dem vereinbarten Treffpunkt. Ungeduldig und mit pochendem Herzen wartete sie. Als der Thronfolger herangaloppierte, schwanden ihr fast die Sinne. Er stieg vom Pferd, und sie umarmten einander ein letztes Mal. Beide weinten. Wortlos standen sie da, hielten sich umklammert und durchlebten in Sekundenschnelle nochmals ihr gemeinsames Glück. Schließlich riß sich Nikolaus los und ritt fort. Wie versteinert starrte Mathilda dem Davonreitenden nach. Das Hufgetrappel verebbte langsam. Nikolaus verschwand im fahlen Licht der untergehenden Sonne. »Obwohl ich wußte, daß alles so kommen mußte, war mein Schmerz grenzenlos«, schrieb sie viele Jahre später in Paris. Damals stand sie neben der alten, halbverfallenen Scheune und erlitt einen Weinkrampf. Sie haderte mit ihrem Schicksal.

Fortuna sollte es allerdings viel besser mit ihr meinen als mit dem Mann, der nun zurück in die Kaserne und aus ihrem Leben ritt. Bis 1917 blieb sie die berühmteste Ballerina Rußlands. 1911 kündigte sie ihren endgültigen Abschied von der Bühne an, um diese Entscheidung alljährlich rückgängig zu machen und von einer Benefizgala zur anderen zu schweben. Sie tanzte auch von einem Romanow zum anderen. Sie blieb der Dynastie verbunden – in jeder Hinsicht. Sergej Michailowitsch war ihr langjähriger Liebhaber. Sie wußte ihre Reize stets bestmöglich (und gewinnbringendst) einzusetzen. Der alte Großfürst Wladimir, einer der Brüder Alexanders III., ein berüchtigter Casanova mit grauen Schläfen, erlag ihrer Anziehungskraft – genauso wie sein Sohn Andrej Wladimirowitsch. Der alte Großfürst hatte wohl nur ein flüchtiges Abenteuer mit Mathilda, aber sein Sohn unterhielt eine längere Liaison mit der zur Legende gewordenen

Frau. Der junge Großfürst Andrej gefiel ihr ganz besonders. Seine Schüchternheit erinnerte sie an Nicky.
Als Nicky an diesem Maiabend des Jahres 1894 nach Krasnejo Selo zurückritt und Mathilda weinend in die Kutsche stieg, ahnten beide nicht, welch grausames Spiel das Schicksal mit dem letzten Zaren Rußlands treiben würde. Nikolaus war sechsundzwanzig Jahre alt; er dachte damals gar nicht daran, daß er bald die Zarenkrone tragen müssen würde. Er war vielmehr überzeugt, daß sich sein Vater aufgrund seiner eisernen Konstitution wieder erholen würde. Seine Gedanken kreisten um seine Braut Alix, die ihn in England erwartete. Am 3. Juni verließ er Petersburg an Bord des Schiffes *Alexandria.* In Kronstadt stieg er auf die weiße *Polarstern,* die *Poljarnaja swesda,* seine Lieblingsyacht, um. Am 8. Juni (russischer Zeitrechnung, nach westlicher Zeitrechnung war es der 20. Juni) lief diese in die Themse ein. Obwohl es heftig regnete, als die weiße Zarenyacht in dem kleinen Ort Walton-on-Thames festmachte, war Nikolaus wie berauscht. Der Regenschauer störte ihn nicht. Die Wiedersehensfreude war zu groß. An der Spitze der ihn erwartenden Ehrenkompanie standen Alix, ihre älteste Schwester Victoria und deren Gemahl Prinz Ludwig von Battenberg. Schnell brachte Nikolaus die offizielle Begrüßungszeremonie hinter sich, um sich dann mit seiner Braut zurückzuziehen. Zum erstenmal wohnten sie nun unter demselben Dach und verbrachten eine herrliche, unbeschwerte Zeit. Allerdings war der Terminkalender des hohen Gastes randvoll. Empfänge, Militärübungen, wie etwa eine Inspektionsvisite in der britischen Marineschule von Greenwich, eine Pferdeauktion und zahllose Besuche bei der hochgestellten Verwandtschaft standen auf dem dichtgedrängten Programm.
So konnte er nur wenige Tage ganz allein mit Alix verbringen. Am Abend seiner Ankunft überreichte er der Braut mehrere Geschenke: einen rosaroten Perlenring mit passendem Collier und ein sündhaft teures Stück von Fabergé, das offizielle Verlobungspräsent des Zaren von Rußland. Es soll zweihundertfünfzigtausend Rubel gekostet haben. Der sonst so sparsame Alexander III. zeigte sich also überaus großzügig. Alix war sprachlos. Sie hatte nur Augen für Nicky, der alle bezauberte. Wieder einmal weinte sie vor Glück. Die Königin fand Nicky sehr liebenswert. In Windsor wurde der russische Thronfolger

in das fast zu einem Schrein umfunktionierte Zimmer des verstorbenen Eddy geführt. Gemeinsam mit Alix fand er sich auf Wunsch der Königin in Eddys Gruft ein. Die Braut legte Blumen auf die letzte Ruhestätte des früh verstorbenen Skandalprinzen.
Eine andere Aufgabe war viel eher nach dem Geschmack der Verlobten. Sie besuchten Cousin George und Cousine May Teck auf deren Landsitz White Lodge in der Nähe von Richmond. May hatte gerade einem Sohn das Leben geschenkt. Alix und Nikolaus blickten gerührt auf das winzige Wesen, das sich in der Wiege räkelte. Dachten sie an ihre eigene Zukunft, an die Kinder, die sie einmal haben würden? Mit Freude wurden sie – auf ausdrücklichen Wunsch von Vater George – zu Taufpaten des Babys, das den Namen Edward erhielt. Der kleine Schreihals von White Lodge war der spätere Kurzzeitkönig Edward VIII., jener im Familienjargon »Uncle David«[21] genannte Duke of Windsor, der aus Liebe zu einer geschiedenen Frau auf den englischen Thron verzichtete. Aber als die Liebesheirat zwischen Edward VIII. und der Amerikanerin Wallis Simpson einen Jahrhundertskandal auslöste, waren die Paten Nikolaus und Alexandra schon zwanzig Jahre tot.
Nikolaus, der einen so guten Eindruck auf die englische Verwandtschaft machte – in vertrauter, ihm wohlgesinnter Umgebung blühte er offenbar auf und verlor die Schüchternheit, die er bei hochoffiziellen Auftritten in der Öffentlichkeit fast immer an den Tag legte –, bezeichnete sich damals als »neugeborenen Paradiesbewohner«. So glücklich war er. Er beichtete Alix seine Affäre mit der Tänzerin Mathilda Kschessinskaja. Sie vergab ihm, kommentierte den sündhaften Fehltritt aber in seinem Tagebuch, das sie in jener Zeit mit vielen merkwürdigen, ihrem damals schon zum Mystizismus neigenden Charakter entsprechenden Eintragungen bereicherte. Sie legte Nikolaus nahe, den Allmächtigen um Verzeihung zu bitten, denn: »Solange wir bereuen, wird uns Gott vergeben!« Er hatte gefehlt, aber er bereute, und so vergab sie ihm, wie Gott ihm vergeben würde. Bereute er wirklich? Zumindest ließ er Alix in diesem Glauben, die fleißig Russisch paukte (das sie übrigens zeitlebens nur mangelhaft beherrschen sollte), während er seinen vielen offiziellen Verpflichtungen nachkommen mußte.
Zu dieser Zeit wollte sich der Zarewitsch einen Eindruck vom

britischen Parlamentarismus verschaffen, den er, den Lehren seines Erziehers Konstantin Pobedonoszew folgend, ablehnte. Der künftige Alleinherrscher über ganz Rußland stattete also Westminster einen Besuch ab. Es war einer jener öffentlichen Auftritte, die so gar nicht nach seinem Geschmack waren. Die Unterhausdebatte langweilte ihn. Er war froh, daß Rußland kein Parlament besaß, und sah die Ansichten seines Vaters (und Pobedonoszews) bestätigt. Allerdings machte auch er keine besonders gute Figur – zumindest in den Augen der meisten britischen Abgeordneten. Der die Gepflogenheiten des aus Unterhaus und Oberhaus bestehenden Systems nicht verstehende Zarewitsch verhielt sich abweisend und uninteressiert. Wie immer kaschierte er seine Unsicherheit hinter einer Fassade von Unnahbarkeit. Ein Mitglied des Unterhauses, T. P. O'Connor, analysierte den Besuch des russischen Thronfolgers ausführlich. O'Connor empfand fast Mitleid mit Nikolaus und war überzeugt, daß dieser junge Mann seinem künftigen Amt nicht gewachsen sein und keine glückliche Zukunft haben würde.
Am 11. Juli mußte Nikolaus die Rückreise antreten. Die *Polarstern* verließ die englischen Küstengewässer. Er fühlte sich traurig und müde. In seiner Kabine schlug er das Tagebuch auf und las immer wieder Alix' Lieblingsvers, den sie ihm zum Abschied hineingeschrieben hatte: »Und Freud und Leid und Glück und Not so miteinander tragen, vom ersten Kuß bis in den Tod sich nur von Liebe sagen!« Während ihrer Trennung wurden sie sich beinahe täglich schreiben. Auch Alix verließ England und die geliebte Großmama und kehrte nach Darmstadt zurück. Sie träumte davon, daß Nikolaus sich bald wieder bei ihr – diesmal in ihrer Heimatstadt – einfinden würde. Doch daraus wurde nichts. Die nächste Reise sollte nicht Nikolaus, sondern sie selbst unternehmen. Sie würde nach Rußland fahren müssen, und der Anlaß würde ein trauriger sein.
Bald nach seinem Eintreffen in Petersburg hatte der Zarewitsch zunächst noch einmal Grund zur Freude. Sein bester Freund Sandro, sein Onkel Großfürst Alexander Michailowitsch, heiratete Nikolaus' Schwester Xenia. Die pompöse Zeremonie, die auf traditionell prunkvolle Weise begangen wurde – mit donnernden Salutschüssen, vorbeiparadierenden Eliteeinheiten der Garde, blumenstreuenden, unzähligen jubelnden Schaulustigen und einem Ball, der an die Hochzeit eines Kalifen aus *Tausend-*

undeiner Nacht erinnerte –, wurde jedoch von der Krankheit des Zaren überschattet. Sein Gesundheitszustand verschlechterte sich nun rapide. Sein Herz wurde schwächer, Wasser begann sich zu stauen. Endlich traf der vom Hofarzt Sacharjin längst angeforderte ausländische Spezialist, der Berliner Professor Leyden, eine weltweit anerkannte Kapazität auf dem Gebiet der Internistik, ein. Leyden bestätigte die Diagnose des Hofarztes – chronische Niereninfektion. Da die gefährliche Krankheit so lange unbehandelt geblieben war, versprach sich der Berliner Internist nur geringe Heilungschancen. Er verordnete jedoch sofortige Ruhe, Vermeidung von Aufregung und Streß und riet zu einem ausgedehnten Rekonvaleszenzaufenthalt in einem milden, gemäßigten Klima. Der Zar beschloß, nach Livadia zu fahren. In der bevorzugten Sommerresidenz auf der Krim hatte er sich immer sehr wohl gefühlt. Alexander III. fuhr auf die Krim, um zu sterben. Darüber waren sich nicht nur die machtlos gewordenen Vertreter der Medizin im klaren, sondern auch alle Familienmitglieder. Auch der Gossudar selbst gab sich keinen Illusionen hin. Er wußte, daß seine Stunde bald schlagen würde. Im Herbst verschlechterte sich sein Zustand so sehr, daß alle Minister die Reise auf die Krim antreten mußten. In den ersten Oktobertagen ging ein dringliches Telegramm in Darmstadt ein. Alix wurde ersucht, sich in Livadia einzufinden. Nun wußte auch das Ausland, daß Alexander im Sterben lag. Kaiser Wilhelm II. persönlich verabschiedete die Hessenprinzessin am Bahnhof. Als der Zug die Station verließ, wußte Wilhelm, daß er gerade die neue Zarin von Rußland umarmt hatte.
Nikolaus war damals einem Nervenzusammenbruch nahe. Alles drehte sich um den sterbenden Vater. Der verzagte Zarewitsch verzichtete auf seine zur Gewohnheit gewordenen täglichen Spaziergänge. Der Herbst zeigte sich von seiner herrlichsten Seite, doch Nikolaus sah die Farbenpracht nicht, spürte nicht den betörenden Duft der Blumen, hatte kein Auge für die gelbbräunlichen Blätter, die der Wind von den Bäumen des Palastparks blies, hörte nicht das Brüllen des Meeres. Livadia hatte in jenen Tagen den Charakter eines Mausoleums. Minister kamen und gingen, alle Räume waren verdunkelt, kein Sonnenstrahl erhellte die vielen Zimmer des Prunkbaus, Diener liefen flüsternd herum, Priester beteten. Johann Janyschew, der Beichtvater des Zaren, und der als heilig verehrte Johann von Kronstadt

fanden sich im Schlafzimmer Alexanders III. ein, abwechselnd für das Seelenheil des todgeweihten Vaters der Nation betend.
Im Angesicht des herannahenden Todes von Alexander dachte niemand daran, Alix den Sonderzug des Zaren entgegenzuschicken. Als sie die russische Grenze passierte, erwartete sie kein offizielles Begrüßungskomitee. Eilends stieg sie daher in den nächsten öffentlichen Zug um und fuhr mit ihrer Begleitung auf die Krim. In Jalta stand Nikolaus an der Station. Er umarmte sie und konnte seine Tränen nur mühsam zurückhalten. Im offenen Wagen fuhren sie rasch nach Livadia. Zahllose neugierige Passanten, die einen ersten Blick auf die zukünftige Zarin erhaschen wollten, warfen ihnen Blumen zu, Hochrufe wurden laut, doch Nikolaus nahm all diese Wohlwollensbekundungen des Volkes wie durch eine Nebelwand wahr. Alix erkannte, wie aufgewühlt er war. Die zehn Tage von Livadia, in denen Alexander III. mit dem Tode rang, vermittelten ihr einen traurigen Eindruck von der Schwäche und Unsicherheit ihres Bräutigams, der der Situation offensichtlich nicht gewachsen war. Entgegen dem Rat seiner Ärzte verließ Alexander III. sein Krankenzimmer und zog ein letztes Mal seine Galauniform an, um Alix willkommen zu heißen. Sie verneigte sich vor dem riesigen, vom Tode gezeichneten Mann und versuchte alles in ihrer Macht Stehende, Nikolaus zu trösten und aufzurichten.
Nikolaus war sich wohl bewußt, daß nun alle Hoffnungen des Hauses Romanow auf seinen Schultern lasteten. Vielleicht war er deshalb so nervös und hilflos. Vielleicht hatte er Angst vor der Zukunft und ahnte, wie schwer es ihm fallen würde, das Erbe Alexanders III. anzutreten. Zwei Tage vor seinem Tod rief ihn der Vater zu einem langen Vieraugengespräch zu sich. Es war der 18. Oktober 1894, als Nikolaus vor ihm stand. Alexander saß in einem riesigen Voltairesessel, sein Atem ging schwer und rasselnd. Kurz zuvor hatte man ihm Sauerstoff gegeben. Mit eiserner Willenskraft richtete er sich ein wenig im Sessel auf und diktierte Nikolaus mit matter Stimme sein politisches Vermächtnis.
Den nächsten Tag verbrachte der Zar im Bett. Am Morgen des 20. Oktober 1894 bestand Alexander III. darauf, nochmals in den großen Lehnstuhl getragen zu werden. Die gesamte Familie war um ihn versammelt. Er küßte jeden einzelnen, auch Alix und Ella, und sagte: »Nun geht und betet für mich!« Seine Ago-

nie dauerte noch bis zum Nachmittag. Der Priester Johann von Kronstadt spendete ihm die Sakramente. Als er die heilige Kommunion und die Letzte Ölung erhielt, waren nur noch seine Frau und seine Kinder bei ihm. Sie knieten um den im Fauteuil zusammengesunkenen Zaren. Er hatte die Augen bereits geschlossen und atmete kaum hörbar. Die Familie betete. Gegen halb vier Uhr nachmittags öffnete er nochmals die Augen, lächelte seine Frau an und flüsterte verlöschend: »Ich bin noch nicht tot, aber ich habe schon einen Engel gesehen.« Sein Kopf fiel an die Schulter seiner Frau, und das Herz des Zaren stand still. Zar Mirotworjez, der Friedenszar, lebte nicht mehr.
Als Nikolaus das Sterbezimmer verließ, war er unansprechbar. Alix sah zu, wie er, geistesabwesend und verstört, mechanisch einen Schritt vor den anderen setzend, die lange Wendeltreppe zum Erdgeschoß hinunterging.
Am Abend, als aus dem nahen Hafen von Jalta Salutschüsse zu vernehmen waren, hatte sich Nikolaus etwas gefaßt. Bei geöffnetem Fenster saß er am Schreibtisch und hielt den Tod des Vaters im Tagebuch fest. Seine letzte Nacht als Zarewitsch. Erst sehr spät fiel er in einen unruhigen Schlaf. Als er erwachte und ans Fenster trat, begrüßten ihn die Palastsoldaten mit dem Ruf: »Gott schütze den Zaren!« Er salutierte und begriff erstmals richtig, daß er jetzt Herrscher aller Reußen war, der Gossudar eines Riesenreiches, an dessen Ostgrenze die Sonne zum selben Zeitpunkt aufging, da sie an der Westgrenze bereits wieder versank. Ein neuer Tag, ein neues Leben begann …

Im Schatten des Titanen – Das erste Jahrzehnt der Herrschaft Nikolaus' II.

Bereits einen Tag nach dem Tod Alexanders III. konvertierte Alix zum russisch-orthodoxen Glauben. Die Konversion war eine langwierige, von Gebeten und rituellen Gesängen untermalte Kulthandlung, die die Hessin zwar beeindruckte, ihr aber auch viel Geduld und Ausdauer abverlangte. Am Portal der Palastkirche kniend, vernahm sie die Frage des Priesters: »Willst du dem Glauben unserer Kirche angehören?« Alix bejahte und neigte den Kopf. Daraufhin murmelte der ehrwürdige Pope mit dem ellenlangen grauen Bart Gebete und bat den Gott der Väter feierlich im Namen der Hessenprinzessin um Aufnahme in die wahre Religion. In ihrem schlechten Russisch mußte sich Alix nun zum neuen Glauben bekennen. Wort für Wort sprach sie dem Popen nach. Dann durfte sie sich erheben und zusammen mit Nikolaus und den anderen Familienmitgliedern die Kirche betreten. Wie eine Schlafwandlerin schritt sie in dieser weihrauchschwangeren, vom Choralgesang dominierten Atmosphäre auf den Altar zu. Hier erfolgte der Salbungsakt mit dem heiligen Öl, das nur einmal im Jahr verabreicht werden durfte. Der Priester bestrich ihr damit Schläfen und Stirn, Nase und Augen, Ohren, Hände und Füße. Erneut mußte sie das Glaubensbekenntnis nachsagen. Dann wurde ihr das Kreuz gereicht, das sie dreimal küßte. Mit der Absolution, auf die eine Hymne folgte, in der das Wohl aller Mitglieder des russischen Kaiserhauses beschworen wurde, ging der Konversionsakt zu Ende. In Nikolaus' erstem Manifest als designierter Zar wurde die Konversion und Alix' Ernennung zur Großfürstin Alexandra Fjodorowna, die fortan den Titel »kaiserliche Hoheit« tragen durfte, proklamiert.

Es gab schon bald darauf Debatten, wo die Hochzeit des neuen Zaren stattfinden sollte. Während Nikolaus noch auf der Krim

heiraten wollte, bestanden die Brüder Alexanders III. auf einer Hochzeit in St. Petersburg. Nikolaus gehorchte dem Willen der Onkel. Den Gesetzen der Tradition folgend, mußten nach dem Tod eines regierenden Souveräns vierzig Tage vergehen, ehe der neue Zar heiraten durfte. Da jedoch die Fastenzeit nahte, beschloß man, eine Ausnahme zu machen. Der letzte Tag vor Beginn der großen Fastenperiode, der 14. November 1894, wurde als Hochzeitstag festgelegt. Doch noch lag der einbalsamierte Leichnam Alexanders III. in Livadia. Es war, als ob der Gigant, das verstorbene Bollwerk Rußlands, noch im Tode die Geschicke seiner Umgebung und des Landes dirigierte. Geraume Zeit wartete man auf den Sarg des Zaren, der aus Petersburg geschickt wurde. Der Zug mit dem Sarg traf nicht planmäßig ein, da die Eisenbahnstrecke von unerwartet früh und heftig einsetzenden Schneestürmen blockiert wurde und mehrere Male geräumt werden mußte.
Endlich traf der Sonderzug mit dem Sarg ein. Der Sarg wurde mit der Zaren-Standarte bedeckt und auf eine Tragbahre gelegt. Der Leichnam trat seinen langen Weg nach Petersburg an. Von Livadia aus folgte der endlos scheinende Trauerkonvoi der Serpentinenstraße nach Jalta. Alexandra erschöpfte der lange Weg – sie litt wieder unter Ischiasbeschwerden und war keine geübte Fußgängerin –, aber sie ließ sich nichts anmerken. Im Hafen von Jalta hatte sich eine ungeheure Menschenmenge versammelt. Die respektablen Bürger der Stadt und Bauern aus den naheliegenden Dörfern, Arme und Reiche sahen zu, wie der Sarg des Gossudaren auf den Kreuzer *Pamjat Merkurja* verladen wurde. Viele Männer und Frauen bekreuzigten sich. Die Abergläubischen unter ihnen beobachteten die hochgewachsene, tiefverschleierte Braut des jungen Zaren am aufmerksamsten. Eine Braut im Gefolge eines Sarges! »Diese Frau wird Rußland Unglück bringen!« lautete der Tenor der Schwarzseher. Jetzt zeigte sich, wie sehr das einfache Volk den rauhen »Friedenszaren« geliebt und idealisiert hatte. Es war, als ob viele Hellsichtige ahnten, daß mit Alexander III. eine Ära der Prosperität und des Friedens zu Ende ging und der neue Zar nur noch das Requiem auf die Romanow-Dynastie schreiben können würde.
Die *Pamjat Merkurja* stach in See. Das Meer war ruhig, schien den Atem anzuhalten wie die gesamte Nation. In Sewastopol fand eine weitere Totenmesse statt. Als die Leiche in den kaiser-

lichen Sonderzug umgebettet wurde, donnerten Salutschüsse von den Festungen der Stadt. Die Krim nahm endgültig Abschied von Alexander III. Der Zugkonvoi bestand aus achtunddreißig Waggons. Vier Züge verließen Sewastopol nacheinander. Die Reiseroute betrug mehrere tausend Kilometer. Auf allen großen Stationen wurde haltgemacht. In Moskau legte man eine zweitägige Pause ein. Der Sarg wurde in einer der Kirchen des Kreml aufgebahrt. An einem düsteren, nebligen, verregneten Herbsttag traf der Trauerzug schließlich auf dem Nikolajewski-Bahnhof in Petersburg ein. Sergej Witte führte das Begrüßungskomitee an. Auch ihm schien die Braut nicht sonderlich zu gefallen. Am Abend desselben Tages brachte er seine Eindrücke zu Papier. »Der neue Zar traf mit seiner Braut ein, der künftigen Zarin, in die er, wie man sagt, verliebt ist«, schrieb der Minister lapidar.

Eine Woche lang lag der einbalsamierte Leichnam offen in der Peter-Pauls-Kathedrale aufgebahrt. Täglich füllten Menschenmengen die Kathedrale. Die eigentliche Beisetzungsfeier dauerte mehrere Stunden. Der Metropolit wollte die Totenmesse besonders feierlich gestalten und predigte mit Inbrunst und donnernder Stimme. Doch da gingen der Zarinwitwe die Nerven durch. »Genug, endlich genug!« schrie sie dem verdutzten Kirchenfürsten entgegen. Alle waren erschöpft und mitgenommen. Endlich wurde der Sarg in die Zarengruft hinabgesenkt. Es war der 7. November 1894. Die Beisetzung Alexanders III. war die letzte Zarenbestattung Rußlands.

Am Tag nach der Beerdigung Alexanders begann es zu schneien. Während der Winter also frühzeitig Einzug hielt und Nikolaus und Alexandra die Woche bis zur Trauung, einem alten Brauch folgend, getrennt verbrachten (sie logierte im Stadtschloß ihrer Schwester Ella, er blieb bei seiner Mutter im Anitschkow-Palais), trafen Beileidsschreiben aus der ganzen Welt ein. Über das Riesenreich war eine einjährige Trauerperiode verhängt worden. Wie die vielen Beileidsschreiben bekundeten, trauerte auch das Ausland um den Friedenszaren.

Kaiser Wilhelm II. schrieb Nikolaus einen lang ausufernden Beileidsbrief, in dem von der Herzensgüte und Charakterstärke des toten Zaren die Rede war. Nikolaus mochte Wilhelm II., mit dem er stets in englischer Sprache korrespondierte, nicht besonders, aber er zeigte seine Antipathie nicht offen. Seine Briefe an

den deutschen Monarchen waren immer knapp und so neutral wie möglich gehalten. Auf der einen Seite machte er keine Zusagen oder Versprechungen, auf der anderen jedoch erteilte er auch keine eindeutigen Absagen. Sein fataler Hang, es allen recht machen zu wollen, spiegelte sich vor allem in seiner Korrespondenz mit dem Hohenzollern-Herrscher.
In der Woche, in der er sich auf seine Hochzeit vorbereitete, beschäftigten ihn zudem lediglich persönliche Probleme. Politik war damals immer noch ein Fremdwort für ihn. Er litt unter der kurzen Trennung von Alexandra, der es nicht anders erging. Nach wie vor wurde sie von dunklen Vorahnungen geplagt. Ihre düstere Stimmung artikulierte sie allerdings erst Monate später: »Meine Hochzeit erschien mir wie ein weiterer Trauergottesdienst, sie war die Fortsetzung der Beerdigung, nur daß ich weiß gekleidet war!« Diese Hochzeit fand am 14. November statt. Als Petersburg erwachte, verkündeten einundzwanzig Salutschüsse, daß ein ganz besonderer Festtag auf die Hauptstadt wartete. Seit den frühen Morgenstunden drängte sich das schaulustige Volk, bewaffnet mit Stühlen und Leitern und selbstgebastelten Lagerböcken, auf jene zwei Plätze, welche der Hochzeitszug unweigerlich passieren würde: den riesigen Njewskij-Prospekt und das Gelände vor der Kasan-Kathedrale. Überall waren große Absperrungsanlagen errichtet worden, ein beträchtliches Militäraufgebot sicherte den Weg zum Winterpalast und zur Kathedrale. Hurra- und Hochrufe wurden laut, als Nikolaus zusammen mit seinem Bruder Michail in den Winterpalast fuhr. Die Braut kam in einer eigenen, goldenen, mit Edelsteinen besetzten Kutsche, die noch aus der Zeit Katharinas der Großen stammte, jener bemerkenswerten Frau, die ebenfalls aus Deutschland stammte. Katharinas Kutsche, mit der Alexandra am 14. November 1894 zum Winterpalast fuhr, wurde von acht Schimmeln gezogen. Der Zar mußte fünfundvierzig Minuten auf seine Braut warten, die im grünen Malachitsaal des Winterpalastes zurechtgemacht wurde. Allerdings entfaltete man dort bereits seit Stunden regste Aktivität. Die Braut wurde geschmückt. Sie trug ein weiß-silbernes, mit Diamanten besetztes Kleid. Ihre blonde Haarmähne wurde hochgesteckt, auf beiden Seiten des Gesichtes ließ man jedoch, der Tradition entsprechend, jeweils eine Locke herunterhängen. Alexandra ließ diese lange Prozedur mit stoischer Ruhe über sich ergehen. Während

man ihr den roten Katharinenorden umhängte, ihr Haar mit Orangenblüten schmückte und ihr die diamantenen Kronjuwelen, bestehend aus Collier, Ohrklipsen und Armbändern, überreichte, mußte sie an ihre ferne Heimat denken. Einzig der kleine Brautschleier ihrer früh verstorbenen Mutter erinnerte sie an ihre Herkunft und Vergangenheit. Mechanisch nahm sie wahr, wie man ihr die im Schein der Brillanten funkelnde Brautkrone aufsetzte. Sie war fast fertig. Es fehlte nur noch der hermelingefütterte Mantel aus Goldbrokat, dessen lange Schleppe von vier Pagen getragen werden mußte. Sie blickte in den Spiegel und atmete tief durch. Jetzt war sie bereit.

In den riesigen Sälen des Winterpalastes wartete indes nicht nur der Zar auf das Erscheinen der Braut, sondern achttausend geladene Hochzeitsgäste. Ein Heer von Uniformen bevölkerte die Prunkräume, den Konzertsaal, den Nikolaus-Saal, den Georgssaal, die kaiserliche Rüstkammer und die Feldherrenhalle. Das Aufgebot der Großfürsten war gewaltig. Besonders der hünenhafte Nikolaj Nikolajewitsch, der Liebling der Armee, Nikolascha, wie der Zar ihn nannte, bot einen beeindruckenden Anblick, als er in seiner Galauniform stolz durch die Säle schritt und mit seiner Stentorstimme die wichtigsten Honoratioren begrüßte. Welche Konzentration von Macht und Reichtum an jenem Novembertag des Jahres 1894 im Winterpalast versammelt war! Der alte König Christian IX., der Vater der Zarinwitwe, war ebenso an die Newa geeilt wie der König und die Königin von Griechenland, der Prince of Wales, der spätere Edward VII., war gekommen wie auch Cousin George, der Duke of York und spätere King George V., Prinz Heinrich von Preußen, der Bruder Wilhelms II., war da und natürlich der Bruder der Braut, Großherzog Ernst Ludwig V. von Hessen-Darmstadt. Der Erbprinz von Rumänien unterhielt sich angeregt mit Kronprinz Georg von Griechenland, jenem »Georgie«, der Nikolaus in Japan das Leben gerettet hatte.

Endlich erschien die von allen erwartete Braut. Dreiundfünfzig Salutschüsse kündigten den Beginn der Zeremonie an. Mit todernstem Gesicht schritt Alexandra an der Seite von Nikolaus durch die ehrfürchtig platzmachende Menge. Alles starrte auf das junge Kaiserpaar, dem eine endlose Prozession von engsten Familienangehörigen und ausländischen Delegationen folgte. Während sie sich langsam auf die Palastkapelle zubewegten, skandierte die Zuschauermenge: »Gott schütze den Zaren!« Die Kapelle war zum Bersten gefüllt. Der Hofgeistliche nahm den feierlichen Trauungsakt vor. Auf dem Altar lagen die Ringe, ein silberner für Alexandra und ein goldener für Nikolaus. Der goldene Ring des Bräutigams stand symbolisch für die Sonne, deren Strahlkraft von Nikolaus auf Alexandra übergehen sollte. Ihr eigener silberner Ring war als Mondsymbol gedacht. Die Brautleute hatten brennende Kerzen in den Händen, und Priester hielten während des gesamten Gottesdiensts Kronen über ihre Köpfe. Die rituelle, dreimal wiederholte Umkreisung des Altartisches markierte den Höhepunkt der Zeremonie. Mit diesem Ritual verhieß ihnen der Vertreter Gottes eine glückliche Zukunft im Schutze des Allmächtigen. Schließlich reichte der Geistliche dem Paar den Kelch, in dem Rotwein mit Wasser vermischt war. Nikolaus trank als erster daraus, dann nahm Alexandra einen Schluck. Mit diesem rituellen Trinkakt wurde – wiederum symbolisch – zum Ausdruck gebracht, daß der Zar und die Zarin fortan Freud und Leid, Hoffnung und Trauer miteinander teilen würden. Nach zwei Stunden war die Trauung vorüber. Aufgrund der einjährigen Hoftrauer wurde kein Hochzeitsball veranstaltet. Das Brautpaar fuhr an den jubelnden, fast die Absperrungsmarkierungen sprengenden Volksmassen vorbei ins Anitschkow-Palais.

Das neue Kaiserpaar wohnte vorerst bei der Zarinmutter im riesigen Anitschkow-Palais. Nikolaus begann zu regieren. Im Winterpalast empfing er bereits einen Tag nach der Hochzeit einen Minister nach dem anderen, stürzte sich mit großer Gewissenhaftigkeit ins Aktenstudium und gab den Umbau eines Flügels, der seinen und Alexandras Bedürfnissen angepaßt werden sollte, in Auftrag. Obwohl er ein starker Zar sein wollte, mußte er schon zu Beginn seiner Regentschaft feststellen, daß ihn sein Amt überforderte. Er trat es völlig unvorbereitet an, er dilettierte, um es ganz kraß zu formulieren. Er stand nicht nur im Schatten des verstorbenen Titanen, sondern – vor allem im ersten Regierungsjahr – hauptsächlich unter dem Einfluß seiner Mutter. Maria Fjodorowna und die ihr ergebenen Minister, allen voran der hochgewachsene, korpulente, integre und eminent befähigte Sergej Witte, übten die wahre Macht im Staat aus. Alexandra fühlte sich unwohl im Anitschkow-Palais, das die Zarinwitwe – wie in diesen Monaten das ganze Land – mit

eiserner Hand regierte. Sie lernte weiter Russisch, quälte sich mit der schwierigen Sprache ab und konstatierte ohnmächtig, daß sich ihr Nicky von dem von seiner Mutter angeführten Hof manipulieren ließ. Indem sie ihm erneut Ermahnungen ins Tagebuch schrieb, tat sie jedoch unbewußt dasselbe wie ihre ihr zunehmend feindlicher gegenüberstehende Schwiegermutter. Sie versuchte, den neuen Zaren zu bevormunden und zu dominieren. Die Atmosphäre im Anitschkow-Palais war oftmals zum Zerreißen gespannt. Alix litt sehr darunter, noch keinen eigenen Hausstand zu haben. Nikolaus aber wollte weder seine Mutter noch seine Frau verletzen. Maria Fjodorowna genoß ihre Führungsrolle und wachte peinlich genau darüber, daß das von Zar Paul I. im Jahre 1796 ins Leben gerufene Familienstatut, wonach jede Zarinwitwe Vorrangstellung einnahm (und somit protokollarisch auch vor einer regierenden Zarin rangierte), eingehalten wurde. Alexandra jedoch wollte die erste Frau im Staate sein und fühlte sich von der Schwiegermutter gedemütigt. Deshalb versuchte sie schon damals, ihren Mann umzuformen, ihn härter und unnachgiebiger zu machen.
Doch der schüchterne junge Monarch, »Nicky mit den Gazellenaugen«, wie ihn manche Familienmitglieder nannten, dessen Sanftheit und Höflichkeit sogar Menschen, die ihn nicht mochten, auffiel, beugte sich dem Diktat der Mutter. Als Witte in jenen Tagen und Monaten bei Nikolaus vorsprach, um die eine oder andere Frage zu erörtern, bekam er immer dieselben stereotypen Antworten: »Wenden Sie sich an meine Mutter! Ich werde mit meiner Mutter darüber sprechen!«
Als das ereignisreiche Jahr 1894 zu Ende ging, dankte der so vielen Manipulationen ausgesetzte junge Zar Gott dafür, daß er ihm im Augenblick des tiefsten Leides die geliebte Alix als Frau zur Seite gestellt hatte.
Die Vertreter der sogenannten Semstwos, der lokale Selbstverwaltung anstrebenden Landstände, bombardierten den neuen Zaren mit Petitionen und Reformvorschlägen. Die Semstwos waren 1864 von Alexander II. ins Leben gerufen worden. Diese hauptsächlich von Adeligen dominierten Körperschaften, mit denen der Befreiungszar sein Reformwerk einleitete und den Grundstein für die erträumte parlamentarisch-konstitutionelle Monarchie legte, hatten unter Alexander III. eine wahre Eiszeit erlebt. Ihre Bittschriften waren ignoriert oder abgelehnt wor-

den. Nun hoffte man auf den neuen Zaren, nicht einsehend, daß Nikolaus nicht nur der Erbe seines Vaters, sondern auch der Autokratie war. Alle Semstwo-Hoffnungen auf ein Tauwetter nach der Alexandrinischen Eiszeit waren daher vergebens. Nikolaus befolgte konsequent das Vermächtnis des Vaters. Sein einflußreicher Berater, der greise Konstantin Pobedonoszew, verdammte die laufend eingehenden Petitionen, die nach Aufruhr rochen. Er konzipierte deshalb eine Rede für den Zaren, die als direkte Kampfansage an alle Feinde des Staates, die liberalistischen Umstürzler aus Semstwo-Kreisen und vor allem die radikalen, auf den Kurs der Gewalttätigkeit eingeschworenen Sozialrevolutionäre, gedacht war. Am 17. Januar versammelten sich im Nikolajewskij-Saal des Anitschkow-Palais die Semstwo-Repräsentanten und die Vertreter der Städte und der Kosakenheere. Gespannt wartete die riesige Menge auf das Erscheinen des Kaiserpaares. Zar und Zarin machten keinen guten Eindruck. Nikolaus erschien nervös und verklemmt, Alexandra steif, gehemmt und unnahbar. Offensichtlich eingeschüchtert und verwirrt, starrte Nikolaus auf die Menge, der er seine Macht beweisen mußte. Er war kein geübter Redner und nestelte verlegen an der Schaffellmütze herum, in der er den von Pobedonoszew entworfenen Text verbarg. Er wollte überlegen und souverän auftreten. Doch nun, im Angesicht der vielen ihm feindlich gesinnten Menschen, wie ihm sein greiser Berater eingehämmert hatte, verlor er fast die Fassung.
Die erste Rede des Zaren mißglückte. Es hagelte Protestschreiben. Nicht nur die Liberalen begehrten auf. Die im Untergrund operierenden Sozialrevolutionäre sprachen von einem Peitschenhieb des jungen reaktionären Zaren. In Geheimpamphleten wurde zu bewaffnetem Widerstand aufgerufen. Prominente Emigranten schmuggelten Flugblätter nach Rußland ein, deren Losung »Kampf dem neuen Tyrannen« lautete. Aber auch die offiziellen Medien, die führenden Zeitungen von St. Petersburg, druckten ungeniert offene Protestbriefe, aus denen Empörung und Entrüstung sprach. Alexandra aber war der Meinung, daß Nikolaus' Rede ein voller Erfolg gewesen sei. Die Angriffe der Journaille sah sie als unverzeihlichen Anmaßungsakt an; in ihren Augen war der russische Selbstherrscher niemandem Rechenschaft schuldig. Seine Macht kam direkt von Gott. Mitbestimmung bedeutete Verrat an der Autokratie, dem großen Ver-

mächtnis Alexanders III. Nikolaus dachte ebenso und war überzeugt, daß es nur intellektuelle Aufwiegler waren, die seine Rechte beschneiden wollten. Er ignorierte die bald wieder verebbenden Proteste und war der Meinung, daß die Mehrheit des einfachen russischen Volkes wie ein Fels hinter ihm stand. Er war nun Zar Batjuschka, der Herr und Vater aller Russen. Es läßt sich nicht von der Hand weisen, daß der Großteil des Volkes den Zaren geradezu euphorisch verehrte.

Nikolaus betrachtete die innenpolitischen Spannungen, die seine Rede ausgelöst hatte, als kurzlebiges Phänomen. Wohl auf das hartnäckige Drängen Alexandras, endlich einen eigenen Haushalt zu gründen, übersiedelte das Zarenpaar im März nach Zarskoje Selo. Dieser etwas außerhalb von Petersburg gelegene riesige Landsitz sollte bis zum Untergang des Reiches ein idyllischer Zufluchtsort für Nikolaus und seine Familie bleiben. Sie bewohnten das weiße Alexander-Palais, das – malerisch im Schatten einer breiten Baumallee – mitten im großen, von künstlichen Seen und Teichen veredelten Park stand. Das junge Paar war glücklich, obwohl sich die Zarinwitwe so oft wie möglich an der Seite ihres Sohnes zeigte und hinter den Kulissen die eigentlichen Staatsfäden zog. Maria Fjodorowna genoß ihre Beliebtheit beim Volk, im Gegensatz zu Alexandra liebte sie öffentliche Auftritte. Der ihr von Nikolaus zugebilligte Hofstaat war überaus aufwendig und kostspielig. Die Zarinmutter gebot über rund zweihundert Bedienstete und erhielt eine Apanage von zweihunderttausend Goldrubel per annum. Sie veranstaltete pompöse Empfänge und sonnte sich im Glanze ihrer Popularität. Im Sommer trat die Zarenfamilie die zur Tradition gewordene Reise in den Süden an. Nikolaus und Alexandra, die Geschwister Michail und Olga sowie Xenia mit ihrem Mann Sandro und Maria Fjodorowna fanden sich in Livadia ein. Alexandra und Nikolaus' Schwester Xenia waren schwanger. Auf der Krim brachte Xenia Romanow am 31. Juli eine Tochter zur Welt, die den Namen Irina erhielt. Diese Nichte des Zaren sollte später einen interessanten Mann heiraten: den bisexuellen, sagenhaft reichen Fürsten Felix Jussupow, der den Wundermönch Rasputin ermordete, den Untergang des Zarenreiches überlebte und hochbetagt im französischen Exil verstarb.

Das erste Kind des Zarenpaares wurde drei Monate später, am 3. November 1895, im Alexander-Palais von Zarskoje Selo geboren. Es war ebenfalls eine Tochter. Die Geburt der von Gott gesandten Tochter, wie der glückliche Vater ins Tagebuch schrieb und welche den Namen Olga bekam, korrelierte mit dem Ende der einjährigen Staatstrauer. Nach dem traditionellen Neujahrsempfang, der in Anwesenheit von mehr als dreitausend geladenen Gästen im Nikolaus-Saal des Winterpalastes stattfand, wurde die Saison mit einem jener pompösen Bälle eröffnet, die ausländische Beobachter stets in Erstaunen versetzten. Zu jenen, die sich gelegentlich mißfallend über diese orientalische Prachtentfaltung, die überall in der Welt ihresgleichen suchte, äußerten, gehörte die junge Tochter des britischen Botschafters Sir George Buchanan, Muriel. Miss Muriel fühlte sich um Jahrhunderte zurückversetzt und mokierte sich vor allem über die weiße Turbane tragenden abessinischen Neger, die mit stoischer Miene die riesigen Türen öffneten, nachdem der Zeremonienmeister durch dreimaliges Stabklopfen den Beginn der Festivität angekündigt hatte und das Hoforchester sich daraufhin anschickte, die Polonaise zu spielen. Mit diesen Mohren aus dem fernen Afrika hatte es eine eigene Bewandtnis. Sie versahen das Amt eines Läufers und schienen direkt einem Märchen von Hans Christian Andersen oder einer Erzählung des Lügenbarons Münchhausen entstiegen zu sein. Katharina die Große hatte diese Skorochod-Sitte, wie es auf russisch hieß, eingeführt. Wie Generalmajor Alexander Orlow, der die junge Herrscherin glühend verehrte, vermerkte, wirkte Alexandra beim Saisoneröffnungsball durchaus majestätisch, jeder Zoll eine Kaiserin. Objektivere Beobachter aber konstatierten, daß hinter dieser majestätischen Unnahbarkeitsfassade in Wahrheit Gehemmtheit stand. Die Anwesenheit so vieler Menschen erschreckte die leicht klaustrophobisch veranlagte Zarin. Sie fühlte sich wie auf dem Präsentierteller, war in Fragen der Hofetikette nicht unbedingt firm und konnte nicht besonders gut tanzen. Sie mußte extrem flache Schuhe tragen, um den Größenunterschied zwischen ihr und dem Gemahl zu kaschieren. Bälle lagen ihr nicht, sie tanzte nur einmal, um sodann eine Beobachterposition einzunehmen. Statuettenhaft wartete sie das Ende der langen Veranstaltung ab. Es war ihr allerdings nicht entgangen, mit welch leuchtenden Augen ihr der schneidige Generalmajor Orlow die Hand geküßt hatte. Hier war einer der wenigen Menschen ihrer neuen Umgebung, den auch sie mochte. Der galante, Charme versprühende Offizier, der die Zarin offensichtlich anbetete, wurde später zu ihrem Leibregiment versetzt. Als Patin und allerhöchste Schirmherrin des Regiments würde Alexandra öfter mit dem stolzen Orlow konfrontiert werden, der ihr dann Blumenbuketts überreichte und seine Zuneigung nur schwer verbergen konnte.

Beim Neujahrsempfang erließ Nikolaus II. ein weiteres Manifest, in welchem die für den 14. Mai 1896 anberaumte Krönung angekündigt wurde. Die weiteren Monate standen ganz im Zeichen der Vorbereitungen auf dieses Großereignis.

Seit Iwan IV., besser bekannt unter dem seinem mörderischen Naturell gerechter werdenden Beinamen Iwan der Schreckliche, der im Schatten der Galgen und Scheiterhaufen regierte, wurden die Herrscher Rußlands in der Moskauer Mariä-Himmelfahrts-Kathedrale gekrönt. In dieser Kathedrale war Iwan der Schreckliche 1547 als erster zum Zaren von Gesamtrußland gesalbt und gekrönt worden. Damals setzte sich der erste Selbstherrscher Rußlands die sogenannte Monomach-Mütze, eine mit Zobelfell verbrämte Krone, auf das Haupt, welche der Legende zufolge ein byzantinisches Geschenk an den Kiewer Fürsten Wladimir Monomach gewesen sein soll. Nikolaus II. wollte bei seiner Krönung ursprünglich auch auf diese uralte Zobelkrone zurückgreifen, entschied sich aber dann für eine andere, mitraähnliche Krone mit einem mächtigen Diamantenkreuz in der Mitte. Er folgte damit dem Beispiel Zar Peters des Großen, der die heute noch im Kreml aufbewahrte Mütze Monomachs bereits 1724 durch besagte Mitra-Krone ersetzte.

Indem Nikolaus II. die Krönungsfeierlichkeiten ebenfalls in Moskau vonstatten gehen ließ, folgte er lediglich den Gesetzen der jahrhundertealten Tradition. Wochenlang lag Moskau im Krönungstaumel. Das Volk strömte in Scharen in die Stadt, Tausende von Menschen nahmen einen beschwerlichen und langen Fußmarsch in Kauf, um am Krönungstag einen Blick auf den von Gott gesalbten Zaren erhaschen zu können. Hier spielten sicherlich auch abergläubische, ins Übernatürliche hineinreichende Überlegungen eine Rolle. Elemente der paganistischen Vergangenheit wurden mit Überlieferungen des Christentums verbrämt. Das einfache russische Volk glaubte regelrecht an die Wunderkraft, die allein der Anblick des Selbstherrschers »Bosheju milostju«, des Zaren von Gottes Gnaden, auslösen würde.

Nikolaus' Onkel, Ellas Mann, Großfürst Sergej Alexandrowitsch, der nun das Amt des Moskauer Generalgouverneurs bekleidete, organisierte die Krönungsfeierlichkeiten. Von manchen Familienmitgliedern spöttisch-witzelnd als Vizekönig Moskaus bezeichnet, setzte der Großfürst alles daran, »seine« Stadt auf Hochglanz zu bringen. Persönlich leitete er Renovierungsarbeiten in die Wege. Seinen Intentionen gemäß sollte Moskau das im Krönungsfeuer erstrahlende Juwel des Reiches werden. Überall prangten Embleme des kaiserlich-russischen Staatsadlers, ein schwarzgelbweißes Fahnenmeer schmückte die Fassaden der alten Prachtgebäude, die Tore und Triumphbogen, die im nächtlichen Lichterglanz erstrahlen würden, genau wie die legendären Goldkuppeln des Kreml.
Am 6. Mai 1896 erreichte der Sonderzug des Zaren Moskau. Um fünf Uhr nachmittags begrüßte Sergej die Ankommenden: seinen Neffen, den noch ungekrönten Herrscher, und die übrigen Mitglieder der großen Kaiserfamilie. Der Wettergott schien zu zürnen. Es regnete in Strömen, ein eisiger Wind fegte durch die Straßen, und es war bitterkalt. Drei Tage bewohnten Nikolaus und Alexandra den etwas außerhalb von Moskau gelegenen Peterpalast. So wollte es der alte Brauch. Am 9. Mai fand der feierliche Einzug statt. Gegen halb drei Uhr nachmittags machte sich die riesige Prozession in Richtung Kreml auf den Weg. Nikolaus ritt auf dem Apfelschimmel Norma, ihm folgte die Zarinmutter, allein in einer goldenen Kutsche, wie auch die russische Hoftracht tragende Alexandra. Die Notablen des Reiches, allesamt auf prächtig aufgezäumten Pferden, ritten vor den zahllosen Ehrengästen.
Prinz Heinrich von Preußen vertrat seinen Bruder Kaiser Wilhelm II., der japanische Kronprinz Yoshihito führte die endlos scheinende Delegation seines Landes an.
Alle Fürsten und Prinzen, die an jenem 9. Mai dem Festzug zum Kreml folgten, verfügten über eine beachtliche Entourage. Das Wetter hatte sich deutlich gebessert, die Sonne schien, das Defilee der hochrangigen Staatsgäste nahm gigantische Ausmaße an. Großherzog Ernst Ludwig V. von Hessen-Darmstadt und bei Rhein war natürlich unter den Prozessionsteilnehmern. Ebenso die Prinzen von Baden und Württemberg, Arthur Duke of Connaught, der Königin Victoria vertrat, Fürst Nikolaus von Montenegro, Erbprinz Georg von Griechenland, der Prinz von

Rumänien, um nur einige wenige der insgesamt vierzig Hoheiten zu erwähnen. Am 14. Mai, dem Krönungstag, herrschte Kaiserwetter. Der strahlend schöne Tag begann mit dem Festgeläut der einhundertsechzig Moskauer Kirchenglocken. Salutschüsse donnerten vom Kreml herab, Photographen gingen in Position, drängten sich überall auf der langen Einzugsstraße, gemeinsam mit den unüberschaubaren Volksmassen, die von den spalierstehenden Gardehusaren kaum daran gehindert werden konnten, die Absperrungsmarkierungen zu durchbrechen. Endlich setzte sich der Festzug in Bewegung. An der Spitze der endlosen, sich auf die Mariä-Himmelfahrts-Kathedrale zubewegenden Prozession ritten Eliteregimenter, eine Abteilung der kaiserlichen Gardekavallerie und Kosakeneinheiten. Ihnen folgten der Hofstaat und Würdenträger aus den entlegensten Gebieten des Reiches. Die Hofkapelle spielte die Zarenhymne, und unbeschreiblicher Jubel brauste auf, als Nikolaus nach seiner Eskorte eintraf. Wieder ritt er auf dem Apfelschimmel Norma, salutierte ständig mit der rechten Hand und quittierte die frenetischen Beifallsbekundungen des entfesselten Volkes mit einem stolzen Lächeln. Hinter dem Zaren ritten ebenso würdevoll die zahlreichen russischen Großfürsten und die ausländischen Ehrengäste. Den Schluß bildeten die in einer Goldkarosse vorfahrende Zarinmutter und Alexandra in ihrer eigenen goldenen Kutsche. Der gewaltige Zug hielt vor der Krönungskathedrale. Auf den Stufen, die ein scharlachroter, mit Blumen geschmückter Teppich bedeckte, erwartete Metropolit Sergej den neuen Zaren, der nach der Krönung automatisch Oberhaupt der russisch-orthodoxen Kirche sein würde.

Unter begeisterten Hurrarufen betraten Nikolaus und Alexandra die Kathedrale, unmittelbar gefolgt von der Zarinmutter, deren Purpurmantel von vier Generälen getragen wurde. Auf das Zarenpaar wartete eine fünfstündige, unbeschreiblich ergreifende Zeremonie inmitten von Chorgesang und einem Meer brennender Kerzen. Die Kathedrale, erhellt von mehr als tausend Kerzen, erstrahlte in fast überirdisch scheinendem Licht, als Nikolaus und Alexandra sich auf die Ikonostase, die Heilige Pforte, zubewegten, vor der eine purpurrote Samtbaldachinempore aufgebaut war, in deren Mitte das Kronemblem prangte. Zar und Zarin verneigten sich vor der allerheiligsten Ikonostase, küßten jeweils eine Ikone und schritten langsam auf ihre Throne zu. Nikolaus nahm auf dem diamantbesetzten Thron Platz, den Zar Alexej benutzt hatte, während für Alexandra der elfenbeinbesetzte Thron der byzantinischen Prinzessin Sophie Paleologue bereitstand. Auf demselben Thron hatte 1547 diese purpurgeborene (das heißt in direkter Linie von einem regierenden Kaiser abstammende) Prinzessin aus Byzanz gesessen, als sie Iwan IV. ehelichte.

Alexandra ließ die fünfstündige Zeremonie mit stoischer Ruhe über sich ergehen. Sie verharrte in stummem Gebet und wirkte in dieser wahrhaft elysisch anmutenden Atmosphäre wie ein Wesen von einem anderen Stern. Während sie vor der Ikonostase auf der Stirn gesalbt wurde, begab sich der Zar ins Allerheiligste. Hier, hinter der Heiligen Pforte, die während der Zeremonie nur er selbst und der im Festornat erschienene erste Vertreter des höchsten Klerus betreten durften, empfing er seine eigene Salbung. Im Unterschied zu Alexandra wurde der Herrscher auf der Brust gesalbt. Danach wurde ihm unter Beschwörung des Heiligen Geistes der schwere gold- und hermelinbesetzte Purpurmantel auf die Schultern gelegt. Als er wieder aus der Pforte trat, überreichte Metropolit Sergej dem Zaren die Krone. Es herrschte Totenstille, als der Kirchenfürst mit lauter Stimme die rituellen feierlichen Worte sprach: »Dieses sichtbare Zeichen ist das Symbol der unsichtbaren Krone, die dir als Oberhaupt von ganz Rußland von unserem Herrn Jesus Christus, dem glorreichen König, mit seinem Segen verliehen ist, um dir die souveräne und höchste Macht über dein Volk zu verleihen!« Der Zar selbst setzte sich die prächtige, nahezu vier Kilo schwere Krone Peters des Großen aufs Haupt, kniete nieder und sprach den Krönungseid. In der rechten Hand hielt er das Krönungszepter, in der linken den goldenen Reichsapfel. Nachdem er den Eid geleistet hatte, erhob er sich und wandte sich der gleichfalls knienden Alexandra zu. Er nahm die Krone ab, berührte sie damit und setzte sie wieder auf. Auf Alexandras Kopf funkelte bereits die kleine brillantenbesetzte Krone.

Alle Augenpaare richteten sich nun auf den Metropoliten, der das »Mnogoje Ijeto« (Mögen dir viele Jahre beschieden sein) mit kräftiger Stimme intonierte. Während in der Mariä-Himmelfahrts-Kathedrale das feierliche Tedeum einsetzte, vernahm das wartende Volk einhunderteinSalutschüsse. Jeder wußte, daß der Zar soeben gekrönt worden war. Kaum war der Klang der

Schüsse verebbt, erhob sich Nikolaus II., um für sich und seine Untertanen zu beten. Sekundenlang herrschte wieder Grabesstille im riesigen, uralten Gotteshaus. Alle Anwesenden lagen auf den Knien und lauschten dem Gebet des Zaren: »Auserwählt als Zar und höchster Richter über Deine Untertanen, neige ich mich vor Dir, Herr, und bitte Dich, mich in meinem großen Auftrag mit Deiner Weisheit zu führen und zu lenken!« Andächtig hörten die in der Kathedrale Versammelten zu. Der liturgische Teil beendete den Krönungsgottesdienst. Alle Mitglieder der großen Romanow-Familie näherten sich dem Paar und küßten zuerst Nikolaus und dann Alexandra die Hand. Nach dem feierlichen Auszug zeigten sich der Zar und die Zarin dem jubelnden Volk auf der Roten Treppe. Beide verneigten sich dreimal. Ein ungeheurer Beifallssturm erfaßte die Menge. Tausende stimmten freudig erregt die Zarenhymne an, und abermals läuteten alle einhundertsechzig Glocken der Stadt. Die goldene Kuppel der Mariä-Himmelfahrts-Kathedrale glänzte im Sonnenlicht, die Massen tobten, das Festgeläut stieg crescendohaft an. Nikolaus II. war der gekrönte Herrscher über ein Sechstel der Erde. Er trug nun folgenden langen Titel: »Wir, Nikolaus Alexandrowitsch, von Gottes Gnaden Herrscher, Kaiser und Autokrat aller Reußen, Selbstherrscher von ganz Rußland, Zar von Moskau, Kiew, Wladimir, Nowgorod, Kasan und Astrachan, Zar von Polen, Sibirien und Taurisch Cherson (damit war die Krim gemeint; Anmerkung des Verfassers), Zar von Georgien, Herrscher von Pskow, Großfürst von Smolensk, Litauen, Wolhynien, Podolien und Finnland, Fürst von Estland, Livland, Kurland und Semigalien, von Samogorien, Bialystok, Karelien, Twer, Juguria, Perm, Wjatka, Bulgarien und anderen Ländern, Herrscher und Großfürst von Nischni-Nowgorod, Tschernigow, Rjasan, Polotsk, Rostow, Jaroslaw, Bjelosensk, der Teilfürstentümer Udoria, Obdoria, Kondja, von Witebsk, Mstislaw und der gesamten Nordregion; Herr und Herrscher von Iweria, Kartalinia, Karbadinia und den Provinzen Armeniens, Herrscher der zis- und transkaukasischen Fürstentümer, Souverän der tscherkessischen Fürsten und der Fürsten der Berggebiete, Herrscher von Turkestan, Erbfürst von Norwegen, Herzog von Schleswig-Holstein, Stormarn und von Dithmarschen, Großherzog von Oldenburg und Souverän vieler anderer Orte …«
Mehr als siebentausend geladene Gäste ergötzten sich auf der

jenseits des Roten Platzes gelegenen Granowitaja Palata an einem einmaligen Festschmaus. Nikolaus und Alexandra, beide immer noch im Krönungsornat, speisten allein auf einer von einem Goldbaldachin beschirmten Empore. Sie wirkten müde und ausgelaugt und aßen nur sehr wenig. Sie hatten auch kaum Zeit, in aller Ruhe zu tafeln, denn so gut wie alle der hochgestellten Festgäste stiegen immer wieder zur Empore hinauf, um auf das Wohl des gekrönten Kaiserpaares zu trinken. Ein besonderer Ehrengast hatte ebenfalls den Weg zur Empore erklommen, verneigte sich tief und prostete den Majestäten unterwürfig zu. Bei ihm handelte es sich um keinen Fürsten oder Prinzen, sondern um einen Mann aus dem von Nikolaus so sehr geliebten einfachen russischen Volk, der in seiner Bauerntracht so gar nicht ins farbenprächtige Panorama der vielen Hoheiten paßte. Nikolaus II. persönlich hatte auf der Einladung dieses Muschik (Kleinbauer) bestanden. Der in dieser geballten Masse adelsstolzer Monarchen etwas verwirrt wirkende Mann der Scholle war nämlich ein direkter Nachkomme des legendären »Heldenmuschik« Iwan Susanin aus dem 17. Jahrhundert, ohne den es wahrscheinlich niemals eine Romanow-Dynastie gegeben hätte. Es versteht sich von selbst, daß der traditionsbewußte Nikolaus II. den Abkömmling des Retters der Dynastie zu seiner Krönung einlud. Er betrachtete diesen einfachen Muschik als Bindeglied zwischen ihm und der großen Mehrheit des rechtgläubigen loyalen Volkes und ließ ihm beträchtliche Vergünstigungen zukommen.

Mit dem prächtigsten Feuerwerk, das Moskau je erlebt hatte, ging der Krönungstag zu Ende. Die mit kindlicher Ausgelassenheit bis weit in die frühen Morgenstunden hinein feiernden Bewohner der Stadt an den Ufern der Moskwa bestaunten die Leuchtraketenorgie, die gegen neun Uhr abends einzusetzen begann und die zahllosen Türme und Goldkuppeln des Kreml in beinahe taghellem Licht erstrahlen ließ. Drei Tage später fand sich das gekrönte Zarenpaar, wie auch die Zarinmutter, im Bolschoi-Theater ein. Der Besuch dieser Festaufführung, in der der erste und der letzte Akt der Oper *Ein Leben für den Zaren* zu hören war, endete mit einem Eklat, als zum Schluß ein neues Ballett, *Die Perle,* den Abend krönte. Doch nicht etwa der Inhalt des Balletts, sondern die Gestalt der Hauptdarstellerin versetzte das Publikum in Erstaunen. Niemand anders als die vollbusige Mathilda Kschessinskaja schwebte übers Parkett, ihre Pirouetten mit gewohnt unnachahmlicher Professionalität vorführend. Als sie auf der Bühne erschien, ging ein Raunen durch die Logen und Ränge. Die Zarinwitwe war schockiert und starrte angewidert auf die ehemalige Mätresse des Zaren. Die kleine K. demonstrierte, daß die Ballettbühne nach wie vor ihre Domäne war – auf den Brettern, die die Welt bedeuteten, herrschte sie! Alexandra saß mit hochrotem Kopf neben Nikolaus, für den das Auftauchen Mathildas allerdings keine Überraschung zu sein schien. Gelassen verfolgte der Zar die Tanzdarbietung und spendete als erster Applaus. Notgedrungen mußten die allerhöchsten Gäste und das Publikum seinem Beispiel folgen. Die Zarinmutter gab noch am selben Abend bekannt, daß dieser unverzeihliche Affront Konsequenzen nach sich ziehen würde. Aber der kommende Tag hielt eine furchtbare Katastrophe bereit, die den skandalösen Auftritt der Ballerina zur Lappalie degradierte.

Am 18. Mai ereignete sich ein schreckliches Unglück, das eintausenddreihundert Menschenleben kostete und das gesamte Krönungsjahr überschatten sollte. Auf dem sogenannten Chodynka-Feld, einem von Schützengräben durchzogenen, riesigen Exerziergelände der Garnison von Moskau, sollte ein Volksfest ungeheuren Ausmaßes stattfinden. Großfürst Sergej hatte das Gelände persönlich ausgewählt. Auf diesem außerhalb der Stadt gelegenen Areal standen unzählige Zelte voller Geschenke für das Volk. Wagenladungen von emaillierten Krönungsbechern waren herangekarrt und über vierhundert Fässer Freibier bereitgestellt worden. Der großfürstliche Organisator wollte das einigende Band zwischen Zar und Volk mit dieser Massenfestivität nur noch enger knüpfen. Statt dessen erwies sich die »Panem et circences«-Veranstaltung als grauenhaftes, todbringendes Fiasko, das den »Cäsar« Nikolaus bei der Bevölkerung in Verruf bringen sollte. Der amerikanische Historiker Robert K. Massie schilderte den Verlauf der Chodynka-Katastrophe in seinem Buch *Nikolaus und Alexandra* am eindrucksvollsten:

> ... Am Abend zuvor gingen schon Tausende von Moskowitern hinaus und schlugen sich die Nacht um die Ohren. Als der Morgen graute, hatten sich fünfhunderttausend Menschen versammelt, und einige waren bereits betrunken. Die

ersten Wagen mit den Bechern und dem Bier trafen ein ... Die Menge beobachtete die Vorgänge sehr interessiert und begann sich frohgestimmt langsam vorwärts zu drängen. Da verbreitete sich plötzlich das Gerücht, es seien weniger Wagen als vorgesehen eingetroffen ... Da begannen die Menschen zu rennen. Die eine Kosakenschwadron, die zur Aufrechterhaltung der Ordnung aufgestellt war, wurde beiseitegefegt. Männer stolperten und fielen in die Gräben, Frauen und Kinder, von der Masse schiebender, drängender Leiber umgestoßen, wurden niedergetrampelt ... Über sie hinweg stapften Tausende von Füßen unbarmherzig weiter nach vorn. Als endlich die Polizei und weitere Kosakenschwadronen eingetroffen waren, glich das Gelände einem Schlachtfeld ... Bis zum Nachmittag waren sämtliche Krankenhäuser überfüllt, und jedermann wußte, was sich zugetragen hatte ...[22]

Bereits im Morgengrauen karrte man die Leichen von eintausenddreihundert getöteten Männern, Frauen und Kindern in aller Eile davon. Als das Zarenpaar am frühen Nachmittag des 18. Mai zum Chodynka-Feld fuhr, waren sämtliche Spuren des Desasters beseitigt worden, ein Orchester spielte eine Kantate zu Ehren der Krönung, die Sonne lachte, der Adel Europas versammelte sich im Pavillon, doch begreiflicherweise wollte keine rechte Stimmung aufkommen. Nikolaus war verwirrt und niedergeschlagen. Die Katastrophennachricht hatte ihn wie ein Schlag mit der Nagaika, der Kosakenpeitsche, getroffen. Einem ersten Impuls folgend, wollte er alle weiteren Veranstaltungen absagen und an einem stillen Ort für die unglücklichen Opfer der Tragödie beten. Als er gemeinsam mit Alexandra zu einem verspäteten Mittagessen bei seiner Mutter erschien, teilte er ihr diesen Entschluß mit. Maria Fjodorowna bestärkte ihren Sohn in seinem Vorhaben. Darüber hinaus forderte die energische Frau sofortige Konsequenzen für die Schuldigen. Alexandra erschauerte, als ihre Schwiegermutter von einem unvermeidlichen Köpferollen sprach, und dachte an Sergej Alexandrowitsch, den die Zarinmutter in erster Linie für die Katastrophe verantwortlich machte. Oft war sie von der Schwiegermutter gedemütigt worden, und nun sollte auch noch der Mann ihrer Schwester den Launen dieser herrischen Frau geopfert werden! Der Zar aber gab seiner aufgebrachten Mutter in allem recht. Er würde Sergej und Hofminister Woronzow-Daschkow ihrer Posten entheben, umgehend eine Untersuchungskommission ins Leben rufen und alle weiteren Feierlichkeiten, wie etwa den Festball, den der französische Botschafter Marquis Louis Gustave de Montebello am Abend zu Ehren der Krönung geben wollte, absagen. Doch kaum hatten sie die Gemächer der Zarinwitwe verlassen, bombardierte Alexandra ihren Nicky auch schon mit Gegenargumenten. Es bestünde kein Anlaß, Vergnügungen abzusagen, beharrte die Zarin. Die deutsche und die britische Gesandtschaft, die ebenfalls Bälle vorbereitet hatten, durften nicht vor den Kopf gestoßen werden. Und schon gar nicht der Marquis de Montebello, der Rußlands wichtigsten Bündnispartner Frankreich repräsentierte! »Denk doch daran, wie sehr du die französische Regierung mit diesem unüberlegten Schritt brüskieren würdest!« appellierte Alix an den unsicher werdenden Gemahl. »Denk an die hunderttausend Rosen aus der Provence, die Frankreich geschickt hat, an das kostbare Silbergeschirr aus Versailles, die herrlichen Tapisserien, unschätzbare Geschenke! Soll das alles umsonst gewesen sein? Werden denn die Unglücklichen wieder lebendig, wenn du den Ball so abrupt absagst und der Krönung den feierlichen Rahmen raubst?«

Leider ließ sich Nikolaus II. umstimmen. Der Ball bei Montebello fand statt. Sergej Witte, der denselben Standpunkt wie die Zarinwitwe vertrat, registrierte entsetzt, wie Zar und Zarin den Ball mit einer Quadrille eröffneten, so als ob rein gar nichts passiert wäre. Der Zar tanzte, während sein Volk trauerte. An diesem Abend wich der um seine Position besorgte Großfürst Sergej Alexandrowitsch, den Spötter schon zynisch Fürst Chodynski titulierten, kaum von der Seite des Neffen. Auch an den darauffolgenden Tagen fanden Bälle statt, die Vergnügungen gingen weiter. Daß die Betroffenheit des Herrschers dennoch aufrichtig war, kam in den Besuchen zum Ausdruck, die Nikolaus und Alexandra am 19. und 20. Mai den Tausenden von Verletzten abstatteten. Der Zar spendete den Angehörigen jedes Opfers tausend Rubel aus seiner Privatschatulle und kam auch persönlich für die Bestattungskosten auf, damit die dreizehnhundert Leichen nicht in einem Massengrab landeten. Doch obwohl er seine Trauer und Bestürzung offen bekundete, vergab man ihm nicht, daß er an jenem schrecklichen Abend getanzt hatte. Die

Chodynka-Katastrophe ließ sich auch durch die großzügigsten Geschenke nicht ungeschehen machen und markierte vielleicht das furchtbarste aller bösen Vorzeichen, die auf eine unglücklich verlaufende Regentschaft des nun achtundzwanzig Jahre alten Monarchen hindeuteten.
Alexandra jedoch glaubte, sich zum erstenmal gegen ihre Schwiegermutter durchgesetzt zu haben. Doch noch gab sich diese nicht geschlagen. Einmal mehr beklagte sie die Willenlosigkeit ihres Sohnes und beharrte auf der Einsetzung der von ihr verlangten Untersuchungskommission. Halbherzig gab Nikolaus wieder nach. Leiter dieser Kommission war Graf Pahlen, ein ausgesprochener Günstling der Zarinwitwe. Pahlen kam jedoch gar nicht dazu, seine Ergebnisse vorzulegen. Noch während er ermittelte, sprachen Nikolaus' Onkel Wladimir und Paul – zweifelsohne mit der Rückendeckung Alexandras – bei ihm vor und erklärten kategorisch-ultimativ, sie würden sofort ihre Ämter zur Verfügung stellen und sich vom Hofleben zurückziehen, falls ihr Bruder tatsächlich als Schuldiger gebrandmarkt und bestraft werden sollte. Erneut fügte sich der jeden Konflikt meidende Nicky. Pahlens Bericht wurde ungelesen archiviert. Sergej und seine Brüder blieben natürlich im Amt. Als Sündenbock mußte schließlich der Oberpolizeimeister von Moskau herhalten, dem Sergej die Hauptschuld für das Unglück zuschob und der tatsächlich suspendiert wurde. Wenige Tage nach der Katastrophe fuhren der Zar und die Zarin scheinbar ungeniert nach Iljinskoje. Alexandra freute sich, ihrer Schwiegermutter einen empfindlichen Prestigeverlust beigebracht zu haben. Daß sie damit allerdings auch dem Ansehen des Zaren sehr geschadet hatte, erkannte sie nicht.
Nikolaus II. fühlte sich wie ein zwischen allen Fronten stehender Pechvogel. Eine Woche nach der Chodynka-Katastrophe eröffnete er in Nischni-Nowgorod eine große Industrieausstellung. Während die Veranstaltung in vollem Gange war, verdüsterte sich das Firmament. Ein Gewitter brach an, wie es die bedeutende Handelsstadt, in deren Mitte Oka und Wolga zusammenfließen, kaum je erlebt hatte. Hagelkörner von der Größe eines Hühnereis prasselten auf Nischni-Nowgorod und die zahlreichen in- und ausländischen Gäste nieder. Der stets zum Fatalismus neigende Zar nahm auch dieses Aufbegehren der Naturgewalten gefaßt hin, aber er war unglücklich. Er hatte

seine Mutter verärgert, sein Land war von einer furchtbaren Katastrophe heimgesucht worden, und das gewöhnliche Volk, »prostoj narod«, nach dessen Liebe er sich so sehr sehnte, grollte ihm. War es denn sein Schicksal, immer zu versagen, sogar in der Familie?

Im Sommer des Krönungsjahres traten der Zar und die Zarin, froh, den Querelen der Heimat für eine Weile entfliehen zu können, ihre ersten offiziellen Staatsbesuche an. In der Wiener Hofburg wurden sie von Kaiser Franz Joseph I. und Kaiserin Elisabeth von Österreich-Ungarn empfangen. Politische Angelegenheiten wurden nicht erörtert; die potentiellen Gegner auf dem nach wie vor gärenden Balkan tauschten lediglich Höflichkeiten aus. Die darauf folgende Stippvisite beim deutschen Kaiser Wilhelm II. in Breslau verlief nicht anders, obwohl der Hohenzollern-Herrscher Nikolaus sofort vor der Doppelzüngigkeit Frankreichs warnte und ihm dringend nahelegte, das noch unter Alexander III. geschlossene Bündnis zwischen Frankreich und Rußland aufzulösen. Schon ein Jahr zuvor hatte sich der Kaiser in einem Schreiben an Nikolaus über dieses verhängnisvolle Bündnis – den Rapport zwischen Frankreich und Rußland – ausgelassen, welches eine permanente Gefahr für das monarchistische Prinzip darstelle. Wilhelm II. bezeichnete alle Republikaner als »Revolutionäre de natura«. Nikolaus blieb unbeeindruckt und war froh, den unbequemen Staatsbesuch bald hinter sich gebracht zu haben. Der akzentfrei Deutsch sprechende Zar, der sich bei seiner Frau darüber beklagte, daß ihm der langweilige Herr Wilhelm stets jovial auf die Schulter zu klopfen pflegte, hielt seine Rede in französischer Sprache, wie um seine wahren Sympathien zu bekunden. Sie bestand nur aus wenigen Sätzen, war so neutral wie möglich gehalten und endete mit den Worten: »Ich kann Ihnen versichern, Monsieur, daß ich von den gleichen traditionellen Gefühlen getragen werde wie auch Eure Majestät!«

Der nächste Besuch verlief wesentlich erfreulicher. Das Zarenpaar verbrachte zehn ruhige Tage in Kopenhagen. Hier, am Hofe seiner Großeltern mütterlicherseits, König Christians IX. und seiner Gemahlin Louise, fühlte sich der Gossudar wohl und geborgen. Für Alexandra ging ein Herzenswunsch in Erfüllung, als sie im September Königin Victoria im schottischen Königsschloß Balmoral besuchten. Auf dem im Herzen der Highlands gelegenen Balmoral spielten Alexandra, die für die alte Königin immer Alicky bleiben würde, und Victoria stundenlang mit dem mitgebrachten, zehn Monate alten Baby Olga, während sich Nikolaus mit dem Prince of Wales auf die Jagd begab. Vom schottischen Leith aus fuhr die Zarenyacht *Standart* schließlich nach Portsmouth und überquerte den Kanal. Die Grande Nation empfing den russischen Selbstherrscher, ihren wichtigsten Bündnispartner, mit dessen Hilfe man den Angstgegner Deutschland in Schach zu halten gedachte, mit allem erdenklichen Pomp. Bis zur Mitte des Kanals fuhr die festlich geschmückte französische Flotte der Zarenyacht entgegen. Im Geleit französischer Schlachtschiffe lief die *Standart* im Marinehafen von Cherbourg ein. Die Hafenstadt jubelte. Europas größte Republik empfing den Zaren mit einer Sympathiewelle, wie sie kaum einem anderen ausländischen Staatsgast je zuvor zuteil geworden war. Diesmal ging Nikolaus aus sich heraus und ließ sich vom allgemeinen Euphorietaumel mitreißen. Als die zahllosen Vivat-Rufe endlich verebbten, hielt er, sichtlich geschmeichelt, seine erste Rede auf französischem Boden. Wie jeder aus dem Gefolge des für gewöhnlich wortkargen Zaren konstatierte, fiel sie relativ lang aus.

In der Hauptstadt Paris hatte man außergewöhnliche Maßnahmen ergriffen, um die Seine-Metropole für den Besuch des Zaren in Topzustand zu versetzen und vor allem seine Sicherheit zu gewährleisten. Die bereits abgefallenen Kastanien der berühmten Kastanienallee waren durch künstliche, mit Drähten befestigte Blüten ersetzt worden. Auf den Champs-Élysée stand faktisch hinter jeder Hausecke ein schwerbewaffneter Geheimpolizist, um die Möglichkeit eines Attentats von vornherein auszuschließen. Wahrscheinlich erinnerte man sich an den polnischen Anarchisten Bereszowski, dem es vor vielen Jahren gelungen war, einen Schuß auf den Reformzaren Alexander II. abzugeben, als dieser Paris mit einem Staatsbesuch beehrt hatte. Nikolaus' Großvater war damals nur leicht verwundet worden, doch die internationale Presse hatte den Vorfall geschickt hochzuspielen gewußt. Man hatte Sympathie mit dem Attentäter gezeigt, dessen Racheschuß Signalwirkung für das am Boden liegende, grausam unterdrückte Polen gehabt haben soll. Alexander III., der Schöpfer der russisch-französischen Entente, hatte die Republik Frankreich nie besucht. Als nun dessen Sohn seinen triumphalen Einzug in der Seine-Stadt hielt, waren die Sicherheitsvorkehrungen dementsprechend verschärft worden. Ein Attentat auf Nikolaus II., den Garanten des Militärbündnisses, welches die Expansionspolitik von Frankreichs Erbfeind Deutschland eindämmte, hätte verheerende außenpolitische Folgen nach sich gezogen. Frankreich wäre isoliert dagestanden. Ohne den Schutz des »russischen Bären« wäre man einem Prankenhieb des preußischen Aggressors und Frankreich-Hassers Wilhelm II. wohl kaum gewachsen gewesen. Deshalb umwarb man den jungen russischen Zaren so heftig.

Auf allen Boulevards standen Tausende von jubelnden Menschen, schwenkten Fahnen und bunte Tücher, schrien ihre Begeisterung heraus. Der Ruf »Vive l'Empereur«, den die Majestäten immer wieder zu hören bekamen, erinnerte an die Glanzzeiten Napoleons I. Als die Volksmassen des Kleinkindes Olga ansichtig wurden, das mit seiner Nanny der Zarenkutsche folgte, skandierten sie enthusiastisch: »Vive le bébé« und »Vive la Grand Duchesse«.

Einige wenige Politiker äußerten sich kritisch über den Besuch des Zaren und waren entsetzt über die in ihren Augen gigantisch hohe Kreditanleihe, die Frankreich Rußland anläßlich der Staatsvisite des Gossudaren zugebilligt hatte. Mit der Gewährung dieses Kredits festigte Frankreich das Bündnis zwischen beiden Ländern endgültig. Noch ahnte niemand, daß es der bedingungslos zu seinem Wort stehende Zar sein würde, der die Republik Frankreich zu Beginn des Ersten Weltkrieges davor bewahren würde, von der überlegenen deutschen Kriegsmaschinerie überrollt und erobert zu werden. Allein Frankreichs Präsident Felix Faure wußte sehr genau, wie wertvoll Hilfe und Rückendeckung des Zaren eines Tages sein würden. Eine Militärparade am Marne-Fluß, der im Ersten Weltkrieg so hart umkämpft werden würde, beschloß den Staatsbesuch des russischen Kaiserpaares. Nicht weniger als siebzigtausend Soldaten der Kavallerie und Infanterie nahmen an diesem gewaltigen Aufmarsch teil. Als der russische Selbstherrscher die Heimreise antrat, hatte Alexandra doppelten Grund zur Freude: Der Staatsbesuch war ein einziger Festrausch gewesen, und sie war wieder schwanger.

Als der Zar nach seiner erfolgreichen Frankreichreise in die Heimat zurückkehrte, warteten Regierungsangelegenheiten und

Familienprobleme auf ihn. Bald mußte er sich eingestehen, daß ihn die Aufgabe, Oberhaupt des Hauses Romanow zu sein, überforderte. Zweifelsohne bemühte er sich sehr, sein Amt gewissenhaft und zum Wohle seiner Untertanen auszuüben, aber all seine Maßnahmen, Intentionen, Wünsche und Absichten, von welch hehren Idealen sie auch immer getragen waren, erzielten fast nie die beabsichtigte Wirkung. Seine gutgemeinten Experimente schienen von vornherein zum Scheitern verdammt zu sein. Das Dilemma des letzten Zaren lag in der Tatsache begründet, daß er der falsche Mann am falschen Platz war, ein Herrscher, der dazu erzogen worden war, nach den Richtlinien des ausgehenden 19. Jahrhunderts zu regieren, von der Geschichte aber mitleidlos ins umbruchartige 20. Jahrhundert gestoßen wurde. Seine stets mit der rauhen Wirklichkeit kontrastierende idealistische Persönlichkeit hätte zweifelsfrei einen guten konstitutionellen Monarchen aus ihm gemacht. Wir haben schon erwähnt, wie ähnlich er dem »lieben Cousin George« war, der sich in England so ausgezeichnet als König bewährte. Aber Nicky war eben kein Brite, sondern ein tiefpatriotischer, strenggläubiger Russe, dem die Autokratie als undankbares Erbe in die Wiege gelegt worden war. Seine menschliche Integrität ist unbestritten, doch er stand – was im historischen Rückblick klar zutage tritt – von Anfang an auf verlorenem Posten. Er tat sein Bestes und scheiterte.

Als er sich nach seiner Rückkehr aus Frankreich in seine Regierungspflichten einzuarbeiten begann und verzweifelt versuchte, jenes furchtbare Geschäft, vor dem er sich immer gefürchtet hatte, nämlich die Politik, zu durchschauen, zeigte er für einen so unvorbereitet ins Amt gehobenen Herrscher erstaunliche Initiative. Umgehend wurde ein Gesetz gegen die Trunksucht, das Erzübel des russischen Volkes, in Europas Hauptstädten spöttisch »die russische Krankheit« genannt, erlassen. Außerdem führte der Zar auf Anraten Wittes die Golddeckung des Rubels ein. Damit erreichte er nicht nur die internationale Konvertierbarkeit des Rubels, sondern stabilisierte die schwache Währung seines Heimatlandes und machte Rußland zum Eldorado für finanzkräftige ausländische Kapitalanleger. Das Resultat der Währungsreform des unermüdlichen Witte, der holländische Vorfahren hatte und vor der Zarinmutter wiederholt als »Mann von Genie« tituliert wurde, zeichnete sich noch vor der

Jahrhundertwende ab: Die russische Handelsbilanz wies nie gekannte Aktivposten auf. Der seit August 1892 das Amt des Finanzministers ausübende Witte initiierte, wie schon angesprochen, den Bau der Transsibirischen Eisenbahn und reformierte auch Handel und Industrie. Es gelang dem brillanten Mann und Technokraten par excellence, die russische Industrieproduktion zu verdreifachen. Eine andere geniale Idee Wittes, die Nikolaus aufgriff, war, wie schon erwähnt, die Golddeckung des Rubels. Der hervorragende, 1849 in der georgischen Hauptstadt Tiflis geborene Witte war in der Tat ein außergewöhnlicher Mann, den stets politischer Weitblick auszeichnete. Als Mann des Friedens sollte er Nikolaus zweimal warnen, sich auf militärische Abenteuer einzulassen: 1904, als Rußland und Japan aufeinanderprallten, und 1914, als Rußland in den Weltkrieg taumelte, erhob Sergej Witte seine mahnende Stimme. Leider stieß er beide Male auf taube Ohren. Den von ihm prophezeiten Untergang des Reiches erlebte er nicht mehr. Das Schicksal war gnädig und ließ ihn 1915 sterben.

Die neuen Gesetze bewiesen vielen Kritikern, daß der junge Zar auf Erfolgskurs zu sein schien. Aber wie immer im tragischen Leben dieser shakespearehaften Gestalt begannen sich die Erfolge bald ins Gegenteil umzukehren. Das anfänglich enthusiastisch gefeierte Trunksuchtgesetz erwies sich als Farce. Obwohl der Preis für Wodka enorm in die Höhe geschraubt worden war, konsumierten Nikolaus' Untertanen das Nationalgetränk weiterhin in rauhen Mengen. Die überhöhten Preise schienen niemanden abzuschrecken, und die Trunksucht grassierte nach wie vor im Lande des Zaren. Selbst die Währungsreform zeigte negative Folgen. Nachdem der Rubel zur stabilen Hartwährung geworden war, stellten die Repräsentanten der vermögenden Oberschicht ihren Reichtum schamlos im Ausland zur Schau. Russische Aristokraten verspielten ganze Vermögen in den Casinos Europas; in den mondänen Nachtclubs von Paris, London und Berlin galten die russischen Gäste bald als die ausschweifendsten und freigebigsten Kunden und genossen große Popularität.

Nikolaus ließ sich ganz vom Vorbild des Vaters inspirieren und regierte eine Zeitlang noch dank der Kraft des verstorbenen Titanen. Er ahmte den Vater auch in seiner Bekleidung nach und trat immer betont russisch auf. In seinem Mahagoni-Arbeits-

zimmer saß er hinter seinem riesigen Schreibtisch und trug zumeist eine schlichte Bauernbluse und weite Kniehosen. Als Schuhwerk bevorzugte er weiche Samtlederstiefel. Hier in diesem Raum empfing er seine Minister, studierte Akten und Dokumente, unterzeichnete Urkunden, Dekrete und Ernennungen und bearbeitete Bittgesuche. An der Wand hinter dem Schreibtisch hing eine Photographie Alexanders III. Neben dem Arbeitszimmer lag das Badezimmer, durch das man ins Schwimmbad des Zaren gelangen konnte. Das allmorgendliche Schwimmen entwickelte sich im Laufe seiner Regierungsjahre fast zu einem Ritual, genau wie seine Turnübungen, die er in einem eigenen Gymnastikraum absolvierte. In der Mitte dieser kleinen improvisierten Turnhalle stand sein Lieblingsgerät, ein Reck, an dem er täglich seine Klimmzüge vollführte und welches er später sogar in seinem Abteil des kaiserlichen Sonderzuges installieren ließ. Er liebte es, allein zu arbeiten, und verzichtete – ganz im Gegensatz zu den Gepflogenheiten aller heutigen Staatsoberhäupter – auf die Dienste eines Privatsekretärs. Sein randvoller Terminkalender lag stets griffbereit auf dem Schreibtisch. Pedantisch hielt er darin die täglichen Audienzen fest.
Obwohl er sich anläßlich der Chodynka-Katastrophe fast mit seiner Mutter entzweit hätte, holte er in den ersten Regierungsjahren oft ihren Rat ein und bearbeitete gewissenhaft die Berge und Stöße von Akten, die sie ihm zur Absegnung übersandte. Viel ist über die internen Familienprobleme der Romanows geschrieben worden. Vor allem seine vier imposanten und selbstbewußten Onkel bereiteten Nikolaus II. im ersten Regentschaftsjahrzehnt enorme Schwierigkeiten. Am liebsten mochte Nikolaus Onkel Paul, der lediglich acht Jahre älter als er selbst war und ihm keinerlei Steine in den Weg legte. Leider gab gerade Paul (oder russisch Pawel) den Anlaß zum ersten richtigen Familienskandal, den Nikolaus in seiner Eigenschaft als Oberhaupt des Hauses Romanow bereinigen mußte. Der Skandal begann sich abzuzeichnen, als sich Paul Romanow unmittelbar nach dem Tod seiner Gemahlin, einer griechischen Königstochter, die 1891 bei einer Frühgeburt starb, in eine leidenschaftliche Affäre mit der Frau eines der Adjutanten von Großfürst Wladimir stürzte. Er erzwang ihre Scheidung und bestand darauf, sie zu seiner Frau zu machen. Da zeigte die empörte Zarinmutter ihre ganze Macht. Mit dieser morganatischen Ehe

entehrte Großfürst Paul das Ansehen der gesamten Romanow-Familie. Zwangsläufig folgte Nikolaus II. ihrem Diktat, erkannte Onkel Pawel, dem er sehr zugetan war, alle Titel ab und befahl ihm, Rußland sofort zu verlassen. Großfürst Paul wurde also ausgewiesen und kehrte erst 1914 bei Ausbruch des Ersten Weltkrieges in die Heimat zurück. Seine zwei unmündigen Kinder wurden der Obhut von Sergej Alexandrowitsch und Ella unterstellt, die selbst keine Kinder haben konnten.

Am 29. Mai 1897 hatte der mühsam das Staatsschiff manövrierende Zar endlich wieder Grund zur echten Freude. Um zehn Uhr morgens wurde nämlich seine zweite Tochter, Tatjana, geboren. Der Zar war glücklich, wenn der ersehnte Thronfolger auch noch auf sich warten ließ.

Ein Jahr später überraschte Nikolaus II. ganz Europa mit einer Tat, die zum bedeutendsten Ereignis und zur Krönung des ausgehenden Jahrhunderts hätte werden können. Der scheue, stille, aber aufgrund seines Glaubens in sich gefestigte Mann erließ in einer Zeit, da das internationale Wettrüsten immer gigantischere Ausmaße erreichte, einen dramatischen Appell, der sämtliche Länder der Erde zur globalen Abrüstung im Interesse der Sicherung des Weltfriedens aufforderte. Es war im August 1898, als alle Regierungen der Welt jene russische Note zugestellt bekamen, die zur baldigen Einberufung einer internationalen Abrüstungskonferenz drängte. Dem Zaren schwebte damals wirklich die bestechende Idee eines von ihm in die Wege geleiteten Universalfriedens vor. Wieviel Unheil hätte vermieden werden können, wenn man seinen von tiefster Überzeugung geprägten Vorschlag, die Rüstungsproduktion auf dem bestehenden Niveau einzufrieren, in ernsthafte Erwägung gezogen und angenommen hätte! Doch der von niemandem erwartete Vorstoß des Zaren fand leider nicht einmal geteilte, sondern weitgehend negative Aufnahme.

Es soll hier nicht unerwähnt bleiben, wie der Zar tatsächlich dazu kam, von sich aus diesen mutigen Schritt zu wagen. 1892 hatte Iwan Bloch, ein russisch-jüdischer Eisenbahnindustrieller, einen sechsbändigen Wälzer mit dem Titel *Der Zukunftskrieg, vom technischen und politischen Standpunkt aus betrachtet* veröffentlicht. Der Zar las das Monumentalwerk mit großer Begeisterung und zeigte sich sehr beeindruckt von den Thesen Blochs, die darin gipfelten, daß es unmöglich sei, im 20. Jahrhundert lokal begrenzte Kriege zu führen. Jeder Krieg müsse unweigerlich weltweite Ausmaße annehmen, postulierte Bloch. Der Industrielle erstellte einen umfangreichen Statistikkatalog und errechnete in mühsam-akribischer Kleinarbeit, mit wie vielen Toten und Verwundeten man im Falle eines Weltkrieges, der gleichzeitig das Ende der europäischen Kaiserreiche brächte, zu rechnen haben würde. In seiner Einleitung schrieb Bloch unter anderem folgenden, sich später auf traurige Weise bewahrheitenden Satz: »Der Sieger kann fürchterliche Zerstörungen nicht vermeiden, denn jede Regierung, die sich heutzutage auf einen Krieg vorbereitet, muß sich auch auf eine soziale Katastrophe vorbereiten!« Der Zar empfing Iwan Bloch in Privataudienz und führte ein langes und ausführliches Gespräch mit dem Zukunftsforscher. Blochs kluge Theorien beschäftigten ihn lange, und er erörterte sie mehrmals mit Sergej Witte. Der Finanzminister teilte Blochs düstere Meinung über die verheerenden Auswirkungen eines Globalkonflikts. Auch er fand die Idee eines Aufrufs zur allgemeinen Abrüstung gut.

Im Mai 1899, als Nikolaus' dritte Tochter, Maria, geboren wurde – wieder hatte das Zarenpaar vergeblich auf einen Sohn gehofft –, fand die erste Abrüstungskonferenz der Geschichte im holländischen Den Haag statt. Über einen Monat lang tagten die Delegierten der zwanzig europäischen Länder sowie Völkerrechtsexperten aus den USA, Japan, China, Persien, Siam und Mexiko in der sogenannten Kammer des Internationalen Schiedsgerichts, aus der bald darauf der ständige Schiedshof werden sollte. Der russische Einfrierungsvorschlag wurde zwar nicht akzeptiert, aber man verabschiedete verschiedene Resolutionen, die auf eine humane Art der Kriegsführung hinzielten. Die Absurdität dieser Formulierung schien niemandem aufzufallen. Die fest und feierlich verbrieften Vereinbarungen beinhalteten unter anderem: Verbot des Einsatzes chemischer Kriegsmittel (damit waren vor allem Gift- und Senfgas gemeint, das im Ersten Weltkrieg trotzdem Verwendung fand – Briten, Deutsche und Franzosen, sie alle schossen bedenkenlos Giftgasgranaten ab) und strikte Nichtanwendung von Hochexplosivgeschossen.

Das unheimliche Gespenst des Krieges, das gerade im 20. Jahrhundert, unbarmherziger denn je spukend, die Welt heimsuchte, ließ sich jedoch weder durch Konventionen, Schiedsgerichte noch durch die Vermittlerrolle neutraler Staaten unwirksam machen oder verbannen. Das sollte der Initiator dieser lobenswerten, von Humanitätsgedanken getragenen Einrichtung, Nikolaus II., 1904 traurig und entnervt konstatieren, als man ihm den Krieg mit der aufstrebenden Macht Japan aufzwang, der allen Friedensvisionen ein Ende setzte.

Wilhelm II. mokierte sich des öfteren über die eines wahren absoluten Herrschers unwürdige Feigheit, die Nikolaus an den Tag legte, ohne zu begreifen, daß die Vorstellung seiner eigenen Machtbefugnisse irreal, daß er selbst nicht Souverän seines Reiches, sondern nur dessen Repräsentant war. 1897, zwei Jahre bevor das Internationale Schiedsgericht erstmals in Den Haag tagte, war Wilhelm II. in Rußland gewesen und hatte alles versucht, Nikolaus neuerlich zu einem Bündnis mit Deutschland zu überreden. Seiner Ansicht nach hatte er den Zaren in der Tasche, und er teilte seinem langjährigen Freund, dem deutschen Botschafter in Wien, Philip Graf zu Eulenburg, geradezu euphorisch mit, daß er Nicky seinen Willen aufgezwungen, Frankreich neutralisiert und man über die Welt disponiert habe. Eulenburg maß dem Bericht des Kaisers wenig Bedeutung bei. Er sollte recht behalten. Der Zar hatte weder einer Kontinentalsperre gegen England und Amerika zugestimmt noch dem Kaiser versichert, er würde eventuelle französische Revanchegelüste zu unterbinden wissen. Die meiste Zeit hatte Nikolaus den vehement vorgebrachten Argumenten des kaiserlichen Cousins nur stumm zugehört. Wie so viele Minister und Bittsteller hielt auch der Kaiser dieses Schweigen des Gossudaren für Zustimmung. Nikolaus' halbherziges Versprechen, er werde danach trachten, daß sein Bündnispartner Frankreich nicht unvermittelt über die Stränge schlüge, indem es einen Elsaß-Lothringen-Konflikt heraufbeschwöre, hatte Wilhelm zweifellos überinterpretiert.

Zwei Jahre später sabotierte er die Abrüstungspläne Nickys und bemerkte süffisant, daß ein solcher Weichling wohl kaum ein Herrscher sei, mit dem man ernsthaft über die Disposition der Welt diskutieren könne.

Das alte Jahrhundert ging zu Ende, 1900 brach an, und der russische Zar, der sich seiner nunmehr vierköpfigen Familie erfreute, ahnte nicht, welche Überraschungen es ihm bringen würde. Das letzte Jahrzehnt des ausgegangenen Jahrhunderts hatte –

was in bezug auf die kaum Wirkung zeigende Friedensinitiative des Zaren besonders ironisch anmuten mag – ganz im Zeichen von Mars gestanden.
Während sich Griechenland und die Türkei 1897 bekriegten, waren kriegslüsterne Generäle auch an Nikolaus II. herangetreten und hatten versucht, ihn zu überzeugen, diese günstige Konstellation auszunützen, an den Bosporus vorzurücken und die Türkei von der Landkarte zu fegen. Dieser aber vermied bewußt ein kriegerisches Eingreifen und einigte sich statt dessen mit Kaiser Franz Joseph I. von Österreich-Ungarn auf ein Stillhalteabkommen für den Balkan, mit dem der Status quo ante zementiert wurde.
Anders stand die Lage in Asien, hier lockte die Versuchung wirklich. In den Köpfen von vielen hochrängigen russischen Diplomaten und Militärs spukte jahrzehntelang der Gedanke herum, einen eisfreien Hafen in die Hand zu bekommen. Im Pazifikraum besaß Rußland nur einen einzigen Hafen: Wladiwostok, der jedoch lediglich neun Monate im Jahr eisfrei war. Die südlicheren Küstengebiete wurden vom chinesischen Kaiserreich beherrscht. Das Verhältnis zwischen Rußland und China konnte als gutnachbarlich bezeichnet werden. Bereits 1855 hatte das Zarenreich Nordsachalin von China erhalten, später die Stadt Chabarowsk errichtet und sich die zwischen Amur und Usuri gelegenen Küstengebiete einverleibt. In einem 1881 abgeschlossenen Vertrag hatte China zudem Chinesisch-Turkestan an Rußland abgetreten. Der 1891 begonnene Bau der Transsibirischen Eisenbahn, die durch die Mandschurei führen würde, begünstigte eine chinesisch-russische Annäherung als weiterer Faktor. Auf der Halbinsel Korea herrschte ein Marionettenkaiser von Chinas Guaden; es war verständlich, daß Rußland sein Auge auf Korea warf – schon Alexander III. hatte 1885 eine ständige diplomatische Vertretung seines Landes in Seoul installiert –, denn dort bot sich vielleicht die lang erhoffte Möglichkeit, einen eisfreien Hafen zu erhalten. Allerdings gab es noch eine andere, von Rußland sträflich grob unterschätzte asiatische Macht, die gierig auf das instabile, quasi vor ihrer Haustür liegende Korea starrte: Japan.
Im Dezember 1894 hielten die expansionssüchtigen Generäle des Tenno Meiji I. die Zeit für gekommen, den flügellahmen chinesischen Drachen anzugreifen. Die von Nikolaus abschätzig als Makaken titulierten Japaner bewiesen erstmals, daß sie im

Begriff waren, zur Weltmacht aufzusteigen. Die Chinesen konnten der sorgsam modernisierten japanischen Kriegsmaschinerie wenig entgegensetzen. Die Überlegenheit der Japaner war erdrückend. Mühelos besetzten sie die Insel Formosa (also das heutige Taiwan) und rückten schon nach vier Monaten, kaum auf nennenswerten Widerstand treffend, von Norden her gegen Peking vor. Rußland unterstützte in diesem Konflikt zwar China, leistete aber keine militärische Hilfestellung. Das kurz vor der Eroberung stehende Peking sah sich gezwungen zu kapitulieren. Japan triumphierte und diktierte dem Verlierer den schmachvollen Friedensvertrag von Schimonoseki auf. Zähneknirschend akzeptierte China die Bedingungen des Diktatfriedens: Es verlor Formosa an die Japaner und mußte der Unabhängigkeit Koreas zustimmen. Doch der Mikado konnte nicht lange frohlocken. Rußland war nicht gewillt hinzunehmen, daß Japan nun die Halbinsel Liaotung, auf der sich die Festung und der begehrte eisfreie Hafen von Port Arthur befanden, Formosa und faktisch auch das nur nominell unabhängige Korea kontrollierte. Die japanische Flagge flatterte erst sechs Tage über der Festung von Port Arthur, als der russische Bär seine Krallen zeigte und – mit Rückendeckung Deutschlands, Englands und Frankreichs – intervenierte. In einer Protestnote erklärte Rußland, daß die Vorgehensweise Japans eine ständige Bedrohung des Friedens im Fernen Osten darstelle, und forderte die Rückgabe der eroberten Gebiete. Japan, das zum damaligen Zeitpunkt weitgehend ohne Verbündete dastand und sich offenbar noch nicht in der Lage sah, einen Krieg mit Rußland auszutragen, gab widerwillig nach und erfüllte die russischen Forderungen, zumindest teilweise. Formosa blieb aber japanisch, genauso wie Korea seine Unabhängigkeit behielt. Lediglich die Halbinsel Liaotung fiel an China zurück. Japan empfand die russische Intervention als Demütigung, betonte ausdrücklich, daß es Korea als entscheidend für seine Sicherheit betrachte[23], und wartete auf eine Chance zum Gegenschlag. Es war das angeschlagene China, dem Rußland drei Jahre später den Liaotung-Pachtvertrag regelrecht abgewann. Es pachtete die Halbinsel auf neunundneunzig Jahre.

Ab 1898 war Port Arthur jedenfalls russisch. Die Flagge des Zaren wehte über der Festung im Wind, und Rußland hatte endlich einen eisfreien Hafen.

Der Kolonialwettlauf strebte indes seinem Zenit zu. Die USA erwarben Hawai, Großbritannien eignete sich Weihawei am Gelben Meer an, China wurde aufgrund seines brachliegenden riesigen Wirtschaftsmarktes immer mehr zum begehrtesten Ziel der Weltmächte. In England bürgerte sich das Schlagwort vom »breaking-up of China« ein. Das kaum noch handlungsfähige Reich der Mitte sah sich gezwungen, fast allen europäischen Großmächten sogenannte Freihäfen zuzugestehen. Das uralte Kulturreich erfuhr eine ganz und gar unerwünschte Zivilisierung durch die Repräsentanten der weißen Herrenrassen. Mehr und mehr fremdländische Investoren strömten ins Land, man schien sich darauf geeinigt zu haben, den schwankenden Koloß wirtschaftlich untereinander aufzuteilen. Eine Industrieanlage nach der anderen – selbstverständlich mit europäischem und amerikanischem Kapital finanziert – schoß förmlich aus dem Boden, Missionare begannen den Chinesen die Segnungen des Christentums beizubringen, ein Eisenbahnnetz schickte sich an, das Land zu durchziehen. Frankreich gesellte sich natürlich zu den anderen Kolonisatoren und erklärte die am südchinesischen Meer gelegene Provinz Kwantschoi (mit dazugehörigem Hafen) zu seinem Einflußbereich. Es versteht sich von selbst, daß Wilhelm II. ebenfalls seine Hand in China ausstreckte, obwohl er, wie er sagte, alle Asiaten haßte und in seinen Reden jener Zeit immer wieder auf die gelbe Gefahr zu sprechen kam. Seine Abneigung hatte ihn nicht daran gehindert, 1898 die Bucht Kiautschou zu okkupieren und China zu zwingen, Deutschland das Gebiet der Halbinsel Tsingtau für neunundneunzig Jahre zu verpachten. Er folgte damit dem Beispiel Großbritanniens, das zur selben Zeit Hongkong von China pachtete, und zwar ebenso für ominöse neunundneunzig Jahre; ein Pachtvertrag übrigens, der als einziger aller China damals abgerungenen Abkommen beide Weltkriege überstand und erst 1997 seine Wirksamkeit verlor. Während man Chinas Souveränität also fortwährend mit Füßen trat, wuchs begreiflicherweise der Haß auf die fremdländischen Eindringlinge, die alle Einheimischen mit herablassender Arroganz behandelten und in jedem Chinesen nicht viel mehr als einen Rikscha-Kuli erblickten.
1902 unterzeichnete die größte Seemacht der Welt, England, einen Allianzpakt mit Japan, der einer Anerkennung als Weltmacht gleichkam. Wilhelm II. hatte diese Konstellation voraus-

gesehen und den Zaren wiederholt von einem zu erwartenden Bündnis zwischen Japan und dem »perfiden Albion« gewarnt. Doch Nikolaus schlug all diese Warnungen in den Wind. Natürlich erfolgte des Kaisers Warnung nicht nur aus reiner Freundschaft. Wie immer hatte er Hintergedanken und versuchte nach wie vor, Rußland dazu zu überreden, seinen Bündnispartner Frankreich im Stich zu lassen und statt dessen eine gegen England und Frankreich gerichtete Allianz mit Deutschland einzugehen. Allein der noch von seinem Vater geschlossene Pakt mit der Republique Française war Nikolaus heilig. Ein Wortbruch kam für ihn nicht in Frage. Für Japan war der Pakt mit England einer seiner größten außenpolitischen Erfolge jener Zeit. England verpflichtete sich nämlich darin, Japan militärische Hilfestellung zu leisten, und zwar für den Fall, daß das Insel-Kaiserreich, sollte es in einen kriegerischen Konflikt mit einer Großmacht verwickelt werden (es war allzu offensichtlich, daß diese Großmacht nur Rußland sein konnte), gleichzeitig von einer anderen Weltmacht angegriffen würde. Somit hatte Japan praktisch Carte blanche für eine sich immer deutlicher abzeichnende Auseinandersetzung mit Rußland. Durch den Pakt mit England war Rußlands Partner Frankreich faktisch neutralisiert worden. Der Mikado brauchte keine Angst mehr zu haben, daß die Franzosen im Falle eines Krieges mit dem verhaßten »russischen Bären« zugunsten des Zarenreiches intervenieren würden. Frankreich würde niemals eine bewaffnete Auseinandersetzung mit England riskieren. Das wußte der Generalstab von Tenno Meiji I. genau und handelte dementsprechend. Die Rüstungsproduktion wurde weiter forciert. Alle erdenklichen Anstrengungen wurden unternommen, um in militärischer Hochform zu sein, falls der Casus belli tatsächlich eintreten sollte.

Aber blenden wir zurück ins Rußland des Jahres 1900, das Nikolaus II. beinahe zum Verhängnis geworden wäre. Es war in Livadia, im Herbst dieses Jahres, als der Zar, zum ersten und einzigen Mal während der dreiundzwanzig langen Jahre seiner Regentschaft, ernsthaft erkrankte. Er bekam Typhus, und man rechnete mit seinem Ableben. Mit großer Trauer hatte er ein Jahr zuvor den Tod seines Lieblingsbruders Georgij, der seinem unheilbaren Tuberkuloseleiden erlag, zur Kenntnis nehmen müssen. Nach Georgijs Tod war Michail, der jüngste Bruder des Zaren, Mischa, automatisch zum Thronfolger geworden, da

Nikolaus und Alexandra ja immer noch keinen Sohn gezeugt hatten. Nun, im Herbst des Jahres 1900, schien die Krone in greifbare Nähe Michails zu rücken. Der Zar lag, wie alle Beobachter glaubten, im Sterben.

Alexandras Interesse galt einzig und allein dem todkranken Zaren. Sie bestand darauf, ihn persönlich zu pflegen, und versuchte anfänglich, ihn von allem und allen abzuschirmen. Lange weigerte sie sich, die Minister zur täglichen Berichterstattung zum Zaren zu lassen. Kaum hatte sie ihren Widerstand aufgegeben, als sich der energische Witte schon täglich im Schloß einfand. Auch andere Minister kamen und gingen. Alexandra bezeichnete sie voller Abscheu als Aasgeier. Wutentbrannt mußte sie feststellen, daß man bereits über Nikolaus' eventuellen Nachfolger diskutierte. Sie hatte mehrere heftige Auseinandersetzungen mit Witte. Falls der Gossudar wirklich sterben sollte, würde natürlich Olga, die älteste Tochter, das Erbe ihres Vaters antreten müssen, erklärte sie Witte aufgebracht. In England wäre das eine Selbstverständlichkeit, argumentierte sie. Der fähigste Minister Rußlands nahm kein Blatt vor den Mund. Ruhig, aber bestimmt entgegnete er: »Mit Verlaub, Euer Majestät, wir sind hier nicht in England!« Wütender werdend eröffnete die Zarin Witte schließlich, daß sie wieder schwanger sei und inständig hoffe, diesmal einen Sohn zur Welt zu bringen. Auch diese Nachricht beeindruckte den Minister nicht. Ohne viel Zartgefühl wies er die Kaiserin auf das unumstößliche Thronfolgegesetz Rußlands hin: Allein wer zum Zeitpunkt des Todes eines regierenden Herrschers die Position des Thronfolgers einnahm, hatte ein Anrecht auf die Krone. Der nächste Zar würde also Michail Romanow heißen. Alexandra tobte und schrie und konzentrierte ihren ganzen Haß auf Witte. Inbrünstig betete sie um die Gesundung ihres Gemahls. Ihre Gebete wurden erhört, wider aller Erwarten erholte sich der Zar. Nachdem die Krise vorbei war und feststand, daß Nikolaus wieder völlig gesund werden würde, wurde der Gedanke, daß das Kind, das sie erwartete, ein Sohn sein müsse, zur fixen Idee bei Alexandra.

Nikolaus war noch nicht lange vollkommen wiederhergestellt, als Alexandra ein weiterer schwerer Schicksalsschlag traf. Königin Victoria starb am 22. Januar 1901 (westlicher Zeitrechnung) und wurde an der Seite ihres unvergessenen, vergötterten Gatten, Albert von Sachsen-Coburg-Gotha, im imposanten Frogmore-Mausoleum[24] von Windsor Castle zur letzten Ruhe gebettet. Die Nachricht vom Tod der geliebten alten Frau, welche Großbritannien seit 1837 regiert, neun Kinder bekommen hatte und am Ende ihres langen Lebens nicht weniger als vierunddreißig über ganz Europa verstreute Enkel aufwies, traf die russische Zarin mit der Wucht eines Keulenschlags. Nach ihrer Hochzeit mit dem Zaren hatten sie einander ausgiebig und oft geschrieben. Alexandra hatte die Ratschläge der Königin stets zu beherzigen versucht. Ursprünglich wollte sie sofort nach Windsor aufbrechen, um an den Begräbnisfeierlichkeiten teilzunehmen, doch da sie wieder ein Kind unter dem Herzen trug und sich so sehnlichst einen Thronfolger wünschte, nahm sie, auch auf Anraten der Ärzte, wieder Abstand von diesem Vorhaben.

Daß die Zarin so felsenfest davon überzeugt war, nun, nach drei Töchtern, endlich einen Sohn zu gebären, hatte einen ganz besonderen Grund. Seit ungefähr einem halben Jahr trieb sich – sehr zum Leidwesen der Zarinmutter – ein merkwürdiger Mann am Hofe herum. Es war ein Franzose, der allgemein nur Monsieur Philippe genannt wurde. Wildeste Gerüchte rankten sich um diesen Mann: Er sei ein Magier, Zauberer, Astrologe, Sterndeuter und Gesundbeter, sagten die meisten Hofwürdenträger, die wenig Verständnis für den unerklärlichen Aufstieg des Franzosen aufbrachten, den Alexandra schon bald nach seinem Erscheinen als treuen Freund bezeichnete. Wie war dieser Mann an den Zarenhof gekommen? Wer war er wirklich? Über welche besonderen Qualifikationen verfügte »Monsieur Philippe«, daß man ihm – auf Alexandras unnachgiebiges Drängen hin – geradezu in Windeseile den Doktortitel der Medizin verlieh und mit dem Rang eines wirklichen Staatsrats auszeichnete? Alexandra hatte am Hof so gut wie keine Freunde. Sie verstand es nicht, sich populär zu machen. Die unter ihrer Vorgängerin zur Tradition gewordenen Hofbälle hatten nun Seltenheitswert. Alexandra zog es vor, allein in Zarskoje Selo zu herrschen.

Zu den wenigen Auserwählten, die Aufnahme im Zarenparadies fanden, zählten die beiden Töchter des montenegrinischen Fürsten Nikolaus. Ihre Namen waren Stana und Miliza. In Hofkreisen waren sie unbeliebt. Ihnen schlug dieselbe eisige Kälte entgegen wie Alexandra. Die Zarinmutter konnte sie beide nicht

ausstehen. Aber die Montenegrinerinnen verstanden es, das Wohlwollen der Zarin zu erringen. Sie redeten ihr nach dem Munde, widersprachen ihr nie und schmeichelten ihr nach allen Regeln der Kunst. Alexandra glaubte, endlich zwei echte Freundinnen gefunden zu haben. Anfänglich mochte sie sogar ihre Männer. Miliza war mit dem tuberkulösen, hühnerbrüstigen Großfürsten Pjotr Nikolajewitsch verheiratet, Stana jedoch hatte einen wirklich Mächtigen des Reiches geehelicht: Pjotrs Bruder, Großfürst Nikolaj Nikolajewitsch, jenen auch vom Zaren geschätzten Nikolascha, den 1,97 m großen erzkonservativen Hünen, der das Aushängeschild und der erklärte Liebling der Armee war. Der wie ein reinkarnierter russischer Mars wirkende, mit seinem edlen schwarzen Pferd und seinem Helm verwachsene »Nikolascha« war eine ehrfurchtgebietende, ja furchteinflößende Gestalt. Von der jüngeren Generation des großen Romanow-Clans wurde er, durchaus nicht abschätzig, sondern bewundernd der »schreckliche Onkel« genannt.
Alexandras neuer Freund hieß mit vollem Namen Philippe Vachot, stammte aus Lyon und hatte in jungen Jahren den sehr prosaischen, wenn nicht grausamen Beruf eines Schlächtergesellen ausgeübt. Dann vernahm er plötzlich eine innere Stimme, entsagte dem offenbar nicht sehr einträglichen Fleischerdasein und erwarb sich einen gewissen, auch über die Grenzen seiner Heimat hinausdringenden Ruf als Mystiker und Seelendoktor, der durch inbrünstiges Beten die Krankheiten seiner vielen Patienten heilen konnte. Außerdem brüstete er sich voller Stolz damit, das Geschlecht ungeborener Kinder voraussagen zu können. Der gedrungene Mann mit der hohen Stirn und den stechenden Augen behauptete, hochangesehene Aristokraten aus ganz Europa zu seinem illustren Klientenkreis zählen zu können. Diese Information genügte Prinzessin Miliza, ihn der Zarin zu empfehlen, und so wurde Philippe Vachot nach St. Petersburg gerufen. Obwohl die französische Regierung darauf hinwies, daß der ehemalige Metzgergeselle große Bildungslücken hatte und dreimal wegen Kurpfuscherei und Quacksalbertum vor Gericht gestanden hatte und abgeurteilt worden war, empfing man ihn dort mit offenen Armen. Die Montenegrinerinnen hatten Alexandra entsprechend präpariert. Noch bevor der Mann aus Lyon eintraf, hatte die Zarin ihren Beichtvater konsultiert, der ihr eröffnete, daß der russisch-orthodoxe Glaube

Zauberer verdamme. Miliza aber wußte die anfänglichen Bedenken der Gossudarin schnell zu zerstreuen, indem sie erklärte: »Monsieur Philippe ist kein Zauberer. Ein Zauberer hat sich von Gott losgesagt, bekreuzigt sich nicht, empfängt nicht die Sakramente. Er verkörpert die Kraft des Teufels. Etwas anderes sind die Wundertäter. Sie sind Christen, und aus ihnen spricht Gottes Stimme!« Als Monsieur Philippe dann am Hof erschien, verstand es der im Grunde einfältige Mann sehr schnell, das Herz der Zarin zu erobern, indem er ihr einen Sohn prophezeite.
Die ständige Präsenz des Gesundbeters aus dem fernen Lyon erzürnte die Zarinmutter. Sie ging zu Nikolaus und befahl ihm zornig, den skandalösen Gerüchten ein Ende zu setzen und den Franzosen auf der Stelle auszuweisen. Der Zar willigte ein, ließ sich aber, wie so oft, wieder umstimmen. Er brachte es nicht übers Herz, die heftig protestierende Gattin zu enttäuschen. Philippe Vachot reiste nicht ab. Als die Zarin am 5. Juni 1901 wieder ein Mädchen gebar, war die Enttäuschung groß. Vor allem bei Nikolaus. Erst nach einem langen Spaziergang im Palastpark konnte er sich aufraffen, seine Frau und die vierte Tochter, die auf den Namen Anastasia getauft werden würde, zu umarmen. Jedermann rechnete damit, daß die Geburt Anastasias die Entfernung des Fehldiagnostikers Vachot zur Folge haben würde. Der Franzose wußte sich aber relativ geschickt aus der Affäre zu ziehen. Gelassen erklärte er Alexandra, daß die Sterne niemals logen. Sie hatten zwar eindeutig einen Knaben verheißen, so daß er ihre Konstellation völlig richtig gedeutet habe, aber, so argumentierte der Mann aus Lyon weiter, es sei der überaus seltene Umstand eingetreten, daß entgegen der Verheißung ein Mädchen geboren war. Dies sei ein Omen ganz besonderer Art, fuhr Vachot fort. Entgegen der todsicheren Verheißung geborene Menschen würden immer ein außergewöhnliches Schicksal durchleben. Anastasia sei ein begnadetes Kind, auf das unbeschreibliches Glück warte.
Der Franzose sollte seine hohe Position noch zwei Jahre halten können. Aber am Anfang des Jahres 1903 schlug die Stunde des Seelenarztes aus Lyon. Als er von sich aus erklärte, die Zarin sei wieder schwanger und würde diesmal mit hundertprozentiger Sicherheit einen Sohn zur Welt bringen, reichte er, metaphorisch gesprochen, sein Abschiedsgesuch ein. Die Kaiserin fühlte sich tatsächlich schwanger und weigerte sich, Monsieur Philippes

Rat folgend, Ärzte zu konsultieren. Da riß dem Zaren endlich die Geduld. Er ordnete eine sofortige Untersuchung seiner Frau an. Die Ärzte diagnostizierten eine Scheinschwangerschaft. Damit hatte Vachot seinen allerletzten Kredit verspielt. Nikolaus II. forderte ihn unmißverständlich auf, Rußland schnellstens zu verlassen und nie wieder zu betreten.
Im selben Jahr, 1903, als man den französischen Scharlatan vom Hof entfernte, tauchte Rasputin zum erstenmal in Petersburg auf. Der ungehobelte Sibirier, der in Kleidern schlief, sich niemals wusch, weder seinen verfilzten Bart noch seine lange, bis über die Schultern reichende, in der Mitte gescheitelte Haarmähne pflegte, die Tischmanieren eines Barbaren an den Tag legte, trat damals noch nicht sonderlich in Erscheinung. Seine erste unheilvolle Begegnung mit der Zarenfamilie, die den Stein seines Aufstiegs ins Rollen brachte, fand erst zwei Jahre später statt. Dennoch landete der hochgewachsene, mysteriöse, breitschulterige Mann, an dem fast alles abstoßend wirkte – vielleicht mit Ausnahme seiner ausdrucksstarken, stahlgrauen, ihr Ziel hypnotisch anvisierenden, übergroßen, hell leuchtenden Augen, aus denen die Wildheit eines Tieres sprach –, bereits damals einen Erfolg. Er blieb zwar nur fünf Monate in der Hauptstadt, brachte es aber fertig, vom renommiertesten Kirchenmann, Johannes von Kronstadt, den wir in der Todesstunde Alexanders III. in Livadia kennenlernten, empfangen zu werden.
Nikolaus empfahl seiner Gattin, nach verschiedenen dubiosen Leuten, mit denen sich die Zarin umgeben hatte, in den Schoß der geheiligten Mutter Kirche zurückzukehren und bei Johann von Kronstadt Rat zu suchen. Dieser erzählte ihr von einem wirklichen Heiligen, dem 1833 verstorbenen Prochor Moschin, der als Starez Serafim verehrt wurde. Mit seiner ruhigen Stimme berichtete Vater Johann der Herrscherin von den Wundertaten dieses Mannes, der mit achtzehn Jahren dem weltlichen Leben entsagt hatte und ins Höhlenkloster von Kiew gezogen war. Die Vita des Wüstenheiligen beeindruckte Alexandra sehr stark. Sie erfuhr, daß Starez Serafim ein Schweigegelübde abgelegt und lange Jahre als Einsiedler in den unwirtlichsten Wüstengegenden gehaust hatte. Aus dem Munde Johann von Kronstadts vernahm die Kaiserin ein paar Auszüge aus der bemerkenswerten Lehre des Eremiten, der seinerzeit sterbend darum gebeten hatte, seinen Leichnam den wilden Tieren zum Fraße vorzu-

werfen. Als der Geistliche seine Ausführungen beendet hatte, stand für die Zarin fest, daß der Wüstenheilige im Himmel zu Füßen Gottes kauerte. In ihm würde sie einen mächtigen Fürsprecher finden, zu ihm mußte sie beten, um den ersehnten Sohn gebären zu können. Bald darauf erreichte Alexandra die Kanonisierung Serafims. Die Zarenfamilie hatte von nun an ihren eigenen Schutzheiligen.
Die Zarin stand ganz im Banne Serafims. Immer wieder, im April, Mai und Juni des Jahres 1903 sprach sie von seinen Reliquien, die im Wüstenkloster Sarow im Gouvernement Tombow aufbewahrt wurden. Sie flehte Nikolaus an, eine Pilgerreise nach Sarow zu unternehmen. Anläßlich der von Alexandra so heftig angestrebten Kanonisierung war es dann soweit. Am 16. Juli 1903 traf der kaiserliche Sonderzug mit dem Zaren und der Zarin an Bord in Arsamas ein. Von dieser Bahnstation aus reisten sie mit Kutschen weiter, bis sie ins Wüstenkloster gelangten, wo zweitausend jubelnde Menschen und Gläubige den Gossudaren und die Gossudarin willkommen hießen. Drei Tage verweilten sie in Sarow und beteten voller Andacht am Grabe des Heiligen. Um Mitternacht badete die Zarin in einem Tümpel, der als heiliger Teich verehrt wurde, blickte zum Firmament empor und bat Serafim um den flehentlich herbeigesehnten Sohn. Sie fühlte instinktiv, daß ihre Gebete diesmal erhört werden würden. Und tatsächlich sollte ihr nächstes und letztes Kind, das sie ein Jahr später auf die Welt brachte, ein Sohn sein. Doch als der so lang erwartete Thronfolger endlich am 30. Juli 1904 geboren wurde und der stolze Vater ihn nach seinem meistverehrten Vorfahren Alexej nannte, befand sich Rußland mitten im Krieg, der eine Revolution nach sich ziehen sollte. Die terroristischen Sozialrevolutionäre hatten lange auf eine echte Chance gelauert, das Reich auszulöschen. Sie waren ihrer Maxime, das Zarenregime durch politisch motivierte Morde zu schwächen, treu geblieben. 1901 war der Unterrichtsminister auf offener Straße von einer ehemaligen Moskauer Studentin erschossen worden. 1902 war Innenminister Sipjagin ermordet worden, ebenso der Generalgouverneur Finnlands.
Im selben Jahr setzte sich der 1900 von Konstantin Pobedonoszew persönlich exkommunizierte alte Graf Leo Tolstoi im Krimort Gaspra an seinen Schreibtisch und verfaßte einen Appell an den Zaren, in welchem er die furchtbaren Zustände,

die Rußland an den Rand des Abgrunds bringen würden, auflistete und die Maßnahmen der Regierung anprangerte. Was schrieb der Dichterfürst dem Landesfürsten?

> »Ich möchte nicht sterben, ohne Ihnen gesagt zu haben, was ich von Ihrem gegenwärtigen Tun denke, was daraus erwachsen könnte, welch großes Unglück es Tausenden von Menschen und Ihnen selbst bringen könnte, was für ein großes Unglück es jedoch für die Menschen und Sie nach sich ziehen kann, wenn es in derselben Richtung wie heute seinen Fortgang nimmt. Ein Drittel von ganz Rußland steht unter verstärktem Schutz ... außerhalb der Gesetze. Die Armeen der offenen und geheimen Polizei sind in fortwährendem Wachsen begriffen. Die Gefängnisse, die Strafkolonien sind überfüllt mit Tausenden von Sträflingen und politischen Verbrechern ... Niemals waren die religiösen Verfolgungen so häufig und grausam wie heute ... An vielen Orten hat es schon mörderisches Blutvergießen gegeben, und überall und unaufhaltsam bereiten sich neue und noch grausamere Begebenheiten vor. Der Erfolg dieser angestrengten und furchtbaren Tätigkeit der Regierung ist nur der, daß die Landbevölkerung, jene 100 Millionen, auf die die Macht Rußlands sich gründet, trotz des stetig wachsenden Budgets ... mit jedem Jahr ärmer wird ..., die Hungersnot schon zu einer normalen Erscheinung geworden ist. Eine ebenso normale Erscheinung ist die Unzufriedenheit aller Stände mit der Regierung und die offene Feindschaft gegen sie. Die Ursache für all dies liegt klar auf der Hand ... Ihre Berater versichern Ihnen, daß sie durch die Unterbindung jeglichen lebenswichtigen Wandels das Wohlergehen dieses Volkes und Ihre Sicherheit garantieren ...«[25]

Tolstois Brief erreichte den Adressaten niemals. Der Gossudar erfuhr nichts vom »Gaspra-Schreiben« des alten Genies, das zeigte, wie gefährlich die Lage schon damals war, wie sehr es im Volk gärte, wie reif Rußland für eine Revolution war. Indem sich Nikolaus II. auf das unselige fernöstliche Kriegsabenteuer einließ, arbeitete er den Sozialrevolutionären unbewußt in die Hände und erleichterte ihnen ihre blutige Aufgabe. Wie also kam es zum 1904 beginnenden Krieg mit Japan? Unmittelbarer Anlaß war die russische Präsenz auf der Halbinsel Korea. Es ging also um die Bedrohung der japanischen Sicherheitsinteressen an der Nordpazifikküste. Obwohl Rußland bereits den begehrten eisfreien Hafen von Port Arthur besaß, gelüstete es eine ganz bestimmte Gruppe von unverbesserlichen Expansionisten, ganz Korea in Besitz zu nehmen. Zu dieser eindeutig auf einen Krieg hinarbeitenden Gruppe gehörten Großfürst Alexander (Nikolaus' Schwager Sandro, der seine verhängnisvollen Aktivitäten im Vorfeld des Konfliktes in seinen geschönten Memoiren in Abrede zu stellen wußte), Admiral Alexejew, General Kuropatkin und vor allem ein Mann: der ehemalige Kavalleriegeneral Besobrasow. Anfang 1903 ernannte Nikolaus II. Admiral Alexejew zum Generalgouverneur der östlichen Provinz Koreas, Quantun, während Besobrasow offiziell als Administrator Nordkoreas agieren sollte. Besobrasow war ein gewinnsüchtiger Abenteurer, der Erfinder und Initiator des sogenannten Jalu-Planes, welcher das koreanische, später zum Fiasko werdende Eroberungsunternehmen eigentlich in die Wege leitete. Der General sprach beim Gossudaren vor und erläuterte ihm sein gewagtes Vorhaben. Er würde eine Privatfirma gründen, die sich als Holzhandelsgesellschaft in Korea etablieren sollte. Natürlich würde die Jalu-Holzgesellschaft viele Arbeiter benötigen. Die zivilen Arbeitskräfte würden aber in der Realität russische Soldaten sein, mit deren Hilfe man nach und nach ganz Korea überfluten und okkupieren könne. Die russische Regierung würde in keiner Weise kompromittiert werden. Denn falls das Unternehmen fehlschlug, konnte sie behaupten, daß die Männer der Jalu-Holzgesellschaft in Eigeninitiative und ohne Billigung der Regierung gehandelt hatten. Sollten Besobrasow und Alexejew jedoch erfolgreich sein, würde Korea kampflos zur neuen Provinz des Zarenreiches werden.

Nikolaus ließ sich blenden, er durchschaute nicht, daß der ehrgeizige General vor allem auch daran dachte, schnell reich zu werden. Er hielt Besobrasow für einen beeindruckenden Mann und bewies damit eine erstaunliche Naivität und einen erschreckenden Mangel an Menschenkenntnis. Der Zar billigte den Jalu-Plan vorbehaltlos, vielleicht auch aufgrund der Tatsache, daß sich sein Schwager Sandro so sehr für das Projekt engagierte. Witte hingegen ließ sich vom Bluffer Besobrasow nicht hinters Licht führen. Wiederholt sprach er sich gegen die abenteuerliche Operation aus und sagte dem Zaren unverblümt, daß die Besobrasow-Clique Rußland ins Verderben stürzen werde. Außenminister Graf Lamsdorff teilte die Meinung seines fähigen Kollegen und riet ebenfalls, das Unternehmen abzublasen. Als Alexejew und Besobrasow trotzdem die erwähnten Positionen erhielten, reichte Witte, zornig die risikoreiche Politik des uneinsichtigen Souveräns verfluchend, seine Demission ein. Vergeblich warnte er davor, daß ein solches Vorgehen Japan zum Krieg provozieren müsse. In Anbetracht der Stärke der russischen Armee, die den Streitkräften des Tenno Meiji I. fünffach überlegen war, wie ihm seine Generäle versicherten, glaubte der Zar, er allein habe die Macht, über Krieg oder Frieden zu entscheiden. Das kleine Japan hatte kaum sechshunderttausend Mann unter Waffen, während Rußland nicht weniger als drei Millionen Soldaten in den Kampf werfen konnte. Daß die vielbeschworene Überlegenheit nur nominell war und die Japaner kaum abschrecken würde, die Feindseligkeiten zu eröffnen, verstand der Zar nicht.

Nikolaus war der festen Überzeugung, daß es nur dann zum Krieg kommen würde, wenn Rußland den ersten Schlag führte. Hinzu kam, daß man ihm ständig einredete, die Japaner seien kampfuntauglich. Ein russischer Soldat sei mindestens drei Japaner wert, sagte ihm sogar der seit 1902 amtierende Innenminister Wjatscheslaw Plewe, ein ehemaliger Gendarm, der den Büttel in sich nie verleugnen konnte. Plewe trug die Hauptverantwortung für die Rußland langsam wie eine Sturmflut überschwemmenden Unruhen, die Tolstoi in seinem Mahnschreiben an den Zaren angeprangert hatte. Dieser verblendete Mann, ein fanatischer Antisemit, der sogleich nach seinem Amtsantritt ein generelles Versammlungsverbot erließ und äußerte, er würde jede Art von Opposition in einem Meer von Blut ersticken, erwies sich als Kriegshetzer par excellence. »Diplomatie ist unnötig!« erklärte er dem entsetzten Sergej Witte in einem heftigen Streitgespräch. »Rußland ist durch Bajonette entstanden und nicht durch diplomatische Erfolge!« schrie er dem aufgebrachten Finanzminister ins Gesicht. Der erfahrene und weltgewandte Witte hielt seinen neuen Kollegen für einen unbesonnenen Hitzkopf und gefährlichen Narren. Wie immer zögerte er nicht, seine Meinung offen zu artikulieren. »Mit Ihrer Politik der Härte werden Sie nur eines erreichen, nämlich daß die unterdrückten Juden mit fliegenden Fahnen ins Lager der Sozialrevolutionäre überwechseln. Und was Ihre Person betrifft«, fuhr Witte beherzt fort, »so werden Sie, falls Sie diesen Kurs beibehalten, unweigerlich früher oder später zum Opfer eines Mordanschlags werden!« Plewe lachte ihn aus, nicht ahnend, daß die düstere Prophezeiung des fähigsten Politikers Rußlands bald in Erfüllung gehen sollte. Offenbar erblickte aber auch der Innenminister das Gespenst der Revolution am Horizont. Sein Gegenrezept war allerdings grotesk. »Um die Revolution aufzuhalten, brauchen wir einen kleinen siegreichen Krieg«, notierte er kurz vor Ausbruch der Kampfhandlungen. Durch den von ihm erträumten kleinen siegreichen Krieg, der, wie Plewe glaubte, einen großen außenpolitischen Erfolg markieren würde, konnte man der innenpolitischen Unruhen mit Leichtigkeit Herr werden. Wie es das Schicksal wollte, trat jedoch das genaue Gegenteil ein: Der »kleine siegreiche Krieg« endete mit einer schmachvollen Niederlage und löste die Revolution aus.

Der Zar selbst schien nicht recht zu wissen, was er tat. Offensichtlich glaubte er tatsächlich, daß seine Abschreckungsstrategie Erfolge zeigen und die Japaner kampflos klein beigeben würden.

Obwohl sich der japanische Generalstab spätestens seit 1896 auf den Eventualfall vorbereitete, gab es auch im Inselkaiserreich besonnene Politiker, die an die Aufrechterhaltung des Friedens dachten. So hatte der fähigste und einflußreichste Staatsmann des Mikado, Ito Hirobumi, einen Plan ausgearbeitet, um eine zum Krieg ausartende Eskalation zu verhindern und die japanisch-russischen Gegensätze friedlich beizulegen. Hirobumis Konzept war simpel: Rußland sollte Korea räumen und es Japan überlassen; im Austausch für dieses Entgegenkommen würde Japan seinerseits die russische Oberhoheit in der Mandschurei akzeptieren. Das Zarenreich sollte sich nach und nach die gesamte Mandschurei einverleiben können, Japan würde keinen Finger rühren und sich lediglich auf Korea beschränken. Im Jahre 1901 reiste Ito Hirobumi persönlich nach Moskau und St. Petersburg, um seinen Vorschlag zu erörtern. Der Zar weigerte sich ohne Angabe von Gründen, mit dem bedeutenden Staatsmann zusammenzutreffen. Hirobumi wurde behandelt wie ein Kuli. Kein einziger Minister – auch Witte nicht –, keine einzige Persönlichkeit von Rang und Namen empfing den inoffiziellen

Sonderbotschafter des Mikado. Begreiflicherweise fühlte sich der japanische Politiker gedemütigt. Nachdem man seine Präsenz wochenlang ignoriert hatte, startete er einen letzten verzweifelten Versuch, Verhandlungen zu erzwingen. Er übersandte dem Zaren und dem Außenminister einen sorgfältig ausgearbeiteten Katalog seiner Forderungen und Kompromißvorschläge. Es gab keine Reaktion. Hirobumi blieb noch zwölf Tage in Rußland, um sodann empört die Heimreise anzutreten. Seine gutgemeinte Mission hatte sich als totaler Fehlschlag erwiesen.
Der sonst so freundliche und zuvorkommende Nikolaus II. hatte den japanischen Staatsmann auf schamlose Weise brüskiert und damit sicherlich einen schweren Fehler gemacht. Als Japan dann 1902 den erwähnten Pakt mit England schloß, wurde er nur noch zorniger und sprach davon, daß man seine Geduld und Friedensliebe nicht überstrapazieren solle. Warum schlug er plötzlich so kampfeslustige Töne an? Warum unterstützte er den Abenteurer Besobrasow? Er wollte doch keinen Krieg. War er so sehr von der Unbesiegbarkeit seiner Armee überzeugt? Jedenfalls handelte er sehr unklug und zeigte keinerlei politische Weitsicht.
1903 waren Rußlands Koreapläne publik, und der deutsche Kaiser telegraphierte Nikolaus, wie es seiner apodiktischen Art entsprach: »Es leuchtet jedem unvoreingenommenen Geist ein, daß Korea russisch werden soll und muß!« Nun erinnerte sich Nikolaus an die Briefe, die ihm Wilhelm schon vor acht Jahren geschrieben hatte und in denen stets von Rußlands heiliger Mission in Asien die Rede gewesen war. Vielleicht hatte Wilhelm recht, ging es dem Zaren durch den Kopf. Früher war er Wilhelms Vorschlägen immer mißtrauisch gegenübergestanden. Nun, in dieser kritischen Phase, als alle Zeichen auf Sturm standen, durchschaute er die wahre Motivation seines kaiserlichen Cousins, der ihn fortwährend encouragierte, »den kecken Japanern endlich eins auf die Nase zu geben«, nicht. Was Wilhelm wirklich bezweckte, geht aus einem Gespräch hervor, das er schon im Juli 1895 mit Unterstaatssekretär von Rotenhan führte. Damals hatte der Kaiser seine Rußlandpolitik mit einem Satz klar umrissen: »Rußland muß in Ostasien festgenagelt werden, damit es sich weniger mit Europa und dem europäischen Orient beschäftigen kann!«[26]
1903 verging, und die Telegramme Wilhelms, endlich militärisch

aktiv zu werden, häuften sich. Nikolaus war wie immer unentschlossen. Japan hatte indes seine Aufmarschpläne abgeschlossen. Der Krieg war so gut wie sicher. Selbst Ito Hirobumi war nun zum erklärten Kriegsbefürworter geworden. Trotzdem versuchte Kurino, der japanische Botschafter in Petersburg, das ganze Jahr hindurch vergeblich, Rußland zu einem Einlenken zu bewegen. Jeden Monat suchte er erneut um eine Privataudienz beim Zaren an. Nikolaus weigerte sich, den Japaner zu empfangen. Doch selbst als Kurino Anfang Januar 1904 abreiste und verbittert den Abbruch der diplomatischen Beziehungen verkündete, glaubte der Gossudar nach wie vor, er allein könne über Krieg oder Frieden entscheiden. Konteradmiral Abasa schlug einen Präventivangriff gegen Japan vor. Der Zar wies dieses Ansinnen zurück. Da traf ein Telegramm Wilhelms II. ein. Der deutsche Kaiser beschwor Nikolaus, die Japaner auf keinen Fall glimpflich davonkommen zu lassen, sondern sie zu Boden zu schmettern. Die Antwort des Zaren war unbegreiflich und erzürnte Wilhelm.

Nachdem man die Japaner ständig provoziert, den Unterhändler Hirobumi brüskiert und Botschafter Kurino unmißverständlich die kalte Schulter gezeigt hatte, dachte der Zar plötzlich wieder an eine unblutige, nichtmilitärische Bereinigung des schwelenden Konflikts. Nikolaus erwiderte dem verblüfften deutschen Kaiser: »Ich hoffe immer noch auf eine ruhige und friedliche Übereinkunft!«[27] Wie konnte er auf eine friedliche Übereinkunft hoffen, nach all dem, was geschehen war? Am Vorabend des Krieges benahm sich der Zar wirklich wie ein weltfremder, ständig hin und her schwankender Illusionist, der sich zu keiner Entscheidung durchringen konnte. Er hoffte auf den Frieden und hatte in seiner Unwissenheit und totalen Fehleinschätzung der prekären Lage und durch seine zögerliche Haltung doch selbst entscheidend dazu beigetragen, daß der Krieg unvermeidlich geworden war!

In der Nacht auf den 24. Januar 1904 schlugen die Japaner zu. Kurz vor Mitternacht erfolgte ein Überraschungsangriff auf das im äußeren Hafen von Port Arthur vor Anker liegende russische Geschwader. Japanische Zerstörer torpedierten die Schlachtschiffe *Zesarewitsch* und *Retwisan* und schossen auch den Kreuzer *Pallas* leck.

Nikolaus kam von einem Theaterbesuch zurück, als ihn ein

Telegramm Admiral Alexejews erreichte und von der bedrohlichen Sachlage in Kenntnis setzte. Fassungslos las der Zar die lakonischen Worte: »Der Umfang der Schäden wird ermittelt.« Dann kopierte er die Katastrophennachricht im Tagebuch und fügte entsetzt hinzu: »Und das ohne Kriegserklärung?! Gott stehe uns bei!« Der ohne Kriegserklärung erfolgte Angriff auf den russischen Flottenstützpunkt wurde vor allem in Großbritannien geradezu als Heldentat gefeiert.

Am nächsten Tag schrieb Nikolaus scheinbar gelassen ins Tagebuch: »Überall steigt der Kampfgeist!« Petersburg schien von einer Welle des Hurrapatriotismus überrollt zu werden. Tausende Menschen zogen mit Ikonen, Bannern und Zarenbildern vor den Winterpalast und umjubelten den auf dem Balkon erschienenen Gossudaren. »Gott schütze den Zaren!« brandete es zu Nikolaus herauf. »Wir folgen dir, Batjuschka! Führe uns zum Sieg, Väterchen Zar!« Der Herrscher verzichtete auf eine Rede. Er schaute zu den freudig erregten Massen hinunter und grüßte. Innerlich aber war er zutiefst deprimiert. Obwohl niemand an einem schnellen und leichten Sieg Rußlands zweifelte, ließ sich der Zar nicht von der allgemeinen Kriegseuphorie anstecken. Eine Zeitlang war er sehr niedergeschlagen. Nun, da es zu spät war, machte er sich Vorwürfe, nicht alles getan zu haben, seinem Volk einen Krieg zu ersparen. Sein Pessimismus war berechtigt. Doch die blutige Lawine ließ sich nicht mehr stoppen. Das Volk im Hinterland mochte sich in chauvinistischen Kundgebungen überbieten, aber an der Front sah die Lage anders aus. Die zahlenmäßige Überlegenheit der riesigen russischen Armee kam kaum zum Tragen. Eine Desastermeldung jagte die andere. In kürzester Zeit hatte Japan eine Streitmacht von hundertfünfzigtausend zu allem entschlossenen Soldaten auf den asiatischen Kriegsschauplatz geworfen. Der Fanatismus der japanischen Krieger, die ihren Tenno als Gott verehrten – eine Tradition, die Kaiser Hirohito erst nach Beendigung des Zweiten Weltkrieges abschaffen sollte –, war ungeheuerlich. Die Verteidiger von Port Arthur sahen sich mit menschlichen Kugeln konfrontiert. Während Rußland ständig verzweifelt Nachschubtruppen an die Front beförderte, tobte in Korea und in der Mandschurei ein unsagbar blutiger Krieg, wie ihn das Zarenreich noch nie erlebt hatte. Durch ihren Blitzangriff hatten die Japaner sehr schnell die Seevorherrschaft errungen und legten einen Minenfelderring um die Küstengewässer Port Arthurs. Die ohnehin schwer angeschlagene, ramponierte russische Fernostflotte wurde so ihrer Mobilität beraubt. Japanische Zerstörer und Torpedoboote nahmen die Festung unter Dauerbeschuß. Als der gefeierte Admiral Makarow, Rußlands Nelson, am 1. April einen Ausfall wagte, fuhr er mit seinem völlig intakt gebliebenen Schlachtschiff *Petrapawlowsk* auf eine Mine. Die *Petrapawlowsk,* die Zierde der Flotte, sank, Makarow und seine siebenhundert Mann starke Besatzung fanden einen elenden Tod. Nikolaus sprach von einem schrecklichen Schlag und erflehte Gottes Beistand.

Die Lage der eingeschlossenen Verteidiger von Port Arthur wurde indes immer aussichtsloser. Oberkommandant der japanischen Belagerungstruppen war der ganz im Samuraigeist erzogene, 1849 geborene Graf Maresuke Nogi, der sich schon im Chinesisch-Japanischen Krieg ausgezeichnet hatte. Mit zweiundzwanzig Jahren war Graf Maresuke Nogi bereits Major, 1893 schied er, vierundvierzigjährig und im Rang eines Generals, aus dem Militärdienst aus, um ein Jahr später reaktiviert zu werden. Als er die Belagerung von Port Arthur in Angriff nahm, war er in seinem Element. Im Frühsommer des Jahres 1904 gab er den Befehl zum Sturmangriff auf die den Flottenstützpunkt umgebenden stark befestigten Höhenanlagen. Die Russen wehrten sich mit Bravour, mußten aber bald Stellung um Stellung räumen. Port Arthur glich einer Insel im Orkan. Die Granaten der gewaltigen 26,5-cm-Geschütze schlugen pausenlos ein, eine Sturmwelle wild aufschreiender, todesmutiger Krieger des Tenno nach der anderen brandete heran. Die Verluste waren auf beiden Seiten entsetzlich. Während Nogis Dritte Armee Port Arthur im Würgegriff hielt, ging ein anderes japanisches Expeditionskorps in Nordkorea an Land, besiegte mühelos fünf sibirische Eliteregimenter, überschritt den Jalu-Fluß und drang unaufhaltsam in die Mandschurei vor. Die Russen wichen zurück und konsolidierten ihre Streitkräfte bei Mukden, wo in den Anfangsmonaten des Jahres 1905 die größte Landschlacht vor dem Ersten Weltkrieg stattfinden würde.

Mitten im heißen Kriegssommer, als sich die russische Niederlage immer deutlicher abzuzeichnen begann, jubelte das Land aus einem ganz anderen Anlaß. Am 30. Juli läuteten überall im Riesenreich die Kirchenglocken. Dreihundert Salutschüsse, von den Kanonen der Peter-Pauls-Festung abgefeuert, verkündeten der Bevölkerung die Geburt des Zarewitsch Alexej. Seine kaiserliche Hoheit Alexej Nikolajewitsch wog bei seiner Geburt fast vier Kilo und schien kerngesund zu sein. Alexej wurde an einem strahlend schönen Sommertag in der Kapelle von Schloß Peterhof getauft. Um elf Uhr morgens nahm Johann Janyschew, der ergraute Beichtvater der Zarenfamilie, den feierlichen Taufakt vor, zu dem auch – quasi als besonderer Ehrengast – König Christian IX. von Dänemark, der damals bereits sechsundachtzig Jahre alte Urgroßvater des kaiserlichen Babys, angereist war. Zar und Zarin wirkten außergewöhnlich erregt, als sie am Nachmittag eine endlos scheinende Besucherdelegation empfingen. Alexandra lag auf einer Couch. Ständig suchte sie den Blick des Zaren und lächelte ihm, ihren Mutterstolz offen zur Schau tragend, zu. Mit der Geburt des Thronfolgers war der Traum vieler Jahre in Erfüllung gegangen. Sie hatte ihre Pflicht gegenüber Gott, der Nation und der Dynastie erfüllt. Das russische Kaiserreich besaß endlich einen Thronerben.

Allein das Glück des Kaiserpaares blieb nur etwa sechs Wochen ungetrübt. In dieser Zeit träumte Alexandra davon, den Krieg mit Japan bald zu einem siegreichen Ende zu bringen und ihrem Sohn, dem kleinen Mann, ihrem Sunshine, wie sie ihn sogleich bezeichnete, einmal ein starkes und mächtiges Reich übergeben zu können. Weder der eine noch der andere Wunsch sollte sich realisieren lassen. Die Zarin stillte ihn selbst. Sie wich kaum von seiner Seite. Mitte August fand die Kinderzimmeridylle ein unerwartetes und – in seiner Langzeitwirkung – schreckliches Ende. Der blondgelockte Märchenprinz Alexej, der Erbe des mächtigsten Reiches der Erde, zeigte erste Anzeichen einer unheilbaren Krankheit, als sein Bauchnabel ohne jede Ursache zu bluten begann. Die gefährliche Blutung dauerte drei Tage. Zar und Zarin waren ratlos. Als Professor Fjodorow und der zu Rate gezogene Dr. Derewenko ihre Diagnosen stellten, war Alexandra am Rande eines Nervenzusammenbruchs. Der Thronfolger litt an Hämophilie, der tödlichen Bluterkrankheit.

Für Alexandra, die sich wochenlang weigerte, die Diagnose der Ärzte zu akzeptieren, war die Hämophilieerkrankung ihres Sohnes gleichbedeutend mit einem Fluch. Die zweiunddreißig Jahre alte, hochgewachsene Zarin mit dem rotblonden Haar fragte sich immer wieder, welche Sünde sie begangen haben mußte, daß sie Gott der Herr so furchtbar schlug. Damals begannen ihre Hysterieanfälle, ihre Depressionen und quälenden Selbstvorwürfe. Der Gesundheitszustand des Thronfolgers wurde zum sorgsam gehüteten Staatsgeheimnis. Das russische Volk durfte gerade jetzt nicht – mitten in einem katastrophal verlaufenden Krieg – erfahren, daß die Dynastie wankte, der künftige Zar aller Reußen ein Todeskandidat war. Mit aller Leidenschaft und Willensstärke weigerte sich Alexandra zuzugeben, daß ihr Baby, ihr Sunshine, vielleicht nur eine kurze Zeitspanne zu leben haben würde. Die Parole, die sie sich zurechtgelegt hatte, lautete so: Die Krankheit des Zarewitsch würde nur von vorübergehender Dauer sein, der heilige Serafim würde sie nicht im Stich lassen, er würde ihr früher oder später einen Mann Gottes schicken, dem das glücken würde, woran alle Ärzte scheiterten, nämlich ihren Sohn durch ein Wunder zu heilen.

Sie versuchte sich abzulenken, indem sie sich verstärkt für die Verwundeten engagierte. Lazarettwagen und transportable Feldküchen wurden aus ihrer hessischen Heimat herbeigeordert, alle gesellschaftlichen Verpflichtungen abgesagt und die Ballsäle des Winterpalastes in Notversorgungsräume umfunktioniert. Während der Zar rastlos verschiedene Militärlager inspizierte und Truppenkontingent um Truppenkontingent an die Front verabschiedete – er überreichte jedem Soldaten persönlich hundert Rubel und ein Heiligenbildchen Serafims –, überwachte Alexandra im Winterpalast die Arbeit der von ihr eilends ins Leben gerufenen Nähgarde. Über zweihundert Frauen aller Gesellschaftsschichten nähten Uniformen, produzierten Binden und Krankenhemden und verpackten Verbandszeug. Täglich fand sich die Zarin in den Notversorgungsräumen ein und scheute sich nicht, selbst zu Nadel und Faden zu greifen.

Den Zaren plagten Gewissensbisse. Er spielte mit dem Gedanken, sich an die Front zu begeben. Aber konnte er Alexandra und den kranken Thronfolger allein lassen? Würde die Zarin nicht einen ihrer Hysterieanfälle, die ihm immer unheimlicher erschienen, erleiden, wenn er an die Front fuhr? Er tat, was er stets tat, wenn er sich zu keiner Entscheidung durchringen konnte. Er suchte Rat bei seiner Mutter und seinen Onkeln. Großadmiral Alexej erklärte dem Neffen, seine Anwesenheit bei der Armee sei nicht erforderlich. Nikolaus gehorchte. Seiner

Mutter aber schrieb er bekümmert: »In solchen Zeiten zu Hause zu bleiben, läßt mir keine Ruhe!«
Während an der Front gestorben wurde, erreichten die innenpolitischen Unruhen ein besorgniserregendes Ausmaß. Terrorakte häuften sich. Die unselige, von Innenminister Plewe propagierte Politik der unnachgiebigen Härte zeitigte verheerende Folgen. Im ganzen Land roch es nach Aufruhr. Der Judenhasser Plewe hatte eigenmächtig und heimlich Agenten des ihm unterstellten Polizeidepartements beauftragt, Proklamationen an die Bevölkerung zu verteilen, die unverhohlen zu Pogromen aufriefen. In fast allen Provinzen des Reiches waren Anfang des Jahres derartige Hetzschriften aufgetaucht. Die fünf Millionen Juden des Landes wurden wieder einmal zu Sündenböcken gestempelt, die die Hauptschuld an der instabilen innenpolitischen Lage trugen.
Es besteht kein Zweifel, daß der antisemitisch erzogene Nikolaus wenig Mitleid mit den Betroffenen zeigte. Sein Antisemitismus war allerdings nicht rassisch bedingt, sondern religiöser Natur. Witte, der in zweiter Ehe mit einer geschiedenen Jüdin verheiratet war und Pogrome bekämpfte, hatte den Zaren wiederholt auf die unhaltbare Lage der fünf Millionen Juden des Reiches hingewiesen. Nikolaus' Antworten ernüchterten Witte. Sie trugen stets folgenden lapidaren Charakter: Das Judenproblem ließe sich leicht aus der Welt schaffen, die Juden bräuchten nur zum orthodoxen Glauben überzutreten, dann würden ihnen umgehend alle Grundrechte eines russischen Bürgers zuteil werden.
Nikolaus, der in den Juden nicht nur die Mörder des Heilands, sondern auch seines Großvaters sah, war nicht dynamisch genug, eine andere, menschlichere Lösung in Betracht zu ziehen. Für ihn blieben die Juden Nihilisten und Terroristen, die eine permanente Gefahr für den Staat darstellten. Deshalb duldete er, daß der ultrareaktionäre Plewe an der Macht blieb. Er sah nicht ein, daß erst die drakonischen Unterdrückungsmaßnahmen Plewes viele Juden zu überzeugten Sozialrevolutionären machten. Die Rache der Juden ereilte Plewe im Juli 1904. Wie Witte es vorausgesagt hatte, wurde der Innenminister Opfer eines Attentats. Die Bombe eines jüdischen Anarchisten riß ihn in Stücke. Der entlassene Finanzminister atmete auf, als Nikolaus den Fürsten Swatopolk-Mirski, einen erklärten Liberalen,

zu Plewes Nachfolger bestimmte. Vielleicht würde der ihm gedanklich nahestehende Fürst eine dringend benötigte Kurskorrektur erwirken können, sinnierte Sergej Witte. Tatsächlich ging Swjatopolk-Mirski gleich ans Werk und bemühte sich, Maßnahmen zu setzen, welche die wild aufgepeitschte öffentliche Meinung beruhigen sollten. Der Zar ließ ihm freie Hand. Er wurde zu sehr von der Sorge um seinen kranken Thronfolger und der sich ständig verschlechternden Kriegslage in Anspruch genommen, um aktiv ins innenpolitische Geschehen eingreifen und entscheidende Akzente setzen zu können. Er beschloß, zuerst den Krieg zu einem siegreichen Ende zu bringen, um sich sodann mit ganzer Kraft der Stabilisierung Rußlands widmen zu können.

Um eine kriegsentscheidende Wende herbeizuführen, sei es unumgänglich notwendig, die Seevorherrschaft im Fernen Osten zurückzuerlangen, kabelte ihm Wilhelm II. mehrmals. Im Oktober 1904 entschied sich der Zar, Wilhelms II. Rat anzunehmen. Er bestellte Admiral Roschdestwenskij, den Oberbefehlshaber der baltischen Flotte, zu sich und befahl ihm, mit allen Schlachtschiffen nach Korea aufzubrechen, den japanischen Feind zu stellen und zu vernichten. Der Admiral äußerte Bedenken. Da Japans Verbündeter England dem russischen Geschwader die Durchfahrt durch den von ihm kontrollierten Suezkanal nicht gestatten würde, müßte die Ostseeflotte des Zaren eine andere, beschwerlichere Route wahlen, eine Reise um die halbe Welt antreten, Afrika umschiffen, um ins Gelbe Meer gelangen zu können, argumentierte Roschdestwenskij. »Eure Majestät! Ich kann nicht für den Erfolg einer solch gewagten Operation garantieren. Ich weiß auch nicht, ob unsere etwas schwerfälligen Kreuzer und Kriegsschiffe dieser Aufgabe gewachsen sein werden!« sagte der Admiral. Doch Nikolaus blieb hart. »Wir haben keine andere Wahl!« erwiderte er. »Sie müssen Rußlands Ehre wiederherstellen, Roschdestwenskij! Gott mit Ihnen!« Der Admiral fügte sich, obwohl er von bösen Vorahnungen geplagt wurde, als er den Befehl zum Auslaufen gab. Der Zar verabschiedete seine gewaltige Ostseeflotte an Bord der *Standart.* Er hob die Hand zum Ehrensalut und sah zu, wie ein Schlachtschiff nach dem anderen den Hafen verließ. Er war überzeugt, richtig gehandelt zu haben.

Das erste Jahrzehnt seiner Herrschaft neigte sich dem Ende zu.

Er zog bittere Bilanz. Rußland befand sich im Krieg, an der Front verbluteten seine Soldaten, das ganze Land war in Aufruhr, unter der Oberfläche brodelte das Feuer der Revolution, er hatte sich mit vielen Mitgliedern seiner Familie, deren Eskapaden ihn erzürnten, entzweit, seine Frau war der Hysterie nahe, und sein endlich geborener Sohn litt an einer unheilbaren Krankheit. In der Mandschurei war bei Mukden eine fünfundsechzig Kilometer lange, gewaltige Frontlinie entstanden. General Kuropatkin, einer der Abenteurer aus der Besobrasow-Clique, hatte den Oberbefehl inne. Kuropatkin telegraphierte dem Zaren, er sei siegessicher. Nikolaus teilte die Zuversicht des Generals nicht, hatte seine Armee in der Mandschurei bislang doch nur schmerzliche Niederlagen davongetragen. Am schlimmsten stand die Lage in Port Arthur. Niemand wußte, wie lange die Verteidiger dem Ansturm der Japaner noch trotzen können würden. Im Dezember 1904 rechnete man mit der baldigen Kapitulation der Besatzung des heißumkämpften Flottenstützpunktes. Gegen Ende des Jahres überraschte der Zar vor allem seinen greisen Berater Konstantin Pobedonoszew, als er eine Versammlung aller führenden Politköpfe des Reiches einberief, um das Problem der innenpolitischen Unruheherde und das Fortschreiten der revolutionären Bewegung erörtern zu können.

Pobedonoszew trat dezidiert für Gewaltmaßnahmen ein. Zugeständnisse seien unmöglich und widersprächen dem Geist der Autokratie, argumentierte er. Man müsse mit äußerster Härte vorgehen und jeden Widerstand blutig unterdrücken. Innenminister Swjatopolk-Mirski wandte sich gegen Pobedonoszew. Er sprach von einer friedlichen Übereinkunft, davon, daß man den berechtigten Forderungen der Gesellschaft Rechnung tragen müsse, von notwendigen Konzessionen und Reformen. Der Ministerrat stellte sich geschlossen auf seine Seite. Die Entscheidung lag beim Zaren. Auch ihn bestach der Gedanke einer friedlichen, unblutigen Bereinigung aller dringlichen Probleme. Er hieß den Vorschlag des neuen Innenministers gut. Pobedonoszew war ausmanövriert worden. Der Reichsrat beschloß, eine Gesetzesvorlage über die Vervollkommnung der Staatsordnung vorzubereiten. Nahte endlich ein Tauwetter? Würde der Zar seinem Volk vielleicht in Bälde eine Verfassung gewähren und der verkrusteten Autokratie abschwören? Am Vorabend der Revolution feierten die Liberalen um Innenminister Swjatopolk-Mirski die in Planung begriffene Gesetzesvorlage jedenfalls als großen Erfolg. Der Zar schien experimentierfreudig und elastisch genug, neue Wege zu beschreiten. Er sehnte sich nach Frieden.

Doch 1905 sollte zu einem echten Schreckensjahr werden, blutig beginnen und blutig enden. In diesem Jahr würde er den Beinamen Nikolaus der Blutige erhalten, mit dem Stigma des Schlächters ausgestattet und fast vom Thron gestoßen werden. Der Sturm würde losbrechen und das Staatsschiff um ein Haar zum Kentern bringen. Aber der Zar ahnte all dies nicht. Er wußte, daß die Lunte des Revolutionsfeuers bereits angezündet worden war. Mit einer solch furchtbaren Explosion rechnete er jedoch nicht.

Das Schreckensjahr – »Nikolaus der Blutige« und die Revolution von 1905

Das Jahr 1905 begann mit einem Paukenschlag. Am 1. Januar sahen sich die Verteidiger von Port Arthur gezwungen zu kapitulieren. Die Japaner nahmen die Festung in Besitz, aber der Preis ihres Sieges war hoch genug. Der mörderische Kampf um den Flottenstützpunkt hatte 28 200 Russen und 57 780 japanische Soldaten das Leben gekostet. General Nogi, dessen zwei Söhne unter den Gefallenen waren, hielt eine feierliche Siegesparade ab. Er errichtete einen Schrein und gedachte der vielen Toten.

In Rußland wurde die demütigende Nachricht von der bedingungslosen Kapitulation Port Arthurs mit großer Bestürzung aufgenommen. In den größeren Städten kam es zu Ausschreitungen und Protestkundgebungen, in denen die inkompetente Kriegsführungstaktik und das allgemeine Mißmanagement der Regierung offen angeprangert wurden. In der Hauptstadt traten die Arbeiter der Putilow-Stahlwerke in den Ausstand. Tausende und Abertausende hungriger und verbitterter Kollegen, die ihrem Haß auf die ausbeuterische, unfähige Repressionsregierung freien Lauf ließen, folgten ihrem Beispiel und streikten ebenso. Die enttäuschten Massen scharten sich um einen merkwürdigen Mann, den noch jungen, etwas über dreißig Jahre alten Priester Georgij Gapon, der in den Anfangstagen des Jahres einen Generalstreik organisiert hatte, an dem sich nicht weniger als hunderttausend desillusionierte, jede Hoffnung auf Besserung der katastrophalen Wirtschaftsverhältnisse und Arbeitsbedingungen verloren habende Fabrikarbeiter beteiligten.

Simulierte Unruhen der Sozialrevolutionäre hatte es bereits 1903 und 1904, vor allem in Georgien, gegeben. Organisator dieser Aktionen, zu denen auch Banküberfälle gehörten, war Koba, der Rebell, nämlich Stalin, gewesen.[28]

Doch damit zurück zu den Geschehnissen zu Anfang des Schreckensjahres und zum Popen Gapon. Wer war Georgij Gapon, und wie kam es zum berüchtigten Blutsonntag vom 9. Januar? Gapon war ein geistiger Erbe von Sergej Subatow, einem ehemaligen Sozialisten, der 1881, nach der Ermordung Alexanders II., eine Kehrtwendung vollzog und in die Dienste der Polizei eintrat. 1895 zum Kopf der Moskauer Ochrana aufgestiegen, beschloß Subatow, die murrenden Arbeiter auf die Seite der Regierung zu ziehen. Unter der Patronanz der Polizei stehende Werktätigenvereinigungen wurden ins Leben gerufen. Den Unternehmern wurden Zugeständnisse abgefordert, die Arbeiterschaft wurde aufgerufen, Schutz bei ihrem Batjuschka zu suchen. So entstanden zahllose kaisertreue Arbeitervereine, die in dem über allen politischen Belangen stehenden Zaren den künftigen Befreier und Beseitiger ihrer mißlichen Lage sahen. Die größte prozaristische Arbeiterdemonstration ereignete sich 1902, als sich dreitausend Arbeiter vor dem Kreml einfanden und begeistert die Zarenhymne intonierten. Die Medien sprachen von einem nie dagewesenen Phänomen: dem Polizeisozialismus.[29]

Auch nach der Entlassung Subatows hielt man an seiner Idee fest. Der erzreaktionäre Plewe saugte Subatows Gedankengut dankbar auf. Er übernahm Subatows phantastisch anmutenden Plan und sorgte für den Fortbestand von dessen Organisation. In den Jahren von 1902 bis 1905 wirkte Georgij Gapon, der Provokateur des Polizeidepartements, sehr erfolgreich in den Arbeitervierteln der Hauptstadt, wobei sich seine Predigten großer Beliebtheit erfreuten.

Als die Nachricht von der Kapitulation Port Arthurs wie eine Bombe einschlug, organisierte der Pope den schon erwähnten Massenstreik, gab allem Anschein nach seine Rolle als Ochrana-Spitzel auf, hielt aufpeitschende Reden und beschloß, sich an die Spitze der revoltierenden, jedoch immer noch kaisertreuen Arbeitermassen zu stellen. In seinem Hirn entstand eine kühne Vision. Er würde eine riesige Demonstrantenschar vor den Winterpalast führen und Väterchen Zar im Namen des geknechteten Volkes eine überlange Bittschrift übergeben, die er in vier Tagen und Nächten ausgearbeitet hatte. Gapons Traum hätte Nikolaus sicher sehr gut gefallen, verkörperte er doch den Mythos der heiligen Einheit zwischen Volk und Zar. Nichts hätte dem Gossudaren mehr imponiert als der hehre Gedanke, daß das von ihm so geliebte Volk zu ihm, dem Selbstherrscher von Gottes Gnaden, kam, um seinen Beistand zu erflehen. Doch leider kam er gar nicht dazu, die Petition in Empfang zu nehmen.

Die Bittschrift trug den Titel »Herr, befiehl und gelobe!« Obwohl der Pope seine Petition bereits zu Beginn der verhängnisvollen Anfangswoche des Jahres vollendet hatte und seinen Anhängern täglich das Bild des bevorstehenden Triumphmarsches von den Arbeitervierteln bis zum Winterpalast an die Wand malte, informierte er vorerst keinen Repräsentanten der Regierungsgewalt von seinem Vorhaben. Seine Kontakte zur Polizei schien er völlig aufgegeben zu haben. Den ungeduldigen und verbitterten Arbeitermassen versprach er eine friedlich verlaufende Demonstration, an deren Ende die Erfüllung all ihrer Wünsche und Forderungen durch den sie freudig willkommen heißenden Vater der Nation stehen würde.

Man hat viel darüber gerätselt, wie es zum berüchtigten Blutsonntag vom 9. Januar kam und warum der Zar an diesem schicksalhaften Tag nicht, wie von Gapon prophezeit, die seine Hilfe erflehende Menge auf dem Balkon des Winterpalastes erwartete. Der Zar kannte weder Gapons Namen, noch wußte er etwas von der Bittschrift, deren Inhalt niemand außer Gapon selbst vollständig zu Gesicht bekommen hatte. Von der geplanten Demonstration sollte der Gossudar erst am 8. Januar in Zarskoje Selo erfahren. Der Grund dafür, daß er sich an diesem Wochenende nicht in der Hauptstadt aufhielt, war einem sonderbaren Ereignis zuzuschreiben, das sich am Donnerstag, dem 6. Januar, zugetragen hatte. Nikolaus war zur traditionellen Segnung des Newawassers, einer nach strengen Regeln gehandhabten religiösen Zeremonie, welcher er sich nie entzog, erschienen und fuhr, vom Volk umjubelt, durch die überfüllten Straßen Petersburgs. Radsinski beschreibt den Vorfall, der sich dann, bei der eigentlichen Wasserweihe, ereignete: »An der Uferstraße vor dem Palast wurde der ›Jordan‹ hergerichtet – der Ort der Wasserweihe. Nikolaus stand unter einem blauen Schutzdach mit goldenen Sternen, als der Metropolit die Wasserweihe vornahm. Danach sollte nach altem Brauch die Kanone der Peter-und-Pauls-Festung, die am anderen Newa-Ufer stand, dem ›Jordan‹ genau gegenüber, eine Manöverladung abfeuern. Der Schuß krachte. Zum Entsetzen der Versammelten war die Kanone mit scharfer Munition geladen. Wie durch ein Wunder blieb der Zar unverletzt. Getroffen wurde ein Polizist namens Romanow!«[29] Obwohl man das ominöse Ereignis offiziell als Versehen und dummen Zufall abtat, gab es Ochrana-Leute, die von einem gescheiterten Attentatsversuch sprachen. Nikolaus wurde erklärt, daß mit der Möglichkeit weiterer gefährlicher Gewaltaktionen von seiten der Sozialrevolutionäre gerechnet werden müsse. Ihm wurde geraten, sich nach Zarskoje Selo zurückzuziehen. Zwei Tage später, am Samstag vormittag, trat Gapon in Aktion und wandte sich an die Regierung. Er informierte mehrere verantwortliche Beamte, daß am darauffolgenden Tag eine große Demonstration stattfinden würde. Er gab die von ihm ausgewählte Marschroute exakt an und bat die Regierung zu veranlassen, daß der Zar seine getreuen Untertanen vor dem Winterpalast erwarten würde, um aus seinen Händen eine Petition zum Wohle Rußlands in Empfang zu nehmen.

Innenminister Swjatopolk-Mirski geriet in Panik. Zuerst dachte er daran, Gapon sofort in Polizeigewahrsam zu nehmen. Der Chef der Ochrana teilte dem Innenminister jedoch mit, daß ein solches Unterfangen wenig Erfolg verspräche. Der Aufenthaltsort des Popen sei unbekannt, und außerdem stünde der Polizei nicht genügend Personal zur Verfügung, um die den Priester sicher schützende Arbeiterschaft – es war von hundertzwanzig- bis hundertfünfzigtausend potentiellen Demonstrationsteilnehmern die Rede – in Schach halten zu können. Man könne nur Verstärkungstruppen in die Stadt beordern, sie an neuralgischen Punkten postieren und hoffen, daß die so unerwartet angekündigte Massenkundgebung friedlich verliefe. Eilends berief Swjatopolk-Mirski eine Krisensitzung des Ministerrats ein. Der Krisenstab tagte den ganzen Tag. Die Minister zeigten sich der Situation nicht gewachsen. Kein einziges Regierungsmitglied dachte an das Naheliegendste, nämlich den Zaren über Gapons Vorhaben und die kaisertreue Gesinnung der Arbeiter zu informieren. Man erwog jedoch, die Bittschrift durch einen anderen Repräsentanten des Kaiserhauses in Empfang nehmen zu lassen. Warum sollte nicht zum Beispiel Großfürst Wladimir – in Vertretung des Zaren – mit den Demonstranten verhandeln? Diese an sich nicht unvernünftige Idee wurde jedoch bald wieder verworfen. Am Ende des langen Sitzungstages kam man überein, die Dinge einfach ihren Lauf nehmen zu lassen.

Der Blutsonntag, der 9. Januar 1905, war ein frostklirrender Wintertag. Doch die Demonstranten um Gapon ließen sich auch durch den heftigen Schneeschauer und den eiskalten Wind nicht davon abhalten, zu Väterchen Zar vorzudringen. Nachdem der Pope eine letzte Aufputschrede gehalten hatte, setzte sich der gewaltige Demonstrationszug gegen acht Uhr morgens in Bewegung. Hoch erhobenen Hauptes schritt Gapon an dessen Spitze. Die Arbeiter waren aus allen Vierteln gekommen, Männer, Frauen und auch viele Kinder marschierten begeistert auf das Stadtzentrum zu. Die Stimmung war ausgesprochen gut. Immer wieder sang man erwartungsvoll die Zarenhymne, Banner flatterten im Wind, Ikonen wurden geschwenkt. Hunderte Menschen trugen Zarenbilder, Kinder hoben Kruzifixe zum Himmel empor, und viele Frauen folgten dem Zug mit andächtig gefalteten Händen. Die Menge rückte vor, unablässig Gebete murmelnd und freudig erregt ihrem vermeintlichen Erlöser Gapon folgend. Alle waren unbewaffnet. Der gewaltige, von Minute zu Minute stärker anschwellende Menschenstrom dachte keinen Augenblick daran, daß man ihm mit Gewalt begegnen könnte. Die Menge passierte die von schwerbewaffneten Kosaken besetzten Brücken, Boulevards und Seitengassen unbeeindruckt. Keiner würde auf die dynastietreuen Arbeiter schießen, denn sie standen unter dem direkten Schutz des Zaren, wie ihnen der Pope ständig eingehämmert hatte. Schließlich erreichte die ungeheure Menschenschar den Zugang zum großen Platz vor dem Winterpalais. Dort standen Militäreinheiten mit entsicherten Gewehren. Der befehlshabende Offizier, ein riesiger, furchteinflößender, bärtiger Kosak, untersagte der Menge den Weitermarsch und befahl ihr, sich sofort zu zerstreuen und in ihre Quartiere zurückzukehren. »Hört nicht auf ihn!« schrie Gapon. »Wir tragen den Frieden im Herzen und wollen keine Gewalt! Wir müssen zum Schloßplatz, denn der Zar erwartet uns!« So rückten sie weiter vor, und die Kosaken eröffneten das Feuer. Die Soldaten schossen wahllos in die Menge. Ein Kugelhagel folgte dem anderen. Die fassungslos die Flucht ergreifenden Arbeiter wurden niedergemäht wie lästige Insekten. Innerhalb kürzester Zeit verwandelte sich der breitgetretene Schnee vor dem Schloßplatz in eine einzige riesige rote Blutlache. Überall lagen schreiende verendende Menschen herum. Das Chaos war unbeschreiblich. Inmitten der zahllosen Toten brüllten Ver-

wundete auf. Als die Kosaken das mörderische Feuer endlich einstellten, lagen zwölfhundert Männer, Frauen und Kinder in ihrem Blut auf dem Platz, der einem Schlachtfeld ähnelte.
Offizielle Quellen sprachen später von nur zweiundneunzig Toten und rund zweihundert Verwundeten. In Wahrheit war die Opferbilanz, wie gesagt, viel verheerender. Neben den zwölfhundert Hingemetzelten zählte man nicht weniger als sage und schreibe zweitausend Verwundete! Den Regierungssoldaten, die so blindwütig in die Menge geschossen hatten, bot sich ein grauenhaftes Danteskes Bild der Vernichtung: im Schnee liegende Kinderleichen, blutbeschmierte Zarenbilder, zerbrochene Ikonen. Man benötigte den ganzen Tag, um die notdürftig mit Stricken zusammengebundenen Toten wegzukarren. Der Blutsonntag hatte nicht nur das mythische Band der Einheit zwischen Gossudar und Volk für immer zerrissen, sondern bildete einen der Hauptanlässe für die dreizehn Jahre später erfolgende »Rache des geschändeten Volkes«, die von Lenin angeordnete Ermordung der Zarenfamilie. Während einige Rädelsführer verhaftet und bald darauf aus Petersburg ausgewiesen wurden, gelang es Georgij Gapon zu entkommen. Gapon ging in den Untergrund, fand in Finnland Zuflucht und verfaßte zahlreiche Hetztiraden gegen den ehemaligen Batjuschka, den er von nun an stets als Schlächter des russischen Volkes titulierte.
Der völlig ahnungslose Zar wurde in Zarskoje Selo von den Ereignissen überrollt. Man informierte ihn bewußt falsch, indem man ihm erklärte, Sozialrevolutionäre hätten den Winterpalast angegriffen und ihm nach dem Leben getrachtet. Die Soldaten hätten lediglich ihre Pflicht getan und den Palast tapfer verteidigt. Die Zahl der Toten wurde mit zweihundert angegeben. Im Tagebuch bestätigte Nikolaus die offizielle Polizeiversion und schrieb bekümmert: »Ein schwerer Tag! In Petersburg kam es zu ernsten Unruhen, weil die Arbeiter zum Winterpalast vordringen wollten. Die Truppen waren in verschiedenen Stadtteilen gezwungen zu schießen, es gab viele Tote und Verwundete. Mein Gott, wie schmerzlich und schwer!«
Der rastlose Witte erkannte sofort, wie sehr das furchtbare Blutbad und das verantwortungslose Vorgehen der Behörden dem Ansehen seines Souveräns im In- und auch Ausland schaden würde. Er erzwang sich eine Audienz beim Zaren und beschwor ihn, sich in der Öffentlichkeit von dem entsetzlichen Gemetzel

zu distanzieren. Der Exminister schlug dem Herrscher vor, ein Kommuniqué herauszugeben, aus dem klar hervorging, daß die Soldaten von sich aus und ohne Befehl des Zaren das Feuer auf die Menge eröffnet hätten. Aber Nikolaus, der so stolz auf seine Armee war, beherzigte diesen vorzüglichen Rat nicht. Offenbar wollte er seine Truppen nicht zu Sündenböcken abstempeln, um sich dadurch seiner Verantwortung zu entziehen – eine zwar ehrenwerte, aber in Anbetracht der wahren Sachlage fatale Fehlentscheidung. Um die Situation zu beruhigen, empfing er jedoch – quasi symbolisch – vierunddreißig kaisertreue Arbeiter in Privataudienz. Die Arbeiter tranken in Zarskoje Selo zusammen mit ihrem Herrscher Tee. Nikolaus erklärte ihnen sodann, daß er sich selbstverständlich um ihre Belange kümmern werde und zutiefst bekümmert über den Tod ihrer zweihundert umgekommenen Kollegen sei. Gleichzeitig ermahnte er sie, nicht auf die hochverräterische Propaganda umstürzlerischer Sozialrevolutionäre zu hören und dem Staat weiterhin treu zu dienen. Auch dieser naive Versöhnungsversuch beweist, daß der Zar in Unkenntnis davon gelassen worden war, was sich tatsächlich zugetragen hatte. Als die vierunddreißig Arbeiter wieder in der Hauptstadt eintrafen und vom guten Willen und der Herzensgüte des Gossudaren berichteten, wurden sie von aufgebrachten Kollegen verhöhnt, als Werkzeuge des Teufelsregimes bezeichnet und zusammengeschlagen.

Wie Witte es geahnt hatte, wurde der Zar in vielen Schichten der Bevölkerung, vornehmlich natürlich bei der Arbeiterschaft, nun erst richtig zum Symbol der Oppression. An diesem schrecklichen 9. Januar war der Beiname Nikolaus der Blutige gegeben worden. Bis zu seinem tragischen Tod würden ihn jetzt alle Gegner, angewidert und unnachgiebig, so titulieren. Der 9. Januar 1905 war ein echter Wendepunkt in der russischen Geschichte.

Unmittelbare Folge des Blutsonntags war der Rücktritt des reformfreudigen Innenministers Swjatopolk-Mirski. Den liberalen Fürsten plagte ein schlechtes Gewissen. Sicherlich war er nicht ganz unschuldig an der Katastrophe gewesen, für die der Zar, seiner Pflicht und seiner inneren Stimme gehorchend, unklugerweise die Verantwortung übernahm. Die von vielen Liberalen – am allermeisten vielleicht von Witte – herbeigesehnte Veränderung verwandelte sich in einen Triumph der Reaktion.

Nikolaus stellte vorerst alle Reformgedanken hintan und beschloß, der aufkeimenden Revolution mit Härte zu begegnen. Als erste Maßnahme ernannte er am 11. Januar den als betont reaktionär geltenden Alexander Fjodorowitsch Trepow zum neuen Generalgouverneur von St. Petersburg. Es gelang dem rigoros durchgreifenden Trepow zwar, Petersburg relativ ruhig zu halten, doch in der zweiten Hauptstadt des Landes, in Moskau, standen Ausschreitungen auf der Tagesordnung. Großfürst Sergej Alexandrowitsch, Ellas Mann, der 1,97 m große Hüne, tat alles in seiner Macht Stehende, um die Ordnung wiederherzustellen. Aber am 4. Februar schlugen die Sozialrevolutionäre spektakulär zu – ein Attentat setzte dem Leben des Vizekönigs ein schreckliches Ende.

Als der Großfürst den Kremlpalast verließ und in seine Kutsche stieg, erwartete ihn vor dem Senatsplatz ein Bombenwerfer. Dieser Mann hieß Kaljajew und hatte drei Stunden bei enormer Kälte auf dem Senatsplatz ausgeharrt. Als die Droschke des Großfürsten endlich vorfuhr, verspürte er, wie er bei seiner späteren Vernehmung zugab, ein unbeschreibliches Glücksgefühl und warf die Höllenmaschine auf das Gefährt. Die Druckwelle riß dem Attentäter die Mütze vom Kopf und schleuderte ihm einige Holzsplitter ins Gesicht. Sergej Alexandrowitsch war tot. Sofort nachdem sie die Explosion vernommen hatte, eilte Ella die Stufen des Palastes hinunter und gelangte zum Ort des Grauens. Sie sah den blutigen Körper und warf sich verzweifelt auf die Knie. Kaljajew war inzwischen verhaftet worden. Er hatte gar nicht erst versucht zu fliehen, schien glücklich und zufrieden und ließ sich widerstandslos abführen. Die weinende Großfürstin fand noch die Kraft, dem sterbenden Kutscher ihres Mannes die Augen zu schließen, nachdem sie ihm zuvor ein paar letzte Trostworte ins Ohr geflüstert hatte. Über Moskau wurde der Ausnahmezustand verhängt. Die Aufruhrwelle drohte sich auszuweiten und das ganze Land zu überrollen. Der Zar war nicht einmal in der Lage, an der Beerdigung seines Onkels teilzunehmen. Ihm und seiner Familie wurde nahegelegt, Zarskoje Selo bis auf weiteres nicht zu verlassen. Gleichzeitig erging an alle Großfürsten die schriftliche Weisung, auf keinen Fall nach Moskau zu reisen. Alexandra weinte, ihre Schwester blieb in ihrem Kummer allein.

Die von Haus aus sehr religiöse Ella, Großfürstin Jelisaweta

Fjodorowna, sollte sich nach dem Tod ihres Mannes ganz dem Glauben zuwenden und die Lehre des Evangeliums verinnerlichen. Die Tage bis zum Begräbnis Sergejs verbrachte Ella in fortwährendem Gebet. Aus den erwähnten Gründen konnte kein Mitglied des riesigen Romanow-Clans an der Beisetzung des Moskauer Generalgouverneurs teilnehmen. Ella stand lange vor dem Sarg ihres Mannes und weinte. Sie verfügte, daß Christi Worte »Herr, vergib ihnen, denn sie wissen nicht, was sie tun!« auf dem Grabstein Sergej Alexandrowitschs eingemeißelt wurden. Am Abend nach der Beerdigung entschloß sich Ella zu einem ungewöhnlichen Schritt. Sie besuchte den Attentäter in seiner Gefängniszelle.

Trotz der unversöhnlichen, verbohrten, von unermeßlichem Haß auf das Zarenregime diktierten Haltung des Bombenwerfers appellierte Ella an Nikolaus. In ihrem Bittgesuch sprach sie von christlicher Nächstenliebe und Verzeihung. Hatte nicht selbst der Heiland am Kreuz seinen Mördern verziehen? Ella beschwor ihren kaiserlichen Schwager, Kaljajew demonstrativ zu begnadigen, um damit ein weithin sichtbares Exempel zu statuieren, das blutige Revolutionsrad anzuhalten und eine mögliche Aussöhnung zwischen den Aufrührern und der Regierung zu begünstigen. Nikolaus ließ sich nicht erweichen. Er lehnte die Begnadigung des Attentäters kategorisch ab, und zwar mit der Begründung, daß ein solcher Akt der Milde nur als Schwäche ausgelegt werden würde und die Terroristen dadurch zu weiteren Mordtaten ermutigt werden würden. Kaljajew wurde zum Tode verurteilt. Vor Gericht hielt er noch ein flammendes Plädoyer. Stolz und ungebrochen erklärte er nach der Urteilsfindung: »Ich bin glücklich über den Richterspruch! Ich hoffe, Sie werden Ihr Urteil ebenso offen und vor allem Volk vollstrecken, wie ich das Urteil der Sozialrevolutionäre vollstreckt habe! Lernen Sie, der heranrückenden Revolution ins Auge zu schauen!« Der Verurteilte zeigte keine Angst und trat dem Henker mit stoischer Ruhe entgegen.

Die Aufstände hielten an. Der Zar hatte die zweite Hauptstadt des Landes allem Anschein nach an die Sozialrevolutionäre verloren. Gewalttaten häuften sich in ganz Rußland. Während sich in der Heimat ein brodelnder Vulkan entlud, schlitterte General Kuropatkin in der Mandschurei in eine Katastrophe. Die Landschlacht bei Mukden, die größte vor dem Ersten Weltkrieg, sollte hundertdreiunddreißigtausend russische Soldaten das Leben kosten. Kuropatkin erwies sich als völlig unfähiger Oberbefehlshaber. Die Russen setzten zu einem selbstmörderischen Sturmangriff an und näherten sich den schwer befestigten japanischen Stellungen mit aufgepflanzten Bajonetten. Die modernen Maschinengewehre und Geschütze der asiatischen Gegner empfingen sie mit einem furchtbaren, unaufhörlichen Trommelfeuer. Die mit dem Mut der Verzweiflung heranstürmenden Kosaken wurden reihenweise niedergemäht. Auch eine ebenso sinnlose, an die berühmte Charge of the Light Brigade der Briten im Krimkrieg erinnernde Kavallerieattacke, die Kuropatkin befohlen hatte, um dem unerträglichen Stellungskrieg ein für allemal ein Ende zu bereiten, scheiterte kläglich. Die Krieger des Tenno, die wieder einmal Sieg oder Tod geschworen hatten, befanden sich nicht nur in einer strategisch viel besseren Ausgangslage, sondern waren, von ungeheurem Fanatismus beseelt, wie immer bereit, nötigenfalls bis zum letzten Mann zu kämpfen. Während die japanischen Verluste vergleichsweise gering waren – man sprach von fünfzig- bis sechzigtausend Gefallenen –, sah sich Kuropatkin, der eingekesselt zu werden drohte, vor allem in Anbetracht des überhohen Blutzolls, den sein im wesentlichen konzeptloses Vorgehen gefordert hatte, gezwungen, bedingungslos zu kapitulieren.

Diese weitere verheerende Niederlage der Armee war Wasser auf die Mühlen der Revolutionare. In den Monaten von Februar bis Mai hatten rebellierende Bauern rund eintausend Herrensitze verwüstet und in Brand gesteckt. Besonders in der Ukraine hielt der rote Hahn schaurigen Einzug auf den Dächern der riesigen Gutshöfe. Der Haß der entfesselten Muschiks richtete sich jedoch in erster Linie nicht gegen den Zaren, sondern gegen die das Land ausbeutenden Beamten. Immer noch schien die Person des Zaren – zumindest in den Augen der Bauern, welche den Hauptbevölkerungsanteil ausmachten – sakrosankt zu sein. Auch der Besitz der Kirche blieb unangetastet. Lenin freute sich über diese Manifestationen des gerechten Volkszornes, verdoppelte in einem propagandistisch geschickten Schachzug die Anzahl der verbrannten Herrenhäuser, beklagte aber das viel zu geringe Ausmaß der Zerstörung. In einem Geheimpamphlet beschrieb er, der selbst einmal Gutsbesitzer gewesen war und den primitiven Bauern im Grunde seines Herzens mit Verachtung begegnete, die unzulässigen Terroraktionen wie folgt: »Die Bauern haben ungefähr zweitausend Anwesen von Großgrundbesitzern angezündet und sich die von den adeligen Plünderern dem Volk gestohlenen Nahrungsmittel geteilt. Es war leider eine zuwenig gründliche Tat: Zerstört wurde lediglich ein Fünfzehntel der Herrenhäuser, bloß ein Fünfzehntel dessen, was sie hätten zerstören müssen, um diese Schande, wie sie der Großgrundbesitzer darstellt, von der Erdoberfläche hinwegzufegen!«[30]

Während der Zar die niederschmetternde Nachricht von der Niederlage bei Mukden fassungslos zur Kenntnis nahm und, praktisch von der Außenwelt abgeschlossen, in Petersburg tatenlos zusehen mußte, wie sein Land dem Untergang entgegenjagte, hielt sich auch ein anderer Revolutionär, der sich diametral von seinem späteren großen Widersacher Lenin unterschied, in der Hauptstadt auf. Es war Alexander Kerenskij. Als Alexander III. starb, waren sein jugendlicher Enthusiasmus und seine offenkundige Bewunderung für die Dynastie immer noch ungebrochen. Er weinte, besuchte Gedenkmessen und forderte seine Klassenkameraden zu einer Spendenaktion zugunsten eines Kranzes für den toten Herrscher auf. 1899 kam er einundzwanzigjährig in die Hauptstadt, um Jura zu studieren. Er fühlte sich wohl als Student und betonte, daß die Verhältnisse an der alt-ehrwürdigen Universität von St. Petersburg keineswegs denen eines Repressionsstaates entsprachen.

Ursprünglich verhielt sich Kerenskij apolitisch. Doch die zahllosen Streiks, Massenkundgebungen, die allgemeine Protestwelle, die das Studententum erfaßte, all das ging auch an ihm nicht spurlos vorüber. Während sich die meisten seiner Kommilitonen zum Marxismus hingezogen fühlten, wandte sich Kerenskij bald der Volkspartei, den sogenannten Narodniki, zu. Die, wie er schrieb, zur Gänze aus dem Ausland importierte Lehre Marx' beeindruckte ihn nicht. Seiner Ansicht nach paßte sie nicht zur sozialen Struktur seines krisengeschüttelten Heimatlandes. Obwohl er die Thesen der Narodniki für etwas verworren und inkonsequent hielt, wurde er zum überzeugten Volksparteiler. Über die Zielsetzungen der Narodniki-Partei schrieb er später: »Sie war das Produkt nationalen russischen Denkens, im heimatlichen Boden verwurzelt, und bewegte sich einzig in den Bahnen der russischen humanitären Ideale.« Nachdem er im jugendlichen Überschwang eine große Studentenversammlung organisiert und in einer Brandrede die Rückständigkeit der Autokratie angeprangert hatte, wurde er kurzzeitig dispensiert. Schon bald durfte er jedoch wieder am Vorlesungsbetrieb teilnehmen und bereitete sich auf sein Abschlußexamen vor. Er trat aber nicht mehr zur Prüfung an, sondern beschloß, Freiheitskämpfer zu werden, sich als Anwalt der Unterdrückten zu betätigen und die Möglichkeit einer politischen Karriere ins Auge zu fassen. Von 1905 bis 1911 sah er seine Hauptaufgabe darin, das Riesenland zu bereisen und überall politisch Verfolgte zu verteidigen. Im April 1905 verließ er Petersburg. Kurz vor seiner Abreise bekam er durch eine Laune des Schicksals, die er später als Omen auslegte, den Gossudaren zum erstenmal zu Gesicht. Kerenskij schilderte diesen für ihn schicksalhaften Vorfall so: »Es war Ostern, und ich kam ... frühmorgens, etwa um vier Uhr, von der traditionellen Mitternachtsfeier heim. Es ist mir unmöglich, den Zauber St. Petersburgs im Frühling zu beschreiben, die Stunden vor Morgengrauen – besonders an der Newa ... Glücklich ... ging ich nach Hause ... und wollte gerade über die Brücke beim Winterpalais gehen. Auf einmal hielt ich bei der Admiralität, gegenüber dem Palais, unwillkürlich inne. Auf einem vorspringenden Eckbalkon stand der junge Zar, tief in Gedanken versunken. Ich hatte plötzlich eine deutliche Vorahnung: Wir würden uns irgendwann begegnen, irgendwie würden sich unsere Wege kreuzen ...«[31]

Den jungen Zaren, der bei Kerenskij einen so gedankenverlorenen Eindruck hinterlassen hatte, plagten große Sorgen. Sprengstoffanschläge, Streiks, Bauernaufstände, die nun auch im Kaukasus erschreckende Ausmaße angenommen hatten, Unruhen an Gymnasien und Universitäten, die stümperhaften Versuche der Regierung, der längst außer Kontrolle geratenen Lage Herr zu werden, beunruhigten ihn ungemein. Verzweifelt hoffte er, daß Admiral Roschdestwenskij bald in Korea eintreffen und den japanischen Feind in der Entscheidungsschlacht besiegen würde. Ein großer russischer Sieg würde vielleicht auch den innenpolitischen Unruhen den Wind aus den Segeln nehmen und die revolutionären Umtriebe langsam zum Verstummen bringen. Er hoffte vergebens.

Roschdestwenskijs Kriegsweltreise stand von Anfang an unter einem sehr schlechten Stern. Der Admiral, der den Befehl seines

Herrschers, wie wir wissen, nur widerwillig ausgeführt hatte, schien vom Pech verfolgt zu sein. Eine erste ernste Krise ereignete sich bereits zu Beginn der Reise, im Oktober 1904, als es in der Nordsee zum sogenannten »Doggerbank-Zwischenfall« kam. Der von bösen Vorahnungen geplagte, ewig mißtrauische Admiral mutmaßte, daß die verschlagenen Japaner ihn vielleicht schon in der Nordsee erwarten könnten. Was sollte sie daran hindern, unter falscher Flagge in europäische Hoheitsgewässer einzudringen und das russische Geschwader zu torpedieren? Der *trigger*-freudige, das heißt die Hand am Abzugshahn haltende Admiral verlor die Nerven, als ihm einige seiner Kapitäne in einer Sturmnacht meldeten, ihr Geschwader würde von einer kleinen Schiffsflottille unbestimmter Herkunft verfolgt. Man befand sich in den Gewässern der britischen Doggerbank, und die den Kurs seines Geschwaders zufällig kreuzenden Schiffe waren lediglich ein paar harmlose englische Fischerboote. Der einen Torpedoangriff der Japaner befürchtende Roschdestwenskij ließ sofort das Feuer eröffnen. Die russischen Granaten schlugen ein und schossen mehrere Fischerboote leck, eines versank, und zwei britische Fischer fanden den Tod. Obwohl man das fatale Mißgeschick bald erkannte, machte der Admiral der russischen Ostseeflotte einen weiteren verhängnisvollen Fehler, indem er, alle Gepflogenheiten des internationalen Seerechts außer acht lassend, sofort weiterfuhr und die Schiffbrüchigen ihrem ungewissen Schicksal überließ.
In Großbritannien tobte ein Sturm der Entrüstung. Als Nikolaus von dem peinlichen Vorfall erfuhr, war auch er einem Wutausbruch nahe, stellte sich aber voll auf die Seite seines Admirals. Hatten nicht die Briten selbst durch ihre Weigerung, die russischen Schiffe durch den Suezkanal fahren zu lassen, die Doggerbank-Affäre heraufbeschworen? Hatten sie nicht seine Freundschaft mit Füßen getreten, indem sie den Allianzpakt mit Japan unterzeichneten und sich in diesem Krieg – wenn auch nur diplomatisch – so ostentativ auf die Seite seiner Gegner stellten? Eine Entschuldigung kam für den Herrscher aller Reußen daher nicht in Betracht. Es kam, nicht zuletzt durch die rastlosen Bemühungen des russischen Botschafters am Hofe von St. James, Graf Paul Benckendorff, zu einer friedlichen Lösung der eine Zeitlang gefährlich schwelenden Krise. Der Fall wurde dem Internationalen Schiedsgericht in Den Haag vorge-

legt, und der Zar erklärte sich zähneknirschend bereit, fünfundsechzigtausend Pfund Schadenersatz zu entrichten.
Roschdestwenskijs Unglücksfahrt ging indes weiter. Der Admiral umschiffte das Kap der Guten Hoffnung, lief in den Indischen Ozean ein und nahm schließlich Kurs auf den Pazifik. Seine veralteten Schiffe waren von Wind und Wetter derart ramponiert worden, daß er sich gezwungen sah, drei Monate in Madagaskar vor Anker zu gehen, um Ausbesserungsarbeiten vornehmen lassen zu können. Russische Agenten bemühten sich in ganz Europa um weitere Kriegsschiffe – vergebens. Einzig in Deutschland wurden sie wohlwollend aufgenommen. Wilhelm II. entsandte sofort deutsche Frachter nach Madagaskar und veranlaßte dringend benötigte Brennstofflieferungen an die vor der französischen Insel ankernde Ostseeflotte des Zaren. Die Franzosen, Rußlands wichtigster Bündnispartner, verhielten sich – wahrscheinlich, um England nicht auf den Plan zu rufen – erstaunlich neutral und leisteten keine nennenswerte Unterstützung.
Nachdem er von den Deutschen Unterstützung erfahren hatte, stieß der Admiral im Mai 1905 endlich ins Gelbe Meer vor. Am Nachmittag des 15. Mai erreichte er die Meerenge von Tsushima, wo ihn die moderne, gestaffelt vorgefahrene japanische Flotte bereits seit Tagen erwartete. Die folgende Schlacht, die kaum eine dreiviertel Stunde dauerte, endete mit einem überwältigenden Sieg der Japaner. Tsushima wurde zum größten Seekriegserfolg seit Trafalgar. Bevor er die Schlacht eröffnete, signalisierte der japanische Oberbefehlshaber, Graf Heihachiro Togo, sich an Nelson erinnernd, seinen Männern: »Das Schicksal unseres Kaiserreichs hängt von dieser Kampfhandlung ab! Ich erwarte von allen Offizieren und einfachen Seeleuten äußersten Einsatz!«
Nur zwei der achtunddreißig russischen Schiffe entgingen der Versenkung. Roschdestwenskijs Flaggschiff wurde gekapert, der Admiral selbst geriet in Gefangenschaft. Japans endgültiger Aufstieg zur Weltmacht war damit vollzogen. Togo hatte die russische Flotte ausgelöscht. Edward VII. verlieh dem Sieger von Tsushima später den begehrten Verdienstorden, und im Oktober des Jahres sandte er seinen Bruder, His Royal Highness, Arthur Duke of Connaught, nach Tokio, um Kaiser Meiji I. in seinem Namen mit dem Hosenbandorden auszuzeichnen.

Als Nikolaus von der Niederlage und Gefangennahme Roschdestwenskijs erfuhr, war er am Boden zerstört. Unmittelbar nach Bekanntwerden der völligen Vernichtung des russischen Geschwaders reichte Nikolaus' Onkel, Alexej Alexandrowitsch, der Großadmiral der Kriegsflotte, seinen Abschied ein. Jedem schien klar, daß der Krieg verloren war. Da geschah etwas Unerwartetes. Der vom großen Sieg der Japaner sehr beeindruckte amerikanische Präsident Theodore »Teddy« Roosevelt schaltete sich unvermutet als Vermittler ein. Er schlug eine Friedenskonferenz der beiden kriegführenden Mächte in seinem Land vor. Diese Friedensgespräche sollten im Seebad von Portsmouth, nördlich von Boston, im amerikanischen Bundesstaat New Hampshire stattfinden. Da die Revolution immer beängstigendere Ausmaße annahm und auch er der Ansicht war, daß der Krieg nicht mehr zu gewinnen sei, nahm der Zar Roosevelts Vorschlag an. Er verblüffte jedoch alle Regierungsmitglieder, insbesondere den neuen Finanzminister Kokowzow, indem er – wahrscheinlich auf Anraten seiner Mutter – den fähigsten Staatsmann Rußlands reaktivierte. Der Zar bat Sergej Witte, die russischen Interessen zu vertreten und einen ehrenvollen Frieden auszuhandeln.

Der liberale Witte empfand diesen Auftrag als echte Herausforderung, vor allem deshalb, weil ihm seine politischen Gegner, die Rechten, keinerlei Erfolgsaussichten einräumten. Man erwartete offenbar, daß die überlegenen Japaner Witte ein unannehmbares Friedensdiktat aufoktroyieren würden. Aber der Mann aus Tiflis bewies erneut, welch hervorragender Staatsmann und geschickter Verhandlungspartner er war. Der Exfinanzminister, der immer vor diesem verderblichen Krieg gewarnt und die zu erwartende Niederlage prophezeit hatte, fuhr allerdings nicht ganz ohne Ressentiments in die Vereinigten Staaten. Kurz vor seiner Abreise erklärte er seinem Nachfolger Kokowzow sarkastisch: »Immer wenn eine Senkgrube zu leeren ist, holen sie Witte. Aber sobald es sich um saubere, angenehme Arbeit handelt, sind andere Kandidaten in Hülle und Fülle zur Stelle!«[32] Aber der erfahrene Politiker, versiert und beschlagen in allen Belangen der Staatskunst, meisterte seine schwierige Mission dann doch mit Bravour. Bereits während der Überfahrt auf dem deutschen Luxusliner *Wilhelm der Große* entwickelte er eine eigene Strategie gegenüber den Vertretern der Presse, der er sich auch in Portsmouth bedienen sollte. Er gab zahlreiche Interviews, in denen er sich in Szene zu setzen wußte als Repräsentant des mächtigsten Reiches der Erde, dem durch die unbedeutende Kalamität von Tsushima ein kleiner Fleck auf sein Ehrenschild gezaubert worden war. Ganz bewußt stellte er die Japaner als Aggressoren dar, die den Krieg mutwillig vom Zaun gebrochen hatten. Witte trat nicht wie ein besiegter, um Frieden bettelnder Unterhändler einer geschlagenen Nation auf, sondern wie jemand, der zur Unterzeichnung eines bilateralen Handelsvertrages fuhr.

Am 26. Juli begannen die offiziellen Verhandlungen in Portsmouth. Beunruhigt mußte er zu Beginn der Konferenz feststellen, daß die amerikanische Presse einhellig auf seiten der »brave little Japs« zu stehen schien. Sofort bemühte er sich, Gegenfeldzüge zu lancieren. Der weltgewandte Mann trat den amerikanischen Gastgebern gegenüber betont höflich, korrekt und zuvorkommend auf, ließ seinen beträchtlichen Charme spielen und gab wieder ein Interview nach dem anderen. Schon nach wenigen Tagen konnte er einen ersten wichtigen Erfolg verbuchen: Presse und öffentliche Meinung der größten demokratischen Republik der Welt begannen sich seiner Argumentationsweise anzuschließen. Es gelang Witte, der die Verhandlungen souveräner und gelassener als jeder ausgefuchste Berufsdiplomat führte, seinen japanischen Widersacher zu bluffen. Seine ausgeprägte Demonstration der in Wirklichkeit gar nicht mehr vorhandenen russischen Stärke zeigte Wirkung. Der japanische Delegationsleiter Komura gab nach, und es kam zu einer Art Kompromißfrieden. Als die Konferenz ihren Abschluß fand, konnte Witte stolz auf sich sein. Er hatte – von denkbar schlechtesten Voraussetzungen ausgehend – das Beste aus einer an sich verlorenen Sache gemacht. Von einem Siegfrieden der Japaner konnte keine Rede sein. Sergej Witte hatte die Interessen seines Heimatlandes brillant vertreten und nahezu ideale Friedensbedingungen erwirkt. Wie also lauteten die Konditionen dieses von Komura nur widerwillig akzeptierten Kompromisses? Japan verzichtete darauf, Rußland die Zahlung von Kriegsentschädigungen abzufordern, und anerkannte die russische Oberhoheit auf dem Gebiet der gesamten Nordmandschurei. Die Insel Sachalin wurde geteilt: Der Norden des Eilandes blieb russisches Protektorat, während der kleinere, südliche Teil an Japan fiel. Das Kaiserreich des Tenno erhielt jedoch, wie einst von Ito Hirobumi gefordert, die Halbinsel Korea und Liaotung samt Port Arthur zugesprochen. Das Gleichgewicht der Macht im Fernen Osten hatte also keine entscheidende Verschiebung zugunsten des einen oder anderen Landes erfahren.

Präsident Roosevelt feierte den Abschluß des Friedensvertrages mit einem Galadinner auf Long Island. Im Sagamore-Hotel von Oyster Bay saßen sich Witte und Roosevelt gegenüber. Die beiden unterschiedlichen Männer konnten einander nicht ausstehen.

Die vornehme Zurückhaltung Komuras, der kaum das Wort ergriff und ihm mit dem gebührenden Respekt begegnete, hingegen lobte der US-Präsident später.

Während sich der Georgier Witte im fernen Amerika so glänzend bewährte, kam es in Rußland zur Rebellion des Panzerschiffes *Potemkin,* dessen Name der russisch-jüdische Filmpionier Sergej Eisenstein durch seinen 1925 produzierten epischen Stummfilm *Panzerkreuzer Potemkin* weltbekannt machte. Die *Potemkin* nahm nicht an der Seeschlacht von Tsushima teil, sondern war im Schwarzen Meer zurückgeblieben. Als die Nachricht von der Vernichtung des russischen Geschwaders eintraf, erreichte das Stimmungsbarometer der unzulänglich versorgten Matrosen seinen Tiefpunkt. Als man ihnen wieder einmal offenbar ungenießbares, halbverfaultes Fleisch servierte, schritten sie am 15. Juni 1905 in Odessa zur Tat. Die Mannschaft machte kurzen Prozeß mit dem überraschten Kapitän und seinen Offizieren. Die Meuterer bemächtigten sich des Schiffes und warfen ihre Befehlshaber über Bord. Dann wurde die rote Fahne aufgezogen, und die *Potemkin* lief aus. In bester Piratenmanier machten die Meuterer die Schwarzmeerküste unsicher. Die Kanonen des Panzerkreuzers nahmen verschiedene Städte unter Beschuß, und das Rebellenschiff kreuzte eine Weile ungeniert auf dem Meer herum, bis der aufrührerischen Besatzung schließlich der Brennstoff ausging. Die Meuterer sahen sich gezwungen, mit dem gewaltsam übernommenen Kreuzer in die rumänische Hafenstadt Konstanza einzulaufen. Dort wurden sie dann in ein Internierungslager gebracht.

Nikolaus, der so stolz auf seine Marine war, forderte eine harte Bestrafung der Rädelsführer. Er wurde von ohnmächtiger Wut gepackt, die sich zusätzlich steigerte, als er durch einen Brief

Wilhelms II. erfahren mußte, daß die englische Presse von der Royal Navy dezidiert verlangt hatte, die deutschen Frachter vor Indochina zu stoppen, damit sie Rochdestwenskijs Geschwader nicht mit Kohle und Brennstoff versorgen konnten. Wilhelm verdammte Großbritanniens schandbare Skandalpresse und sprach von »niedrigstem Gossenjournalismus«, den die englische Regierung offensichtlich gebilligt habe. Der gleichfalls empörte Nikolaus II., dem die Ereignisse über den Kopf zu wachsen drohten, antwortete Wilhelm: »Ich stimme völlig mit Dir überein, was Deine Klagen über Englands Verhalten betrifft ... Es ist ganz gewiß höchste Zeit, dem einen Riegel vorzuschieben. Das einzige Mittel wäre, wie Du sagst, daß sich Deutschland, Rußland und Frankreich sofort zusammentun, um die englisch-japanische Arroganz und Unverschämtheit zu dämpfen. Würdest Du die Umrisse eines solchen Vertrages ausarbeiten? Sobald er von uns angenommen ist, muß Frankreich sich uns zwangsläufig als Verbündeter anschließen!«[33] Wilhelm, der stets äußerte, ein Staat müsse vom Sattel aus regiert werden, las diesen Brief des Zaren und verbuchte ihn als großen Erfolg. Eigenhändig setzte er ein Vertragswerk auf, aus dem der sogenannte Björkö-Pakt wurde, der Wilhelms letzten spektakulären Versuch markierte, Rußland zu einem Allianzbündnis mit Deutschland zu bewegen. Er regte ein zwangloses Vieraugentreffen auf der Insel Koivisto, besser bekannt unter dem Namen Björkö, die im Bottnischen Meerbusen vor der Südwestküste Finnlands liegt, an, um die Einzelheiten festzulegen und offene Fragen zu erörtern. Wie von Wilhelm gewünscht, verließ Nikolaus Peterhof ohne Minister und Hofstaat an Bord der *Polarstern.* Das Treffen im Finnischen Meerbusen sollte zu einem »Privatrendezvous legerer Natur ohne Uniformzwang« werden, wie der deutsche Kaiser betont hatte. Am 11. Juli 1905 erwartete der Zar seinen kaiserlichen Cousin also in einem Fjord vor der Björkö-Insel. Die *Hohenzollern* traf zwar mit zweistündiger Verspätung ein, doch Wilhelm war bester Laune und genoß das ausgezeichnete Souper an Bord der Zarenyacht. Am nächsten Morgen beklagte Wilhelm die, wie er glaubte, aus dem Ausland gesteuerten Ausschreitungen in Rußland und tröstete seinen Cousin. Er versicherte dem Zaren, daß er überzeugt sei, die revolutionären Umtriebe würden bald ein Ende finden, und erinnerte ihn in seiner gönnerisch-väterlichen Art daran, daß er

stets sein bester und treuester Freund gewesen sei und immer sein werde. Dann wechselte er abrupt das Thema und zog den Vertrag aus der Tasche, den Nikolaus in seinem seinerzeitigen Schreiben angesprochen hatte.
Obwohl Nikolaus seinen deutschen Vetter brieflich zum Aufsetzen eines Vertrages für ein eventuelles Bündnis ermutigt hatte, verlief die Unterhaltung an Bord der *Polarstern* nicht so harmonisch. Großfürst Alexander, Nikolaus' Schwager und bester Freund Sandro, schildert den Dialog der Herrscher in seinen Memoiren. Wenn wir seinen Ausführungen Glauben schenken wollen, war es die für Nikolaus charakteristische höfliche Unentschlossenheit, die ihn dazu bewog, den Pakt zu unterschreiben:

> ... Ein Blick auf das heikle Schriftstück genügte, um den Zaren abzuschrecken. »Es ist eine wirklich klug ausgedachte Sache ...«, erläuterte der Kaiser ... »Ein netter Plan«, gab sein Gastgeber höflich zurück. »Willst du ihn unterschreiben, Nicky?« »Vielleicht. Laß ihn mir hier. Ich werde ihn natürlich meinem Außenminister zeigen müssen.« »Nun, Nicky«, begann der Kaiser, und der Zar ließ den Kopf hängen. Die Beredsamkeit Vetter Willys war wohl, aber nicht als wohlgefällig, auf der ganzen Welt bekannt. Nikolaus versuchte daher, den Gesprächsgegenstand zu wechseln. Vergebens. Der Kaiser hielt eine wunderbare Rede, nach deren Schluß seinem Zuhörer nur zwei Möglichkeiten blieben: geradeheraus und deutlich zu antworten oder das Schriftstück zu unterzeichnen. Die Höflichkeit Nikolaus' war sogar stärker als sein Bedürfnis, seinem Vater nachzueifern, und so ergriff er die Feder. – »Das ist schön, Nicky«, lobte der Kaiser. »Noch eine kleine Formalität, und das wichtigste Bündnis der Zeitgeschichte wird zur Wirklichkeit. Wer soll deine Unterschrift bezeugen?« – »Ich werde morgen meinen Außenminister, den Grafen Lamsdorff, darum ersuchen.« »Aber ich glaube, ich sah deinen Marineminister Admiral Birilew ...« »Ja, er ist an Bord, aber ich möchte wirklich lieber die Unterschrift meines Außenministers.« Ein neuer Beredsamkeitsausbruch des Kaisers, und Admiral Birilew wurde in das Arbeitszimmer berufen ... »Admiral Birilew«, fragte der Zar errötend, »haben Sie Vertrauen zu mir?« »Eure Majestät wissen, daß

ich immer bereit bin, mein Möglichstes für die Krone und für Rußland zu tun!« »Sehr gut. Wollen Sie dann ein Schriftstück für mich unterzeichnen? Ich möchte Ihnen den Inhalt lieber nicht zeigen. Ich habe meine Gründe.« Admiral Birilew verneigte sich und unterzeichnete den Vertrag von Björkö ...[34]

Wie immer es auch gewesen sein mag, Nikolaus unterschrieb. Der Vertrag sollte nach Abschluß der Friedensverhandlungen von Portsmouth in Kraft treten. Wie lauteten die vier entscheidenden Punkte?

Artikel I. Falls eines der beiden Kaiserreiche von einer europäischen Macht angegriffen werden sollte, wird sein Verbündeter mit allen seinen Streitkräften zu Lande und zur See ihm beistehen. Vorkommendenfalls werden die beiden Verbündeten ebenso gemeinsame Sache machen, um Frankreich zur Beachtung der Verbindlichkeiten aufzufordern, die es nach dem Wortlaut des französisch-russischen Bündnisvertrages übernommen hat.

Artikel II. Die beiden hohen Parteien verpflichten sich, keinen Separatfrieden mit irgendeinem gemeinsamen Feind zu schließen.

Artikel III. Die Verpflichtung zu gegenseitiger Hilfestellung ist auch gültig in dem Falle, daß Handlungen, die von einer der beiden hohen vertragsschließenden Parteien während des Krieges vollzogen worden sind, wie z. B. die Lieferung von Kohlen an einen der Kriegführenden, zu Reklamationen seitens einer dritten Macht als angebliche Verletzung des Neutralitätsrechtes führen sollten.

Artikel IV. Der Kaiser aller Reußen wird, nachdem dieser Vertrag in Kraft getreten ist, die notwendigen Schritte tun, um Frankreich in diese Vereinbarung einzuweihen, und es auffordern, ihr als Verbündeter beizutreten.

Im September 1905 kehrte Witte nach Rußland zurück, wurde als Held gefeiert und von Nikolaus umgehend zum Grafen gemacht. Witte bestätigte dies in seinen Memoiren, indem er schrieb: »... Ich hatte mit meiner Aufgabe vollen Erfolg, so daß ... Zar Nikolaus moralisch verpflichtet war, mich auf eine ganz außergewöhnliche Weise zu belohnen, indem er mir den Rang eines Grafen verlieh ... trotz all der gemeinen Intrigen, die von einem ganzen Heer von Bürokraten und Höflingen gegen mich gesponnen werden, deren Niedertracht nur noch von ihrer Dummheit übertroffen wird ...«[35] In der Tat begegnete Nikolaus dem brillanten Chef seiner Friedensdelegation sehr freundlich und herzlich. Der Zar vertraute dem fähigen Mann, der einen Monat später zum Retter der Dynastie werden würde, immer noch wie keinem anderen Politiker – im krassen Gegensatz zu Alexandra, die den Georgier nicht ausstehen konnte. Wittes triumphale Heimkehr war noch lange nicht erfolgt, als der Vertrag von Björkö platzte. Sofort nachdem der Zar wieder in St. Petersburg war, unternahm nämlich Außenminister Graf Lamsdorff alles Erdenkliche, um das Abkommen für ungültig erklären zu lassen. Lamsdorff trat dem Zaren entschieden entgegen und bezeichnete den Vertrag schlicht als »unmöglichen Wahnsinn«. Seine Argumentationsweise leuchtete dem Gossudaren ein: Die russische Außenpolitik gründete sich auf das Allianzbündnis mit der Republique Française, welche einen Pakt mit dem historischen Erbfeind Deutschland niemals auch nur im entferntesten in ernsthafte Erwägung ziehen würde. Außerdem sei es mehr als unverantwortlich, so der Außenminister weiter, ein derartiges Abkommen zu schließen, ohne Frankreich zuvor davon in Kenntnis gesetzt zu haben. Nikolaus sah seinen Fehler ein und erklärte sich bereit, Wilhelm II. mitzuteilen, daß der Björkö-Vertrag als wirkungslos zu betrachten sei.

In Berlin erfuhr Wilhelm II., der Initiator des wichtigsten Bündnisses der Zeitgeschichte, nach seiner Rückkehr ebenfalls eine schmerzliche und peinliche Ernüchterung. Reichskanzler Graf Bernhard von Bülow verdammte das eigenmächtige Vorgehen seines Souveräns in Grund und Boden. Der Vertrag sei für Deutschland praktisch wertlos, schädlich und gefährlich, sagte Bülow. Sollte er tatsächlich angenommen werden, bliebe ihm nur übrig, sein Amt aufzugeben. Sachlich schrieb er seinem Monarchen: »... Deshalb bitte ich ... in tiefster Ehrfurcht, die Leitung der auswärtigen Politik anderen Händen anvertrauen zu wollen. Ich brauche nicht zu sagen, daß ich meinen Rücktritt selbstverständlich nur mit Gesundheitsrücksichten begründen werde!«[36] Wilhelm II. erlitt daraufhin einen akuten Hysterieanfall und drohte sogar mit Selbstmord.

Der Vertrag, Wilhelms größte Leistung als Staatsmann und Monarch, verschwand bald in der Versenkung. Obwohl ihn auch sein eigener Kanzler faktisch gezwungen hatte, ihn annullieren

zu lassen, reagierte der deutsche Kaiser genauso kopflos und gekränkt, als die russische Bestätigung eintraf, daß das Abkommen als gegenstandslos zu betrachten sei. Mit der ihm eigenen, leidenschaftlichen Inbrunst appellierte Wilhelm II. an Nikolaus: »... Dein Bundesgenosse hat Dich während des ganzen Krieges offenkundig im Stich gelassen, wohingegen Deutschland Dir in jeder Weise geholfen hat ... Wir haben uns die Hand gereicht und vor Gott unterzeichnet, der unseren Schwur hörte. Was unterschrieben ist, ist unterschrieben! Gott ist unser Zeuge!«[37]
Obwohl der Zar zugeben mußte, daß Deutschland als einzige Macht Rußland während des Krieges mit Japan effektiv unterstützt hatte, blieb ihm keine andere Wahl, als die Annullierung aufrechtzuerhalten. Die ohnehin niemals wirklich herzliche Beziehung zwischen den beiden ungleichen Vettern kühlte sich daraufhin merklich ab. Nikolaus vergaß die farcenhafte Episode auch bald, hatte er doch mit weit schwerwiegenderen Problemen in seinem eigenen Land zu kämpfen. In den Sommer- und Herbstmonaten des Revolutionsjahres, das beinahe wöchentlich neue, unangenehme, unerwartete, blutige Überraschungen brachte und in welchem das Reich echte Auflösungstendenzen zeigte, befand sich Nikolaus' Mutter – in vieler Hinsicht immer noch seine wichtigste und einflußreichste Ratgeberin – bei ihrem uralten, sterbenskranken Vater in Dänemark. Der sechsunddreißig Jahre alte Zar blieb in regem Briefkontakt mit »Mama« und hielt sie über die ständig verworrener werdende Lage auf dem laufenden.

Nicht nur das Imperium drohte zu zerbröckeln, auch innerhalb der großen Romanow-Familie kam es in diesem Jahr, das als schicksalhafter Vorbote des dreizehn Jahre später erfolgenden Unterganges der Zarendynastie zu betrachten ist, als Dunkelheit und Verzweiflung ausbrach, die Anarchie alle Gesellschaftsschichten zu erfassen drohte und sich die Vertreter der sogenannten »Intelligenzija« in Ausschweifungsorgien stürzten, zu einem publicityträchtigen, peinlichen Skandal. Der auf ein intaktes Familienleben so gesteigerten Wert legende Nikolaus war den Sexualeskapaden seiner hochgestellten Verwandtschaft immer zornig, aber auch zumeist ohnmächtig gegenübergestanden. Er hatte ganz einfach nicht die Autorität seines unbeugsamen Vaters, um als Familienoberhaupt bei diversen, sich ständig wiederholenden, das Ansehen des Hauses Romanow in Verruf

bringenden Affären ein unnachgiebig hartes Machtwort zu sprechen. Schon kurz nach seiner Thronbesteigung hatte sich sein Cousin Großfürst Michail Michailowitsch über alle Konventionen hinweggesetzt, eine bürgerliche Frau zweifelhaften Rufes geehelicht und war ins englische Exil gegangen, wo er ein verschwenderisches Leben führte. Kochend vor Wut hatte der junge Zar dieses Faktum damals zur Kenntnis genommen. Den Fall Großfürst Pauls, in dem der Zar erstmals wirkliche Härte bewies und den ehebrecherischen, ihm allerdings sympathischen lieben Onkel Pawel aus Rußland verbannte, haben wir schon geschildert. Doch auch hier hatte der Zar, wie wir erläutern konnten, erst nach unerbittlichem Drängen seiner Mutter gehandelt. Ebenso war es Maria Fjodorowna gewesen, die 1901 eine unmögliche Liaison ihres jüngsten Sohnes Mischa beendet hatte. Großfürst Michail, der zu einem liebenswürdigen »Nichtsnutz« herangewachsen war, war offenbar ein Bonvivant und charmanter Kavalier. Er schien nur gutgebaute Frauenzimmer und schnell dahinbrausende Automobile im Kopf zu haben. Mischa entwickelte sich zu einem regelrechten Auto-Freak und besaß als erstes Mitglied der Familie Romanow einen hell glänzenden Rolls-Royce. In seiner Garage standen bald über zwanzig Automobile unterschiedlichster Herkunft, Bauart und Fahrtüchtigkeit. In unserer Zeit hätte er vielleicht als Rennfahrer-Prinz seine Berufung gefunden.
1901 verliebte sich der dreiundzwanzig Jahre alte Michail, der damals noch erster Thronanwärter war, in die bildhübsche Freundin und Gesellschaftsdame seiner Schwester Olga. Dieses blutjunge Mädchen hieß Alexandra Kossikowskij und wurde im Freundeskreis Dina genannt. Dina erwiderte die Zuneigung ihres hochgewachsenen, gutaussehenden Galans kaiserlichen Geblüts, und es entspann sich eine heftige Romanze, die in einer Italienreise gipfelte. Im herrlichen Sorrento schwor man sich ewige Liebe, und Michail dachte daran, auf alle dynastischen Ansprüche zu verzichten, Dina zu ehelichen und sich in ein Exilland seiner Wahl zu begeben. Als die Zarinwitwe von seinem heimlichen Fluchtplan erfuhr, rief sie den ungestümen Hitzkopf sofort zurück und wusch ihm kräftig den Kopf. Diesmal konnte sie sich noch durchsetzen. Dina wurde umgehend vom Hof entfernt, und der leichtlebige Michail fand es gar nicht so schwer, auf die vermeintlich große Liebe seines Lebens zu

verzichten. Der Zar hatte die Romanze seines Bruders kopfschüttelnd zur Kenntnis genommen und als jugendliche Leichtsinnstat abgetan. 1906 aber beschwor Michail einen echten Skandal herauf, als er in den Bannkreis einer zauberhaften, aber herrschsüchtigen, zweimal geschiedenen Frau geriet und sich nicht mehr von ihr lossagte.
1905 war es Großfürst Kirill Wladimirowitsch, ein Cousin ersten Grades des Zaren, der für einen handfesten Eklat sorgte, der vor allem Alexandras Blut in Wallung brachte. Kirill unterhielt schon seit vier Jahren eine Affäre mit der mittlerweile von Großherzog Ernst Ludwig V. von Hessen-Darmstadt geschiedenen Victoria Melita, jener frivolen Ducky, die Alexandra niemals hatte leiden können. Es wurde gemunkelt, Kirill sei der Grund gewesen, warum sich Ducky von Ernst Ludwig scheiden ließ. Wiederholt hatte Kirill an Nikolaus appelliert, seine Einwilligung zu einer Eheschließung mit Victoria Melita zu geben. Wie nicht anders zu erwarten, war dieses Ansinnen vom Zaren jedesmal brüsk abgewiesen worden.
Im September – während die Revolution ihrem Höhepunkt zustrebte – beschloß Kirill, alles auf eine Karte zu setzen. Die brisante Lage seines Vaterlandes war ihm egal. Ihm ging es ausschließlich um sein persönliches Glück. Alle Sanktionsdrohungen des Zaren in den Wind schlagend, reiste er nach Bayern und heiratete Ducky am Tegernsee. Dann kehrte er gelassen nach St. Petersburg zurück, um den Zaren mit dem Fait accompli zu konfrontieren. Er wurde gar nicht erst empfangen. Im Hause seiner Eltern ereilte ihn die Order des Gossudaren, Rußland binnen eines Tages zu verlassen. Verbittert kehrte er zu seiner Frau nach Deutschland zurück. Am 5. Oktober 1905 unterrichtete Nikolaus seine immer noch in Dänemark weilende Mutter von der peinlichen Affäre und auch davon, daß Onkel Wladimir als Konsequenz für das Verhalten seines Sohnes von seinem Posten als Kommandant der Petersburger Garnison zurücktreten mußte.
Auch politisch tat sich einiges in diesem Jahr. Im Oktober hatte die Krise im Land ihren Höhepunkt erreicht. Generalstreiks überall, es verkehrten keine Züge mehr, Schulen und Fabriken waren geschlossen. Die Zarenfamilie befand sich in Peterhof in einem Zustand äußerster Isolation. Der letzte sichere Hort war von Petersburg aus nur noch per Schiff zu erreichen. Witte war

sich darüber im klaren, daß der Zar vielleicht bald zur Flucht gezwungen sein würde. Doch wer sollte dem Gossudaren – falls die gefährliche, abenteuerliche Flucht überhaupt gelingen würde – Zuflucht gewähren? Witte zweifelte daran, daß einer der zahlreichen königlichen, kaiserlichen und fürstlichen Verwandten der entthronten siebenköpfigen Familie Exil gewähren würde. Der nunmehrige Graf, der trotz seiner auf Gegenseitigkeit beruhenden Antipathie für Alexandra beschloß, alles zu tun, um den Fortbestand der Dynastie zu ermöglichen, und den Ernst der Lage mit glasklarem Verstand erkannte, bestieg den Dampfer nach Peterhof. In tagelangen Unterredungen setzte er seinem Souverän auseinander, daß Rußland einem riesigen Pulverfaß ähnelte, das jederzeit hochgehen und die Dynastie hinwegfegen konnte. Er sprach von den außer Kontrolle geratenen anarchistischen Zuständen in der Hauptstadt, in der eine merkwürdige gewalttätige Arbeiterorganisation auf den Plan getreten war, die sich Sowjet (Rat) nannte und die Macht zu ergreifen drohte. Damals erfuhr der Zar zum erstenmal von Lew Bronstein, einem revolutionären Juden, der sich den Parteinamen Leo Trotzki zugelegt hatte. In wenigen Tagen war Trotzki zum Führer des Sowjets avanciert. Er war Mitglied der Menschewiki, aber ebenso wie Lenin ein überzeugter Marxist. Trotzki kündigte an, alle Fabrikanlagen unbrauchbar zu machen und sämtliche Regierungsgebäude in Brand zu stecken oder in die Luft zu sprengen.
Würden die eilends in die Stadt verlegten Kosakenschwadronen imstande sein, die aufgebrachten Arbeitermassen zu zerstreuen? fragte sich Witte verzweifelt. Sollte es zu einer Wiederholung des Blutsonntags kommen? Würden die Soldaten diesmal abermals schießen oder sich vielleicht, wie Witte befürchtete, mit den Revolutionären verbrüdern und verbinden? »Ist denn selbst auf die Armee kein Verlaß mehr?« fragte der Zar sichtlich entnervt. »Euer Majestät, derzeit ist alles, aber auch gar alles möglich!« antwortete Witte mutig. Während der Zar von frühmorgens bis tief in die Nacht hinein mit dem Staatsmann debattierte, depeschierte seine Mutter aufgeregt: »Es gibt in ganz Rußland nur einen Mann, der mit der Revolution fertig werden kann – Sergej Witte! Vertrau auf ihn, und nimm seine Ratschläge an, denn er ist – davon bin ich überzeugt – der einzige, der uns jetzt noch helfen kann!« Der Gossudar schwankte und beeilte sich,

Witte den Posten des Ministerpräsidenten anzubieten. Witte zögerte, um seinen Souverän sodann mit einem Ultimatum zu konfrontieren: »Euer Majestät haben nur zwei, zugegebenermaßen gleichfalls riskante Möglichkeiten. Entweder Sie bestellen einen kompromißlos-harten Militärdiktator – am besten den Großfürsten Nikolaj Nikolajewitsch –, der die Rebellion gewaltsam zu Boden wirft, was allerdings meiner Meinung nach nur in einem unbeschreiblichen Blutbad enden und weitere jahrelang andauernde Aufstände zur Folge haben wird, oder aber Sie gewähren dem Volk endlich Zugeständnisse. Lassen Sie Rede- und Pressefreiheit einführen, berufen Sie eine Duma, ein Parlament, ein, welches alle neuen Gesetze bestätigen muß! Ich persönlich bin der Ansicht, daß dies die einzig vernünftige und praktikable Lösung ist. Bedenken Sie, Majestät, unser Land ist über die Formen des existierenden Staatsaufbaus längst hinausgewachsen! Wenn Sie dem Volk keine Verfassung gewähren, wird es sie mit Gewalt erzwingen! Ich bin gerne bereit, das mich ehrende Angebot, den Posten des Ministerpräsidenten, anzunehmen, aber nur unter der Voraussetzung, daß man mich mit allen Vollmachten ausstattet, mich ein Manifest entwerfen läßt, mir keinerlei Steine in den Weg legt, mein Reformprogramm nicht sabotiert und dem Volk durch einen kaiserlichen Ukas die Bürgerrechte gewährt. Überwinden Sie sich, Majestät! Springen Sie über Ihren eigenen Schatten, prüfen und unterzeichnen Sie ein entsprechendes Manifest! Retten Sie Rußland und die Dynastie, und ich werde mich nach Kräften bemühen, die alte Ordnung wiederherzustellen!«
Nikolaus schwieg eine Weile, dann versprach er Witte, seinen Rat anzunehmen. Zugleich überkamen ihn Zweifel. Bedeutete die Gewährung einer Staatsduma und einer Verfassung nicht Verrat am Vermächtnis seines Vaters? Durfte er die Rechte seines noch in der Wiege liegenden Sohnes derart beschneiden? Zwei Tage und Nächte lang überlegte er fieberhaft hin und her. Seine Frau, die den Georgier, den Protegé ihrer ungeliebten Schwiegermutter, haßte, wandte sich, wie kaum anders zu erwarten, gegen Witte und die Unterzeichnung eines solchen Schandmanifestes. Obwohl er Witte faktisch schon seine Zusage gegeben hatte, ließ der Zar Großfürst Nikolaj Nikolajewitsch zu sich rufen und bat ihn fast flehentlich, Militärdiktator zu werden. Zu seiner Überraschung stellte sich Nikolascha auf

Wittes Seite. Die Unterredung zwischen Onkel und Neffe verlief äußerst dramatisch. »Witte hat recht!« donnerte der Großfürst. »Der Hauptteil der Armee befindet sich immer noch an der Front. Es sind nicht genügend Truppen vorhanden, um die Revolution niederzuschlagen. Wenn ich deinen Vorschlag akzeptiere und Diktator werde, besiegle ich damit den Untergang der Dynastie!« Als der Zar dem schrecklichen Onkel neuerlich ins Gewissen zu reden versuchte, verlor der Großfürst die Fassung. Er zog seine Pistole und sagte zum verblüfften und eingeschüchterten Neffen: »Ich diskutiere nicht weiter! Entweder du unterschreibst das bewußte Manifest, oder ich erschieße mich hier und jetzt auf der Stelle!«
Am 17. Oktober hatte der Herrscher seinen Entschluß gefaßt. Zusammen mit Nikolascha erwartete er Witte und unterzeichnete das sogenannte Oktobermanifest, das Rußland in eine halbkonstitutionelle Monarchie verwandelte. Er hatte schreckliche Kopfschmerzen, wirkte verstört und mußte an das Attentat von Otsu denken. Am Abend schrieb er ins Tagebuch: »Hilf uns, Herr, rette und befriede Rußland!« Auf dem Dampfer umarmte indes Großfürst Nikolascha Witte herzlich und beglückwünschte ihn zur Rettung der Dynastie.
Leider zeigte das Oktobermanifest vorerst so gut wie keine Wirkung. Die Unruhen gingen weiter. Alexandra, die am Tag, als ihr Gemahl das Manifest unterzeichnete, einen akuten Hysterieanfall erlitt, machte den neuen Ministerpräsidenten persönlich für alle Ausschreitungen verantwortlich. Dieser Mann hatte das Ende der unbeschränkten, absoluten Autokratie herbeigeführt und dafür gesorgt, daß ihr Sohn kein richtiger Selbstherrscher mehr sein würde. In ihrer Verblendung und ihrem leidenschaftlichen Haß hielt sie Witte für einen Frevler, der früher oder später das Gottesgnadentum der russischen Zaren endgültig abschaffen würde. Sie gab sich sinnlosen Illusionen hin und bestürmte ihren Gatten, die Autokratie wieder einzuführen und den ihm abgerungenen erbärmlichen Fetzen Papier für ungültig erklären zu lassen. Aber diesmal ließ sich der Gossudar nicht umstimmen. Er blieb hart. In jenen Tagen unmittelbar nach Proklamierung des Manifestes baute er auf seinen unentbehrlichen Ministerpräsidenten, der allerdings, von Rechten wie Linken gleichermaßen gehaßt und angefeindet und von eifersüchtigen, rivalisierenden Neidern seiner eigenen liberalen Szene miß-

trauisch beäugt, bald erkennen mußte, daß er auf einem wahren Schleudersitz Platz genommen hatte. Wie sehr der Zar Witte anfänglich vertraute, zeigte sich auch darin, daß er sich nicht gegen dessen erste mutige und unerwartete Maßnahme sträubte. Witte zwang den greisen Konstantin Pobedonoszew, seine Funktion als Oberprokurator des Heiligen Synods niederzulegen. Der verknöcherte alte Mann, der den Parlamentarismus mehr als alles andere auf der Welt haßte, Vertrauter und Berater zweier Zaren gewesen war und sein Amt sechsundzwanzig lange Jahre ausgeübt hatte, verfügte plötzlich über keinerlei Macht oder Einfluß mehr. Der großinquisitorische Torquemada Rußlands schied grollend und seinen Nachfolger verwünschend aus dem Amt.

Indem der Zar seinen langjährigen Berater so sang- und klanglos gehen ließ, überzeugte er Witte vollends davon, daß er die Zeichen erkannt hatte und kompromißlos hinter ihm stand. Tatsächlich hoffte Nikolaus in seiner Naivität, daß seine Zugeständnisse ausreichen würden, die Revolution schlagartig erlahmen zu lassen. Hatte er nicht – gegen seine Überzeugung – den, wie er sagte, Westminster-Konstitutionalismus eingeführt und dem Volk die so heiß ersehnte Verfassung gewährt? Hatte er nicht alles getan, um seinen Untertanen endlich Frieden zu bringen? Warum also ging die Revolution weiter? Er hatte das feierliche, seinem sterbenden Vater in Livadia gegebene Versprechen, die Autokratie zu bewahren, im Interesse der Nation gebrochen, und zum Dank dafür blieb alles beim alten! Er fühlte sich gefoppt. Wann endlich würde sich die von Witte prophezeite Beruhigung der Lage einstellen? So fragte sich der Zar, zunehmend ungeduldiger werdend. Hatte man ihn hintergangen, war er etwa einem klassischen Betrug aufsegessen?

Der Premier befand sich in einer verzweifelten Situation. Er mußte Erfolge vorweisen, die sich aber einfach nicht so schnell bewerkstelligen ließen. Mit all seinem Elan bemühte er sich, die vom Zaren in ihn gesetzten Hoffnungen nicht zu enttäuschen und den revolutionären Ausschreitungen ein rasches Ende zu setzen. Witte nahm den Kampf mit der Revolution auf, doch der Flächenbrand schien bereits zu weit fortgeschritten, um ihn schnell löschen zu können. Als General Sacharow, der Adjutant des Zaren, während des Frühstücks in der Residenz des Gouverneurs von Saratow von einer Dame, die mit einem Empfehlungsschreiben zu ihm kam, kalt lächelnd erschossen wurde, tobte der Herrscher. Er begann an Witte und seinem Verfassungsexperiment zu zweifeln. Seiner Mutter schrieb er: »Merkwürdig, daß ein so kluger Mann sich getäuscht haben soll, als er eine leichte Befriedung vorhersagte!« Wie sehr sich Witte, der die Brisanz der Lage offenbar wirklich unterschätzte, verkalkuliert hatte, sollte sich nur allzu bald zeigen. In vielen Provinzen des Reiches faßte man das Manifest, wie von Alexandra befürchtet und wiederholt empört zum Ausdruck gebracht, als Zeichen der Schwäche auf, gewissermaßen als letzte Zuckungen eines auseinanderbrechenden Staatsgefüges. Unheilvolle Nachrichten erreichten Witte und den Zaren aus dem ganzen Land. Es gärte überall: in Polen und Finnland, wo man lautstark die Unabhängigkeit forderte, in den baltischen Regionen, wo Muschiks die Großgrundbesitzer enteigneten und autonome Dorfrepubliken proklamierten; in der Ukraine und Weißrußland, wo man die Juden erneut scharenweise massakrierte, und in Transkaukasien, wo heftig aufflammende Anwandlungen von Fremdenfeindlichkeit zu blutigen Ausschreitungen gegen die Armenier führten. Der Zar wurde immer wütender und befahl Witte, energischer durchzugreifen. Witte antwortete, er werde alle nötigen Schritte unternehmen, hoffe aber, dem allgemeinen Chaos ohne die Zuhilfenahme allzu drakonischer Maßnahmen ein Ende bereiten zu können. Es sei schon zu viel Blut geflossen. In Kronstadt und vor allem auf der Krim, in Sewastopol, schlossen sich meuternde Matrosen der revolutionären Bewegung an. Am 12. November schrieb Nikolaus verbittert an seine Mutter: » ... Die Bauernunruhen dauern weiter an, und wenn sie in der einen Gegend aufhören, flackern sie anderswo wieder auf. Ich kann sie schwer zum Stillstand bringen, denn ich habe nicht genügend Truppen oder Kosaken zur Verfügung, um sie überall hinzuschicken. Aber am schlimmsten von allem ist der neue Aufstand in Sewastopol unter der Besatzung der vor Anker liegenden Flotte und in einigen Teilen der Garnisonen. Das ist in einem solchen Maß schmerzlich und schmachvoll, daß ich keine Worte mehr finde. Gestern hat wenigstens General Meller-Sakomelskij energisch den Aufstand zum Stillstand gebracht; die Marinekasernen sind vom Brester Regiment genommen worden, und der Kreuzer *Otschakow* hat sich nach dem Beschuß von seiten der *Rostislav* und der Artillerie vom Ufer her ergeben. Ich weiß schon gar nicht mehr, wie viele Todesopfer und Verletzte es wieder gegeben hat. Allein der Gedanke ist furchtbar, daß das alles die eigenen Leute sind ...«[38]

Das Jahr ging zu Ende, blutig wie es begonnen hatte. Immer noch streikten rund vierhunderttausend Arbeiter. Im Dezember rebellierte Moskau erneut.

Die zweite Hauptstadt brannte. Straßenbahnen wurden aus den Geleisen geworfen, Barrikaden errichtet, Regierungsbesitz zerstört. Der Stadtsowjet proklamierte euphorisch eine provisorische Regierung. Tausende Arbeiter und Studenten folgten dem Aufruf des Sowjets und beeilten sich, die Stadt in eine Rebellenhochburg zu verwandeln. Zwei Wochen lang trotzten die proletarischen Kämpfer für soziale Gerechtigkeit den kaisertreuen Truppen. Blutigste Straßenschlachten tobten. In diesen vierzehn Tagen des heldenhaften Widerstandes gegen das zaristische Ausbeutersystem traf auch Lenin, auf den Sieg der Weltrevolution hoffend, in Moskau ein. Am 22. Dezember war der Spuk der Moskauer »vierzehn Tage Regierung des Volkes« vorbei. General Min hatte ganze Arbeit geleistet und die Revolte in Blut erstickt. Die exakte Opferbilanz ist uns nicht bekannt. Doch es darf angenommen werden, daß der zweiwöchige Kampf um Moskau an die sechzehnhundert Menschenleben gekostet hatte. Wahrscheinlich war die Zahl der Toten sogar um ein Vielfaches höher. Das Schreckensjahr war zu Ende, das Land hatte einen Krieg verloren und das blutige Gesicht, die gespenstische Fratze der revolutionären Volkswut gesehen. Rußland hatte nun eine Verfassung und ein Parlament, die Duma, die noch nicht einberufen worden war. Gegen Ende des Jahres war es Witte klar, daß ihm das Vertrauen des Zaren zu entgleiten drohte.

Die Revolutionsgefahr war noch nicht gebannt, und Witte würde an den Aktivitäten des von ihm ins Leben gerufenen Parlamentes gar keinen Anteil mehr haben. Er würde in Ungnade fallen und durch eine neue mächtige Gestalt ersetzt werden, der es tatsächlich gelingen sollte, die Revolution zu beenden. Dieser tatkräftige Mann, der Rußlands Geschichte fünf Jahre dominieren sollte, dem Land erneut Stabilität brachte, einen gigantischen Wirtschaftsaufschwung in die Wege leitete und zur herausragendsten Figur des sogenannten »Silbernen Zeitalters« vor dem Ersten Weltkrieg wurde, war Pjotr Arkadjewitsch Stolypin. Wir werden ihn im folgenden Kapitel genau kennenlernen.

Die mächtige Gestalt – Pjotr Stolypin, seine Reformen und sein Traum vom großen, starken Rußland

Im Februar 1906 fanden die Duma-Wahlen statt, zwei Monate später kam es zur Eröffnung des ersten russischen Parlamentes. Bereits zu Beginn des Jahres merkte Witte, daß sich der Zar ihm gegenüber zunehmend reservierter gab. Das Vertrauen des Herrschers zu seinem gräflichen Ministerpräsidenten schmolz rasch dahin. Ein Grund dafür mag in dem leidenschaftlichen Haß bestanden haben, den Alexandra für den Georgier empfand, der die Selbstherrschaft des Zaren zerstört und in ihren Augen damit das Ansehen des Kaiserhauses in den Schmutz getreten hatte. Es läßt sich nicht leugnen, daß die Zarin in jenen Tagen alles versuchte, Witte zu diskreditieren, und stets von der üblen Gesinnung dieses Mannes sprach. Entscheidend für die wachsende Entfremdung zwischen Gossudar und Ministerpräsident aber war die Tatsache, daß Wittes Maßnahmen zur Eindämmung der revolutionären Umtriebe von keinerlei Erfolg gekrönt waren. Witte, der bei allen unbestrittenen hervorragenden Charaktereigenschaften natürlich auch ein sehr ehrgeiziger Mann war, spürte deutlich, daß er langsam, aber sicher die Macht verlor, und bemühte sich verzweifelt, seine wankende Position wieder zu festigen. Er, der versprochen hatte, die Unruhen durch Milde und Versöhnungsgesten in den Griff zu bekommen, plädierte plötzlich für unnachgiebige Härte.

In seinem Bestreben, sich den Herrscher wieder gewogen zu machen, beeilte sich Witte, noch vor der Wahl zur ersten Duma gewisse Passagen des von ihm zur Rettung der Dynastie ersonnenen Manifestes zu entschärfen. Völlig unerwartet für alle Liberalen trat er mit der Erklärung »Dem Herrscher aller Reußen gehört die autokratische Macht!« an die Öffentlichkeit und erließ eine Anzahl von Grundgesetzen, die dem Wirken der noch gar nicht gewählten Duma erhebliche Grenzen setzen soll-

ten. Er warf sein internationales Prestige in die Waagschale, trat an französische Geldgeber heran und bemühte sich um einen Kredit in der riesigen Höhe von zwei Milliarden Francs. Seine Handlungsweise war leicht nachzuvollziehen. Er wollte seine Regierung auf eine derart stabile finanzielle Basis stellen, daß sie den Aktionsradius der Duma nicht nur beschränken, sondern deren Aktivitäten weitgehend ignorieren konnte. Doch als die Wahlen zur ersten Duma stattfanden, all seine Bemühungen nichts fruchteten und sein Verhältnis zum Herrscher, wie ihm bald endgültig klarwurde, einen irreparablen Schaden erlitten hatte, reichte er gegen Ende April – kurz vor der Parlamentseröffnung – sein Demissionsgesuch ein, sich jedoch immer noch an die vage Hoffnung klammernd, der Zar würde seinen Rücktritt nicht erlauben. Nikolaus' bereits einen Tag später erfolgende Antwort ernüchterte und erzürnte ihn zugleich: »Graf Sergej Juljewitsch! Gestern morgen erhielt ich Ihren Brief, in dem Sie um Entbindung von allen Ämtern bitten. Ich komme Ihrer Bitte nach. Nikolaus.«
Am 26. April beobachtete der geschaßte Ministerpräsident, wie die Reichsduma, die sich aus allen möglichen Schichten und Gruppierungen zusammensetzte, und der ehemalige Selbstherrscher Rußlands im Thronsaal des Winterpalais erstmals aufeinandertrafen. Während der dieser unterschiedlichen Menge von vom Volk gewählten Abgeordneten gegenüberstehende Nikolaus in seinem Tagebuch von einem bedeutenden Tag sprach, da er offenbar wieder einmal hoffte, daß nach dieser neuerlichen Demonstration seines guten Willens, der feierlichen Eröffnung des Parlamentes, die Unruhen ein rapides Ende nehmen würden, registrierte Witte, daß der Zar unsicher und bleich gewirkt habe. Nicht ohne eine gewisse innerliche Genugtuung notierte er den Kernsatz der Rede des Zaren: »Mögen Sie meine innigen Wünsche erfüllen, mein Volk glücklich zu sehen und meinem Sohn ein starkes, wohlgeordnetes und aufgeklärtes Reich zu übergeben!« Der schmollende Witte erkannte sogleich, daß Zar und Duma bald auf Konfrontationskurs geraten würden, und interpretierte Nikolaus' Rede dahingehend, daß der Zar die Duma früher oder später wieder verschwinden lassen würde, um zu gegebener Zeit – wahrscheinlich auf Alexandras Bestreben – seinen Sohn als neuen, verfassungsungebundenen, autokratischen Herrscher ohne Einschränkung seiner Befugnisse zu

installieren. Witte sehnte die Krise geradezu flehentlich herbei, war er doch der tiefen Überzeugung, daß man ihn in stürmischen Zeiten abermals schnellstens reaktivieren würde. Seine Hoffnungen artikulierte er in einem Satz, den er noch am selben Abend höhnisch niederschrieb: »Ungeachtet meiner Suspendierung wird in einer problematischen Situation sogleich mein Name fallen!«

Doch diesmal täuschte sich der erfahrene Staatsmann sehr. In den Augen des Zaren hatte er seinen allerletzten Kredit verspielt. Nikolaus begann das Manifest als unglückseliges, leider nicht mehr aus der Welt zu schaffendes Faktum zu betrachten; Alexandra nannte es in ihrer Verbohrtheit und irrealen Vorstellung von der Allmacht des Gossudaren sogar eine Sünde wider Gott. Seiner Mutter erklärte der Zar ebenfalls kategorisch, daß er ihrem Protegé, dem Mann von Genie, niemals mehr eine staatstragende Position übertragen würde. Auch Maria Fjodorowna konnte nun nichts mehr für Witte tun und las bestürzt: »Solange ich lebe, werde ich diesem Mann auch in der geringsten Kleinigkeit nicht mehr vertrauen. Das Experiment des letzten Jahres hat mir gereicht und lastet immer noch wie ein Alpdruck auf mir!« Und wie reagierte Sergej Witte? Er begab sich ins Ausland, um einen ausgedehnten Erholungsurlaub anzutreten.

Allein Witte kehrte bald wieder in seine Heimat zurück, um die Politik seines fähigsten Nachfolgers Stolypin oftmals hart zu kritisieren. Obwohl der Zar Wittes unbestrittene Verdienste um das Vaterland honorierte, indem er ihm eine großzügige Summe aus der Staatskasse zugestand, blieb das einstmals innige Verhältnis für immer getrübt. Bis zu seinem Todesjahr 1915 wurde Graf Witte nur noch zweimal in Privataudienz empfangen, wobei diese Unterredungen in höflicher, aber gespannter, wenn nicht eisiger Atmosphäre verliefen. Das sich ständig nach der Macht zurücksehnende Finanzgenie Witte sah voraus, daß seinem unmittelbaren Amtsnachfolger, dem leicht senilen Bürokraten Iwan Loginowitsch Goremykin – einem Mann ohne jede Eigeninitiative, der jeden Befehl des Zaren wie ein allzu willig apportierender Jagdhund ausführte –, keine lange politische Lebensdauer beschieden sein würde. Wieder einmal sollte Witte recht behalten. Schon drei Monate nach seinem Amtsantritt reichte Goremykin, der auch bei der Duma-Eröffnung eine schlechte Figur gemacht hatte, seinen Abschied ein.

Doch Graf Sergej Witte, der schon an eine erfolgreiche Rückkehr dachte, hatte den alten Politiker offensichtlich unterschätzt. Goremykin schlug nämlich seinen Innenminister, den energischen, großgewachsenen, hochangesehenen Pjotr Arkadjewitsch Stolypin vor. Stolypin war in der Tat ein bemerkenswerter Mann, der in den Augen des Auslandes rasch zum meistbewunderten Staatsmann Rußlands werden sollte. Der 1863 geborene Repräsentant eines alten Adelsgeschlechtes, ein stolzer Gutsbesitzer, der gleich dem Zaren in den Bauern den wichtigsten Tragpfeiler des Imperiums sah, hatte sich im Revolutionsjahr 1905 als Provinzgouverneur von Saratow so großartig bewährt, daß man ihn ein Jahr darauf zum Innenminister berief. Stolypins persönliche Integrität und Tapferkeit waren unbestritten. Wagemutig hatte er sich während der Bauernaufstände des Vorjahres, die besonders über seine Provinz mit ungeheurer Intensität hereingebrochen waren, wiederholt gefährlichen Situationen ausgesetzt. Oftmals erschien er allein und unbewaffnet in einem der rebellierenden Dörfer und brachte die Rädelsführer der aufständischen Muschiks nur durch die Autorität seiner Person dazu, sich kampflos zu ergeben.

In den frühen Abendstunden des 1. Juli 1906 stand Pjotr Arkadjewitsch Stolypin im Palast von Zarskoje Selo vor seinem Souverän. Der Gossudar teilte ihm kurz und bündig seine Ernennung zum Ministerpräsidenten mit. Anfänglich reagierte der dreiundvierzigjährige Innenminister nicht gerade begeistert. Er versuchte seinen Herrscher vielmehr davon zu überzeugen, daß er nicht die nötigen Voraussetzungen für dieses hohe Amt mitbrächte. Er habe den Großteil seines Lebens und seiner Karriere auf dem Land verbracht, argumentierte Stolypin, und sei daher vielleicht nicht der ideale Kandidat, um auf dem glatten Parkett der von Intrigen dominierten Politszene Petersburgs zu brillieren. Allein der Zar unterbrach den Redeschwall des Ministers und versuchte ihn zu beschwichtigen. Bemerkenswert an dieser Ernennungsaudienz war auch, daß der Kaiser, nachdem er Stolypin umarmt und geküßt hatte, sogleich die Frage stellte: »Welcher Tag ist am günstigsten für die Auflösung der Duma?« Offenbar konnte er sich nur schwer mit dem Gedanken eines funktionierenden Parlamentes abfinden. In einem Punkt waren sich der Zar und Stolypin völlig einig: Die mythische Einheit zwischen Volk und Herrscher durfte auf keinen Fall zerrissen werden. Der introvertierte Zar schloß den energisch-bärbeißigen Mann, der seinen Traum von der echten Bindung zwischen Batjuschka und Untertanen mitzuträumen schien, sofort ins Herz.

Einmal im Amt, handelte dieser Mann wirklich umgehend und ohne zu zögern. Bereits am 3. Juli 1906 ließ er, auf kaiserlichen Erlaß gestützt, die Duma auflösen. Die Türen des sogenannten Taurischen Palais, in welchem das russische Parlament zu tagen pflegte, blieben vorerst geschlossen. Warum hatte Nikolaus so sehr darauf bestanden, die Duma-Abgeordneten schachmatt zu setzen? Hauptsätzlich als verspätete Reaktion auf eine von allen 524 Deputierten unterzeichnete Eingabe an den Thron, die er als geradezu skandalös empfand. Das Forderungspaket der Abgeordneten hatte unter anderem vier wesentliche Punkte umfaßt:

a) sofortige Einführung des allgemeinen Wahlrechts;
b) sofortige Freilassung aller aus politischen Gründen einsitzenden Häftlinge;
c) Bodenreform unter der Anleitung der Duma-Mitglieder;
d) Austausch aller vom Zaren eingesetzten Minister durch ausschließlich von der Duma bestätigte Politiker.

Wutentbrannt hatte der Zar daraufhin den damals noch amtierenden Goremykin aufgefordert, all diese nach Diktat klingenden Forderungen der Parlamentarier brüsk zurückzuweisen. Aber Goremykin war von den Duma-Mitgliedern ausgezischt worden, als er den Bescheid des Zaren mit greisenhaft krächzender Fistelstimme zu Gehör brachte. Die Regierung war heftigst attackiert worden; in der Duma herrschten tumultartige Zustände, hatte Goremykin dem Zaren berichtet und auch nicht zu erwähnen vergessen, daß ihm beim Verlassen des Taurischen Palais viele Abgeordnete haßerfüllt »Abtreten! Zurücktreten!« hinterhergerufen hatten. Als Nikolaus dann auch noch erfahren mußte, daß man sogar die ausschweifende Lebensweise der meisten erlauchten Großfürsten einer ätzenden Kritik unterwarf, hatte für ihn festgestanden, daß diese Duma aus der Welt zu schaffen sei. Allein Goremykin war wohl kaum der geeignete Mann, den Parlamentariern seine kompromißlose Härte zu beweisen. Deshalb war Stolypin an seine Stelle getreten und hatte den Intentionen des Zaren gemäß gehandelt.

Der Unmut des Gossudaren war in gewisser Weise verständlich. Die Nachwehen der Revolution waren immer noch nicht überstanden – dies zeigte etwa die Ermordung von General Min, der Moskau zurückerobert und radikal gesäubert hatte. Er, Nikolaus, hatte nachgegeben, die Fesseln der Autokratie merklich gelockert, gegen das Vermächtnis des Vaters (und seine eigene Überzeugung) gehandelt – alles nur zum Wohle des Volkes, wie er glaubte –, doch die Attentate schienen nicht aufhören zu wollen. Eine der letzten Handlungen der Duma hatte im Juni 1906 darin bestanden, die Todesstrafe abzuschaffen, ein Entschluß, der von den meisten Staaten Europas mit Glückwunschtelegrammen an den Zaren quittiert worden war. Nach der Schließung der Duma flüchtete eine beträchtliche Anzahl erboster Abgeordneter über die Grenze nach Finnland. Sie versammelten sich in einem Wäldchen und erklärten theatralisch, daß das Parlament nun im Exil tage. Die erzürnten Parlamentarier wandten sich an das Volk und erließen das sogenannte Wiborger Manifest, in welchem alle Bürger Rußlands aufgefordert wurden, fortan keine Steuerzahlungen mehr zu leisten und den Wehrdienst zu verweigern, bis die Duma wieder ihren rechtmäßigen Status erhielte. Doch dieser Empörungsappell verhallte ungehört. Zu einem Kampf für die Aufrechterhaltung des erst vor kurzem eingeführten Parlamentes war das Volk offenbar nicht bereit.

Die Sozialrevolutionäre hingegen waren bereit, wieder Mordkommandos auf die Straßen zu schicken. Es versteht sich von selbst, daß der neue Ministerpräsident nun bevorzugtes Ziel der Anschläge war. Der an sich liberale Stolypin amtierte noch nicht ganz vier Wochen lang, als es in seinem etwas außerhalb von St. Petersburg gelegenen Landhaus auf der Apothekerinsel krachte. Obwohl insgesamt zweiunddreißig Menschen getötet wurden, ließ sich Stolypin offenbar nicht aus der Ruhe bringen. Finanzminister Kokowzow, der zu einem glühenden Bewunderer des Ministerpräsidenten werden sollte, kommentierte die stoische Gelassenheit des nur durch Zufall dem Tod entronnenen Regierungschefs mit folgenden Sätzen: »Anderthalb Tage nach der Explosion nahm das Kabinett seine Arbeit wieder auf, als wäre nichts geschehen. Stolypins Ruhe und Selbstbeherrschung erregten die Bewunderung aller ...[39] Doch so gefaßt und unbeeindruckt Stolypin sich nach außen hin auch gab, etwas in seinem Herzen hatte sich verhärtet. Fortan würde er ohne mit der Wimper zu zucken, ja mit fast grimmiger Genugtuung Todesurteile unterschreiben. Der Galgen würde Arbeit bekommen, eine Hinrichtungswelle ungekannten Ausmaßes sollte Rußland überrollen.

In den ersten Monaten der Regierungszeit Stolypins, als die Überfälle auf öffentliche Einrichtungen ein besorgniserregendes Ausmaß erreichten, immer mehr Gouverneure, hochrangige Militärs, aber auch kleine Staatsbedienstete, Soldaten und sogar einfache Dorfpolizisten Mordanschlägen und Attentaten der Sozialrevolutionäre zum Opfer fielen, befand sich die Zarenfamilie in einem Zustand völliger Isolation. Nikolaus verbrachte fast den gesamten Sommer auf Schloß Peterhof am Finnischen Meerbusen. Notgedrungen mußte er auf die zur lieben Gewohnheit gewordene, alljährliche Kreuzfahrt durch die finnischen Schären verzichten. Die kaiserliche Yacht, die *Standart*, das prächtige Viertausendfünfhundert-Bruttoregistertonnen-Schiff, blieb im Trockendock. Der Imperator und seine Familie standen unter ständiger Überwachung, besonders seit man sogar auf dem Areal von Peterhof einige scheinbar zu allem entschlossene Terroristen aufgegriffen hatte. Nikolaus führte in diesen Tagen das Leben eines kaiserlichen Eremiten; ständig in Angst und Sorge um seine Familie, wurde er zunehmend verbittert. Er mußte selbst auf Ausritte und Spaziergänge verzichten, so gefährlich schien die Lage. »Eine Schmach und Schande«, schrieb er der Zarinwitwe Maria Fjodorowna, »die abscheulichen Anarchisten sind nach Peterhof gekommen, um auf mich ... Jagd zu machen!«

Der Zar war ratlos. Wenn er schon im eigenen Palast nicht mehr sicher war, wie sollte dann die Zukunft aussehen? Wie sollte er verhindern, daß man seiner Familie und insbesondere seinem kranken Sohn und Thronfolger Alexej, über dem ohnehin stets der Schatten des Todes schwebte, nach dem Leben trachtete? Alexandra und seine Mutter kannten die Antwort auf diese bohrende Frage: unnachgiebige Härte, Gnadenlosigkeit! Er beschloß, dem Rat der Mutter, »diese Scheusale zu zertreten«, zu folgen. Der sonst so friedfertige Mann begann, nach Rache zu dürsten. Die Zustände in seinem Reich spotteten jeder Beschreibung, diese unerträgliche Situation mußte schnellstens geändert, sein leidgeprüftes Land endlich stabilisiert werden! So begrüßte

er das von Stolypin entworfene neue Gesetz über die Standgerichte, welche das Ausland alsbald lautstark verdammen sollte. Stolypin, ein wesentlich härterer und unduldsamerer Mann, als Nikolaus es war, wußte, daß er sein Reformprogramm erst nach der kompromißlosen Ausmerzung der aufrührerischen Umtriebe erfolgreich würde durchziehen können. Er ging deshalb besonders rücksichtslos vor. Bald sprach man im ganzen Land (und auch im übrigen Europa) von »Stolypinschen Krawatten«. So hatten die Sozialrevolutionäre die Schlinge des Henkers getauft. Die Feldgerichtspolitik des Ministerpräsidenten zeigte Wirkung. Zu Herbstbeginn des Jahres 1906 konnte der ehemalige Provinzgouverneur folgende Todesbilanz aufweisen: Über sechshundert Anarchisten, Terroristen und Mörder waren ohne viel Federlesens – jeweils drei Tage nach ihrer Inhaftierung – dem Galgen überantwortet worden. Mit harter Hand stellte Stolypin Gesetz und Ordnung wieder her. Der Zar war ganz auf seiner Seite und unterstützte die Unterdrückungspolitik seines Regierungschefs vorbehaltlos. Wie hatte ihm seine Mutter geschrieben? »Die Ungeheuer müssen vernichtet werden!« Das geschah nun, brutal und gnadenlos. Am Ende des Jahres stand fest, daß es Nikolaus – dank Stolypins tatkräftiger Hilfe – gelungen war, mit den Nachwehen der Revolution fertig zu werden. Von nun an beschloß er, auf Stärke zu setzen.
Stolypin, der sich aufgrund seiner drakonischen Maßnahmen rasch den Ruf eines »unbarmherzigen Henkers« erwarb, setzte sich erstaunlicherweise auch für die Gleichstellung der Bürgerrechte der jüdischen Untertanen des Zaren ein. Pogrome waren ihm verhaßt. Obwohl Nikolaus dem Judentum zeitlebens ablehnend gegenüberstehen sollte, ließ er sich von Stolypins Argumenten überzeugen und erklärte sich widerwillig bereit, den Status der Juden, aus deren Reihen so viele Sozialrevolutionäre stammten, erheblich zu verbessern. Mit wahrem Feuereifer stürzte sich Stolypin nun in sein Lieblingsprojekt, eine effektive Landreform, die Rußland wieder zu einem stabilen und prosperierenden Land machen sollte. Während die Terroristen noch am Galgen baumelten, arbeitete der unermüdliche Ministerpräsident schon an seinem Bodenreformprogramm.
Stolypins Erfolg hing wesentlich mit den hervorragenden Ernteerträgen zusammen, die in den fünf Jahren seiner Regierungszeit erzielt wurden und einzigartig in der Landwirtschaftsge-

schichte Rußlands sind. Überproduktion von Nahrungsmitteln ermöglichte eine effektive Budgetsanierung. Die Steuern konnten beträchtlich in die Höhe geschraubt werden. In den Jahren von 1906 bis 1911 war das krisengeschüttelte Rußland im Begriff, zum internationalen Wirtschaftsgiganten aufzusteigen. Das Riesenland wurde zunehmend erschlossen, das sich schnell ausdehnende Eisenbahnnetz, die erhebliche Verbesserung des Kommunikationssystems, die gewaltigen Kohle- und Erzvorkommen, die beträchtlich erhöhte Erdölproduktion und die florierende Papier- und Baumwollindustrie – all diese Faktoren machten das Zarenreich zu einem attraktiven Ziel für ausländische Investoren. Weltbekannte Firmen wie die Singer-Nähmaschinen-Company oder International Harvester errichteten Zweigstellen. Es bestand kein Zweifel, daß sich das gesamte Land im Aufschwung befand, und zwar nicht nur in politischer, wirtschaftlicher und finanzieller, sondern auch in kultureller Hinsicht.

Später sollte man vom sogenannten »Silbernen Zeitalter« sprechen. Es kam zu einer künstlerischen Revolution in den Bereichen Malerei, Architektur, Theaterleben, Musikleben und Literatur.

Pjotr Arkadjewitsch Stolypin, der mit übermenschlichem Elan daranging, sein noch zur Jahrhundertwende als rückständig geltendes, von einer verkrusteten, sich selbst längst überlebt habenden Gesellschaftsstruktur beherrschtes Heimatland zur modernen Großmacht umzufunktionieren, die den Westmächten allmählich den Rang abzulaufen schien, konnte schon nach kurzer Amtszeit bedeutende Veränderungen erreichen. Er ließ die Gehälter der Lehrer und Universitätsprofessoren beträchtlich anheben, das Entrichten von Schulgeld abschaffen und nicht zuletzt die Zensur abschaffen.

Wie kam es nun zur Einsetzung der zweiten Duma, die Nikolaus nur widerwillig zuließ? Ursprünglich hatte der Gossudar wohl vor, die Duma als Institution völlig abzuschaffen. Aber da war seine Unterschrift unter dem Oktobermanifest, seine unverzeihliche Sünde, wie der Zar bei sich dachte, jener ihm abgerungene erbärmliche Fetzen Papier, um es mit den Worten Alexandras zu sagen. Seine Zugeständnisse an das Volk, der von ihm so verachtete Westminster-Konstitutionalismus – Wittes Werk, wie er Stolypin aufgebracht sagte. Doch der Ministerpräsident bewies Standfestigkeit. Das Rad der Geschichte lasse sich nicht mehr zurückdrehen, erklärte er dem Zaren. Eine Abschaffung der Duma käme einem glatten Wortbruch gleich, argumentierte Stolypin. Indem er dieses Manifest zu unterzeichnen geruhte, hatte Nikolaus dem Volk von Rußland ein verbrieftes Versprechen gegeben. Er stand der ganzen Nation im Wort, betonte Stolypin. Nikolaus ließ sich – wenn auch zähneknirschend – umstimmen und befahl, auf schnellstem Wege neuerlich Wahlen für eine Volksvertretung in die Wege zu leiten. Im Februar 1907 war es dann soweit.

Die neue Duma hielt ihre Auftakttagung ab, die beinahe mit einer Katastrophe geendet hätte, als den Deputierten die Saaldecke auf den Kopf knallte. Dieses von Nikolaus als böses Omen gedeutete Ereignis warf einen düsteren Schatten auf die kommenden Sitzungen im Hohen Haus. Stolypin, der, nach seinen unverrückbaren Prinzipien handelnd, um die Wiedereinsetzung des Parlamentes gekämpft hatte, mußte sich bald eingestehen, daß er hier in einem Tollhaus saß. Der willensstarke Regierungschef wurde von allen Seiten attackiert. In dieser zweiten Duma nahmen die Linksparteien zweihundert Sitze ein. Sogar Abgeordnete der Sozialrevolutionäre, die das Wirken der ersten Duma bewußt ignoriert hatten, saßen nun auf den Deputiertenbänken. Die linke Parlamentsfraktion schien sich darauf eingeschworen zu haben, alle Maßnahmen der Regierung zu unterminieren, während der extrem rechte Flügel der Reaktionäre bestrebt war, die Duma bis zur Handlungsunfähigkeit zu diskreditieren, und die Ansicht vertrat, daß das Parlament früher oder später wieder aus der Welt geschafft werden müsse. Es gab keine richtigen, vernünftigen Debatten, sondern hitzige Schreiduelle, wüste Schlammschlachten, die die Duma in einen Hexenkessel verwandelten. Hier wurde intrigiert, denunziert, beleidigt und gestritten, beinahe jede Sitzung endete in einem völligen Chaos, einem Stimmengewirr voller Flüche, Androhungen und gegenseitiger Beschuldigungen.

Doch Stolypin, dessen Arbeitsleistung und moralisches Durchhaltevermögen außerordentlich waren, vermochte sich selbst in diesen heißen Sitzungen, inmitten der sich würdelose Rededuelle liefernden Parlamentarier, in dieser von ständigen Zwischenrufen und niederträchtigen Schmähungen vergifteten Atmosphäre, durchzusetzen. Der wortgewaltige Mann, der seine Ansprachen stets frei hielt, war schon eine imposante Erscheinung, als er hoch erhobenen Hauptes durch die Reihen der Abgeordneten schritt. Kerzengerade stand er hinter dem Rednerpult, meist mit hinter dem Rücken verschränkten Händen und offenem Gehrock, der einen Blick auf seine mächtige Brust mit der goldenen Uhrkette freigab, und donnerte den Vertretern der oppositionellen Linksfraktion mit Stentorstimme entgegen: »Sie brauchen große Erschütterungen – wir brauchen ein großes Rußland! Gebt dem Land fünfundzwanzig Jahre Ruhe im Inneren wie im Äußeren, und ihr werdet es nicht wiedererkennen!« Selbst seine ihn hassenden Gegner kamen nicht umhin, seinen überragenden Intellekt und seine eloquent-pointierte Wortwahl zu bewundern. Was sie natürlich nicht daran hinderte, ihn mit Buhrufen zu bedenken und seine Auftritte gelegentlich mit einem Pfeifkonzert zu untermalen. Einmal wäre es nach einer besonders heftig verlaufenen Debatte fast zu Handgreiflichkeiten gekommen. Pjotr Arkadjewitsch Stolypin erhob sich, beklagte das unwürdige Verhalten der gewählten Volksvertreter und bellte den Unruhestiftern mit großer Bestimmtheit entgegen: »Alle Ihre Angriffe zielen darauf ab, bei Regierung und Exekutive eine Lähmung des Willens und des Denkens herbeizuführen; alle diese Angriffe lassen sich in zwei Worte zusammenfassen, die Sie den Staatsbehörden zurufen: ›Hände hoch!‹ Meine Herren, auf diese Worte antwortet die Regierung im Vertrauen auf ihr Recht ganz ruhig ebenfalls mit zwei Worten: ›Keine Angst!‹«

Nikolaus II. war empört über die Abgeordneten, die es wagten, seine Regierung und seine Minister (und damit indirekt ihn selbst, wie er es empfand) solcherart mit Schmutz zu bewerfen. Geradezu fieberhaft suchte er nach einem Anlaß, diese zweite Duma ebenfalls rasch auflösen zu können. Der Zar ärgerte sich auch über eine Abordnung britischer Parlamentarier, die unvermutet ins Land gekommen waren, um Erfahrungen mit einigen liberalen russischen Kollegen auszutauschen. Obwohl ihm der englische König Edward VII. fast bedauernd mitteilte, daß man die im Namen der Freiheit unternommene Reise der wißbegierigen Mitglieder des englischen Unterhauses kaum hätte verhindern können, grollte der Herrscher aller Reußen den Briten, den Erfindern und Bannerträgern des Westminster-Konstitutionalismus.

Der Mann, der dem Zaren in den ersten Junitagen des Jahres 1907 unbewußt in die Hände spielte, indem er einen Akt törichter Niedertracht setzte, hieß Surabow. Dieser Abgeordnete machte die Armee, des Gossudaren treue Truppen, zum Ziel seiner Angriffe. Surabow, ein besonders leidenschaftlicher Redner und fanatischer Gegner Stolypins, der seine Wortmeldungen stets mit ordinären Kraftausdrücken zu würzen wußte, setzte nicht nur die Schlagkraft der russischen Streitkräfte herab, sondern bezeichnete die Armee als willfährige Unterdrückungsmaschine. Junge Rekruten würden dahingehend gedrillt, die waffenlosen zivilen Massen zu knechten und zu versklaven, schrie Surabow. Außer sich vor Wut, krönte der streitbare Parlamentarier seine Beleidigungsrede mit dem an Hochverrat grenzenden Aufruf an alle Truppenteile, offen zu rebellieren. »Steht auf und erhebt euch!« forderte Surabow lautstark. »Marschiert Seite an Seite mit dem Volk und stürzt die Regierung!« Als der Zar diese Rede zu lesen bekam, reagierte er begreiflicherweise zornig und aufgebracht. Er hatte endgültig genug von der zweiten Duma. Umgehend ließ er ein Manifest ausarbeiten, in welchem er die Duma bezichtigte, eine Verschwörung gegen ihn und den gesamten Staatsapparat anzetteln zu wollen. Stolypin gab dem Kaiser recht. Das Taurische Palais wurde von Truppen umstellt, die Duma aufgelöst. Allerdings wurden nicht alle sozialdemokratischen Aufwiegler à la Surabow dingfest gemacht. Lediglich dreißig wackere Sozialdemokraten zogen es vor, den Weg in die sibirische Verbannung anzutreten. Sie wurden also nicht zwangsdeportiert. Auch die Abgeordneten der äußersten Linken wurden nicht sang- und klanglos in den Kerker geworfen. Stolypins Repressionsregime beschränkte sich darauf, diese Politagitatoren von der Ochrana observieren zu lassen.

Die Auflösung der zweiten Duma führte vor allem innerhalb der linken Intelligenzija zu einem Schrei der Empörung. Maxim Gorki, der spätere Sturmvogel der russischen Revolution, dessen Ruf »Möge der Sturm losbrechen!« die marxistischen Historiker so gern zitierten, suchte den Kontakt mit Lenin und Trotzki, die sich damals im Schweizer beziehungsweise französischen Exil aufhielten. Doch nicht nur Gorki, der beschloß, sich zum Sprachrohr des neu entstandenen Stadtproletariats zu machen, wurde nun zum verschworenen Gegner und Erzfeind des Zarismus. Auch sein Schriftstellerkollege Dmitri Mereschkowski wurde zum überzeugten Terrorismusbefürworter, genau wie der Maler Ilja Repin, der den russischen Reichsrat als Stilleben verewigte, »still wie Karthago vor der Zerstörung«.

Im Oktober 1907 war die dritte Duma, von den Sozialrevolutionären abschätzig als »Herren-, Popen- und Lakaienduma« bezeichnet[40], bereits installiert. Dieses sehr konservative Parlament, dem auch fünfundvierzig orthodoxe Priester angehörten, war geradezu maßgeschneidert für Pjotr Arkadjewitsch Stolypin. Es sollte bis 1912 tagen.

Obwohl der Ministerpräsident auch in dieser Körperschaft seine Gegner hatte und sich zuweilen auf den sogenannten Artikel 87 berief – etwa als er das Gesetz der Landreform durchdrückte –, agierte die dritte Duma mehr oder weniger in seinem Sinne. Was besagte der Artikel 87? Er gestand dem Zaren das Recht zu, während der Parlamentsferien außerordentliche Notverordnungen zu veranlassen.

Ein prominenter Zeitzeuge, der britische Diplomat Sir Bernard Pares, zollte dem Wirken der dritten Duma in seinem Buch *The Fall of the Russian Monarchy* fast wehmütig Tribut, als er schrieb: »... Die Duma hatte die gesunde Frische einer Schule ... Man spürte, mit welcher Freude die Abgeordneten sich zur gemeinsamen Arbeit zum Wohle des Volkes zusammenfanden ... Wenigstens siebzig Personen, die den Kern der wichtigsten Ausschüsse bildeten, lernten einander und die Regierung bis ins einzelne kennen. Man konnte sehen, wie die politische Kompetenz von Tag zu Tag wuchs ...«[41] Schließlich zog sogar Nikolaus II. die Existenzberechtigung des dritten russischen Parlamentes nicht mehr in Zweifel. 1909 erklärte er Stolypin: »Man kann dieser Duma nicht vorwerfen, sie versuche die Macht zu ergreifen, und es besteht kein Anlaß zum Streit mit ihr!«[42]

Daß Stolypin auf Erfolgskurs war, wurde nicht nur von ausländischen Beobachtern registriert, auch der Zar faßte immer mehr Zutrauen zu seinem tatkräftigen geradlinigen Ministerpräsidenten. Es war verständlich, daß Stolypin, quasi in den Schuhen des Befreiungszaren Alexander II. stehend, unweigerlich Neid und Mißgunst erregte. Abgesehen von den Sozialrevolutionären, die ihm, von ihrer marxistischen Mordideologie durchdrungen, fortwährend nach dem Leben trachteten, und den Sozialdemokraten, die sein Ansehen untergraben wollten, brachte er im Laufe der Jahre auch die politisch rechts orientierte Seite des Hofes gegen sich auf. Da gab es Männer wie den Fürsten Orlow, der keine Gelegenheit ausließ, Stolypin zu denunzieren, und den absurden Vorwurf erhob, der Regierungschef sei in Wahrheit nichts anderes als ein getarnter Revolutionär, der mit der Duma paktiere, um das Gottesgnadentum des Zaren schlußendlich ganz abzuschaffen. Erstaunlicherweise stellte sich auch Graf Sergej Witte in den Dienst dieser ultrareaktionären Kräfte, die von einer Wiederauferstehung der absoluten Autokratie träumten, und intrigierte heftig gegen Stolypin. Leider muß man Witte unterstellen, daß es einzig und allein Neidmotive waren, die ihn, den überzeugten Liberalen, nun in die Arme der Reaktion trieben. Er mochte Stolypin nicht und konnte den Verlust seiner Machtposition nach wie vor nur schwer verkraften. Witte genoß immer noch die Protektion der Zarinwitwe, die jedoch nicht mehr viel für ihren Schützling tun konnte. Dennoch intervenierte sie manchmal zugunsten ihres Protegés, wie etwa 1908 bei einem Staatsbesuch des neuen dänischen Königspaares, als sie darauf bestand, den Grafen Witte beim Festdiner unmittelbar neben dem Tisch des Zaren zu plazieren. Widerwillig erfüllte Nikolaus den Wunsch der Mutter. Bei vorangegangenen offiziellen Visiten hochrangiger Gäste – dem Besuch des Schwedenkönigs Gustav Adolf, des Präsidenten der Republique Française, Fallieres, oder des Königs Edward VII. – hatte der Zar Witte allerdings bewußt desavouiert, indem er seine Präsenz einfach ignorierte. Jedenfalls waren es niedrige Beweggründe, die Witte dazu veranlaßten, im verborgenen gegen Stolypin zu intrigieren. Aber der Versuch, eine Disharmonie zwischen Nikolaus und seinem Ministerpräsidenten herzustellen, blieb vorerst wirkungslos. Trotzdem zeigte selbst dieser rastlose Mann langsam Ermüdungserscheinungen. Seine Stimmung wurde zunehmend gereizter, sein Temperament cholerischer. Er war es leid, durch diesen Intrigensumpf zu waten, und brachte auch immer weniger Verständnis für die endemische Unentschlossenheit seines Souveräns auf. Stolypin, ein Mann der Tat und spontaner Entscheidungen, konnte die oft wiederkehrenden fatalistischen Anwandlungen des Kaisers einfach nicht verstehen.

Mußte ein Mann wie Stolypin nicht früher oder später die Geduld mit seinem oftmals zaudernden, sich kampflos in ein offenbar vorherbestimmtes Schicksal ergebenden Monarchen verlieren? Als Nikolaus dem Energiebündel Stolypin, der abso-

lut nichts von Vorahnungen hielt, jede Art von Mystizismus ablehnte und immer vehement die Ansicht vertrat, daß jeder der Schmied seines eigenen Glücks oder Unglücks sei, so betont resignativ, ja fast depressiv begegnete, machte er gerade wieder eine schwere innerliche Krise durch. Der Gesundheitszustand des Thronfolgers war invariabel schlecht, Alexandra kapselte sich immer stärker von der Außenwelt ab und hoffte erneut auf ein Wunder nach dem anderen, es hatte wieder große Zwistigkeiten innerfamiliärer Natur gegeben, die Entfremdung zwischen dem der Familienidylle frönenden Kaiserpaar und seinen genußsüchtigen, den spartanischen Lebensstil des Zaren ablehnenden Verwandten war von Jahr zu Jahr größer geworden, und der Gossudar hatte im Jahr 1908 eine große außenpolitische Demütigung hinnehmen müssen, auf die wir noch detaillierter eingehen werden. Das Oberhaupt des Hauses Romanow hatte längst eingesehen, daß die kaiserliche Großfamilie kaum zu bändigen war. Nichts traf den Herrscher, der wie sein Vater Alexander III. der Ansicht war, daß der gesamte Romanow-Clan eine Vorbildfunktion zu erfüllen habe, schwerer als das unglaubliche Verhalten seines Bruders Michail. 1906 versetzte der Heißsporn Mischa der Dynastie einen besonderen Tiefschlag, als er sich in eine bürgerliche, zweimal geschiedene Frau verliebte und damit einen weiteren Skandal auslöste.
Es ist unbestritten, daß der Reputations- und Prestigeverlust, den das Kaiserhaus durch den allzu lockeren Lebenswandel der meisten seiner Repräsentanten in den Augen der Öffentlichkeit erlitt, der sogenannte Sittenverfall – manche Kritiker des Zarenregimes stellten Vergleiche mit dem alten Rom an –, das Ansehen der autokratischsten Monarchie der Welt schwächte und mit zu ihrem Untergang beitrug. Faktisch auf dem Totenbett liegend, erinnerte sich Nikolaus' Schwester, Großfürstin Olga, noch 1960 in ihrem kanadischen Exil an die Laszivität ihrer Verwandten und erzählte ihrem Biographen Ian Vorres voller Bitterkeit: »... In diesen kritischen Jahren lebten die Romanows, die doch die stärkste Stütze des Throns hätten sein sollen, nicht so, wie es der Tradition der Familie entsprach ... Nichts beweist dies besser als die verfahrenen Ehen der letzten Generation meiner Familie. Die ständigen Familienskandale mußten die Nation schockieren ... aber hat sich einer der Beteiligten um den Eindruck gekümmert, den er mit seinem Verhalten hervorrief?

Nein!«[43] Leider vergaß die Großfürstin dabei, daß sie selbst ebenfalls geschieden war. Auch ihre eigene Ehe mit Prinz Pjotr Alexandrowitsch von Oldenburg, einem Kindheitsfreund Nikolaus' und Hobbyliteraten, der seine homosexuellen Neigungen nie unterdrücken konnte, endete in einer Katastrophe. Scheidungsaffären und Skandale waren also überhaupt das Kardinalübel innerhalb des riesigen Romanow-Clans.

Im Zuge der Annektierung der Provinzen Bosnien und Herzegowina durch Österreich-Ungarn mußte der Zar eine ungewöhnlich harte außenpolitische Demütigung in Kauf nehmen, die zu den Präludien des Weltkrieges gehörte und eine internationale Krise auslöste. Hauptverursacher der Bosnienkrise, welche bis Mitte 1909 andauern sollte, waren zwei sehr unterschiedliche Männer: der russische Außenminister Alexander Petrowitsch Iswolski und sein österreichischer Amtskollege Alois Baron von Aehrenthal. Iswolski, seit 1906 in Stolypins Kabinett, war ein klassischer Säbelrassler, der die russische Niederlage im Krieg mit Japan niemals verdauen konnte. In seinem Bestreben, die militärische Großmachtstellung Rußlands wiederherzustellen, schielte Iswolski gierig auf die Dardanellen. Er griff die ehrgeizigen, aber illusorischen Pläne, dem Sultan die Meerenge samt der Stadt Konstantinopel gewaltsam zu entreißen, die manche Generalstäbler schon in der Regierungszeit Alexanders III. entworfen hatten – um auf strikte Ablehnung des Friedenszaren und auch seines Nachfolgers Nikolaus zu stoßen, wie wir erläuterten – wieder auf. Wiederholt plädierte der ruhmsüchtige Karrierediplomat dafür, das morbide wirkende Osmanische Reich ohne Kriegserklärung zu überfallen. Beim Zaren stieß er sofort auf taube Ohren. Auch Stolypin bremste den Außenminister, indem er ihm unmißverständlich klarmachte, daß sich Rußland zum gegenwärtigen Zeitpunkt keinerlei militärische Abenteuer leisten könne. Rußland mußte endgültig stabilisiert werden und seine alte Stärke wiedererlangen. Erst nach Eintreten dieser Konstellation könne man vielleicht an ein energisches Vorgehen gegenüber der Türkei denken, meinte Stolypin.

Alexander Petrowitsch Iswolski ließ trotzdem nicht von seinem großen Vorhaben ab. Er war bereit, fast alles zu tun, um der russischen Marine die freie Fahrt durch die Dardanellen zu ermöglichen.

Der weltweit anerkannte britische Historiker Colonel Gordon Brook-Shepherd beschreibt den Aufsteiger Iswolski in seinem brillanten Buch *Die Opfer von Sarajevo.* Dort wird Alexander Petrowitsch Iswolski als ein Mann von »bescheidener Herkunft, außerordentlicher Häßlichkeit und überwältigendem Ehrgeiz« bezeichnet, »wobei die dritte Eigenschaft stark genug entwickelt war, um die anderen beiden zu kompensieren«. Über die politischen Wunschträume Iswolskis schreibt Brook-Shepherd:

> ... Sein politischer Ehrgeiz war ... in Europa das Prestige seines Landes zurückzugewinnen, das ... im Fernen Osten durch seine katastrophale Niederlage im Krieg mit Japan von 1904 bis 1905 verlorengegangen war. Das bedeutete in erster Linie eines: Kontrolle der Dardanellen und damit ungehinderten Zugang für russische Kriegsschiffe vom Schwarzen Meer zum Mittelmeer. England und Frankreich, die beiden traditionellen Gegner dieser historischen Zielsetzung, waren freilich jetzt Rußlands Partner. Nunmehr war die Reihe an Österreich, sich querzustellen, aber seine Interessen lagen vorzugsweise auf dem Land, nicht auf See ...[44]

In Verfolgung dieser Politik traf sich Alexander Iswolski am 15. September 1908 heimlich auf Schloß Buchlau in Mähren mit seinem österreichischen Amtskollegen Freiherr von Aehrenthal. Aehrenthal, ein großer breitschultriger Mann, dessen extreme Kurzsichtigkeit schon fast an Blindheit grenzte, ein unberechenbarer Politiker mit meist halbgeschlossenen Augenlidern und müdem Gesichtsausdruck[45], der ehemals Botschafter in Petersburg gewesen war, und der wesentlich kleinere, gedrungene, ständig mit den Händen herumfuchtelnde, nervöse Kalmücke Iswolski schlossen auf dem mährischen Schloß ein Privatabkommen. Als Gegenleistung für die österreichische Unterstützung der russischen Forderung an die Türkei, die Dardanellen für die Durchfahrt russischer Kriegsschiffe zu öffnen, war Iswolski bereit, nichts zu unternehmen, wenn Österreich-Ungarn die Balkanprovinzen Bosnien und Herzegowina annektierte. Mit diesem Geheimpakt verletzten die beiden politischen Abenteurer Verträge, die von allen Großmächten unterzeichnet worden waren. Nach Iswolskis späterer Aussage vereinbarten sie daher, beide Schritte gleichzeitig zu setzen, um

Europa vor vollendete Tatsachen zu stellen. Ein Datum wurde nicht bestimmt. Aehrenthal erwies sich als viel gewiefter als sein karrieresüchtiger russischer Kollege. In aller Schnelligkeit ließ der Österreicher die Annexion vorbereiten. Er dachte gar nicht daran, simultan mit Iswolski aktiv zu werden.

Am 7. Oktober 1908 proklamierte Kaiser Franz Joseph I. von Österreich-Ungarn völlig unerwartet die Annexion von Bosnien und der Herzegowina. Nahezu alle europäischen Staatsmänner waren verblüfft und verärgert, als die Donaumonarchie auf diese Weise auftrumpfte. Am überraschtesten und empörtesten reagierte Iswolski, der eine gemächliche Rundreise durch Deutschland, Italien und Frankreich gemacht hatte und gerade in Paris eintraf, als ihn diese Nachricht ereilte. Der Mann, der keine Minute lang gezögert hatte, das verbündete Bosnien zu hintergehen, stand nun plötzlich als großer Verlierer da. Rußland befand sich im Hintertreffen, war nicht in der Lage, den Sultan ultimativ aufzufordern, ihm die Fahrt durch die begehrte Meerenge zu gestatten. Während die österreichisch-ungarische Doppelmonarchie zwei neue Provinzen eingeheimst hatte, war es Iswolski nicht gelungen, irgendeinen Vorteil aus den Buchlauer Geheimgesprächen zu ziehen. Wie sollte er seinem Zaren gegenübertreten? Verzweifelt fuhr er im Eiltempo nach London, um dort die russischen Ansprüche auf die Dardanellen anzumelden und sein ehrgeiziges Vorhaben – gewissermaßen zeitverschoben und mit Rückendeckung der Regierung Seiner Majestät König Edward VII. – vielleicht doch noch in die Tat umsetzen zu können. Der Außenminister bemühte sich umsonst. Großbritannien zeigte keinerlei Bereitschaft, die russischen Forderungen zu unterstützen.

Die Bosnienkrise sollte die europäische Politik sechs Monate lang in Atem halten. Die Gefahr eines großen Krieges lag in der Luft. Aber es war nicht das seiner Provinzen beraubte Osmanische Reich, das, wie man vielleicht hätte annehmen können, seine Truppen mobilisierte, sondern das kleine Serbien. Serbien hatte schon lange von einem slawischen Königreich auf dem Balkan geträumt und sah nun all seine Hoffnungen zunichte gemacht. Gleichzeitig mit seiner Generalmobilmachung erbat Serbien die unentbehrliche Schützenhilfe des russischen Zaren. Nikolaus II. ordnete daraufhin eine Truppenkonzentration an der Grenze zu Österreich-Ungarn an. Im Februar des Jahres

1909 hatte die Krise ihren Siedepunkt erreicht. Das Fürstentum Montenegro machte mobil, während der Generalstabschef Österreich-Ungarns, General Franz Graf Conrad von Hötzendorf, der oberste Falke des Habsburgerreiches[46], nur darauf brannte, Serbien endlich in einem Präventivkrieg niederzuwerfen – eine Idee, für die er schon seit Jahren vehement eintrat. Doch sowohl der alte Kaiser Franz Joseph I. wie sein Thronfolger Erzherzog Franz Ferdinand wußten den tatendurstigen Generalstabschef zu bremsen. Trotzdem schlug Serbien weiter die Kriegstrommel. Die Lage blieb also gespannt. Es war klar, daß Serbien verzweifelt hoffte, der Zar würde als überzeugter Panslawist an seiner Seite gegen das verhaßte Österreich kämpfen. War Nikolaus II. wirklich bereit, quasi als Schirmherr Serbiens das Schwert zu ziehen? Wohl kaum. Denn inzwischen hatte Kaiser Wilhelm II. zugunsten seines Bündnispartners Österreich-Ungarn interveniert. Wie immer versuchte der deutsche Kaiser sich in Heldenpositur zu bringen und sprach mit der für ihn typischen Theatralik davon, daß er wie »ein Ritter in schimmernder Wehr« an die Seite seines Verbündeten getreten sei. Die in Petersburg eingehende Depesche der deutschen Reichsregierung war allerdings klar und unmißverständlich. Kaiser Wilhelm ließ anfragen, ob Rußland zu einem Rückzieher bereit sei.

Im Interesse der Wahrung der Stabilität auf dem Balkan bliebe Rußland gar keine andere Wahl, als das Fait accompli zu akzeptieren, Serbien zur sofortigen Demobilisierung zu veranlassen und die österreichische Annexion der Provinzen Bosnien und Herzegowina hinzunehmen, verlautbarte die deutsche Reichsregierung weiter. Dann wurde der Ton schärfer: »Wir erwarten eine klare Antwort, ja oder nein. Jede verschwommene oder zweideutige Antwort wird als Ablehnung ausgelegt werden!« Deutschland setzte Rußland also mehr oder weniger die Pistole auf die Brust. Der Zar mußte klein beigeben, denn Rußland war für einen Krieg mit dem deutschen Kaiserreich und der Donaumonarchie einfach nicht gerüstet. Der Gossudar brachte die Sache auf den Punkt, indem er äußerte: »Wenn wir nicht angegriffen werden, greifen wir natürlich auch nicht an!« Nach dieser spektakulären Demütigung, als Rußland gezwungen worden war, sich aus »scheinbar unerfindlichen Gründen dem Diktat einer fremden Macht zu beugen«, wie der britische Botschafter

später schreiben sollte, beschlossen der Zar und die Generalität, für den Fall der Fälle vorzubeugen. Von Ende 1909 an hatte der Oberbefehlshaber des Militärbezirks von Kiew Befehl, seine Truppen innerhalb von achtundvierzig Stunden für die Zurückweisung eines Angriffs von Westen mobilisieren zu können.
Auf deutschen Vorschlag hin forderte Österreich-Ungarn nun alle Großmächte auf, die Annexion zu sanktionieren. Um eine Versöhnungsgeste zu setzen, wurde Rußland als erste Weltmacht um seine Zustimmung gebeten. Mißgestimmt und lustlos gab der Zar, der sich von Deutschland erpreßt fühlte, daraufhin sein Placet. Eindringlich warnte St. Petersburg Serbien davor, auf einen bewaffneten Konflikt mit Österreich-Ungarn hinzuarbeiten. Allein die kriegslüsternen Serben schwankten immer noch. Doch als General Conrad am 29. März 1909 fünf der insgesamt fünfzehn Armeekorps der Donaumonarchie auf volle Einsatzbereitschaft brachte und neuerlich auf einen baldigen Ausbruch der Feindseligkeiten hoffte, lenkte endlich auch Serbien ein. Zwei Tage später erfolgte die Demobilisierung, und Serbien gab ein offizielles Regierungsstatement heraus, in welchem zu lesen war: Unter Befolgung des Rates der Großmächte verzichtet Serbien auf seine Protesthaltung und seinen Widerstand, den es seit letztem Herbst hinsichtlich der Annexion gezeigt hat.
Europa atmete hörbar auf, aber der Balkan blieb ein schwelender Brandherd. Serbien lauerte auf Revanche, und Rußland ging noch deutlicher auf Distanz zu Deutschland. Iswolski wurde seines Amtes enthoben und als Botschafter in die Seine-Metropole geschickt. In Paris tat er alles in seiner Macht Stehende, um Österreichs Ansehen zu schaden. Jahrelang betrieb er eine Hetzkampagne schon fast grotesken Ausmaßes. Er bemühte sich jedoch auch nach Kräften, das franko-russische Bündnis zu intensivieren und so unkündbar wie möglich zu machen. Die große Stunde dieses rachsüchtigen Mannes mit den weißen Gamaschen sollte 1914 schlagen. Als sich die feindlichen Mächte gegenseitig den Krieg erklärten, rief er freudestrahlend: »C'est ma guerre! C'est ma guerre!«
Das Jahr 1909 hatte es also in sich. Auch für Lenin und die marxistischen Umsturztheoretiker im Ausland. Gegen Ende dieses Jahres durchlebte der künftige Führer der Weltrevolution eine besonders schlimme Zeit. Als die Stolypinschen Reformen

immer mehr an Profil gewannen, verfiel der erfolglose Anwalt und Gutsbesitzer von einst in eine tiefe Depression. Wiederholt beklagte Lenin, daß im Rußland dieser Tage leider keine revolutionäre Lage mehr bestünde. Deprimiert saß der Emigrant in einer Züricher Bibliothek und studierte mit finsterer Miene Statistiken, die den Erfolg der Stolypinschen Landreform eindrucksvoll dokumentierten. Gelegentlich zweifelte nun selbst dieser Mann an der Sinnhaftigkeit seines Daseins. Die Partei, ein Wort, das er so gerne in den Mund nahm, schien allen Elan verloren zu haben. Die Genossen waren müde geworden. Würde die Weltrevolution niemals stattfinden? Wann endlich würde der Sturm losbrechen? Wofür hatte er all die Jahre gearbeitet? fragte sich Lenin. Sein Haß hielt ihn am Leben.
Er war nicht bereit, dem Beispiel vieler namenloser enttäuschter Marxisten zu folgen, die sich für den Freitod entschieden hatten. Allerdings hatte auch das prominente Ehepaar Lafargue diesen Weg gewählt. Laura Lafargue, eine der drei Töchter von Karl Marx, und ihr Mann Paul verübten 1909 Doppelselbstmord – offenbar hauptsächlich aus Verzweiflung darüber, daß die Weltrevolution vielleicht doch zum Scheitern verdammt war und immer eine Utopie bleiben würde. Nach Lenins Worten hatten die Lafargues der Wahrheit ins Auge gesehen und waren gestorben, weil sie der Partei nicht mehr ihre ganze Arbeitskraft widmen konnten. Der parteiinterne Doppelselbstmord vermochte den gefühlskalten Mann jedoch nicht im geringsten zu beeindrucken. Lenin betrachtete ihn vielmehr als Ansporn, quasi als letzter großer Bannerträger der marxistischen Ideologie, seinen Kampf gegen das kapitalistische Ausbeutersystem seiner Heimat (und der Welt!) fortzusetzen.
Von Trotzki erfuhr er, daß Stolypin Rasputin, einen Mann, dessen Lotterleben und Nahverhältnis zum russischen Kaiserhaus in Emigrantenkreisen, wie natürlich vor allem in Rußland, bereits damals für Aufregung und Gesprächsstoff sorgte, aus St. Petersburg ausgewiesen hatte. Trotzki bedauerte dies, denn wie er sagte, war Rasputin für die im Ausland sitzenden, den Umsturz planenden Weltrevolutionäre mehr wert als eine ganze Armee. Der sibirische Muschik, der sich mittlerweile das Vertrauen der Imperatorenfamilie erschlichen und insbesondere die Zarin von seiner Heiligkeit und Wunderkraft zu überzeugen vermocht hatte, war vielleicht Stolypins härtester, merkwürdigster

und seltsamerweise auch mächtigster Feind. Wie wir bald erfahren werden, fiel der unerklärliche Aufstieg des ungehobelten ehemaligen Fuhrmannes Rasputin zum unentbehrlichen Berater der Zarin fast exakt mit der Länge von Stolypins Amtsperiode zusammen. Ende 1909 war sich Pjotr Arkadjewitsch Stolypin voll und ganz bewußt, daß er sich den Unmut der Zarin zugezogen hatte, und sprach schon von Rücktritt. Nikolaus antwortete ihm kurz angebunden, daß er diese Möglichkeit nicht in Betracht ziehe, da es sein Wunsch sei, den Ministerpräsidenten weiter im Amt zu sehen. Stolypin fügte sich, aber er wunderte sich einmal mehr über den wankelmütigen Charakter des Zaren, der vor geraumer Zeit einen seiner Gesetzesentwürfe aus für ihn völlig unerfindlichen Gründen zurückgewiesen hatte.
War es eine innere Stimme, so fragte sich Stolypin, die Alexandra dazu veranlaßt hatte, auf den betrügerischen Starez Rasputin hereinzufallen und ihn, Stolypin, mit ihrem Haß zu verfolgen? Es ist jetzt an der Zeit, uns ausführlicher mit Rasputin zu beschäftigen. Wie kam dieser dubiose Mann an den prächtigsten Hof Europas? Was hielt der Zar von ihm?
Es gibt unzählige Versionen, die – zumeist voneinander divergierend – davon berichten, wie und warum Grigori, »Grischka« Rasputin dem Kaiserpaar vorgestellt wurde.
Wir wollen nun (und auch im nächsten Kapitel) versuchen, den Mythenschleier, welcher diesen diabolischen Mann bis zum heutigen Tag umgibt, ein wenig zu lüften. Dazu ist es allerdings notwendig, sich zuerst kurz mit den Personen zu befassen, die seinen Aufstieg ermöglichten. Die Prinzessinnen Miliza und Stana, ihre Ehemänner, Großfürst Pjotr und Nikolaj »Nikolascha« Nikolajewitsch, haben wir bereits kennengelernt. Eine sehr zentrale Rolle im Rasputin-Drama spielte sicherlich auch Anna Wyrubowa.
Die geborene Anna Tanejewa kam 1884 zur Welt. Ihr Vater Alexander Sergejewitsch Tanejewa war ein relativ einflußreicher Mann. Er bekleidete drei Ämter, das des Oberverwalters der kaiserlichen Kanzlei, das des Oberhofmarschalls und das des Staatssekretärs, wie es schon sein Vater und sein Großvater vor ihm getan hatten. Außerdem war Tanejewa ein begabter Komponist, der gerne Soireen gab. Auf diesen Soireen traf sich die Prominenz aus Politik, Kunst und Kultur. Anna wuchs also in sehr geordneten, fast mondänen Verhältnissen auf. Das zwei-

felsohne berühmteste Mitglied dieses hochangesehenen Geschlechtes war Annas Urgroßvater, der berühmte Korsenbezwinger Feldmarschall Kutusow.
Die siebzehn Jahre alte Anna lernte die Gossudarin 1901 kennen. Sie wurde nach Zarskoje Selo eingeladen und eroberte rasch das Herz der schüchternen und vereinsamten Herrscherin aller Reußen. Sie entdeckten ihre gemeinsame Vorliebe für Musik, spielten Klavier und sangen im Duett, Alexandra mit Alt-, Tanja mit Sopranstimme. Es ist unbestritten, daß die Zuneigung, die Anna für die Zarin empfand, auf Gegenseitigkeit beruhte und echt und aufrichtig war. Nach der Geburt des Zarewitsch und der Entdeckung seiner furchtbaren Krankheit flüchtete sich die Gossudarin, wie wir hörten, ganz in die Arme der Religion. Irgendwann erzählte ihr Anna, wie sie als Kind, an Typhus erkrankt, von der Medizin bereits aufgegeben und auf den Tod wartend, nur durch die Gebete des heiligen Johannes von Kronstadt auf wundersame Weise gerettet worden sei. Alexandra horchte auf. Wunder! Es gab sie also doch. Anna war der lebende Beweis dafür, daß sie sich wirklich zutrugen – wenn man nur innig genug darum betete. Immer stärker wurde ihre Gewißheit: Früher oder später würde ein Mann Gottes auftauchen, der ihren geliebten Sohn, ihr Baby, ihren kleinen Mann, »Sonnenschein Alexej« durch ein Wunder von seiner schrecklichen Krankheit, über die offiziell Stillschweigen bewahrt werden mußte, heilte. Das Verhältnis zu Tanja wurde von Jahr zu Jahr herzlicher. Manchen Höflingen schien es bereits zu intim zu sein. In jener Zeit sagte man der Zarin eine Affäre mit dem schon erwähnten General Orlow nach. Sie beschloß, zwei Fliegen mit einer Klappe zu schlagen, indem sie eine Ehe zwischen Tanja und Orlow arrangierte.
Doch dieser weigerte sich. Anna erschien dem Schönling, der bald darauf auf einer Auslandsreise sterben sollte, zu unelegant. Die meisten Zeitzeugen bestätigen diese Unattraktivität. Witte sprach in seinen Memoiren von einer häßlichen, wie ein aufgegangenes Teigstück aussehenden Anna.[47] Tatjana Botkin, die sie nicht leiden konnte, behielt die beste Freundin der Zarin als rotwangiges, molliges Wesen[48] in Erinnerung. Aber es gab auch andere Stimmen, etwa jene einer Frau Jurenewa, die Anna vollkommen anders beschrieb: »... Sie war eine russische Schönheit: aschblondes Haar, riesige blaue Augen, üppige Figur ...«[49]

1907 heiratete Anna unerwartet den Flottenoffizier Boris Wyrubow, einen Überlebenden der Vernichtungsseeschlacht von Tsushima. Alexandra nannte Tanja bereits Töchterchen und unser großes Baby. Wenn wir den Aufzeichnungen Graf Wittes (der allerdings beide, Alexandra und Anna, nicht ausstehen konnte) Glauben schenken wollen, so heulte die arme Kaiserin am Hochzeitstag ihrer Freundin wie eine Moskauer Kaufmannsfrau, die ihre einzige Tochter verloren hatte.
Dennoch fungierten Gossudar und Gossudarin als allerhöchste Trauzeugen. Die Beziehung zwischen Wyrubow und Anna sollte sich allerdings als totales Fiasko erweisen und schon nach wenigen Monaten zu Ende sein. Wyrubow stellte sich als impotent heraus, der eheliche Geschlechtsverkehr wurde nie vollzogen. War Wyrubow infolge eines Schocks, den er bei der Versenkung seines Schiffes in Tsushima erlitten hatte, nicht in der Lage, eine Frau körperlich zu lieben und glücklich zu machen? Jedenfalls beschloß Anna Wyrubowa, fortan nur noch für die Zarenfamilie zu leben. Alexandra tröstete die Freundin und wies ihr ein kleines Häuschen in der Nähe des Alexanderpalastes zu. Anna lebte nun in unmittelbarer Nähe der Zarenfamilie und fand sich fast täglich im kaiserlichen Schloß ein. Auch Gegenbesuche fanden statt. Anna machte die alljährlichen, jeweils zwei Wochen dauernden Kreuzfahrten auf der *Standart* durch die finnischen Schären mit und betete ihre allerhöchste Gönnerin geradezu an. Der Zar begegnete ihr freundlich und schien die im Grunde ihres Herzens naive, weitgehend ehrgeizlose junge Frau zu mögen.
Allein Anna Wyrubowa liebte nicht nur die Zarin, sie stand auch völlig im Bannkreis Rasputins, der seit 1906 in der Gorochowaja-Straße wohnte und seine merkwürdigen Aktivitäten bereits in den Anfangsmonaten dieses Jahres, als er beschloß, seine Zelte in St. Petersburg aufzuschlagen, zu entfalten begann. Anna bewunderte den Starez, der ihr das Scheitern ihrer Ehe vorausgesagt hatte, grenzenlos. Vielleicht fühlte sie sich, wie so viele andere Frauen auch, von der wilden animalischen Urkraft und Männlichkeit, die von dem Sibirier ausging, angezogen. Es kam jedoch nie zu einem Sexualkontakt. Wie ihre Kaiserin hielt Anna Wyrubowa Rasputin für einen Heiligen. Obwohl sie ihn in späterer Zeit täglich anrufen sollte, als lebendes Bindeglied zwischen der Zarin und ihm fungierte, ihn gegen alle Vorwürfe

verteidigte und diese als haltlose Verleumdungen zurückwies, war sie nicht diejenige gewesen, die ihn bei Hofe eingeführt hatte. Auch Stana und Miliza hatten nicht aus Eigeninitiative gehandelt. Rasputin war in der Lage, ausgezeichnete Referenzen vorzuweisen. Mitte 1905 war es ihm gelungen, den ehrwürdigen Archimandriten Feofan, den Rektor der Theologischen Akademie St. Petersburg, von seiner Heiligkeit zu überzeugen. Wie Johann von Kronstadt zwei Jahre vor ihm, segnete Vater Feofan den mysteriösen, schmutzstarrenden Mann mit den hypnotischen Augen und stellte ihn einem anderen einflußreichen Kirchenfürsten, Erzbischof Hermogen von Saratow, vor, der sich gleichfalls blenden ließ und in ihm einen echten Starez und von Gott gesegneten Meisterprediger erblickte. Miliza und Stana arrangierten die erste Begegnung Rasputins mit dem Kaiserpaar. Ein Jahr später war die Zarin bereits überzeugt davon, daß der Mann aus Tobolsk der wieder auferstandene Serafim, »Serafim reviduus«, sei, der ihr von Gott geschickte Retter ihres Sohnes. Erstaunlich schnell war es dem Wundermann aus dem fernen Sibirien gelungen, sich eine Vertrauensposition bei seiner Kaiserin zu erschleichen. Nach Bauernart nannte er Nikolaus nicht Majestät, sondern Batjuschka. Er war für ihn der Vater der russischen Erde, während Alexandra Matuschka, seine Herzensmama, das Mütterchen Rußlands war. Der halbgebildete Mann mit den unglaublichen Eßmanieren und Hygienegewohnheiten trat dem Kaiserpaar zwar durchaus respektvoll, aber niemals unterwürfig entgegen. Er zögerte nicht, in Gegenwart seiner Herrscher peinlich anmutende Lachanfälle zu erleiden, wetterte ungeniert gegen die gottlosen Politiker, die den Zaren vom tiefgläubigen einfachen Volk fernhielten, zitierte ständig die Bibel und sprach von seinen Visionen, davon, daß er die Gottesmutter und sogar den Schöpfer selbst geschaut habe. Die Zarin hielt seine mündlichen Belehrungen in einem dunkelblauen Heft fest, das sie wie einen Schatz hütete.
Bei seinen ab Mitte 1906 häufiger werdenden Besuchen in Zarskoje Selo brachte Rasputin dem Herrscherpaar stets Ikonen und geweihtes Brot mit. Die Zarenkinder liebten vor allem seine Erzählungen, die er mit ruhiger, tiefer, eindringlich-beschwörender Stimme zum besten gab.
Während der Zar von allem Anfang nur einen russischen Bauern in Rasputin sah, stellte er für Alexandra das historische Tri-

umvirat Zar – Kirche – Volk dar. Was Rasputin aber letztendlich wirklich den Zugang zum Zarenpalais verschaffte, war unbestreitbar die Bluterkrankheit von Zarewitsch Alexej. Viele Zeitzeugen bestätigten, daß er – auf welche Weise auch immer, die wahrscheinlichsten Theorien verweisen auf seine ungeheuren hypnotischen Fähigkeiten – imstande war, die Schmerzen des Thronfolgers zu lindern.

Nach Aussage von Alexejs letztem Kindermädchen Alexandra Teglewa hatte Rasputin der Zarin versichert: »Solange ich lebe, wird auch der Zarewitsch am Leben bleiben!« Brachte Rasputin die Blutungen des Thronfolgers also wirklich durch Anwendung von Hypnose zum Stillstand? Seine Tochter Maria, die in den dreißiger Jahren, aus dem Namen ihres Vaters Kapital schlagend, als Löwenbändigerin durch die Jahrmärkte Europas und Amerikas tingelte und sich später in Los Angeles niederließ, bestätigte diese These in ihrem Buch *My Father:*

> ... Die Macht, die Nervenkraft, die von den Augen meines Vaters ausgingen, von seinen außergewöhnlich langen und schönen Händen, von seinem ganz von Willenskraft getränkten Wesen, von seinem auf ein einziges Verlangen konzentrierten Denken ... (wurden) auf das Kind übertragen ... und galvanisierten es ... Das Nervensystem des Kindes reagierte zunächst auf den Strom an Emotion, dann auf die übertragene Kraft des Selbstvertrauens, die Hülle der Blutgefäße zog sich zusammen, die Blutung hörte auf ...[50]

Nikolaus' Schwester, Großfürstin Olga, wurde nur ein einziges Mal Zeuge der unerklärlichen Kräfte Rasputins. Ihrem Biographen schilderte sie den Vorfall so: »... Das arme Kind litt Schmerzen, es hatte dunkle Stellen unter den Augen, der kleine Körper war ganz verkrampft und das Bein schrecklich geschwollen. Die Ärzte waren ... machtlos ... Alicky schickte dann ein Telegramm an Rasputin in St. Petersburg. Er traf um Mitternacht oder gar noch später im Schloß ein ... Früh am Morgen rief mich Alicky in Alexis' Zimmer. Ich traute meinen Augen nicht. Der kleine Junge war nicht nur am Leben – es ging ihm gut. Er saß im Bett, ohne Fieber, mit klaren, hellen Augen, und keine Spur von einer Schwellung am Bein. Später erfuhr ich von Alicky, daß Rasputin das Kind nicht einmal berührt,

sondern nur am Fußende des Bettes gestanden und gebetet hatte ...«[51]
Seine Kritiker haben Vater Grigori, dem Mann Gottes, später immer wieder unterstellt, er sei stets erst zu dem Zeitpunkt im Palast erschienen, da die jeweilige Krise des Zarewitsch schon ihren Höhepunkt überschritten hatte. Dann habe er die unvermeidliche Besserung des Gesundheitszustandes des kranken Thronfolgers als seinen eigenen, durch die Kraft seiner Gebete herbeigeführten Erfolg gefeiert. Auch Tatjana Botkin nahm, sich auf das Medizinerurteil ihres Vaters berufend, noch 1979 diesen Standpunkt ein.[52] All diese Theorien lassen sich weder eindeutig widerlegen, noch kann man sie als völlig haltlos abqualifizieren. Tatsache ist, daß Rasputins erstaunliche Behandlungsmethoden wiederholt Wirkung gezeigt haben. Entscheidend aber war, daß die Zarin mit aller Inbrunst daran glaubte, daß Vater Grigori, der täglich mit Gott sprach, ihrem Alexej immer wieder das Leben rettete. Seine Gebete waren es, die die Blutungen zum Stillstand brachten, seine Heiligkeit war der Grund dafür, daß das leidgeprüfte Kind Krise um Krise überstand und zumindest zeitweise ein halbwegs normales Leben führen konnte. Nikolaus ließ Alexandra in diesem Glauben, obwohl er selbst keineswegs im Banne Rasputins zu stehen schien. Er wollte seine labile Gattin nicht dieser für sie fast zur Lebensnotwendigkeit gewordenen Illusion berauben. Alexandra brauchte den Gottesmann, also duldete er ihn am Hofe. Im wesentlichen aber blieb Rasputin für ihn ein urwüchsiger sibirischer Bauer, ein Repräsentant des echten, unverfälschten einfachen Volkes, der von einer göttlichen Mission durchdrungen zu sein schien. Zu seinen Wunderkräften, den unerklärlichen Heilerfolgen, die sicherlich auch ihn verblüfften, hat sich der Zar niemals geäußert.
Während sich Rasputin der Zarenfamilie als treu ergebener Untertan und heiligmäßiger Mönch präsentierte, zeigte er der Gesellschaft von St. Petersburg eine ganz andere Seite seines unergründlichen Charakters. Hier profilierte er sich vor allem als Trunkenbold gigantischen Ausmaßes und unverbesserlicher Weiberheld, als Sklave seines schier unersättlichen Sexualtriebes. Wie der monarchistische Duma-Abgeordnete Basil Schulgin nach dem Untergang des Imperiums schreiben sollte, war Rasputin ein doppelköpfiges Wesen, eine wahre Janusfigur: In den

Nobelhotels der Hauptstadt legte Rasputin jedenfalls gelegentlich das Benehmen eines sexuellen Psychopathen an den Tag, wie man dem Polizeiprotokoll entnehmen konnte. Sinnlos betrunken tanzte er altrussische Tänze, faßte Frauen ungeniert an den Busen, entblößte sein Geschlechtsorgan und verteilte grölend schmierige Zettel, die eines seiner Hauptcredos verkündeten: Liebet einander uneigennützig! Seine Exzesse wurden schnell publik. Immer mehr Leute begannen, sich über den nach Herzenslust seinen Ausschweifungsorgien frönenden, ein Zechgelage nach dem anderen veranstaltenden Muschik zu empören. Innerhalb von wenigen Jahren hatte Rasputin das Kunststück zuwege gebracht, fast ganz Petersburg gegen sich aufzubringen. Was war das für ein Mann, der sich die Nächte um die Ohren schlug, in Raufhändel verwickelt war, Frauen jedes Standes belästigte, sogar vor Vergewaltigungen nicht zurückschreckte und trotzdem das Vertrauen der Zarin genoß? Handelte so ein Starez (Starez = Eremitenmeister), der doch, der Tradition gemäß, dem weltlichen Dasein entsagen, ein asketisches Leben führen und in Lumpen gehüllt durch die Lande ziehen sollte?
Rasputins Anhänger unterwarfen sich ihm zwar auch in jeder Hinsicht, aber verkehrte der ausschweifende Wüstling die Berufung eines Starez nicht ins exakte Gegenteil? War er denn in Wirklichkeit gar kein richtiger Starez, sondern vielmehr ein von der Wollust gezeichneter Scharlatan? Diese Fragen wurden bald allerorts gestellt. Unbeeindruckt von dem Aufruhr, den seine öffentlichen Skandale hervorriefen, lebte Rasputin weiter nach seinen eigenen Regeln und Gesetzen.
Die Zarin weigerte sich, diesen abscheulichen Gerüchten, die natürlich auch bis zu ihr vordrangen, Glauben und Gehör zu schenken. »Heilige werden stets verleumdet! Auch Christus hat Frauen geküßt!« meinte sie lapidar. Immer mehr seiner ehemaligen Gönner begannen sich entrüstet von Rasputin abzuwenden. Großfürst Nikolaj Nikolajewitsch verfluchte den Tag, an dem er ihm zum erstenmal begegnet war.
Rasputin predigte, daß nur der, der alle Verlockungen der Sünde in- und auswendig kenne, das ewige Heil erlangen könne. Die sich ihm hingebenden Frauen sahen in dem ungehobelten Urmenschen, dessen außerordentliche Potenz längst zum saftig-pikanten Gesprächsstoff in den vornehmen Gesellschaftszirkeln geworden war, eine Art »Sexualerlöser«. Wie Rasputins Bio-

graph Fülöp-Miller berichtet, fanden sie in ihm »die Erfüllung zweier Sehnsüchte, die bisher miteinander nicht vereinbar gewesen waren, nämlich der religiösen Errettung und der Befriedigung der fleischlichen Lust ... Da Rasputin in den Augen seiner Anhänger die Reinkarnation des Herrn war, konnte der Geschlechtsverkehr mit ihm unmöglich Sünde sein; und diese Frauen empfanden zum ersten Mal in ihrem Leben ein reines Glück, das durch keinerlei Gewissensbisse beeinträchtigt war ...«[53] Manche seiner fanatischsten Jüngerinnen betrachteten es nachgerade als Ehre und Auszeichnung, von ihm begattet zu werden. Dasselbe galt für deren Ehemänner, die sich ebenso als gesegnet betrachteten, wenn Rasputin ihre willigen Frauen zum Objekt seiner Begierden machte.

Maria Golowina, eine Hofdame der Zarin, erklärte Fürst Felix Jussupow, Rasputins späterem Mörder, der sich bei ihr über die unglaublichen Sexualeskapaden des Starez ausließ, allen Ernstes, daß diese Exzesse lediglich dem edlen Zweck dienten, eine sittliche Stählung und Stärkung des Charakters herbeizuführen und eine große Seelenläuterung zur Folge hätten. Offenbar hatte auch die Hofdame Rasputins Heilslehre vollkommen verinnerlicht. Eines steht außer Frage: Der ungeschlachte Mann, dieser wie ein nach Rußland verpflanzter Neandertaler wirkende Messias von eigenen Gnaden, hinterließ bei allen Menschen, die mit ihm zusammentrafen, einen unauslöschlichen Eindruck.

Rasputin hieß mit richtigem Namen Grigori Jefimowitsch Nowych. Das Epitheton Rasputin, dieser der »Zügellose« bedeutende Beiname, unter dem er unsterblich geworden ist, war ihm schon in jungen Jahren aufgrund seines liederlichen Lebenswandels von den Dorfnachbarn verliehen worden. Wir kennen wohl seinen Geburtsort, das kleine, am westsibirischen Tura-Fluß in der Provinz Tobolsk gelegene Dorf Pokrowskoje, nicht aber sein exaktes Geburtsdatum. Selbst das Jahr seiner Geburt scheint umstritten. Bei einem exakten Studium des blauen Schreibheftes der Zarin findet sich folgender Satz: »Ich habe schon fünfzig Jahre gelebt, das sechste Jahrzehnt bricht an ...«[54] Man kann also guten Gewissens annehmen, daß Rasputin bei seiner Ermordung achtundfünfzig oder neunundfünfzig Jahre alt gewesen sein muß. Wenn er bei seiner Ermordung schon fast sechzig war, so muß Rasputin aller Wahrscheinlichkeit nach bereits 1858 oder 1857 geboren worden sein. Wir wollen diese

Vermutung im Raum stehen lassen. Wie so vieles an diesem Mann bleibt, wie gesagt, auch das Datum seiner Geburt geheimnisumwittert.

Fest steht, daß Rasputin, der der Legende zufolge schon als zwölfjähriges Kind Seherqualitäten an den Tag gelegt haben soll[55], in sehr ärmlichen Verhältnissen aufwuchs. Sein Vater, der Bauer Jefim Nowych, der sich eine Zeitlang als Kutscher verdingte, war ein heilloser Alkoholiker, der an Säuferwahn starb. Der junge Grigori galt in seinem Heimatdorf bald als unberechenbarer, gefürchteter Schläger, Trunkenbold und unverbesserlicher Schürzenjäger. Er übte verschiedene Berufe aus, war Bauer, Kellner und Fuhrmann. Kein gutgebautes Mädchen schien vor seinen Attacken sicher. Er hielt sich meist nicht lange mit Vorreden auf, sondern begann seine zahlreichen Opfer sofort zu entkleiden. Manche wehrten sich und konnten seinen ungestümen, plumpen Annäherungsversuchen entgehen. Andere waren weniger erfolgreich, sie wurden kurzerhand vergewaltigt. Wieder andere fühlten sich von seiner Brutalität angezogen und gaben sich ihm ungeniert hin. Es ist belegt, daß der rauflustige und kopuliersüchtige Trunkenbold einmal wegen Diebstahls angeklagt und abgeurteilt wurde.

Ein einschneidendes Erlebnis für den jungen Fuhrmann, der bereits auf den Spitznamen Rasputin hörte, war die Begegnung mit einem Priester, den er zum Kloster Werchoturje kutschierte. Dieses Kloster war nicht nur ein Alterssitz für biedere Mönche, sondern auch eine kirchliche Haftanstalt für Häretiker. Die in Werchoturje einsitzenden Ketzer waren Mitglieder der sogenannten Chlysty-Sekte, Geißler, die sich »Anbeter des wahren Gottes« nannten.

Obwohl seine Gegner Rasputin wiederholt beschuldigten, ein Chlysty-Flagellant zu sein, konnte diese Behauptung niemals bewiesen werden. Es gibt auch keinerlei Beleg dafür, daß er in der Hauptstadt oder sogar in Zarskoje Selo auf diese makabere Weise schwarze Sexualmagie betrieb. Allerdings ist es ein Faktum, daß sich Rasputin so fasziniert von dieser merkwürdigen Kongregation zeigte, daß er ganze vier Monate als Gast im Kloster von Werchoturje blieb.

Nachdem Rasputin das merkwürdige monastische Treiben von Werchoturje monatelang fasziniert verfolgt hatte, arbeitete er eine Zeitlang als Kellner in einer Kaschemme von Tobolsk. Dort

lernte er die blonde, etwas plumpe Dienstmagd Praskowja kennen und lieben. Er heiratete das Mädchen, das ebenfalls aus kleinbäuerlichen Verhältnissen stammte, und kehrte zurück in sein Heimatdorf. Im Laufe der Jahre schenkte ihm Praskowja vier Kinder. Es waren je zwei Söhne und Töchter. Der erstgeborene Sohn starb schon als Kleinkind, sein überlebender Bruder war debil. Die beiden Töchter aber, Maria und Warwara, sollten zu stolzen, energischen Frauen heranwachsen. Noch im Kindesalter verließen sie ihre Mutter, um zeitweise bei ihrem Vater in der Hauptstadt zu bleiben. Später sonnten sie sich im Glanze seines Ruhmes und besuchten ein ausgezeichnetes Petersburger Internat. Einzig Praskowja blieb bis zum Tod ihres Gemahls im Dorf Pokrowskoje. Obwohl auch sie von Rasputins Berühmtheit profitierte und voller Stolz in dem großen, geräumigen Haus lebte, das vermögende Bewunderer dem Starez hatten erbauen lassen, trat sie so gut wie nie in Erscheinung. Sie schien ihrem diabolischen Gatten ebenso verfallen zu sein wie alle anderen Frauen, die seine lange Eroberungsliste zierten. Bei seinen sporadischen Heimatbesuchen schloß Praskowja Rasputin stets glücklich in die Arme. Das Gerede über seinen lasterhaften Lebenswandel und seine zahllosen Amouren störte sie nicht im geringsten. Die Bauersfrau begegnete den vielen Gerüchten über ihren polygamisierenden Ehemann vielmehr mit den Worten: »Er hat ja doch genug für alle!
Die Arbeit als Landwirt vermochte Rasputin nicht zu befriedigen. Während des Pflügens erschien ihm nach eigenen Angaben eine Lichtgestalt Gottes, die ihn dazu aufforderte, eine ausgedehnte Pilgerreise zu unternehmen. Obwohl man die plötzliche Bekehrung des Säufers im Dorf mit Hohngelächter quittierte, folgte dieser seiner Vision und verließ seine Familie wenige Tage später. Er blieb fast zwei Jahre fort. Niemand kennt den genauen Verlauf seiner ersten Pilgerfahrt. Später behauptete er, er sei dreitausend Kilometer gewandert – um ein guter Starez zu sein, brauche man vor allem gute Füße, erklärte er seinem Petersburger Anhängern eines Tages scherzhaft – und habe das legendäre griechische Felsenkloster auf dem Berge Athos besucht. Nach seiner Rückkehr nach Pokrowskoje wirkte er wie verwandelt. Er gab das Trinken auf und belästigte die jungen Mädchen der Umgegend nicht mehr mit unsittlichen Anträgen. Statt dessen meditierte er täglich. Im Stall hob er eine eigene Betgrube aus, in

der er regelmäßig mit Gott sprach. Er begann Kranke zu besuchen und erwarb sich rasch den Ruf eines Gesundbeters. Der örtliche Priester war ganz und gar nicht damit einverstanden, daß sich gerade Rasputin vom Saulus zum Paulus gewandelt hatte, unentwegt Menschen segnete und Anhänger um sich scharte. Er bezichtigte den Starez der Ketzerei und wollte schon eine gerichtliche Vorerhebung gegen ihn in die Wege leiten, als dieser unvermutet neuerlich auf Pilgerschaft ging. Nun wandelte Rasputin auf den Spuren Serafims. In Kiew und in der Wüste Sarow vernahm er die Stimme Gottes nur noch deutlicher, wie er sagte. Seine Visionen häuften sich. Fortan konnte er nicht nur Kranke heilen, sondern auch die Zukunft voraussagen. Der Ruf seiner Heiligkeit drang schließlich bis Moskau und St. Petersburg. Seinen dortigen Werdegang haben wir bereits geschildert. Im Jahre 1909 erreichte der Rasputin-Skandal seinen ersten Höhepunkt. Die montenegrinischen Prinzessinnen Stana und Miliza versuchten, die Zarin von der Ruchlosigkeit ihres ehemaligen Protegés zu überzeugen. Alexandra reagierte heftig und lehnte es ab, sich weitere Verleumdungen über den Gottesmann, der der Garant des Überlebens ihres Sohnes war, anzuhören. Aber auch beim Zaren selbst gingen Beschwerden über Vater Grigori ein. Bischof Feofan sprach in Zarskoje Selo vor und erzählte seinem Souverän von den unzähligen Frauen, die der betrügerische Starez ins Unglück gestürzt hatte. Der Zar schwieg zunächst, versprach dann aber, der Sache auf den Grund gehen zu wollen. Als einstiger Beichtvater Ihrer Majestät hielt es Feofan aber für geraten, auch Alexandra von dem sündhaften Treiben und der sexuellen Zügellosigkeit Grischka Rasputins zu unterrichten. Immerhin schenkte die Zarin dem verdienten Kirchenmann Gehör, befahl Rasputin zu sich und stellte ihn zur Rede. Dieser spielte das Unschuldslamm und sprach davon, daß es nur Neid und Mißgunst seien, die Bischof Feofan dazu veranlaßt hätten, ihn seiner Matuschka aus dem Herzen zu reißen. Sowohl die hohen Kleriker wie auch die ihn attackierenden Politiker, so Rasputin weiter, lebten nicht im Einklang mit den Gesetzen Gottes, während er, der reumütige Büßer, den direkten Auftrag des Schöpfers habe, über das Wohl der Zarenfamilie – und insbesondere das des kranken Zarewitschs – zu wachen. Der Bauer erwies sich als stärker als der Bischof. Bald darauf verlor Feofan nicht nur sein Amt als Rektor der Theolo-

gischen Akademie, sondern wurde auch noch auf die Krim versetzt. Während sich Rasputin bei seinen Saufkumpanen damit brüstete, dem Bischof »das Maul gestopft zu haben«, fragten sich die allerhöchsten kirchlichen Würdenträger, wie es denn möglich war, daß der Zar einfach einen der ihren strafversetzte – nur weil dieser es gewagt hatte, gegen den sibirischen Unhold vorzugehen. Als der Metropolit Antonius sich beim Herrscher über die ungerechtfertigte Bestrafung seines Kollegen Feofan beschwerte und abermals auf die groben Charaktermängel Rasputins hinwies, antwortete Nikolaus ausweichend. Die Versetzung Feofans sei lediglich eine vorübergehende Maßnahme, bekam Antonius zu hören. Außerdem stünde es der Kirche nicht an, sich in innerfamiliäre Angelegenheiten des Zaren einzumischen. Es scheint klar, daß der Zar hier lediglich seine Gattin deckte. Er selbst glaubte nicht an die Wunderkraft des Starez, aber er sah, mit welcher Inbrunst Alexandra dies tat. So machte er vorerst gute Miene zum bösen Spiel. Die Zarenfamilie war sakrosankt. Warum empörte man sich also so sehr über diesen einfachen frommen Mann, dessen Aufrichtigkeit für die Gossudarin außer Zweifel stand?
Diese Frage stellte er seinem Hofminister, dem alten Grafen Frederiks, in jenen Tagen wiederholt. Frederiks, den ein besonderes Nahverhältnis zum Kaiserpaar auszeichnete – er redete Nikolaus und Alexandra stets mit »mes enfants« an –, hoffte genau wie sein Herrscher, daß sich der Wirbel um den skandalumwitterten Rasputin mit der Zeit legen würde.
Stolypin ließ ein seitenstarkes Dossier über Rasputins Verfehlungen anlegen und unterbreitete es dem Zaren. Nikolaus las es kopfschüttelnd, äußerte sich aber nicht direkt dazu. Dennoch glaubte der Ministerpräsident im Sinne seines Herrschers zu handeln, als er dem Starez daraufhin aus eigener Machtbefugnis ein Aufenthaltsverbot für Petersburg erteilte. Obwohl die Zarin tobte und Stolypin der Unaufrichtigkeit bezichtigte, stellte sich Nikolaus, unerwartet Härte demonstrierend, auf dessen Seite. Das Verbot blieb in Kraft. Rasputin verließ St. Petersburg. Abermals unternahm er eine Pilgerfahrt, diesmal nach Jerusalem. Von dort aus schrieb er der Zarin mehrere Briefe in unnachahmlich pathetisch-schwülstig-mystischem Stil. Alexandra hatte offenbar keine Mühe, das interpunktionslose Gekratzel des halbgebildeten Bauern zu dechiffrieren, und trat vehement

für die Rückkehr des heiligmäßigen Freundes ein, der nun am Grabmal Christi für das Seelenheil und die Gesundung ihres Sohnes betete.
Stolypin aber hatte sich den tödlichen Haß der Gossudarin zugezogen, denn durch die Verbannung »unseres Freundes Grischka« war Thronfolger Alexejs Leben bedroht worden. So sah es zumindest Alexandra. Da ihre Depressionen und Weinanfälle immer häufiger auftraten und sie Nikolaus über Monate hinweg heftigste Szenen machte, lenkte er schließlich wieder einmal ein. Rasputin durfte zurückkehren. Mitte 1910 war er wieder in der Hauptstadt des russischen Reiches und versetzte sie in gewohnter Manier in Aufruhr. Stolypin fühlte sich desavouiert, erzwang sich eine Audienz beim Zaren, drohte wieder mit Rücktritt und machte seinem Herrscher unmißverständlich klar, daß ein Mann wie Rasputin untragbar für das Prestige des Hofes und der Zarenfamilie sei. Nikolaus zuckte mit den Schultern und antwortete müde: »Ich bin ganz Ihrer Meinung, aber lieber zehn Rasputins als ein einziger hysterischer Anfall der Zarin!«
Im Frühling desselben Jahres vollzog sich in England ein Machtwechsel, als Edward VII. verschied und der Nikolaus fast wie ein Zwillingsbruder ähnelnde Cousin George ihm auf den Thron folgte. Am 6. April starb Edward VII. an den Folgen einer schweren Bronchitis. Mit ihm sank eine Ära ins Grab, der unerwartete Tod des beliebten englischen Herrschers war ein weiterer Vorbote des Weltkrieges, und als die versammelten gekrönten Häupter Europas am 20. Mai 1910 dem gewaltigen Trauerkondukt folgten – in vorderster Reihe schritten der deutsche Kaiser Wilhelm II., die Könige von Belgien, Bulgarien, Dänemark, Griechenland, Norwegen, Portugal und Spanien, Österreich-Ungarn war durch den Thronfolger Franz Ferdinand von Habsburg-Este vertreten –, ahnten sie wohl nicht, daß einige von ihnen nur acht Jahre später entweder tot oder entthront und verbannt sein würden, daß das Zeitalter der großen europäischen Monarchien zusammen mit dem Trauerkondukt für König Edward seinem Ende zuschritt. Auch der Zar war an die Themse geeilt und hatte an dieser symbolischen Beerdigung des monarchischen Europas teilgenommen. Auf der Rückreise legte er widerwillig in Potsdam einen Zwischenstopp ein. Wilhelm II. hatte darauf bestanden. Nikolaus empfand immer

weniger Sympathie für den Kaiser, der immer noch nur ein Ziel zu kennen schien: die franko-britisch-russische Dreierallianz in Grund und Boden zu verdammen und ihm nahezulegen, seinen unvernünftigen Standpunkt in dieser heiklen Angelegenheit endlich zu überdenken.

Als das Jahr zu Ende ging, beklagte ganz Rußland den Tod eines anderen großen Mannes. Anfang Dezember verstarb der alte Dichtergenius Tolstoi. Der Zar widmete dem edlen Humanisten und begnadeten Schriftsteller eine Zeile in seinem Tagebuch: »Tolstoi war ein großer Künstler, Gott wird sein Richter sein!« 1911 brach an, und ein immer entnervterer Ministerpräsident begann erneut von Rücktritt zu sprechen. Anläßlich des fünfzigsten Jahrestages der Bauernbefreiung fanden im Februar dieses Jahres überall im Land große Feiern statt. Bei einer dieser Festveranstaltungen erklärte der zunehmend mißgelaunte Stolypin einem Vertrauten, daß er die erste sich bietende Gelegenheit zur Demission nützen würde. Diese bot sich kaum einen Monat später, als der Staatsrat einen bereits von der Duma gebilligten Gesetzesvorschlag glatt ablehnte. Stolypin betrachtete dies als persönlichen Affront, war er doch der felsenfesten Überzeugung, daß der Zar hinter diesem seine Bemühungen sabotierenden Negativbescheid steckte. Obwohl sich diese Annahme später als Irrtum herausstellte, war das einstmals so herzliche Verhältnis zwischen Gossudar und Ministerpräsident jetzt merklich getrübt. In einer ersten Zornreaktion bat Stolypin, umgehend von allen Amtsgeschäften entbunden zu werden. »Da ich augenscheinlich nicht mehr das volle Vertrauen Eurer Majestät genieße, stelle ich hiermit meine Funktion zur Verfügung!« sagte er Nikolaus, seine Wut und Enttäuschung kaum verbergend. Zum erstenmal kam es nun zu einem heftigen Wortwechsel zwischen den beiden ungleichen Männern. Aufgebracht erwiderte der Zar: »Ich kann Ihren Rücktritt nicht akzeptieren, und ich hoffe, Sie werden nicht darauf bestehen, denn Sie müssen doch sehen, daß ich bei einer Annahme Ihres Rücktritts nicht nur Sie verlieren, sondern auch einen Präzedenzfall schaffen würde. Was würde aus einer mir verantwortlichen Regierung werden, wenn Minister heute wegen eines Konflikts mit dem Staatsrat, morgen wegen eines Konflikts mit der Duma einfach kämen und gingen? Suchen Sie einen anderen Ausweg!« Stolypin konterte, daß er nur dann im Amt bliebe, wenn das

umstrittene Gesetz gebilligt werden würde. Nikolaus fühlte sich erpreßt und entließ Stolypin mit der zornig hingeworfenen Bemerkung, daß wohl irgendeine Lösung gefunden werden müsse, er eine Demission aber strikt verbiete.
Es war der Zar, der einlenken mußte und das Gesetz schließlich bestätigte. Stolypins Standfestigkeit hatte sich ausgezahlt. Aber er war nicht sehr froh über diesen hart erkämpften Sieg. Wie er öfter äußerte, bekam er den Unmut des Hofes in den Sommermonaten dieses Jahres deutlich zu spüren. Vielleicht übertrieb der Regierungschef ein wenig, als er in jeder Kleinigkeit sofort eine versteckte Beleidigung vermutete. Jedenfalls beklagte er den Mangel an Respekt, der ihm ungerechtfertigterweise zuteil wurde. Seinem Freund Kokowzow gegenüber erwähnte Stolypin mehrere Vorfälle, die offenbar bewußt arrangiert worden waren, um seinen Stolz zu kränken. Einmal habe aus unerfindlichen Gründen bei einem hochoffiziellen Anlaß keine Hofkutsche für ihn bereitgestanden, im kaiserlichen Sonderzug habe man ihm das bescheidenste und kleinste Abteil zugewiesen, bei einer Schiffahrt sei vergessen worden, eine Kabine für ihn zu buchen. Für Stolypin war klar, wer hinter diesen sich summierenden Affronts im Kleinformat stand – Alexandra, die Kaiserin, die ihm nicht verzeihen konnte, daß er Rasputin verachtete und ihren Gatten daher immer wieder gegen ihn aufhetzte.
Am 1. September 1911 traf der Herrscher in Kiew ein, um dort ein Denkmal seines Großvaters, des Reformzaren und Bauernbefreiers Alexander II., einzuweihen. Stolypin und Kokowzow befanden sich in der kaiserlichen Entourage. Nikolaus fuhr im Triumphzug durch die Stadt, umgeben von jubelnden Menschen, aber auch von genügend Ochrana-Leuten, die für seine Sicherheit verantwortlich waren. Stolypin und Kokowzow hingegen wurden kaum beachtet. Niemand hatte es für notwendig befunden, Leibwächter für die beiden fähigsten Politiker des Reiches abzustellen. »Da sehen Sie, wie man uns behandelt, wie überflüssig wir eigentlich sind!« erklärte Stolypin Kokowzow voller Bitterkeit, als sich der Kutschenkonvoi auf das Stadtzentrum zubewegte. Seine Stimmung verschlechterte sich noch mehr, als er plötzlich den verhaßten Rasputin inmitten der vielen Schaulustigen erblickte. Der Muschik schlug das Zeichen des Kreuzes in die Luft, während Stolypin angewidert den Kopf abwandte. Einige Beobachter konnten sich später erinnern, daß

Rasputin merkwürdig erregt gewirkt und, auf die Kutsche des Ministerpräsidenten deutend, »Der Tod fährt mit! Der Tod ist hinter ihm her!« geschrien habe. In den Schenken der Stadt verkündete Rasputin dann bis tief in die Nacht, daß er den Todesvogel über Stolypins Kutsche flattern gesehen habe. Es ist ungeklärt geblieben, warum sich Rasputin gerade zu diesem Zeitpunkt in Kiew aufgehalten hatte. Jedenfalls ging seine unheilvolle Prophezeiung bereits am nächsten Tag in Erfüllung, als der Ministerpräsident während einer Galaaufführung von Rimski-Korsakows Oper *Das Märchen vom Zaren Sultan*, praktisch vor den Augen seines Souveräns und dessen Töchtern Olga und Tatjana, den Mordschüssen eines Attentäters zum Opfer fiel.
Es geschah während der zweiten Pause. Ein junger Mann im Smoking spazierte seelenruhig durch die überfüllten Gänge des Opernhauses, erreichte die erste Parkettreihe, baute sich vor dem überraschten Stolypin auf, zog blitzschnell eine kleine Browning-Handfeuerwaffe aus der Tasche und schoß diesem mit unerhörter Kaltblütigkeit zweimal in die Brust. Der Zar und seine beiden Töchter, die ihre die Bühne überblickende Loge in der Pause verlassen hatten, vernahmen das zweimalige, unmittelbar aufeinanderfolgende Krachen. Erstaunt eilten sie in die Loge zurück. Die Ereignisse überstürzten sich. Kreischende Frauen verließen die Ränge, uniformierte Offiziere schleppten einen Mann im Abendanzug weg, und Nikolaus sah das totenbleiche Gesicht Stolypins, der mit blutbeflecktem Rock auf seinen Sitz zurücksank. Stolypin wurde ins Krankenhaus gebracht, wo die Ärzte fünf Tage lang verzweifelt um sein Leben rangen. Nikolaus bestand darauf, in der näheren Umgegend zu bleiben und über Stolypins Zustand auf dem laufenden gehalten zu werden, obwohl ihm alle Ochrana-Spitzen dringend rieten, umgehend nach Livadia abzureisen. Daß die Lage in Kiew so hochexplosiv war, lag nicht zuletzt daran, daß der Attentäter Mordka Bagrow jüdischer Herkunft war. Man mußte mit Pogromen rechnen. Nur langsam erhellten sich die Hintergründe des Anschlags. Bagrow, den man nach seiner Ergreifung fast gelyncht hätte – ehe ihn die Polizei in Gewahrsam nahm und zu einer ersten Vernehmung abführte, waren ihm zwei Schneidezähne ausgeschlagen worden –, stellte sich erstaunlicherweise auch als Agent provocateur des Polizeidepartements heraus. Wie der Pope Georgij Gapon war er gleichzeitig Ochrana-Spitzel und

Sozialrevolutionär, ein Doppelagent, der sogar den offiziellen Auftrag hatte, Stolypin in der Kiewer Oper diskret zu überwachen.

Noch am Abend des Anschlags wäre es beinahe zu einem zweiten Desaster gekommen. Die orthodoxe Stadtbevölkerung wußte bereits von Bagrows jüdischer Abstammung und schien bereit, einen großangelegten Vergeltungsschlag zu veranstalten. Es war Finanzminister Kokowzow, der in den späten Abendstunden des 1. September 1911 die Übersicht bewahrte und dieser Gefahr entschlossen entgegentrat. Um Ausschreitungen zu vermeiden, beorderte er noch in der Nacht drei Elitekosakenregimenter in die Stadt. Eine große Anzahl eingeschüchterter Juden, die in aller Eile ihre Habseligkeiten zusammengepackt und sich in der Halle des Hauptbahnhofes eingefunden hatten, um die Stadt mit den Frühzügen zu verlassen, atmete hörbar auf, als die Kosaken im Morgengrauen mit aufgepflanzten Lanzen vorbeigaloppierten. Die Juden konnten erleichtert und ungehindert in ihre Quartiere zurückkehren.

Am 3. Dezember wollte Nikolaus, immer noch sichtlich geschockt, Stolypin aufsuchen. Dessen verzweifelte Frau ließ ihn allerdings nicht ins Krankenzimmer zum Bewußtlosen. Der Zar respektierte ihren Wunsch. Drei Tage später war Pjotr Arkadjewitsch Stolypin tot. Nikolaus eilte sofort ins Krankenhaus und nahm an einem improvisierten Trauergottesdienst teil. Die versteinert wirkende Witwe nahm sein Beileid wortlos entgegen. Mit Stolypin sank nicht nur ein bedeutender Staatsmann und Reformer ins Grab, sondern vielleicht auch die einzige Gestalt, die das Imperium vor dem Untergang hätte bewahren können. Mit seinem Tod näherte sich das vielgerühmte Silberne Zeitalter ebenso seinem Ende wie die innenpolitische Stabilität. Nun sollte dem Zarenreich nur noch ein kurzer Schwanengesang, eine letzte Morgenröte beschieden sein, ehe es für immer in einem Nebelrauch von Krieg, Blut, Schuld und Asche in sich zusammenfiel.

Der Schwanengesang – Die Apotheose der Romanow-Dynastie

Erwartungsgemäß ernannte der Zar Graf Wladimir Kokowzow zu Stolypins Nachfolger. Kaum einen Monat nach seiner Installierung wurde der ehemalige Finanzminister in Stolypins Kabinett und nunmehrige Ministerpräsident auf die Krim gebeten, um in Livadia den zukünftigen politischen Kurs festzulegen. Dort war im April 1911 ein neues Kaiserpalais feierlich und mit allen Riten der russisch-orthodoxen Kirche eingeweiht worden. Alexandra hatte den Bau der endgültigen Krimresidenz des Zaren seit Jahren forciert. Vielleicht verband sie zu viele unangenehme Erinnerungen mit dem ursprünglichen, riesigen, düsteren Holzgebäude, in dem Alexander III. gestorben war und das sie als Braut – unter denkbar ungünstigsten Vorzeichen – kennengelernt hatte. Jedenfalls erfüllte ihr Nikolaus mit der Errichtung dieses herrschaftlichen Ansitzes einen Herzenswunsch. Der Livadia-Palast, den Kokowzow nun betrat, erfüllte alle Kriterien eines Märchenschlosses. Aus weißem Kalkstein erbaut und am Rande einer das Meer überblickenden Steilklippe gelegen, wirkte er wie ein russisches Miramar.

An diesem wahrhaft idyllischen Ort wurde Kokowzow überaus zuvorkommend behandelt, nicht nur vom Herrscher, sondern auch von allen Mitgliedern des Hofstaates, über den »der Alte« gebot, wie Nikolaus und Alexandra den von ihnen besonders geschätzten finnischen Grafen Wladimir Frederiks bezeichneten. Der 1837 geborene Frederiks war 1897 zum Hofminister ernannt worden und sollte diese Funktion bis 1917 ausüben. Dieser glühende Monarchist verehrte die Zarenfamilie geradezu kultisch und wurde von ihr im Gegenzug wie ein naher Anverwandter behandelt. Laut den Aussagen des französischen Botschafters war Frederiks das Hofleben per se. Mit zunehmendem Alter sollte der meisterhafte Hofimpresario allerdings leicht senil werden. Er begann während der oftmals langen Sitzungen einzuschlafen und zu schnarchen und wurde so vergeßlich, daß er nicht mehr wußte, wer in welchem Audienzzimmer auf den Gossudaren wartete. Im Jahre 1916 verblüffte er den Zaren einmal auf ungewöhnliche Weise, indem er ihm die Frage stellte: »Verzeihen Sie, was machen Sie hier? Hat Seine Majestät Sie denn zum Essen eingeladen?« Nikolaus starrte den »lieben alten Frederiks« entgeistert an, worauf sich der Hofminister wieder zu besinnen schien, wer da vor ihm stand, und entschuldigend stammelte: »O Pardon, es tut mir leid! Ich dachte, Sie wären jemand anders!«

Doch als Kokowzow 1911 in Livadia vorsprach, war der Zeremonienmeister noch voller Elan und in seinem Element. Kokowzow blieb drei Tage in Livadia. Die Unterredung mit dem Zaren verlief, wie schon erwähnt, sehr freundlich. Verwundert reagierte der Ministerpräsident allerdings, als ihm Frederiks am zweiten Tag meldete, die Zarin wünsche ihn ebenso zu sprechen. Denn in dieser Privatunterhaltung ging Alexandra auf Stolypin ein und zeigte keinerlei Trauer über dessen gewaltsam herbeigeführten Tod. Graf Kokowzow hielt Bruchstücke dieses bemerkenswerten Gespräches, in dem der immanente Mystizismus der damals wieder schwer an Rheuma leidenden Herrscherin aller Reußen klar zutage trat, in seinen Memoiren fest. Alexandra sagte ihm unter anderem: »Ich bemerke, daß Sie immer noch Vergleiche zwischen sich und Stolypin anstellen. Sie scheinen seinem Andenken zuviel Ehre zu erweisen und seiner Tätigkeit und Persönlichkeit zu große Bedeutung zuzuschreiben.« Da unterbrach Kokowzow die Kaiserin, um fast entsetzt einzuwerfen: »Aber er hat doch nicht nur für den Zaren gewirkt, sondern er ist für ihn gestorben!« Die Gossudarin ging gar nicht auf dieses schlagende Argument ein, brachte den Ministerpräsidenten mit einer herrischen Geste zum Schweigen und holte weiter aus: »Glauben Sie mir, es darf einen um die, die nicht mehr sind, nicht leid tun. Ich bin sicher, daß jeder Mensch nur seine Pflicht tut und sein Schicksal erfüllt, und wenn ein Mensch stirbt, so heißt dies, daß seine Rolle beendet ist und daß er gehen mußte, weil sein Schicksal erfüllt war. Das Leben nimmt ständig neue Formen an, und Sie dürfen nicht versuchen, blindlings dem Weg Ihres Vorgängers zu folgen. Bleiben Sie Sie selbst; suchen Sie nicht Unterstützung bei den Parteien; sie haben in Rußland so geringe Bedeutung. Suchen Sie Ihre Unterstützung im Vertrauen des Zaren – der Herr wird Ihnen beistehen. Ich bin überzeugt, daß Stolypin starb, um für Sie Platz zu machen, und daß dies für Rußland nur zum Besten ist!«[57]

Der neue Premier, der Stolypin so sehr bewundert hatte, fand diese Belehrungen seiner Monarchin höchst seltsam und unpassend. Kaum vier Wochen später stattete Rasputin Kokowzow seinen »Antrittsbesuch« ab. Der Ministerpräsident, der Stolypins Haß auf den Starez immer geteilt hatte, empfing ihn äußerst widerwillig und erst auf ausdrücklichen, mehrmals geäußerten Wunsch der Zarin. Wie schon bei seinem Amtsvorgänger, versuchte Rasputin auch bei Kokowzow sofort ein Hypnoseexperiment.

Rasputin fällte über Kokowzow allerdings ein ebenso vernichtendes Urteil. »Er ist kein gottgefälliger Mann!« sagte er zur Zarin. »Seine Gedanken sind unrein, er besitzt weder mein noch das Vertrauen des Allmächtigen!« 1912 erreichte der nun praktisch in der Öffentlichkeit ausgetragene Konflikt um den heiligen Muschik seinen zweiten großen Höhepunkt. In der Duma wurde heftigst debattiert. Der Rasputin-Skandal eskalierte. Immer lauter wurde der Ruf von dem Land schadenden, bösen und dunklen Mächten, die sich hinter dem Schutz der Krone verbargen. Diese finsteren Mächte bestanden aus nur einem Mann – Rasputin. Wie Kokowzow schrieb, wurde die Rasputin-Frage zu einem der zentralen Themen, die die Politszene beherrschten. Ehe wir aber nochmals detailliert auf die Machenschaften des sibirischen Finsterlings eingehen, sei es uns gestattet, einen kurzen Blick auf das Familienleben des Zaren zu werfen und uns auch ein wenig mit den Kaiserkindern auseinanderzusetzen.

Daß Nikolaus II. ein ausgesprochener Familienmensch war, ist oft genug betont worden. In der Zarenfamilie drehte sich natürlich alles um Zarewitsch Alexej. Rund um ihn führten das Zarenpaar und das Töchterquartett ihr glanzvolles Leben in der Isolation. Die Töchter wurden spartanisch-viktorianisch erzogen. Alexandra ließ sie jeden Morgen kalt duschen, auf Wunsch des Bewegungsfanatikers Nikolaus lernten sie Tennis und andere Sportarten. Sorgfältig wählte die Zarin religiöse Bücher für ihre heranwachsenden Töchter aus, damit sich ihr Seelenleben gut entfalten konnte. Alexandra sprach mit den Kindern englisch, der Zar hingegen nur russisch.

In Zarskoje Selo wohnte die Zarenfamilie, wie schon erwähnt, im Alexanderpalais. Der Tagesablauf wurde von großer Pünktlichkeit diktiert und war strengen Regeln unterworfen. Der Zar erhob sich meist um halb sieben Uhr früh, schwamm etwa dreißig Minuten, ehe er zusammen mit den Töchtern frühstückte. Die Kaiserin nahm an diesem gemeinsamen Dejeuner für gewöhnlich nicht teil. Sie zog es vor, bis mittags im Schlafzimmer zu verweilen, wobei sie die Morgenstunden entweder zum Lesen oder zur – in ihrem Fall sehr ausgedehnten – Korrespondenz mit in- und ausländischen Freunden nutzte. Ihr Lieblingshund Eira, ein winziger Scotchterrier, der in Hofkreisen als garstiges kleines Biest galt, da er nicht sehr freundlich auf Fremde reagierte und die Besucher der Zarin mitunter unvermutet in Waden und Fersen biß, kauerte stets zu ihren Füßen. Die Leidenschaft für solche Hündchen und Hunde im allgemeinen zeichnete jedes Familienmitglied aus. Alle hatten ihre Hunde. Neben »Joy«, dem quirligen Cockerspaniel des Thronfolgers, muß vor allem ein Tier besonders erwähnt werden – Anastasias »King Charles«, der kleiner als ein junges Kätzchen war.
Eine regelrechte Photomanie hatte Nikolaus, Alexandra und ihre Kinder erfaßt. Die beliebten deutschen Kameras kamen oft – vor allem während der Ferien in Livadia auf der Krim – zum Einsatz. Das Anlegen der Familienalben und das sorgfältige Einkleben der Photos erhob der Kaiser fast zum Ritual. Der Zar, ein begeisterter Sportler, liebte körperliche Betätigung über alles. Nicht selten sah man ihn, dem Beispiel seines Vaters folgend und nacheifernd, im riesigen Park von Zarskoje Selo Holz sägen und hacken. Sehr viel ist über Alexandras fliederfarbenes Boudoir im Alexanderpalais geschrieben worden. Es war ganz in Hellila gehalten. Der gesamte Hof kannte die Einrichtung – das Hepplewhite-Mobiliar, die Porzellannippsachen, die ikonenbehängten Wände, das Bildnis der Jungfrau Maria, das gemalte Porträt der früh verstorbenen Mutter der Zarin, den Mahagonischreibtisch mit dem übergroßen gerahmten Photo Königin Victorias und schließlich das berühmte, Marie Antoinette darstellende Ölgemälde. In diesem geräumigen Zimmer fand sich auch der Zar gerne ein, um Zeitungen zu lesen, Tee zu trinken, sich mit den Kindern zu unterhalten oder ihnen vorzulesen. Er liebte das Refugium seiner Alix genauso wie sie selbst.

Sechs Zofen standen im Dienst der Zarin, die es jedoch – als Resultat ihrer viktorianisch-prüden Erziehung – vorzog, beim Baden oder Umziehen auf deren Hilfe zu verzichten. Meist präsentierte sie sich den Zofen nach Verlassen des Bades in einem enganliegenden blauen Kimono, um das lang andauernde Frisierritual über sich ergehen zu lassen. Die Kammerfrauen wurden auch herangezogen, um ihr beim Anlegen der legendären, von ihr so sehr geliebten Perlen, die vom Hals bis zur Taille reichten, behilflich zu sein. Ihre Majestät bevorzugte weiße, gelegentlich auch cremefarbene Kleider, trug ein Diamantendiadem im Haar und absatzlose, spitze weiße Wildlederschuhe. Ihre vielen breitkrempigen Hüte waren genauso Gesprächsstoff wie der bei den Spaziergängen im Freien stets mitgeführte Sonnenschirm. Neben ihren Ischias- und Rheumabeschwerden, die sie schon in Jugendjahren geplagt hatten, litt die Kaiserin laut dem Urteil des Hofarztes Dr. Jewgeni Botkin unter einem nervösen Herzen. Noch in der sibirischen Gefangenschaft ging Botkin auf dieses Herzleiden Alexandras ein und erklärte einem Offizier der Bewachungstruppe: »Die Kaiserin hat eine ererbte Krankheit der Blutgefäße, welche oft zu Anfällen von progressiver Hysterie führt.« Botkin, der erfahrene Arzt und Vertraute der Zarenfamilie, wußte natürlich um den wahren Grund dieses Leidens. Es war psychosomatisch bedingt. Neben Botkin kümmerten sich noch zwei andere Ärzte um das gesundheitliche Wohlergehen der Zarenfamilie: der Chirurg Dr. Wladimir Derewenko und der Internist Dr. Ostrogowski. Ihr erklärter Liebling aber war Jewgeni Botkin, ein großer breitschultriger, kahlköpfiger Mann mit falschem Gebiß, der blaue Anzüge trug, eine Parfümspur nach sich zog und die Kaiserkinder allmorgendlich vor den obligatorischen Unterrichtsstunden untersuchte.
Der Hofarzt wurde mit der Zeit mit fast allen Gewohnheiten seines Herrschers vertraut gemacht. Er wußte, daß der Zar sein Arbeitszimmer gerne um elf Uhr vormittags verließ, um gemeinsam mit den Kindern durch den Schloßpark von Zarskoje Selo zu streifen. Nikolaus war wirklich ein vorbildlicher Familienvater. Bei den Spaziergängen im Park lachte und scherzte er mit den Kindern, die kleineren trug er gelegentlich Huckepack, manchmal veranstaltete er Scheinwettrennen mit ihnen, und stets waren sie von ihren Hunden umgeben. Elf schottische Collies begleiteten den Gossudaren für gewöhnlich

auf seinen Streifzügen durch die Natur. Während der langen und kalten Wintermonate war es zur Tradition geworden, im Schloßpark Schlitten zu fahren. Zu diesem Zweck erbauten der Zar, seine Töchter und deren Hauslehrer, der Englischinstruktor Sidney Gibbes und der Schweizer Pierre Gilliard, der für die Französischunterweisung zuständig war, sogenannte Eisberge. Diese großen Schneehügel wurden mit bald gefrierendem Wasser übergossen, und fertig war die perfekte Rodelbahn. Einzig die unheimliche Krankheit des Zarewitsch warf einen düsteren Schatten auf die Familienidylle.
Es ist allgemein bekannt, daß der Zar gerne ausritt. Seine Route, die fast immer nach Krasnoje Selo führte, war dem Volk sehr vertraut, und viele Bauern warteten am Straßenrand auf den Gossudaren, der zumeist in Begleitung von Hofminister Frederiks vorbeitrabte. Er genoß es, sich bei diesen Anlässen mit den schlichten, tiefgläubigen Menschen zu unterhalten. Diese nahmen ihrerseits die Gelegenheit wahr, Bitten und Beschwerden vorzutragen. Gutgelaunt zeigte sich Nikolaus von seiner besten Seite und kümmerte sich noch am selben Tag um die jeweiligen Gesuche und Wünsche. Bitten der einfachen Landbevölkerung stießen bei ihm so gut wie nie auf taube Ohren. Präzise um sechzehn Uhr nahm die Herrscherfamilie gemeinsam den Tee ein, einem Zeremoniell folgend, das sich seit den Tagen Katharinas der Großen nicht geändert hatte. An diesen Teestunden nahm auch Alexandras Freundin Anna Wyrubowa häufig teil.
Von siebzehn bis zwanzig Uhr empfing der Zar dann endlose Besucherströme. Diese Audienzen verliefen in zwanglos-entspannter Atmosphäre. Der Zar begegnete den Bittstellern, Ministern und Hofbeamten, die ihm ihre jeweiligen Anliegen vortrugen, betont höflich, ruhig und zuvorkommend. Er war ein guter Zuhörer, der seinen Besuchern und Gästen selten ins Wort fiel. Wenn er jedoch eine Audienz vorzeitig zu beenden wünschte, stand er einfach auf und blickte demonstrativ zum Fenster hinaus. Hofminister Frederiks, der alte, alle Gewohnheiten des Kaisers in- und auswendig kennende Zeremonienmeister par excellence, hatte jeden Besucher dahingehend instruiert, daß dieser Fensterblick als sofortiges Rückzugszeichen zu werten war. Als sich die Audienznehmer, diesem ungeschriebenen Gesetz Folge leistend, eilends verabschiedeten, pflegte der Zar

meistens zu sagen: »Verzeihung. Ich glaube fast, ich habe Sie ermüdet!« In Wirklichkeit war er des Gesprächs überdrüssig geworden, aber seine angeborene Vornehmheit und Höflichkeit ließ ihn auch in dieser Situation formvollendet auftreten. Nach dem Abendessen betete Nikolaus zusammen mit dem Zarewitsch das Nachtgebet, um sodann seinen Töchtern vorzulesen. Hier ließ er die Tradition Alexanders III. wiederaufleben. Zuweilen las er den Kindern aus englischen oder französischen Romanen vor, viel häufiger jedoch entschied er sich für die russischen Klassiker Turgenjew, Tolstoi und natürlich Nikolaj Gogol, seinen Lieblingsautor. Er verfügte über einen eigenen Privatbibliothekar, der allmonatlich zwanzig der besten Bücher aus aller Herren Länder zu besorgen hatte. Bevor Nikolaus sich zur Ruhe begab, machte er seine Tagebucheintragungen und badete. Pünktlich um dreiundzwanzig Uhr lag er im Bett. So sah der Tagesablauf des Familienmenschen Nikolaus II. aus.

Die Kaiserkinder lebten in ihrer ureigenen, abgeschiedenen Welt. Kaum orientiert über die Vorgänge des Reiches, konzentrierten sie ihre Interessen auf ihre unmittelbare Umgebung. So wurden vor allem die Töchter unbewußt zu Expertinnen des Hoflebens. Gerne plauderten sie mit den Matrosen der kaiserlichen Yachten oder den Kosaken, die zur Leibgarde des Vaters gehörten, und kannten die Namen dieser Männer. Im Jugendalter verfügten sie über ein monatliches Taschengeld von achtzehn Rubeln und unterstrichen ihr besonderes Nahverhältnis zueinander, indem sie ein Kürzel, gebildet aus den Anfangsbuchstaben ihrer Namen, ersannen: OTMA. Mit OTMA wurden Briefe und Geschenke unterzeichnet, die sie an verschiedene Angehörige des Hofes versandten. Die vier Mädchen, die sich nicht scheuten, zusammen mit den Kammerzofen ihre Betten zu machen, wußten zwar um ihre allerhöchste Position, kehrten ihren Rang aber nie heraus. Im Gegenteil, sie reagierten verlegen, wenn sie bei ihren seltenen Auftritten in der Öffentlichkeit mit »Kaiserliche Hoheit« angesprochen wurden. Sie spielten öfter mit den Kindern der Dienstboten als mit ihren zahlreichen Cousins und Cousinen aus dem Hause Romanow.

Alle vier Mädchen waren ausgesprochen hübsch, wobei Maria, das drittälteste, von ihren Eltern liebevoll Maschka genannt, nach Aussage der meisten Menschen, die sie gekannt hatten, zu einer klassischen Schönheit erblüht war. Anastasia, von der Geschichte dazu auserkoren, das berühmteste Kind der Zarenfamilie zu werden, war ein jugendlicher Wildfang. Die Zarin bezeichnete ihre jüngste Tochter immer als »my tomboy« – meinen Racker. Das ebenfalls blauäugige, untersetzte Mädchen liebte es, herumzutoben, Bäume zu erklettern und neckische Streiche aller Art zu spielen. Ein erhalten gebliebenes Photo zeigt die jugendliche Spaßmacherin an Bord der *Standart,* scherzhaft die Augen verdrehend und die Zunge herausstreckend. Sprachlich am talentiertesten von allen vieren, betätigte sie sich auch oft als Imitatorin und ahmte den Akzent und die Sprechweise ihrer Hauslehrer Gibbes und Gilliard nahezu perfekt nach. Viele Jahre später, als dieses lebenshungrige, unbeschwerte Mädchen längst tot war, sollten all diese Eigenschaften dazu herhalten müssen, das merkwürdige Verhalten der Prätendentin Anna Anderson zu erklären.

Olga und Tatjana, die beiden Ältesten, wurden auf Wunsch ihres Vaters zu Ehrenobersten zweier Eliteregimenter. Einige Male nahmen sie, im Damensitz hinter dem Zaren herreitend, glanzvolle Truppenparaden ab. Die strahlenden Mädchen, die bei diesen Anlässen voller Stolz die Uniform ihrer jeweiligen Regimenter trugen und ob ihrer Schönheit und ihres anmutigen Wesens bestaunt wurden, durften gelegentlich auch Theater- und Konzertveranstaltungen besuchen. Wir erinnern uns, daß sie bei der Ermordung Stolypins in der Kiewer Oper Augenzeugen waren. Beide waren ausgezeichnete Tänzerinnen und schienen einem gelegentlichen harmlos-platonischen Flirt mit einem schneidigen Gardeoffizier nicht abgeneigt. Ihre offizielle Einführung in die Gesellschaft hätte im Jahre 1914 stattfinden sollen. Allein der Krieg verhinderte eine prunkvolle Saisoneröffnung und warf die beiden kaiserlichen Schönheiten erneut in die Isolation von Zarskoje Selo zurück.

Kommen wir nun zum Zarewitsch, dem von seinen Geschwistern und Eltern angebeteten Mittelpunkt der Familie, dem »Brennpunkt aller ihrer Hoffnungen und Liebe«, um es mit den Worten des Französischlehrers Pierre Gilliard zu sagen. Gilliard, der mehrere fundierte Bücher über das untergegangene Zarenatlantis schrieb[58], äußerte sich wiederholt lobend über die hohen intellektuellen Fähigkeiten und den gutmütigen Charakter des ewig kranken Prinzen. Alexej, der die blauen Augen seines Vaters geerbt hatte, war ein lustiges, aufgewecktes Kleinkind. Seine Locken verwandelten sich im Laufe der Jahre zu dichtem, glattem, nußbraunem Haar. Seine privilegierte Stellung und natürlich vor allem seine Krankheit brachten es mit sich, daß er besonders verwöhnt und verhätschelt wurde. Bis zu seinem fünften Lebensjahr umsorgten ihn permanent ausgesuchte Kindermädchen. Dann traten auf Anraten Dr. Botkins und Monsieur Gilliards zwei Matrosen an deren Stelle und fungierten gleichzeitig als Pfleger und Leibwächter. Einer von ihnen, Andrej Derewenko, den Anna Wyrubowa in ihren Memoiren als geduldigen, ruhigen Mann beschrieb, »der sich standhaft bemühte, den von Schmerzen gepeinigten kleinen Gliedmaßen des Thronfolgers Erleichterung zu verschaffen«[59], sollte den Zarewitsch nach dem Untergang der Dynastie regelrecht quälen und piesacken und seinen Kaiser bedenkenlos im Stich lassen. Das andere »Matrosenkindermädchen« hingegen, der bärenstarke, hochgewachsene, schnurrbärtige, athletisch gebaute Clementi Nagorny, blieb Alexej bis zu seinem eigenen Tod in nibelungenhafter Treue verbunden. Alexej liebte Nagorny, den gutmütigen Hünen, der ihn auf den Schultern trug und mehrmals vor gefährlichen Situationen, Stürzen und Unfällen bewahrte, ganz besonders.

Wie Gilliard schrieb, genoß Alexej das Leben – »wenn es ihm Gelegenheit dazu gab, und ... war ein fröhlicher, ausgelassener Junge ... unkompliziert ... bildete (er) sich nichts auf seine Stellung ein ...«.[60]

Manchmal erlitt der zuweilen übermütige Zarewitsch, dessen tolldreistestes jugendliches Kabinettstückchen es war, zwei Offizieren seines Regimentes (wie Olga und Tatjana war auch Alexej Ehrenoberst eines Eliteregimentes) zu befehlen, sich in voller Montur in einen Teich zu stürzen, wobei diese Order des kaiserlichen Dreikäsehochs tatsächlich ausgeführt wurde, jedoch Weinanfälle – auch wenn er keine Schmerzen hatte. Das wahre Ausmaß seiner Krankheit wurde dem sich so sehr nach normaler Behandlung sehnenden Jungen bewußt, als er seine Mutter vergeblich darum bat, ein großes Fahrrad zu kaufen. »Du weißt, daß du viele Dinge nicht tun darfst«, sagte Alexandra traurig. Tränenüberströmt stellte Alexej seiner bekümmerten Mutter daraufhin die Frage aller unheilbar Kranken: »Warum ich? Warum darf ich das alles nicht machen? Warum dürfen alle anderen Jungen alles und ich gar nichts? Warum darf ich kein richtiges Pferd, sondern immer nur ein Pony haben?« Als er älter wurde, machte er sich allerdings gelegentlich sogar lustig über die überbesorgten Eltern und die ihn stets beschützenden Geschwister.

Mit allen Mitteln versuchten der Zar und Alexandra das Nesthäkchen der Familie aufzuheitern, wann immer es Melancholieanfälle erlitt. Sie überhäuften es mit kostbaren Geschenken und kauften ihm das teuerste Spielzeugeisenbahnnetz der Welt, komplett mit Lokomotiven und Waggons, in denen winzige Puppen als Fahrgäste saßen, mit Miniaturbahnhöfen, Stellwerken und Signalanlagen. Alexej besaß eine eigene, mechanisch funktionierende Spielzeugstadt. Der Prinz brauchte nur auf einen Knopf zu drücken, und schon begann diese Miniwelt zu pulsieren: Bergwerksarbeiter fuhren in ihre Stollen ein, Kriegsschiffe drehten im Bassin ihre Runden, sogar Kirchenglocken läuteten in diesem Privat-Disney-Land des Zarewitsch, während Zinnsoldatenbataillone aufmarschierten, Fabrikschlote rauchten, elektrisch beleuchtete Domkuppeln aufblitzten und Dampflokomotiven pfiffen. Am glücklichsten war er, wenn er seine Spielzeugschlachtfelder inspizierte, die kleinen Kanonen donnern ließ und die Zinnsoldaten ins Gefecht führte.

Alexej war zweifelsohne frühreif. Seine Krankheit ließ ihn sogar allzu oft altklug erscheinen. Der latente Hang zur Melancholie manifestierte sich beim Zarewitsch auch in der Wahl seines Lieblingsmusikinstruments. Er spielte nicht etwa Klavier, wie es seine Schwestern taten, sondern lernte schon sehr früh, eine Balalaika zu handhaben. Da er ein ausgesprochen gutes Gehör besaß, fiel ihm die Beherrschung dieses russischsten aller Instrumente nicht schwer.

Von seinem Vater hatte das Kind nicht nur die musische Begabung geerbt, sondern auch die Liebe zur Natur, den Patriotismus und die Tierfreundschaft. Neben vielen anderen Vierbeinern – der Spaniel Joy wurde schon angesprochen –, hielt der Zarewitsch auch einen ehemaligen Zirkusesel namens Wanka. Der alte Wanka vollbrachte so manches Kunststück. Wann immer er dem Zarewitsch auf Kommando ein Stückchen Zucker aus der Tasche holte, lachte dieser glücklich auf und streichelte das Tier. In den Wintermonaten zog Wanka seinen kleinen Besitzer auf einem Schlitten durch den Schloßpark von Zarskoje Selo.

Die absoluten Höhepunkte im Privatleben der Zarenfamilie waren die Ferien, die alljährlichen Urlaubsreisen, die im März nach Livadia, im Mai nach Peterhof an der Ostsee und im August auf den in den polnischen Wäldern gelegenen Jagdsitz Spala führten. Hinzu kam noch die im Juni unternommene Kreuzfahrt durch die finnischen Schären. Wann immer der Zar den Ruf Livadias vernahm, war der Herrscher bester Laune. Zumeist verließen der Zar und sein Gefolge das schneeverwehte Petersburg mit Frühlingsbeginn. Kurz bevor er den prachtvollen kaiserlichen Sonderzug im März des Jahres 1912 wieder einmal bestieg, sagte Nikolaus den ihn verabschiedenden Honoratioren fröhlich lächelnd: »Ich bedaure Sie, weil Sie in diesem Sumpf zurückbleiben müssen!« Die Reise auf die Krim dauerte fast drei Tage; der fahrbare Palast des Zaren, der von einer schwarzen Dampflokomotive gezogen wurde und aus einer Anzahl von sehr komfortabel eingerichteten blauen Salonwagen bestand – an den Wänden prangte der goldene kaiserliche Doppeladler –, ratterte bei diesen Anlässen jedoch nicht allein durch das weite Land. Eine detailgetreue Kopie des Sonderzuges folgte dem Original im Abstand von einigen Kilometern. Mit dieser Vorsichtsmaßnahme wollte man die Attentatsgefahr gewissermaßen halbieren. Die prunkvolle Ausstattung des Zuges ist oft beschrieben worden. Ausländische Besucher staunten vor allem über den riesigen Waggon des Kaiserpaares. In diesem Salonwagen waren drei Abteile zu einem geräumigen Schlafzimmer umfunktioniert worden, Alexandra besaß einen eigenen, in ihren Lieblingsfarben Hellgrau und Lila gehaltenen Zugsalon, während es sich Nikolaus in seinem Arbeitsabteil, das aus einem großen Schreibtisch und vier grünen Samtledersesseln bestand, bequem machte. Unmittelbar an das Schlafzimmer anschließend, befand sich sogar ein weißgekacheltes Badezimmer mit einer Spezialvorrichtung, einer Emailwanne, die oft auch während der Fahrt zum Einsatz kam. Das Turnabteil des Zaren mit dem obligatorischen Reck, auf dem er so gerne Klimmzüge machte, haben wir schon an anderer Stelle erwähnt. Darüber hinaus gab es einen eigenen, weißmöblierten Wagen für die fünf Kinder, einen getäfelten Salonwagen mit Damastsofas für die Begleitung des Gossudaren, gesonderte Abteile für die jeweiligen Mitglieder des Hofstaates und einen für damalige Verhältnisse bemerkenswert modern eingerichteten Speisewagen mit drei Herden, einem Eisschrank und erlesenem Weinkabinett. Während in einem kleinen Vorabteil »sakuski«, die berühmte russische kalte Platte, bestehend aus Lachs und Kaviar, Rentierzungen, Pilzen und Würsten, serviert wurde, präsidierte Nikolaus im Speisesaal einer langen, zwanzig Personen umfassenden Tafel. Ihm gegenüber saß meistens »der Alte«, Hofminister Graf Wladimir Frederiks, während der Zar links und rechts von seinen Töchtern flankiert wurde. Die Zarin zog es vor, zusammen mit Alexej in ihrem Salon zu dinieren. Hatte der Sonderzug erst einmal Sewastopol erreicht, stieg man auf ein Schiff um und fuhr vier Stunden lang nach Jalta.

Fast die Hälfte dieses halbinsularen Naturparadieses befand sich im Besitz des Zaren. Neben dem Livadia-Palast selbst stach besonders das aus grauem Feldstein gemauerte, von dunkel schimmerndem Efeu überwachsene Renaissancepalais des Fürsten Jussupow ins Auge. Die Ureinwohner der Halbinsel waren Moslemtataren. Fünfhundert Jahre hatten die Tatarenkhane die Krim beherrscht; erst im 18. Jahrhundert war es gelungen, sie zur Unterwerfung zu zwingen. Seit damals galt die Treue der Tataren dem jeweiligen Zaren, den sie als legitimen Nachfolger ihrer Khane betrachteten.

Im Herbst des Jahres 1911 gab die Zarin in Livadia anläßlich des sechzehnten Geburtstages ihrer ältesten Tochter einen ihrer seltenen Galabälle. Bei diesem gesellschaftlichen Großereignis spielte, wie Radsinski ausführt, ein Militärblasorchester: »... In einem langen rosa Kleid, mit weißblondem Haar, stand Olga mitten im Saal, und alle eingeladenen Husarenoffiziere waren in sie verliebt. An jenem Abend legte sie zum erstenmal ihr Brillantkollier an. Zu jedem Geburtstag schenkte die sparsame Alix den Töchtern eine Perle und einen Brillanten, damit sie mit 16 Jahren zwei Kolliers besaßen ...«[61]

Olga, das langsam zur Frau aufblühende Mädchen, war an diesem Tag auch Patin eines Husarenregimentes geworden. Sie war glücklich und tanzte bis in die frühen Morgenstunden.

Für den Zaren bedeutete Livadia in erster Linie Erholung. Er genoß es, im warmen Meer zu schwimmen, und verbrachte soviel Zeit wie möglich im Freien. Frühmorgens spielte er Tennis, während Alexandra auf dem Balkon in ihrem Liegestuhl lag. Auch die unsportliche Zarin, die weder schwamm noch Tennis spielte, war in Livadia glücklich. Sie hatte ihren privaten Pony-Expreß, eine kleine Ponykutsche, mit der sie manchmal durch die prächtigen Gartenanlagen fuhr. Sie überwand sogar ihre

sie sonst auszeichnende Menschenscheu, indem sie manchmal einen Einkaufsbummel in der Hauptstadt Jalta machte. Öfter besuchte sie die an der Küste gelegenen Sanatorien und Heilstätten für Lungenkrankheiten. Wenn sie die bedauernswerten Schwindsüchtigen, die in diesen Erholungsheimen auf Besserung ihres Gesundheitszustandes hofften, nicht selbst aufsuchen konnte, schickte sie ihre Töchter. Sie gründete zwei Krankenhäuser und organisierte alljährlich einen Wohltätigkeitsbasar am Pier von Jalta. Von der *Standart* aus ging sie auf den Platz und leitete Auktionen, deren Reinerlös für ihre Krankenhäuser bestimmt war. Die dort angebotenen Eigenfabrikationen Alexandras – hauptsächlich Stickereien, Häkel-, Näh- und andere Handarbeiten – erfreuten sich großer Beliebtheit bei der Bevölkerung.
Sowohl in Livadia wie in Gesamtrußland war Ostern immer ein besonderes Ereignis. Das Osterfest galt als Höhepunkt des orthodoxen Kirchenjahres und wurde fast intensiver und herzlicher gefeiert als Weihnachten, wie Massie ausführt: »... In ganz Rußland drängten sich am Vorabend des Osterfestes die Menschen in Kathedralen und Kirchen und standen mit brennenden Kerzen in den Händen da, um die großartige Chorlitanei zu hören. Von Mitternacht an warteten sie darauf, daß der Bischof, der Metropolit oder alle zusammen sich auf die Suche nach dem Heiland machten. Gefolgt von der ganzen Gemeinde, in einer Prozession von Kerzen, umschritten sie die Kirche. Zum Portal zurückgekehrt, stellten sie die Entdeckung des leeren Grabes Christi dar ... Sie blickten hinein, sahen, daß die Kirche leer war, und der Priester wandte sich ... um ... und ... rief: ›Christus ist auferstanden!‹ Die Gläubigen antworteten ... mit einem lauten: ›Er ist wahrhaft auferstanden!‹ Überall in Rußland ... war dies der Augenblick, da das ganze russische Volk, Bauern wie Fürsten, vereint lachte und weinte ...«[62]
Nach den ergreifenden Gottesdiensten, die überall zelebriert wurden, in den großen Kathedralen und Basiliken der Millionenstädte, aber auch in den kleinsten Dorfkirchlein in Sibirien und der Ukraine, begannen die Menschen zu feiern. Die lange Fastenperiode war vorbei, und man aß nach Herzenslust. Die sprichwörtliche russische Gastfreundschaft trat nie stärker zutage als in der Osterzeit. Die Türen der Häuser standen jedem fremden Besucher offen, die Gäste wurden großzügig bewirtet. In Livadia wurde das Zarenschloß zu einem einzigen riesigen

Speisesaal. Der Gossudar und die Gossudarin gaben allen Mitgliedern des Hofstaates, den Ministern wie den Lakaien und Dienstmädchen, drei symbolische Segensküsse. Nacheinander umarmte Nikolaus die versammelten Angehörigen des Schloßhaushaltes und sagte laut und feierlich: »Christos woskres! – Christ ist erstanden!« Wie im Chor schallte es zurück: »Woistinu woskres! – Wahrlich, er ist erstanden!« Eine Schulkinderabordnung traf aus Jalta ein, um aus den Händen der Zarin die traditionellen Osterkuchen mit weißem Zuckerguß, welche »kulitsch« genannt wurden, in Empfang zu nehmen. Ostern in Livadia! Überall herrschte Freude, man sah nur zufriedene, glückliche Gesichter. Die Männer der kaiserlichen Leibgarde strahlten, als ihnen der Zar bemalte, ausgeblasene Ostereier überreichte. Frederiks, Dr. Botkin und die anderen hohen Hofwürdenträger aber bestaunten ungleich wertvollere Geschenke – goldene, edelsteinbesetzte Ostereier aus der Werkstatt von Peter Carl Fabergé.

Fabergé, der Juwelier der Juweliere, war um die Jahrhundertwende einer der berühmtesten Männer der Welt. Der Russe mit dem französischen Nachnamen gebot allein in Petersburg über ein Imperium von fünfhundert Mitarbeitern. Fabergé-Filialen gab es in Moskau, London und Paris. Das Geschäft mit Gold- und Silberwaren, großen Eßservicen und vor allem natürlich mit Schmuck hatte Peter Carl Fabergé zum Multimillionär gemacht. Er war der Hofjuwelier des Zaren von Rußland, aber seine Klientel war international, ja auf der ganzen Welt zu suchen. Der Schah von Persien ließ genauso bei ihm arbeiten wie König Edward VII., die Monarchen von Norwegen, Griechenland, Dänemark und Belgien, um nur einige wenige zu nennen. Dieser Lieferant der Kaiser und Könige, der die Wirren der Revolution unbeschadet überlebte – als Diplomat verkleidet, gelangte er 1918 auf abenteuerlichem Wege in die Schweiz, wo er zwei Jahre später verstarb –, war ein schlanker, mittelgroßer Mann mit aristokratischen Gesichtszügen, einer Halbglatze und einem fein säuberlich gepflegten, milchig-weißen Spitzbart.

Peter Kurth erwähnt den unvergleichlichen Zauberer der Goldschmiedekunst nur in einigen Sätzen: »… In keinem Namen verdichtet sich der Prunk der Spätzeit des zaristischen Rußland so sehr zum Symbol wie in dem von Carl Fabergé. Seine eleganten und oft skurrilen Nippes waren die passenden Geschenke für jeden Anlaß, doch erst die Kaiserlichen Ostereier haben den Namen Fabergé legendär gemacht. Das erste dieser Ostereier, das Alexander III. 1885 seiner Frau Marie Fjodorowna schenkte, enthielt eine Überraschung, eine kleine goldene Henne mit einer ... Diamantkrone. Unter Nikolaus II. wurden jedes Jahr mehr solcher ›Überraschungseier‹ hergestellt, in denen etwa juwelenbesetzte Miniaturausgaben der Krönungskutsche oder des Gatschina-Palastes steckten ...«[63] Bis zum Untergang des Imperiums fabrizierte Fabergé insgesamt sechsundfünfzig dieser legendären Eier. Das erste Meisterwerk dieser Art war 1884 (Kurth irrt sich hier um ein Jahr) auf Wunsch Alexanders III. entstanden. Es war als Geschenk für seine Frau gedacht, und jedes Jahr sollte ein weiteres folgen. Nikolaus II. gab dann alljährlich jeweils zwei Fabergé-Eier in Auftrag, wobei eines für Maria Fjodorowna und das andere für Alexandra bestimmt war. Fabergés Geheimnis war, die goldenen Eier quasi nur als glanzvolle Hülle anzufertigen, die sich öffnen ließ, um das Auge des Betrachters sodann durch eine im Inneren verborgene Kostbarkeit in den Bann zu schlagen. Öffnete man das Ei, kam zum Beispiel ein arrangiertes Blumenbukett zum Vorschein. Manche der Ostereier waren sogar so konstruiert, daß sich ihre obere Hälfte zu jeder vollen Stunde automatisch öffnete, um den Blick auf einen winzigen, von Juwelen besetzten, krähenden und flügelschlagenden Emailhahn freizugeben. Zu Fabergés Miniaturschmuckstücksortiment zählten diamantenbesetzte Zigarrendosen, Zigarettenetuis, Uhren, Broschen, Manschettenknöpfe und ganze Schreibgarnituren. Der Meister, dem nie die Phantasie auszugehen schien, überbot sich fast mit jedem neuen Auftrag. Seinem Ideenreichtum waren offenbar keine Grenzen gesetzt. Fabelfiguren der russischen Sagenwelt wurden genauso in Miniatur verewigt wie Zigeuner oder Kosaken, Popen und Bauern oder simple Gebrauchsgegenstände. So besaß etwa Fürst Jussupow etliche Fabergé-Regenschirme, diamantenbesetzte Wunderwerke, die kaum zehn Zentimeter groß waren. Die goldene Reiterstatue Peter des Großen, die Fabergé für den Zaren schmieden ließ, war gar nur 2,73 cm hoch. Email- und Goldsänften, nie höher als zehn Zentimeter, waren genauso Ausdruck seiner vollendeten Kunst wie der zwölf Zentimeter große Louis-Seize-Schrank, den Nikolaus so sehr bewunderte. Es fällt schwer, Fabergés genialstes Werk zu benennen. Wahrscheinlich aber war es das Osterei von 1900, eine wahrhaft atemberaubende Konstruktion, die die Transsibirische Eisenbahn zum Motiv hatte. Das emaillierte Eisenbahnosterei wies drei Farben auf: Blau, Grün und Gelb. Seine Außenfläche zierte eine Landkarte von Sibirien, und auf silbernen Linien war die Route der »Welikij Sibiriskj Put« nachgebildet. Drückte man auf den goldenen Doppeladler am Kopf des Eies, so klappte es auf und eröffnete dem Betrachter den Blick auf eine maßstabsgetreue Imitation der Transsibirischen Eisenbahn. Die Lokomotive und die fünf Waggons waren insgesamt dreißig Zentimeter lang und ganze fünfzehn Millimeter breit. Wie ein Zeitzeuge, der dieses unübertroffene Wunderwerk einmal aus der Nähe begutachten durfte, ausführte, hatte diese raffinierte Konstruktion einen Aufziehmechanismus in der Art einer Spieluhr, der das Ganze auch noch in Bewegung setzte.

Wenn sich der Zar irgendwo noch besser erholte als auf der Krim, so geschah dies auf seinen Yachten während der alljährlichen Kreuzfahrt durch die finnischen Schären. Die *Polarstern* und die *Standart,* deren Planken alle Staatsoberhäupter Europas irgendwann einmal betreten hatten, waren schwimmende Paläste.

Der Kreuzfahrtrhythmus war stets derselbe. Obwohl täglich Kurierboote aus St. Petersburg anlegten, um den Zaren auch in seiner Urlaubszeit mit Akten zu überhäufen, widmete sich Nikolaus jeweils nur am Montag und Dienstag seinen Amtsgeschäften. Der Rest der Woche stand ganz im Zeichen der Entspannung. Der Zar schwamm, ruderte an Land und durchwanderte die Kiefernwälder. Auf seinen Landausflügen verzichtete er zumeist auf eine Eskorte und zog es vor, zusammen mit den Kindern auf Pilzsuche zu gehen oder an einsamen Stränden ein Sonnenbad zu nehmen. Aufgrund ihres Ischiasleidens war die Zarin bei diesen Exkursionen so gut wie nie dabei. Sie blieb an Bord, sonnte sich, schrieb Briefe, betrachtete das Spiel der Wellen, stickte und unterhielt sich mit ihrer Freundin Anna Wyrubowa. Sie liebte vor allem die Sonnenuntergänge und die Möwen, die sich immer dann zu entfernen schienen, wenn die Flagge eingeholt wurde und die Baßstimme eines Matrosen jenen Choral intonierte, der die Abendandacht einleitete.

Im August des Jahres 1909 hatte der letzte Englandbesuch der Zarenfamilie stattgefunden. Damals fuhr der Zar mit der *Standart* zur alljährlichen Regattawoche auf der Insel Wight, einem

Großereignis im Edwardianischen England. Vor Beginn der Regatta veranstaltete König Edward VII. eine Flottenparade zu Ehren seines hohen russischen Gastes. Staunend betrachteten Nikolaus und Alexandra die stählernen Ungetüme der Royal Navy, die Kriegsschiffe und Liner der gewaltigsten Armada der Erde. Der Zar stand, englische Admiralsuniform tragend, neben Edward, und wie dieser salutierte er immer wieder, als Hochrufe ausgebracht wurden, Geschütze losdonnerten und ein großes Blasmusikorchester alternierend »God save the King!« und »Gott schütze den Zaren« spielte. Die einwöchige Regatta markierte den Höhepunkt der englischen Sommersaison. Dreihundertzwanzig Yachten tummelten sich im Hafen, sowohl an Land wie auch an Bord der Schiffe fanden rauschende Dinnerparties statt.

Damals erlebte Prinz Edward, ein fünfzehnjähriger Seekadett der Elitemarineschule von Osborne, die sich in der Nähe von Cowes befand, seine Paten Nikolaus und Alexandra zum ersten und einzigen Male bewußt. Er führte Onkel Nicky durch seine Schule und wunderte sich über die hohe Anzahl von Leibwächtern, die dem Zaren auf Schritt und Tritt folgten, wie aus dem Memoirenwerk des späteren, abgedankten Königs Edward VIII., der sein Leben als Duke of Windsor beenden sollte, hervorgeht.[64] Auch der blutjunge Britenprinz bewunderte bei diesem Besuch die luxuriöse Ausstattung der *Standart,* von der sich vor allem der deutsche Kaiser Wilhelm II. immer sehr angetan zeigte.

Im Juni 1912 stand Wilhelm II. zum letztenmal an Bord der *Standart.* Der Kaiser verweilte drei Tage und war blendender Laune. Er spielte Fangen mit Anastasia, überhäufte die Kinder – im besonderen den Zarewitsch Alexej – mit Geschenken und gab Nikolaus wieder viele gute Ratschläge. Vor seiner Abreise konnte er es sich allerdings nicht verkneifen, alle Offiziere der *Standart* auf die daneben im Hafen von Reval ankernde *Hohenzollern* zu einem morgendlichen Sektgelage einzuladen. Süffisant teilte er dem Zaren dann mit, daß seine Russen das Kunststück zuwege gebracht hätten, innerhalb einer Stunde »sechzig Flaschen Champagner den Garaus« zu machen.

Nachdem wir nun das Familien- und Gesellschaftsleben des Zaren, seiner Frau und seiner Kinder skizziert haben, wollen wir uns wieder den Geschehnissen in den Jahren vor dem Ersten

Weltkrieg widmen und mit 1912 beginnen, als der Rasputin-Skandal überzuschäumen drohte, es dem sibirischen Wundermann aber – auf welche Weise auch immer – gelingen sollte, den todgeweihten Zarewitsch, mit dessen Ableben im Herbst konkret zu rechnen war, erneut zu retten und damit seine Vertrauensstellung bei der Zarin endgültig zu festigen.

Daß der Rasputin-Skandal in den Anfangsmonaten dieses Jahres derart eskalierte, lag nicht zuletzt an der Presse. Da die Zensurgesetze nach dem Oktobermanifest aufgehoben worden waren, konnten die führenden Zeitungen des Landes auch ungeniert über das Leben bei Hofe berichten. Allerdings gab es da die offizielle Weisung, das Privatleben der Zarenfamilie unkommentiert zu lassen. Dennoch begannen sich nun selbst seriöse Medienmacher regelrecht auf Rasputin »einzuschießen«. Man konnte ihnen ihre Vorgehensweise jedoch kaum verdenken, denn der Muschik forderte Sensationsberichte geradezu heraus.

Im Vorjahr hatte Sophie Tjutschewa, die Gouvernante der Zarentöchter, eine Fehde mit dem Starez ausgetragen. Sie entrüstete sich darüber, daß Rasputin, ungeniert und ohne anzuklopfen, auch die Schlafzimmer der älteren Kaisertöchter betrat, Olga und Tatjana im Nachthemd erblickte und sie wie Kleinkinder küßte und hätschelte. Die resolute Madame Tjutschewa klagte Alexandra ihr Leid und unterstellte dem heiligen Mann unlautere Motive. Die Zarin nahm Rasputin sogleich in Schutz und beschloß, die verleumderische Gouvernante auf der Stelle zu entlassen. Ehe Sophie Tjutschewa Zarskoje Selo wutentbrannt verließ, drang sie jedoch nochmals zum Zaren persönlich vor. Nikolaus machte ihre fristlose Entlassung zwar nicht rückgängig – wieder einmal stellte er sich hinter seine Frau, ohne sich um die Konsequenzen zu kümmern –, verfügte aber die sofortige Einstellung der Rasputin-Besuche in den Schlafgemächern der Großfürstinnen. Von nun an fanden die Treffen mit Freund Grischka, die Alexandra für so unentbehrlich hielt, in Anna Wyrubowas kleinem Häuschen statt. Leider vergaß die aus einer altehrwürdigen Moskauer Familie stammende Gouvernante, deren Großvater ein in ganz Rußland anerkannter Dichter gewesen war, dieses Faktum zu erwähnen, als sie ihren Freunden von den sonderbaren Vorgängen bei Hof erzählte. Sie ließ ihrem Haß auf Rasputin freien Lauf und spielte der Presse pikante Informationen zu. Als dann Anfang 1912 auch noch angebliche Liebesbriefe der Zarin an Rasputin auftauchten, war die Sensation perfekt.

Nikolaus war zornig und beschloß, die Presse zu zügeln, indem er allen Blättern, die sich der Rasputin-Thematik widmeten, hohe Geldstrafen abverlangte. Die Auflagenzahl war jedoch derart in die Höhe geschnellt, daß man diese Einbuße gerne in Kauf nahm. Die Maßnahme des Zaren fruchtete also nichts. Die Skandalberichterstattung ging weiter. Der Duma-Abgeordnete Alexander Gutschkow verbreitete Kopien der Liebesbriefe der Zarin, die nicht nur im Parlament, sondern in der ganzen Hauptstadt für Gesprächsstoff sorgten. Was hatte es mit diesen das Ansehen der Kaiserin untergrabenden und entehrenden geheimnisvollen Briefen auf sich? Wer brachte sie in Umlauf? Waren sie echt oder aber nur eine plumpe Fälschung, wie der Premier und sein Innenminister Makarow vermeinten?

Die verhängnisvollste Rolle in der Briefaffäre spielte natürlich Rasputin selbst. Doch ohne Sergej Truffanow, den jeder nur unter seinem Mönchsnamen Iliodor kannte, wären sie wahrscheinlich nie ans Licht der Öffentlichkeit gelangt. Wie Rasputin war der etwas über dreißig Jahre alte Iliodor ein Prediger von eigenen Gnaden. Ursprünglich sah dieser merkwürdige Mann, der später zu Rasputins fanatischstem Gegner werden sollte, in dem Starez eine verwandte Seele. Iliodor, dessen Brandreden das gemeine Volk in wahre Begeisterungstaumel stürzten, hatte sich nicht nur als wortgewaltiger Prediger, sondern auch als Initiator eines Klosterbaues einen Namen gemacht. Sein Wolgakloster stand bei Zarizyn, dem späteren Stalingrad. Erbaut hatten das Kloster Scharen von Freiwilligen – offiziellen Berichten zufolge ging ihre Zahl in die Tausende –, die Iliodors Appell »Laßt uns ein gewaltiges Gotteshaus errichten! Bringe der eine einen rostigen Nagel, der andere ein Brett, der dritte einen Hammer, der vierte eine Schaufel!«[65] gefolgt und willig an die Ufer der Wolga geströmt waren.

Es war der Erzbischof Feofan, der Rasputin und Iliodor 1907 erstmals zusammengebracht hatte. Wie so viele andere vor ihm, zeigte sich Iliodor anfänglich begeistert von dem heiligen Mann und dessen besonderes Verhältnis zu Gott. Mehrere Male lud er ihn ein, sein Kloster bei Zarizyn mit einem Besuch zu beehren. Aber als Rasputin dann drei Jahre später tatsächlich in Iliodors Glaubenshochburg auftauchte, war von seiner religiösen Inbrunst nicht mehr viel zu spüren. Entsetzt beobachtete der enthaltsame Mönch, wie Rasputin schamlos den attraktivsten Christusbräuten nachstellte. Die Nonnen von Zarizyn baten untertänig um den Segen des Starez. Iliodor begann an Rasputin zu zweifeln, begleitete ihn aber trotzdem auf die Reise in dessen Heimatdorf Pokrowskoje. Während der langen Zugfahrt erzählte Iliodor dem Starez voller Stolz von seinem Unschuldsgelübde und bat ihn, in sich zu gehen und seine eigenen Liebesheilslehren zu überdenken. Rasputin lachte ihn aus und verspottete ihn. In seiner Euphorie kam Rasputin auch auf sein Nahverhältnis zu Matuschka zu sprechen und behauptete, er habe die Zarin mehrmals und im Beisein ihrer Töchter geküßt. Der Zar selbst, führte Rasputin weiter aus, habe oftmals auf den Knien vor ihm gelegen und ehrfürchtig gestammelt: »Grigori, du bist Christus!«

Als Iliodor Rasputin später erneut auf die verschiedenen Gunstbezeugungen der Zarin ansprach und Zweifel anmeldete, produzierte dieser eine Vielzahl von Briefen aus der Feder Alexandras und der ihrer Kinder. Wenn man Iliodors Ausführungen trauen darf, so schenkte ihm Rasputin die meisten dieser Schreiben. Lediglich einen Brief des Zarewitsch soll er nicht aus der Hand gegeben haben, da er ein Unikat war.

Es bleibt ein ungelöstes Rätsel, warum Iliodor die verfänglichen Briefe zwei Jahre lang sorgsam verwahrte und sich nach den Erlebnissen in Pokrowskoje immer noch als Freund des Sibiriers bezeichnete. Als Rasputin einer der Nonnen von Zarizyn Gewalt anzutun versuchte, riß Iliodor endlich die Geduld. Er zitierte den Starez zu Erzbischof Hermogen von Saratow und stellte ihn in dessen Anwesenheit zur Rede. Erstaunlicherweise schien Rasputin bei dieser Konfrontation mit dem imposanten Kirchenfürsten seine sprichwörtliche Selbstsicherheit verlassen zu haben. Er zeigte sich ziemlich kleinlaut und geständig. Er wies die gegen ihn erhobenen Vorwürfe nicht zurück, wie es sonst seine Art war, sondern gab unumwunden zu, einen Vergewaltigungsversuch unternommen zu haben. Der Erzbischof von Saratow, ein breitschultriger Hüne mit mächtigem Stimmorgan, der sogar Rasputin deutlich überragte, erlitt einen Zornanfall. »Elender Hund!« donnerte er dem Starez entgegen. »Du vergehst dich an den Bräuten Christi!« Dann versetzte Hermogen ihm einen gezielten Faustschlag ins Gesicht. Rasputin taumelte

zurück und schien wie betäubt. Er verteidigte sich nicht, als ihn der erzürnte Kirchenfürst mit einem riesigen Holzkreuz quer durch das ganze Zimmer prügelte.
Am nächsten Tag fand sich der entnervte Starez überraschend wieder bei Iliodor ein und flehte ihn fast auf Knien an: »So hilf mir doch! Rette mich, bitte!« Iliodor schenkte Rasputins Beteuerungen, sich vollkommen ändern zu wollen, Glauben und ging mit ihm zum Erzbischof von Saratow, damit dieser ihm ebenfalls vergebe. Mit gesenktem Kopf trat Rasputin auf Hermogen zu und versuchte, ihm den Bruderkuß zu geben. Hermogen aber stieß ihn angewidert zurück und brüllte: »Hebe dich hinweg, Satan!« Weinerlich flehte Rasputin um Vergebung. Allein der Kirchenfürst blieb hart. Der Starez, der schon einmal die harte Faust des streitbaren Bischofs gespürt hatte, zog es vor, schnellstens die Flucht zu ergreifen. Laut Iliodor war er sehr zerknirscht und sprach von Buße und Reue.
Seine Reuephase dauerte allerdings nicht einmal ganze drei Tage. Dann trat der ungeschlachte Sibirier vor die Zarin hin und beschwerte sich über die beiden gottlosen Männer, die ihn nicht nur zu Unrecht beschuldigt, sondern sogar fast bewußtlos geschlagen und getreten hätten. Die Kaiserin reagierte umgehend, indem sie den stolzen Hermogen in ein entlegenes Kloster verbannen ließ. Auch Iliodor wurde verbannt. Doch anders als der Erzbischof, der sich in sein Schicksal fügte, weigerte sich der junge Priester, die Strafe anzutreten. Sein Haß auf Rasputin steigerte sich ins Unermeßliche. Predigend zog er durch die Lande und wiegelte die Bevölkerung gegen den teuflischen Mann aus Tobolsk auf. Nun erinnerte sich Iliodor an die ominösen Briefe der Zarin und brachte sie geschickt in Umlauf.
Der Zar war tief unglücklich über all diese Vorgänge. Die Ehre seiner Frau wurde bedenkenlos in den Schmutz gezogen, in den Kneipen wurden »Rasputinaden«, Schmähgassenhauer, gesungen, schmutzig-obszöne Graffiti zierten die Hauswände, die Zeitungen berichteten weiter über das sagenhafte Liebesleben der Sibiriers, überall munkelte und tuschelte man. Hinter vorgehaltener Hand erzählte man sogar, Grischka habe alle Töchter des Zaren vergewaltigt und ihre Gemächer, die er in Wahrheit längst nicht mehr betreten durfte, in einen Liebesharem verwandelt, zu dem der Herrscher gar keinen Zutritt mehr hatte. Nikolaus verstand die Welt nicht mehr. War er als Herrscher

von Gottes Gnaden nicht einmal mehr imstande zu verhindern, daß solche Verleumdungen gedruckt wurden, skandalöse Gerüchte grassierten und das Volk vergifteten? Da er in dieser elenden Atmosphäre bösartigen Klatsches zu ersticken drohte, wie er Premierminister Kokowzow sagte, erwog er ernsthaft eine Aufhebung der Pressefreiheit. Er wollte die ekelhafte Affäre um jeden Preis beenden, doch der Ministerpräsident machte ihm klar, daß eine Wiedereinführung der Zensur ein Ding der Unmöglichkeit sei. Graf Kokowzow betonte, daß das Problem nur gelöst werden könne, indem man Rasputin ein für allemal vom Hof entferne.

Angewidert von den die Duma zeitweilig dominierenden Rasputin-Anfragen, beschloß nun auch der Parlamentspräsident Michail W. Rodsjanko, ein kaisertreuer Aristokrat mit gewaltigem Leibesumfang – er wog an die hundertdreißig Kilogramm –, gegen den Starez aktiv zu werden. Es war Maria Fjodorowna, die Rodsjanko eine Audienz in Zarskoje Selo verschaffte. Rodsjanko, der vor seinem Eintreffen im Dorf des Zaren lange vor der heiligen Ikone Unserer Lieben Frau von Kasan gebetet hatte, kam ohne Umschweife zur Sache. »Majestät«, sagte er zum rauchenden Zaren, kurz nachdem er in einem der bequemen Sessel des Empfangszimmers Platz genommen hatte, »ich beabsichtige von dem Starez zu sprechen, von Rasputin, und von seiner unstatthaften Gegenwart am Hofe Eurer Majestät. Ich flehe Sie an, als Eurer Majestät treuer Untertan – wird es genehm sein, mich zu Ende anzuhören? Wenn nicht, sagen Sie bitte nur ein Wort, und ich werde schweigen!« Nikolaus erwiderte den festen Blick des Duma-Präsidenten nicht, antwortete aber leise: »Bitte sprechen Sie.« Nachdem Rodsjanko erneut den ganzen Katalog der Rasputinschen Verfehlungen aufgelistet, von all den Kirchenfürsten und hochrangigen Persönlichkeiten, die den Lebenswandel des Sibiriers verdammten, und sogar von der hinter ihm stehenden Kaiserinwitwe gesprochen hatte, erteilte der Zar ihm den Befehl, persönlich eine Charakterstudie Rasputins zu erstellen und ihm das Beweismaterial zu gegebener Zeit vorzulegen.

Umgehend ließ sich der Duma-Präsident den riesigen Aktenberg kommen, Stolypins Dossier über den Starez und alle beim Heiligen Synod eingegangenen Beschwerden. Als er seinen vernichtenden Bericht ausgearbeitet hatte, versuchte man jedoch

an die brisanten Unterlagen zu kommen. Wie Rodsjanko später in seinem Buch *The Reign of Rasputin* ausführte, erschien ein Beauftragter des Synods bei ihm und verlangte die Herausgabe des Dossiers. Zuerst behauptete dieser, lediglich im Auftrag einer hochgestellten Persönlichkeit zu handeln. Der Duma-Präsident wollte Genaueres erfahren und fragte: »Von wem kommen Sie? Hat Sie Religionsminister Sabler geschickt?« – »Nein, eine viel höher gestellte Persönlichkeit!« Rodsjanko wurde ungeduldiger. »So, so«, sagte er. »Von wem also kommen Sie wirklich? Reden Sie, Mann! Wer ist denn diese hochgestellte Persönlichkeit?« Da sagte der eingeschüchterte Synod-Beauftragte verlegen: »Es ist die Zarin Alexandra Fjodorowna!«
Diese Eröffnung schien Rodsjanko nicht sonderlich zu überraschen. Beherzt erwiderte er: »Wenn dem so ist, dann teilen Sie bitte Ihrer kaiserlichen Majestät mit, daß sie ebenso ein Untertan ihres erlauchten Gemahls ist wie ich und daß es ihre wie meine Pflicht ist, seinen Befehlen Folge zu leisten. Ich sehe mich daher außerstande, ihren Wünschen zu entsprechen.«[66] Der Duma-Präsident gab die Akten also nicht heraus und bestand darauf, sie dem Gossudaren persönlich zu überreichen. Aber als er neuerlich um eine Audienz ersuchte, wurde ihm diese ohne Nennung von Gründen abgeschlagen. Der hartnäckige Mann gab dennoch nicht auf und übersandte dem Zaren seinen Bericht auf dem Postwege. Außenminister Sasonow bezeugte später, daß Nikolaus ihn in seiner Gegenwart überflogen hatte. Auf eine Reaktion wartete Rodsjanko aber vergeblich.
Rasputin trug im Hochsommer des Jahres 1912 selbst zu einer Entschärfung der Lage bei, als er wieder zu einem ausgedehnten Heimaturlaub nach Pokrowskoje aufbrach.
Am 26. August wurde in einer gewaltigen Feier der Entscheidungsschlacht von Borodino gedacht. Exakt hundert Jahre zuvor war der aus dem brennenden Moskau kommende Korse hier von Feldmarschall Kutusow vernichtend geschlagen worden. Dieser große russische Sieg über Napoleon war zwar alle Jahre mit Festen gefeiert worden, doch diese Jubiläumsveranstaltung sollte alles bisher Dagewesene in den Schatten stellen. Pioniertruppen hatten das historische Schlachtfeld rekonstruiert und jene legendären Schanzen neu errichtet, an denen Napoleons Kavallerieeinheiten verblutet waren. Endlich gab es wie-

der Anlaß zur Freude für den Zaren. An der Spitze einer wahren Kavalkade von Großfürsten ritt Nikolaus auf einem prächtigen Schimmel unter den Klängen der Nationalhymne und den Jubelrufen der unzähligen Schaulustigen das Schlachtfeld ab. Eine der glanzvollsten Erscheinungen der großfürstlichen Familie bot sein Cousin Prinz Dmitri, der Sohn des verbannten lieben Onkel Pawel, den Nikolaus und Alexandra wie ein eigenes Kind aufgezogen hatten. Dmitri Pawlowitsch, der 1911 als Springreiter an den Olympischen Spielen in Stockholm teilgenommen hatte, war außerordentlich gutaussehend, der erklärte Schwarm aller Mädchen der Petersburger Hocharistokratie. Groß, schlank, mit athletisch durchtrainierter Figur, galt Dmitri nach den Aussagen eines anderen Großfürsten als »so schön wie eine Fabergé-Statuette«[67], als echter »Prince charming« und Herzensbrecher par excellence. Jeder erwartete, daß der Zar bald die Verlobung zwischen ihm und seiner ältesten Tochter Olga bekanntgeben werde. Olga und Dmitri schienen einander aufrichtig zugetan, und beide waren eine Zeitlang untröstlich, als die Zarin die geplante Verlobung unerwartet ins Wasser fallen ließ. Dmitri war sehr gekränkt und vermutete – ob zu Recht oder zu Unrecht bleibt Spekulationsgegenstand –, daß der vertrackte Rasputin hinter ihrer ablehnenden Haltung gesteckt habe. Dies mag mit ein Grund gewesen sein, daß der schöne Prinz fünf Jahre später zum Jussupowschen Kreis der Starez-Mörder gehören sollte. Am 26. August 1912 aber ritt er stolz hinter dem Zaren und suchte den Blickkontakt mit Olga, die die Parade an der Seite ihrer gelangweilt wirkenden Mutter fasziniert beobachtete. Die Zeremonie war sehr beeindruckend und ergreifend und endete damit, daß der Zar einem überlebenden Veteranen der Schlacht von Borodino, dem hundertzweiundzwanzig Jahre alten Feldwebel Wojtinuik, gerührt die Greisenhand drückte.
In Moskau gingen die Festveranstaltungen zu Ende – mit Bällen, Empfängen, weiteren Paraden und Gedenkgottesdiensten. Museumsbesuche, die Ausmusterung von fünfundsiebzigtausend Soldaten, die vielen Prozessionen und der endlose Strom der Besucherdelegationen erschöpften vor allem die Zarin.
Einen Monat später fuhr die siebenköpfige Zarenfamilie im Sonderzug zum Jagdurlaub in die polnischen Wälder. Die Reise wurde nur einmal unterbrochen, und zwar in Smolensk, wo der Zar eine Dinnerparty für die Repräsentanten der Hocharisto-

kratie der Stadt gab. Die Stimmung war ausgesprochen gut und steigerte sich noch zusätzlich, als der Zarewitsch unbemerkt ein Glas Champagner austrank, offenbar einen kleinen Schwips bekam und plötzlich, sehr zur Erheiterung aller Anwesenden, in der Rolle des Alleinunterhalters brillierte. Bester Laune traf Nikolaus im Jagdhaus von Bialowieska ein. Dieses tief in den polnischen Wäldern gelegene Herrenhaus befand sich in einer besonders wildreichen Gegend. Das Areal des Zaren umfaßte nicht weniger als dreißigtausend Morgen Land. In dieser bizarren Waldregion machte der Gossudar Jagd auf Elche und Hirsche und hielt sogar nach Auerochsen Ausschau. Der riesige polnische Forst war das einzige Gebiet Europas, in dem – durch eine Laune der Natur – noch Exemplare der seltenen Spezies der Auerochsen existierten. Die Zarenfamilie erholte sich zwei Wochen in Bialowieska. Obwohl es ständig nieselte, war die Witterung angenehm warm, und Nikolaus und die Töchter ritten jeden Morgen aus. Alexej, der sich wieder einmal über sein Reitverbot ärgerte, verletzte sich schon wenige Tage nach der Ankunft. Als er über einen Weiher rudern wollte, sprang er so ungestüm in das Boot, daß er stürzte und sich dabei eine Leistenprellung zuzog.

Der besorgte Dr. Botkin verordnete dem tatendurstigen Zarewitsch, der mit zusammengebissenen Zähnen äußerte, daß der Schmerz nicht allzu groß sei, sofortige Bettruhe. Nach sechs Tagen war die Schwellung vollkommen zurückgegangen. Alexej fühlte sich wohl, und der aufatmende Botkin war der Ansicht, es bestünde keinerlei Gefahr mehr. Die Zarenfamilie setzte daraufhin ihre Reise nach Spala, dem einstigen Jagdsitz der Polenkönige, fort. Dort fiel dem Französischlehrer Gilliard die merkwürdige Blässe des Zarewitsch auf. Bald mußte der Unterricht eingestellt werden. Wieder mußte der sich schwach und ermattet fühlende Alexej das Bett hüten. Nach einigen Tagen beschloß die Zarin, ihn kurz dieser dunkel-feuchten Atmosphäre zu entreißen. Sie nahm ihn auf eine kleine Spazierfahrt mit, damit er die belebende Kraft der Sonne spüren und Frischluft atmen konnte. Die Kutsche, in der sich auch Anna Wyrubowa befand, war etwa drei Kilometer auf dem holprigen, unebenen Weg gefahren, als der Zarewitsch einen heftigen Beinkrampf erlitt und starke Unterleibsschmerzen bekam. Entsetzt befahl Alexandra dem Kutscher, sofort umzukehren.

Alexej jammerte und schrie. Sein Gesicht war schmerzverzerrt, bei jeder Bodenerhebung zuckte er zusammen und jaulte auf. Als sie wieder in Spala eintrafen, war er einer Ohnmacht nahe. Jewgeni Botkin nahm den schweißnassen Jungen in seine Obhut, untersuchte ihn sorgfältig und diagnostizierte eine schwere innere Blutung im Bereich der Leistengegend. Damit begann die Krise von Spala. Noch am selben Tag gingen Eildepeschen nach Petersburg ab. Nacheinander trafen vier Ärztekoryphäen ein – Professor Fjodorow, Dr. Derewenko, der bekannte Chirurg Rauchfuß und sein Kollege Dr. Ostrogowski. Sie alle konnten Botkins Diagnose nur bestätigen. Der Zustand des Thronerben war sehr ernst. Die Blutung ließ sich einfach nicht zum Stillstand bringen. Elf Tage und Nächte dämmerte Alexej im Fieberdelirium dahin. Seine Temperatur betrug fast vierzig Grad Celsius. Die schrecklichen Schmerzattacken traten in Fünfzehn-Minuten-Intervallen auf. Ein spasmischer Anfall folgte dem anderen. Alexej konnte nicht richtig schlafen, manchmal war er sogar zum Weinen zu schwach. Oft stammelte er verzweifelt: »O Herr, sei mir gnädig!« Während dieser furchtbaren elf Tage und Nächte wich Alexandra nicht von der Seite ihres Sonnenscheins, dessen Gesicht immer blutleerer wurde. Sie wachte an der Seite des Sohnes, der mit verrenkten Gliedmaßen und dunklen Augenringen im Bett lag und herzzerreißend wimmerte, aufstöhnte oder schrie. Wenn sich das Fieber etwas senkte und er einen lichten Moment durchlebte, griff er die Hand der Mutter und wisperte kaum hörbar: »So hilf mir doch, Mama! Warum hilfst du mir denn nicht?«
Alexandra weinte und wurde zunehmend mutloser. Tag um Tag verging. Der Zustand des Thronfolgers verschlechterte sich rapide. Erste Grautöne schlichen sich ins goldblonde Haar der Zarin. Nikolaus, der sie gelegentlich ablösen mußte, konnte das ständige Stöhnen und Jammern, die entsetzlichen Qualen des Jungen, noch schwerer ertragen als seine Frau.
Einmal eilte er weinend aus dem Haus, als Alexej gerade wieder einen besonders heftigen Anfall erlitt. Auch er war vollkommen ratlos, aufgelöst und rechnete mit dem Tod des Sohnes. Es zerriß ihm das Herz, ohnmächtig zusehen zu müssen, wie Alexej in unmenschlicher Agonie dahinvegetierte. Der Zarewitsch selbst schien ebenfalls mit seinem Leben abgeschlossen zu haben. »Wenn ich tot bin, tut es dann nicht mehr weh, Mama?« fragte

er Alexandra mehrmals verzweifelt. Am siebten Tag richtete er sich einmal schmerzverzerrt auf und sagte mit ganz schwacher Stimme: »Wenn ich tot bin, baut mir bitte im Wald ein kleines Denkmal aus Steinen.« Am erstaunlichsten war, daß man sich nach wie vor krampfhaft bemühte, nichts über den bedrohlichen Zustand des Thronerben des russischen Reiches nach außen dringen zu lassen. Der Schein mußte um jeden Preis gewahrt bleiben. Der Zar hielt sein Routineprogramm ein, ging mit polnischen Adeligen auf die Jagd, und am Abend verließ sogar Alexandra kurz das Krankenbett, um ihrer Gastgeberrolle gerecht zu werden. Monsieur Gilliard begriff das ganze Ausmaß der Tragödie dieses Doppellebens, als er eines Abends als Souffleur agieren mußte. Anastasia und Maschka trugen auf einer improvisierten Bühne Szenen aus einem Molière-Stück vor. Der Franzose war fassungslos. Da spielten die Mädchen vor polnischen Aristokraten, der Zar und die Zarin saßen in der ersten Reihe und versuchten heiter und zwanglos zu wirken, während ihr Sohn im Sterben lag!
Obwohl man also absolutes Stillschweigen über die Erkrankung des Zarewitsch bewahrt hatte, waren dennoch Nachrichten über seine schwer angegriffene Gesundheit durchgesickert. Der Petersburger Korrespondent der *Daily Mail* übermittelte seiner Zentrale in London einen ausführlichen Bericht, der auch prompt abgedruckt wurde und in dem es hieß, Alexej sei einem Attentat zum Opfer gefallen, die Bombe eines Terroristen habe ihn verstümmelt und lebensgefährlich verletzt. Die Gerüchteküche brodelte. Am neunten Tag gab Professor Fjodorow alle Hoffnungen auf und informierte Nikolaus, daß nun auch noch eine Magenblutung eingetreten sei, die höchstwahrscheinlich fatale Konsequenzen nach sich ziehen würde. Daraufhin erlaubte der Zar Hofminister Frederiks, ärztliche Bulletins zu veröffentlichen. Selbst in diesen blieb der wahre Grund der gefährlichen Erkrankung unerwähnt. Es hieß darin lediglich, der Zustand des Thronfolgers sei sehr ernst. Als die Bulletins publik wurden, begannen die Menschen in ganz Rußland für die Genesung des Zarewitsch zu beten. Überall fanden Bittgottesdienste statt. In Spala selbst war ein Betzelt im Freien errichtet worden. Am zehnten Tag schien das Ende gekommen. Alexej wurden die Sterbesakramente verabreicht. In der Nacht formulierte Frederiks tieftraurig ein nach Petersburg abgehendes Bulletin, aus

dem hervorging, daß mit dem baldigen Ableben seiner kaiserlichen Hoheit, des Thronfolgers Alexej, zu rechnen war. In einem letzten Verzweiflungsakt beschloß Alexandra in dieser Nacht der Nächte, ihren treuesten Freund um Hilfe zu bitten. Sie befahl Anna Wyrubowa, Grischka sofort nach Pokrowskoje zu telegraphieren.

Die Reaktion des Wundermönches bestand in seinem berühmt gewordenen Antworttelegramm an die Zarin, welches Pokrowskoje um zwei Uhr morgens verließ und diesen Inhalt hatte: »Fürchtet Euch nicht! Gott hat Eure Tränen gesehen und Eure Gebete gehört. Ihr braucht Euch nicht zu sorgen. Der Kleine wird nicht sterben. Die Ärzte sollen ihn nicht so sehr quälen!«

Fünf Stunden später präsentierte die erschöpfte und ausgelaugte Zarin Nikolaus und den fünf Ärzten triumphierend Rasputins erlösende Nachricht. »Nun kann ich endlich aufatmen, ich bin jetzt völlig ruhig und mache mir keine Sorgen mehr!« sagte sie mit fester, keinen Widerspruch duldender Stimme. Dr. Botkin und Professor Fjodorow untersuchten den Zarewitsch sofort, konnten jedoch keine Veränderung seines kritischen Zustandes konstatieren. Sie rechneten weiter mit dem Exitus ihres allerhöchsten Patienten. In der darauffolgenden Nacht müssen sie wohl konsterniert die Hände über den Köpfen zusammengeschlagen haben. Das Unglaubliche geschah. Die Blutungen des Thronfolgers verebbten langsam, um schließlich ganz aufzuhören. Alexej dämmerte zwar immer noch totenbleich und außerordentlich geschwächt vor sich hin, aber er war über den Berg, er hatte überlebt. Vater Grigori hatte sein größtes Wunder vollbracht. Spätestens seit diesem Tag, dem 11. Oktober 1912, gab es für die Zarin keinerlei Zweifel mehr, daß das Leben ihres Sohnes tatsächlich in den gottesfürchtigen Händen des Sibiriers lag. Vom medizinischen Standpunkt aus betrachtet, bleibt die telegraphische Fernheilung Rasputins bis zum heutigen Tag ein ungelöstes Phänomen. Weder der Zar noch die behandelnden Ärzte erwähnten später jemals das Spala-Telegramm des Starez. Gilliard überging es ebenso bewußt wie alle anderen Hofbeamten. Selbst Anna Wyrubowa verzichtete in ihrem Memoirenwerk auf einen detaillierten Kommentar, ließ jedoch durchblicken, daß die Depesche Rasputins den von niemandem erwarteten Umschwung und den daran anschließenden

Genesungsprozeß ausgelöst haben könnte. Alle Menschen, die die Krise von Spala hautnah miterlebten, teilten gegen Jahresende Professor Fjodorows Meinung, daß es keine rationale Erklärung für das Abklingen der Krankheit gab. Wissenschaftlich gesehen hätte Alexej sterben müssen. War es ein gespenstisch anmutender Zufall, eine Laune des unergründlichen Schicksals, die das Überwinden der Krisis mit dem ominösen Telegramm Rasputins koppelte? Der Schleier dieses Mysteriums wird sich wohl niemals lüften lassen.

Es dauerte länger als einen Monat, bis sich der fast zum Skelett abgemagerte Junge so weit erholt hatte, daß man den Rücktransport nach Zarskoje Selo wagen konnte. Sein linkes Bein blieb allerdings ein halbes Jahr lang stark gekrümmt. Es war ihm nicht möglich, es zu bewegen oder auszustrecken. Es mußte hochgelagert und mit einer dreieckigen Metallschiene versehen werden. Bei offiziellen Anlässen konnte der Thronfolger daher niemals stehen – entweder er saß, oder Clementi Nagorny trug ihn. Als weitere Erinnerung an Spala blieb dem Zarewitsch ein leichtes Hinken, das auch durch heiße Schlammbäder nicht völlig beseitigt werden konnte. Während der fünf Wochen, die die Zarenfamilie noch notgedrungen auf dem polnischen Jagdsitz verbringen mußte, bemühte sich der Herrscher, sein normales Arbeits- und Urlaubspensum zu absolvieren. Er nutzte die Zeit, um seinen Privatvergnügungen zu frönen, ging auf die Jagd, unternahm lange Ausritte und spielte Tennis.

Premierminister Kokowzow traf ein, um die diffizile Lage auf dem kurzzeitig wieder kriegsgeschüttelten Balkan zu erörtern. Montenegro, Sibirien, Griechenland und Bulgarien hatten nämlich eine Viererallianz geschlossen und dem altersschwachen Osmanischen Reich den Krieg erklärt. Alle vier Balkankönigreiche strebten Gebietszuwächse auf Kosten des Sultans an und hatten die Türkei in heimtückischer Weise überfallen. Der Zar hörte Kokowzow jedoch nur mit halbem Ohr zu, denn es gab wieder einen peinlichen Familienskandal, der seine ganze Aufmerksamkeit in Anspruch nahm und ihn einen seiner seltenen Zornanfälle erleiden ließ.

Michail Alexandrowitsch Romanow brach sein 1906 der Mutter und dem Bruder gegebenes Ehrenwort und heiratete seine Langzeitgeliebte, die zweimal geschiedene Natalia Wulfert. Er tat dies hauptsächlich auf ständiges Drängen seiner Lebensgefährtin Natalia, die langjährige Liaison, der 1910 ein Sohn namens Georgij entsprossen war, endlich zu legalisieren. Mischa und Natalia waren eine Zeitlang kreuz und quer durch Europa gereist, stets von einer beachtlich großen Dienerschaft begleitet, aber auch gelegentlich von Agenten der jeweiligen russischen Botschaft beobachtet und regelrecht überwacht. Im Juli 1912 erwarben sie ein Anwesen in Berchtesgaden. Zu diesem Zeitpunkt mußte es der Anwaltstochter bereits gelungen sein, Michail von der Notwendigkeit einer Trauung zu überzeugen, denn der Großfürst hielt in mehreren Großstädten Europas nach einem idealen Hochzeitsort Ausschau. Seine Wahl fiel schließlich auf Wien. Am 29. Oktober handelte Mischa. Um mögliche Verfolger und Bewacher zu täuschen, verkündete er seinem Gefolge, er wolle eine Urlaubsfahrt nach Cannes antreten. Die Dienerschaft wurde mit Gepäck vorausgeschickt und traf mit dem Zug in der Riviera-Stadt ein. Michail und Natalia würden erheblich länger brauchen. Denn sie hatten allen erklärt, daß sie mit dem Automobil durch die Schweiz und Italien fahren, also nicht die direkte Zugroute über die französische Hauptstadt benutzen würden. Der leidenschaftliche Autofahrer Mischa schlug jedoch eine ganz andere Richtung ein. Er parkte seinen gelben Rolls-Royce im bayrischen Würzburg und stieg in einen Zug nach Wien, wo er am 30. Oktober gegen vierzehn Uhr eintraf. Zwei Stunden später fand die heimliche Trauung statt. Michail und Natalia gaben einander in der kleinen serbisch-orthodoxen Kirche des heiligen Sawa das Jawort.

Danach schickte Mischa dem Zaren ein Telegramm, um ihm seinen Schritt zu begründen. Diese Nikolaus empörende Depesche traf just zu der Zeit in Spala ein, als Alexej die lebensgefährliche Krise gerade überwunden hatte. Der Zar tobte. Wie konnte ihm der liebe Mischa nur so etwas antun? Wie konnte er die unglaubliche Unverfrorenheit besitzen, ihm auch noch anzudeuten, daß es in erster Linie Alexejs Krankheit gewesen war, die ihn dazu bewogen hatte, die Wiener Blitzehe einzugehen? Hinter der Entscheidung des Großfürsten hatte zweifelsohne Natalia gestanden. Die alarmierenden Berichte aus Rußland, die auf ein Ableben des Thronfolgers schließen ließen, hatten den Ausschlag gegeben. Starb der Zarewitsch, so würde Michail, der immer noch den Titel eines Staatsverwesers trug, automatisch zum ersten Thronanwärter avancieren. Er hätte nach Rußland

zurückkehren müssen, und aufgrund seines neuen Status als Nikolaus' Nachfolger wäre es ihm dann unmöglich gewesen, die unstandesgemäße Verbindung mit Natalia zu legalisieren. Deshalb hatte die zweimal geschiedene Anwaltstochter die Eheschließung so sehr und mit allen Mitteln forciert.
Nikolaus sprach von einem schrecklichen Schlag für die Dynastie, der unbedingt geheimgehalten werden müsse. Doch Alexandra erklärte, daß dies illusorisch sei, und forderte drakonische Maßnahmen. Der Zar konnte ihre Argumentationsweise nachvollziehen und entzog Michail den Titel des Staatsverwesers. In Cannes die Flitterwochen verlebend, erfuhr Mischa, daß ihn sein Bruder praktisch entmündigt hatte. Offenbar würde er Rußlands Boden niemals mehr betreten dürfen. Trotzdem war es ein unbestreitbares Faktum, daß Natalia als Frau des unter Vormundschaft gestellten Großfürsten nun die Schwägerin des Zaren war. Sie war ein Mitglied der Romanow-Familie. Es galt wieder einmal, offiziell den Schein zu wahren. So wurde dem »schamlosen Weib«, wie Alexandra Natalia nannte, der Titel einer Gräfin verliehen. Das Volk erfuhr, daß Großfürst Michail eine Gräfin Brassowa geheiratet hatte. Das damals zwei Jahre alte Kleinkind Georgij, de facto der Neffe des Herrschers aller Reußen, würde zwar niemals den Titel einer kaiserlichen Hoheit aus dem Hause Romanow tragen, aber es würde sich später immerhin Graf von Brassow nennen dürfen.
1913 feierte die Dynastie ihr dreihundertjähriges Bestehen. Europas mächtigste Monarchen sahen die Zeichen an der Wand offenbar nicht. Der greise Franz Joseph I. von Österreich-Ungarn, mit seinen dreiundachtzig Jahren der Doyen unter allen Herrschern und seit 1848 auf dem Thron, wollte von revolutionierenden Strukturveränderungen genausowenig wissen wie der Zar. Beide waren Traditionalisten im wahrsten Sinne des Wortes, die die Segnungen des Fortschritts der Zivilisation, die gigantischen Industrialisierungsmaßnahmen und den umbruchartigen Wandel im Bereich der Kultur und des Geisteslebens zwar staunend miterlebten, aber nicht unbedingt freudig begrüßten. Sie glaubten an die alten überlieferten Werte und wollten ihre Völker langsam und behutsam der neuen Zeit entgegenführen. Der militante, wenn auch sicherlich persönlich integre Wilhelm II. träumte nach wie vor den Weltherrschaftstraum und gefiel sich in krasser Selbstüberschätzung in der Rolle des

stärksten Monarchen Europas. Der energiegeladene Wilhelm II., der von Manöver zu Manöver eilte und bis zu siebenmal am Tag die Uniform wechselte, machte kein Hehl aus seiner Überzeugung, daß er allein dazu berufen war, in Metternichscher Art Europas Staatenlenker zu werden. Es gab keine ernstzunehmenden Konkurrenten mehr für ihn, sagte sich Wilhelm. Franz Joseph würde bald sterben, seine Cousins König George V. und Nikolaus II. waren keine ausgesprochenen Führernaturen wie er selbst, sondern Schwächlinge!

Kehren wir aber zurück nach Rußland, das am 21. Februar 1913 die offiziellen Feierlichkeiten anläßlich des dreihundertjährigen Bestehens der Romanow-Dynastie mit einem prächtigen Tedeum in der Kathedrale Unserer Lieben Frau von Kasan eröffnete. Der abgesperrte Newskij-Prospekt wimmelte von Menschen, St. Petersburg lag im Begeisterungstaumel wie seinerzeit bei der Krönung von Nikolaus II. Während die große Romanow-Familie, angeführt vom Zaren und seiner Gattin, im Kutschenkonvoi zum Festgottesdienst fuhr, war die Kathedrale bereits zum Bersten gefüllt. Lediglich die für die Kaiserfamilie bestimmten ersten Sitzreihen blieben vorerst leer. Um die begehrten Sitzplätze hatte es ein regelrechtes Gerangel gegeben. Michail Rodsjanko hatte mit all seiner Autorität durchgesetzt, daß neben dem diplomatischen Korps und dem Staatsrat auch Duma-Abgeordnete Plätze in Anspruch nehmen durften. Als der schwergewichtige Hune durch die Kathedrale schritt, teilte ihm ein sichtlich nervöser Sicherheitsbeauftragter mit, daß ein ungebetener Gast auf einem für die Parlamentarier reservierten Stühle Platz genommen hatte – Rasputin. Rodsjanko geriet in Wut und stürmte auf den Sibirier zu, der zuvor allen Anweisern herrisch erklärt hatte, daß er sich nicht von der Stelle zu rühren gedenke. Für diesen festlichen Anlaß hatte sich sogar der Starez besonders herausgeputzt. Mit einer prächtigen, karminroten Seidenbluse unter dem langen grauen Bauernmantel und einem Goldkreuz auf der Brust saß Rasputin also in einer der vorderen Reihen, die langen Beine mit den hohen Lederlackstiefeln abwechselnd übereinanderschlagend. Rodsjanko sagte: »Für Sie ist hier kein Platz! Alle Sitze sind reserviert. Bitte gehen Sie!« Rasputin verzog keine Miene, sondern starrte den Duma-Präsidenten lange und eindringlich an. Seine phosphoreszierenden Augen schienen Rodsjanko zu durchbohren.

Rasputin und der Chefparlamentarier lieferten sich ein Blickduell, das schließlich damit endete, daß der Duma-Präsident den Starez mit den Worten »Sie sind ein alter Schwindler!« vom Stuhl stieß. Der heilige Mann blieb einfach liegen. Erst als ihm der wütende Rodsjanko einen kräftigen Tritt versetzte, erhob er sich und begab sich zu einem Stehplatz. Ehe er in der Menge verschwand, flüsterte er noch, sich zu Rodsjanko umdrehend: »Herr, vergib ihm seine Sünde!«

Kaum jemandem war die peinliche Szene aufgefallen. Als der Zar eintraf und der Patriarch von Antiochia das feierliche Hochamt zu zelebrieren begann, war die riesige Kathedrale in ein einziges Lichtermeer getaucht. Die nächsten Tage verliefen sehr hektisch. Abordnungen aus allen Teilen des Reiches trafen in der Hauptstadt ein, um dem Zaren zu huldigen. Opernbesuche, Bälle und Empfänge standen auf dem Programm. Die Zarin brachte die für sie so lästigen Repräsentationstermine – oftmals mußte die klaustrophobisch veranlagte Frau stundenlang in den Staatsgemächern des Winterpalastes stehen und Hunderten geladenen Gästen die Hand schütteln – nur unter Aufbietung der letzten Kraftreserven hinter sich. Dennoch bot sie eine imposante Erscheinung: stolz und unnahbar, majestätisch, jeder Zoll eine Kaiserin, wie ein Bewunderer es ausdrückte: » … Sie sah prächtig aus in dunkelblauem Samt mit einer Diamantentiara und einem Diamantenhalsband; zu einem Ball erschien sie in Weiß, mit Perlen und Smaragden als Schmuck. Mehrmals trug sie zur Erinnerung an Rußlands Vergangenheit ein langes orientalisches Gewand aus Seidenbrokat und den kegelförmigen Kokoschnik der russischen Kaiserinnen aus der Zeit, als der Hof noch nicht durch Peter den Großen seine westliche Orientierung bekommen hatte …«[68] Die Zarin, die sich der Petersburger Öffentlichkeit bei diesen Anlässen zum erstenmal seit 1905 wieder gezeigt hatte, war trotzdem froh, daß die nächste große Verpflichtung erst im Mai anstand. Das Kaiserpaar reiste in alle Städte, die in der Geschichte des Hauses Romanow eine Rolle gespielt hatten. Am eindrucksvollsten gestaltete sich die dynastische Pilgerfahrt zum Ipatjew-Kloster von Kostroma.

Hier hatte das Geschlecht der Romanows vor dreihundert Jahren in der Gestalt des ersten Zaren Michail nach dem Thron gegriffen. Am 16. Mai begann die triumphale Schiffahrt nach Kostroma. Auf Dampfern fuhr die Zarenfamilie mit großem

Gefolge die obere Wolga entlang, um im Ipatjew-Kloster des Dynastiebegründers zu gedenken. Die Begeisterung der Bevölkerung war hier noch größer als in der Hauptstadt, wo Studenten und Arbeiter, Bauern und Aristokraten den kaiserlichen Umzügen gleichermaßen freudig erregt zugejubelt hatten. Als der Dampfer des Zaren Kostroma erreichte, war das Jubelgeschrei der zahllosen, das Ufer säumenden Muschiks eine einzige Hysterieorgie, wie Tatjana Botkin ausführte: »An den Flußufern wartete eine unübersehbare Menschenmenge. Ihr ›Hurra‹-Geschrei war so laut, daß es sogar das Glockengeläut aller Kirchen der Stadt übertönte. Als das Herrscherpaar auf dem Deck des Schiffes erschien, das auf der Wolga stadteinwärts fuhr, warfen sich zahlreiche Menschen ins Wasser, um ihm näherzukommen ...«[69] Auch die Schwester des Gossudaren, Olga Alexandrowna, bestätigt in ihren Memoiren, daß die Loyalitätskundgebungen überwältigend waren: »... Als unser Dampfer die Wolga hinunterfuhr, sahen wir Gruppen von Bauern, die bis an die Hüften ins Wasser wateten, um Nicky sehen zu können. In einigen Städten sah ich, wie Handwerker und Arbeiter auf die Knie fielen, um seinen Schatten zu küssen. Die Hochrufe waren ohrenbetäubend. Keiner, der diese begeisterten Menschenmassen sah, hätte sich vorstellen können, daß knapp vier Jahre später Nickys Name mit Schmutz und Haß überschüttet werden würde ...«[70] Von Kostroma aus kehrte die kaiserliche Flottille nach Moskau zurück, wo das Dreihundertjahrjubiläum seinem Höhepunkt zustrebte.

Nikolaus hatte darauf bestanden, allein und ungeschützt durch die von Menschen wimmelnden Straßen der alten Hauptstadt des Reiches zu reiten, was den Chef der Moskauer Ochrana fast zur Verzweiflung brachte. Der Herrscher ließ sich nicht abschrecken. Auch als man ihm wiederholt darlegte, daß es an Selbstmord grenze, sich den Anarchisten und potentiellen Attentätern wie eine Zielscheibe zu präsentieren, blieb er bei seinem Entschluß. An diesem 3. Juni des Jahres 1913 herrschte in Moskau Kaiserwetter. Es war ein sonniger, herrlicher Tag. Der Zar, der einen langen roten Waffenrock trug, ritt auf einem Paraderoß durch die Kremlstadt. Abermals gebärdete sich das Volk wie wild, Jubelrufe brausten auf, als der Gossudar, dessen Eskorte – bestehend aus den versammelten Großfürsten und einer Kosakeneinheit – ihm erst im Abstand von zwanzig Metern

folgte, vor dem Roten Platz vom Pferd stieg. Die feierliche Prozession begann. Hinter den höchsten kirchlichen Würdenträgern, die einen Choral intonierten, schritt der Zar langsam und majestätisch auf das große Kremltor zu. Ursprünglich war geplant gewesen, daß Alexandra, die mit dem Thronerben in einem offenen Automobil eintraf, den Weg zum Kremlhauptportal – es handelte sich um etwa hundert Meter – zusammen mit Alexej abschreiten sollte. Doch da der Zarewitsch immer noch nicht gehen konnte, mußte er von einem stämmigen Kosaken der kaiserlichen Leibgarde getragen werden. Dieser Eindruck blieb bei vielen Zuschauern haften. Der Thronfolger Rußlands, auf dessen schwachen Schultern alle Hoffnungen des Hauses Romanow lasteten, war nicht gesund – er wirkte hilflos! Dennoch kam man nicht umhin, festzustellen, daß die Feierlichkeiten zu einem Erfolg geworden waren. Das Volk hatte so begeistert reagiert, dem Kaiser solche Ovationen bereitet, daß es Alexandra nicht schwerfiel, ihm einzureden, die Regierung stelle eine Trennbarriere zwischen ihm den ihm blind ergebenen Massen her. Einer Hofdame gegenüber ließ sie ihrem Haß auf die Regierungsmitglieder, die in ihren Augen das Ansehen der Autokratie schwächten, freien Lauf und sagte triumphierend: »Jetzt sehen Sie ja selbst, was für Feiglinge die Staatsminister sind! Ständig versuchen sie, den Zaren mit einer angeblich drohenden Revolution zu erschrecken. Sie sehen ja, wie die Wirklichkeit aussieht. Wir brauchen uns nur zu zeigen, und schon haben wir alle Herzen im Sturm erobert!«
Die Kaiserin übertrieb natürlich. Aber auch Nikolaus ließ sich von ihrer Euphorie anstecken. Er erwog weitere Reisen ins Landesinnere, in den Kaukasus und nach Sibirien. Tatsache war, daß Rußland im Jahr des Zaren seinen höchsten Wohlstand erlebte. Als Nikolaus das Jahr 1913 am 31. Dezember mit folgender Tagebucheintragung verabschiedete: »Herr, segne Rußland und uns alle mit Frieden und Stille und Frömmigkeit!« hatte die Romanow-Dynastie ihre Apotheose erreicht.
Der Schwanengesang des Zarenreiches manifestierte sich besonders in der auf die Dreihundertjahrfeiern folgenden Wintersaison in St. Petersburg, die die glanzvollste seit vielen Jahren zu sein schien. Obwohl die Dreihundertjahrfeiern eine Begeisterungswelle ungeahnten Ausmaßes ausgelöst und das Herz jedes überzeugten Monarchisten hatten höher schlagen lassen – nun,

da Olga und Tatjana bald großjährig sein würden, rechneten die glühendsten Royalisten mit einem Wiederaufleben der Tradition der glanzvollen Hofbälle –, tanzte man in Wahrheit weiter auf den Abgrund zu.

Während die Zarinwitwe die Wintersaison mit einem Ball im Anitschkowpalais beschloß, den sie zu Ehren ihrer beiden ältesten Enkelinnen gab – sehr zur Freude ihres Vaters wirbelten Olga und Tatjana bis in die frühen Morgenstunden durch den Saal –, zog auch ein anderer Mann Jahresbilanz. Es war Alexander Kerenskij, der mittlerweile einen hohen Bekanntheitsgrad genoß. Seit 1906 als Anwalt der Unterdrückten und politisch Verfolgten tätig, saß er nun in der vierten Duma. Obwohl er die Regierung stets harsch zu kritisieren gewußt hatte, war er immer populärer und prominenter geworden. Seine Aktivitäten waren vor allem den Duma-Abgeordneten aufgefallen. Seinen bisher größten Erfolg hatte Kerenskij ein Jahr zuvor verbuchen können, als es ihm gelungen war, entscheidend zum Rücktritt von Innenminister Makarow beizutragen. Im April 1912 war es in Sibirien zum berüchtigten Bergwerksmassaker von Lena gekommen. Die Knappen der britisch-russischen Lena-Goldbergwerksgesellschaft waren in den Ausstand getreten und hatten verbesserte Arbeitsverhältnisse und höhere Löhne gefordert. Zweihundert erzürnte Bergleute, die vor dem stark gesicherten Büro des Generaldirektors der Gesellschaft Aufstellung bezogen und sich geweigert hatten, abzuziehen, ehe ihre Forderungen erfüllt waren, waren im Kugelhagel der Polizei gestorben. Spätere Recherchen ergaben, daß der verantwortliche Offizier, der diesen sinnlosen Feuerbefehl erteilte und damit zweihundert unbewaffnete Männer umbringen ließ, im Zustand völliger Trunkenheit gehandelt hatte. Dies war jedoch keine Entschuldigung für das totale Versagen der Sicherheitskräfte, wie Kerenskij es dann ausgedrückt hatte. Die Empörung war groß gewesen, die Presse hatte von einem Blutsonntag in verkleinertem Maßstab gesprochen, und die Duma hatte beschlossen, genau wie die Regierung einen Untersuchungsausschuß auf die blutgetränkten sibirischen Goldfelder zu entsenden. An der Spitze der parlamentarischen Untersuchungskommission war niemand anderer als Alexander Kerenskij gestanden. Sein Bericht fiel so vernichtend aus – Kerenskij entlarvte den befehlshabenden Polizeioffizier als Trunkenbold und Leuteschinder, wies ihm auch schon zuvor begangene Verfehlungen nach und brandmarkte den gesamten Polizeiapparat als inkompetent, korrupt und blutrünstig –, daß sich Innenminister Makarow zur Demission gezwungen sah.

Das Jahr 1913 hatte Kerenskij hauptsächlich damit verbracht, durch ganz Rußland zu reisen und agitatorische Aufputschreden zu halten. Nach eigenen Angaben leistete er schwerste politische Revolutionärsarbeit. Mit Genugtuung konstatierte er im Dezember, daß sein Heimatland bereits von einem dichten Netz sozialistischer und liberaler Organisationen überzogen war. Erstaunlicherweise hatte die Ochrana Kerenskijs parlamentarischen Immunitätsstatus stets respektiert. Ungehindert hatte der schärfste Kritiker der Regierung in allen großen Städten des Landes seine Ansprachen vor Gewerkschafts- und Arbeitervereinen halten können. Zu Beginn des neuen Jahres frohlockte Kerenskij. Eine Million zorniger Arbeiter streikte. In Baku brannten die Ölfelder. Die offen rebellierenden Arbeiterhorden lieferten sich eine regelrechte Schlacht mit den Polizeiorganen und konnten erst durch den Einsatz eines Kosakenregimentes zur Räson gebracht werden. Das Chaos schien weiter um sich zu greifen, und der erfolgreichste Strafverteidiger und Parlamentarier rechnete damit, daß das Regime bald stürzen würde. Er konnte nicht ahnen, daß gerade der von den Marxisten um Lenin so sehr herbeigesehnte große Krieg Rußland ein allerletztes Mal einen und geschlossen hinter die Monarchie treten lassen sollte.

Am 6. Januar fand im Winterpalast die sogenannte Dreikönigsparade statt, bei der das schlechte Einvernehmen zwischen Alexandra und Maria Fjodorowna offensichtlich war. Der Zar litt sehr unter dem Mißverhältnis zwischen seiner Frau und seiner Mutter, das auch zutage trat, als man die Möglichkeit einer Heirat seiner ältesten Tochter Olga überdachte. Die Zarinwitwe sah in Edward, dem Prince of Wales, den idealen Kandidaten. Obwohl Alexandra so anglophil war, wies sie diesen Gedanken sofort entrüstet zurück. Nicht etwa, weil sie ihren Patensohn Edward nicht mochte, sondern hauptsächlich um ihre Schwiegermutter zu kränken. Außerdem hielt sie Olga mit ihren achtzehn Jahren für zu jung, um schon an eine Ehe zu denken, ließ sie Maria Fjodorowna ausrichten. Die Großfürstin selbst wußte nichts von diesen Plänen. Olga hatte jedoch immer betont, daß sie Russin sei und in ihrer Heimat bleiben wolle. Vielleicht dachte sie noch an Dimitri Pawlowitsch, ihren Beinaheverlobten. Aber als die *Standart* Jalta am 13. Juni verließ, um rumänische Küstengewässer anzusteuern, wurde sie hellhörig. Sie wußte von den Absichten Außenminister Sasonows, die darauf hinzielten, sie mit Kronprinz Carol von Rumänien zu verheiraten. Sasonow wollte offenbar eine politische Zweckehe arrangieren. Durch diese Verbindung sollte Rumänien gezwungen werden, aus der Entente mit den Mittelmächten Österreich-Ungarn und Deutschland auszutreten. Der Außenminister hatte seine Rechnung allerdings ohne Olga gemacht. Der eintägige Besuch in der rumänischen Hafenstadt Konstanza verlief zwar angenehm, aber streng formell – mit einer Flottenparade, einem abendlichen Staatsbankett und dem üblichen Feuerwerk. Es gab kaum eine Gelegenheit für Prinz Carol, zarte Bande zu Olga zu knüpfen. Carol, der den Ruf eines Lebemannes und Frauenhelden hatte, zeigte sich zwar sehr angetan von Olga, aber diese erinnerte den Vater noch auf der Rückfahrt an sein Versprechen, sie nie zu einer dynastischen Vernunftehe zwingen zu wollen. Wie ihre Mutter wollte sie nur aus Liebe heiraten, sagte sie dem Zaren. Nikolaus war gerührt, und auch Alix bekräftigte, daß alle vier Töchter vollkommen freie Hand in der Wahl ihrer Ehepartner haben würden. Sasonows Plan war damit gestorben.

Im Frühsommer des Jahres 1914 dachte kein Mitglied der Zarenfamilie mehr an irgendwelche Heiratspläne. Man freute sich vielmehr auf die Kreuzfahrt durch die finnischen Schären. Zuvor galt es allerdings noch, eine hochoffizielle Verpflichtung wahrzunehmen. Am 20. Juni dampfte der junge britische Admiral Sir David Beatty an Bord seines Flaggschiffes *Lion* in den Hafen von Kronstadt ein. Der *Lion* folgten drei weitere Schlachtkreuzer, die gigantischen stahlgrauen Schiffsmonster *Princess Royal, New Zealand* und *Queen Mary.* Der Zar ging mit den Töchtern an Bord der *Lion,* um mit dem selbstsicheren Seeoffizier, der stolz darauf pochte, der jüngste Admiral des Empires seit Nelsons Tagen zu sein, das Mittagessen einzunehmen. Der britische Botschafter Sir George Buchanan war ebenfalls eingeladen und bewunderte vor allem das heitere Wesen der Zarentöchter.

Am nächsten Tag hatten die Russen Gelegenheit, das Schlachtschiffgeschwader der Royal Navy zu bestaunen. Admiral Beatty begab sich zu einem Gegenbesuch nach Zarskoje Selo. Der

Seebär mit der piratenhaft schräg sitzenden Mütze, der ordensgeschmückten Galauniform und der mächtigen Stimme, die noch im Heulen eines Orkanes zu hören gewesen wäre, hinterließ trotz seiner jugendlichen Erscheinung einen nachhaltigen Eindruck bei Nikolaus. Als Beattys Schiffe den Hafen von Kronstadt verließen und sich auf die Heimreise durch die Ostsee machten, äußerte der Gossudar, daß dieser Admiral eine ungeheure Autorität ausgestrahlt habe.
Nun stand die Ferienkreuzfahrt auf dem Programm, der man in diesem Jahr besonders entgegenfieberte. Es war nämlich ein Jahrhundertsommer – der heißeste seit fünfzig Jahren –, und Nikolaus und seine Familie freuten sich auf glückliche, unbeschwerte Wochen. Die *Standart* war erst vier Tage auf See, als ein Kurierboot aus St. Petersburg anlegte und ein Feldjäger dem Zaren ein Telegramm überreichte. Die darin enthaltene Nachricht sollte die Welt erschüttern und das Angesicht Europas für immer verändern. Nikolaus erfuhr von der Ermordung des österreich-ungarischen Thronfolgers Franz Ferdinand und seiner Gemahlin, der Herzogin von Hohenberg, in Sarajevo. Obwohl er den ruchlosen Doppelmord schärfstens verurteilte und verdammte, rechnete er nicht damit, daß Gavrilo Princips Schandtat zu einem europäischen Krieg führen würde, und setzte die Kreuzfahrt fort. Am Tag darauf schlug ein weiteres Telegramm wie eine Bombe auf der kaiserlichen Yacht ein. Auf Rasputin war ebenfalls ein Mordanschlag verübt worden! Feonia Gussewa, eine ehemalige Prostituierte und Geliebte Rasputins, war diesem nach Pokrowskoje gefolgt und hatte dem Starez an einer Straßenecke aufgelauert. Sie rief ihn von hinten an, und als sich der Wundermönch umwandte, stieß sie ihm mit aller Kraft ein scharfes Messer in den Leib. Rasputin fiel um und wälzte sich furchtbar aufbrüllend auf dem Boden herum. Er blutete stark, die Klinge der Prostituierten hatte sich tief in seine Gedärme gebohrt. Feonia Gussewa lief wie von Furien gehetzt durch das sibirische Dorf und schrie immer wieder: »Ich habe den Antichrist getötet! Ich habe den Antichrist getötet!«[71] Ehe man sie aufgriff, versuchte sie sich selbst zu entleiben. Doch ein Polizist schlug der sich wie ein wildes Tier gebärdenden jungen Frau das Messer rechtzeitig aus der Hand. Feonia Gussewa wurde abgeführt und eingesperrt. Von nun an schwieg sie. Sie wirkte vollkommen geistesabwesend. Auch bei ihrem Prozeß sagte sie

kein Wort zu ihrer Rechtfertigung. Sie machte einen derart verstörten und verwirrten Eindruck, daß die Richter sie für unzurechnungsfähig erklärten. Während Fräulein Gussewa für immer in einem Irrenhaus verschwand, rang Rasputin mit dem Tod.

Als die Zarin an Bord der *Standart* vom Attentat auf ihren lieben Freund Grischka erfuhr, erlitt sie einen ihrer Hysterieanfälle. Alexej, der sich einen Knöchel verstaucht hatte, brüllte seinen Schmerz in die Nacht hinaus, und der Mann, der ihn schon so oft gerettet hatte, lag bewußtlos in einem Krankenhaus in Tjumen. Während Dr. Botkin, Frederiks und so gut wie alle Personen, die sich an Bord befanden, insgeheim vielleicht sogar auch der Zar, innerlich frohlockten und hofften, daß der Wüstling, die schwarze Bauernnemesis des Hofes, an den Folgen seiner schweren Verwundung zugrunde gehen würde, betete Alexandra stundenlang und erkundigte sich täglich telegraphisch nach seinem Befinden. Auf ihre Anordnung hin machte sich Dr. Wreden, einer der besten Chirurgen des Landes, sofort auf die lange Reise in die Stadt Tjumen. Im dortigen Krankenhaus operierte er den Starez. Wreden tat sein Bestes, gab Rasputin aber nur geringe Chancen. Vierzehn Tage lang bestand akute Lebensgefahr, doch dann erholte sich der zähe Mann, der die Konstitution eines Pferdes zu haben schien. Allerdings mußte er den ganzen Sommer über das Bett hüten und konnte die Geschehnisse, die zu jenem Krieg führen würden, gegen den er sich immer vehement ausgesprochen hatte, daher nur aus der Ferne verfolgen.

Am 19. Juli fuhr die *Standart* wieder nach Peterhof zurück. Alexej mußte an Land getragen werden. Die Schwellung am Fußknöchel verursachte nach wie vor starke Schmerzen. Einen Tag später traf Frankreichs Präsident Raymond Poincaré an Bord des riesigen Kreuzers *France* zu einem Staatsbesuch in Petersburg ein. Voller Nationalstolz beobachtete der Botschafter der Republique Française, Maurice Paleologue, wie das prächtigste Kriegsschiff der Grande Nation in den Hafen einlief. In seinen Memoiren hielt er diesen »erhabenen« Moment fest und schrieb: »... Es war ein majestätischer Anblick. Im ungewissen, silbrigen Licht glitt die *France* langsam über die türkisblauen, smaragdgrünen Wellen, eine lange weiße Kielspur hinter sich zurücklassend ... Mit diesem Schiff kam ... Frankreich nach Rußland. Mein Herz schlug höher. Minutenlang herrschte im Hafen ungeheurer Lärm; die Geschütze und die Küstenbatterien feuerten, die Besatzungen brachten Hochrufe aus, auf die russische Nationalhymne antwortete die Marseillaise, und Tausende von Zuschauern ... spendeten Beifall.«[72] Natürlich wurde beim Ehrenbankett auf Schloß Peterhof auch und vor allem die Möglichkeit eines Krieges erörtert. Botschafter Paleologue sprach Nikolaus direkt auf die Kriegslüsternheit seines Cousins, Kaiser Wilhelms II., an und äußerte besorgt, daß die Mordschüsse von Sarajevo vielleicht nicht nur den Erzherzog-Thronfolger und seine Gattin, sondern das Herz ganz Europas getroffen haben könnten. Der Zar zerstreute die Bedenken und Ängste des Franzosen. Ruhig und zuversichtlich antwortete er: »Ich kann nicht glauben, daß der Kaiser den Krieg will. Wenn Sie ihn nur so gut kennen würden wie ich! Wenn Sie nur wüßten, wieviel Theatralik in seinen Gesten steckt!«[73]

Raymond Poincaré, ein dunkelhaariger, kleiner, kompakt wirkender Mann mit zurückhaltend souveränem Auftreten, den der Zar sehr schätzte, teilte den Optimismus des Herrschers aller Reußen nicht. Als er zwei Tage später zusammen mit seinem ihn begleitenden Regierungschef Viviani in Krasnoje Selo einer Militärparade beiwohnte, bei der sechzigtausend Soldaten in sengender Hitze an dem Zaren und seinen hohen Staatsgästen vorbeidefilierten, runzelte er sorgenvoll die Stirn und meinte: »Bald wird wohl ganz Europa marschieren!«

Am nächsten Morgen erfuhr der Zar, daß Österreich-Ungarn Serbien ein Ultimatum gestellt hatte. Es war der Belgrader Regierung am 23. Juli – exakt um Mitternacht – überreicht worden.

Das letzte Aufbäumen – Rußland im Weltkrieg und der Untergang des Imperiums

An der Wiege des serbischen Nationalismus hatte Mord gestanden.[74] Der Mann, der als Drahtzieher des Attentats von Sarajevo fungierte, war Oberst Dragutin Dimitrijevic, der Chef des serbischen militärischen Nachrichtendienstes und zugleich Kopf der 1911 gegründeten Geheimorganisation »Vereinigung oder Tod«, viel besser bekannt unter dem Namen »Schwarze Hand«. Dimitrijevic war der geborene Verschwörer, der sich bereits vor elf Jahren als Königsmörder hervorgetan hatte. In der Nacht des 11. Juni 1903 waren König Alexander und seine Gattin Draga aus dem Hause Obrenovic auf bestialische Weise umgebracht worden.

1903 hatte Dimitrijevic, damals noch als junger Hauptmann, die Mordbrigade angeführt, das Geschlecht der Obrenovics ausgelöscht und dem rivalisierenden Clan der Karadjordjevics mit blutiger Hand den Weg zum Thron geebnet. 1914 hatte er das Mördertrio Trifko Gabrez, Nedeljko Cabrinovic und Gavrilo Princip ausgebildet, das am 28. Juni in Sarajevo in Aktion getreten war. Gavrilo Princip, ein im Juni 1914 gerade neunzehn Jahre alter Student und Fanatiker, der sich später damit brüstete, das serbische Volk gerächt und den größten Feind der Südslawen getötet zu haben, verstarb am 18. April 1918 im südlich von Wien gelegenen Militärgefangenenlager Theresienstadt an Knochentuberkulose. Bis zu seinem Ende bewahrte er stoische Ruhe und weigerte sich hartnäckig, die wahren Hintermänner des Mordkomplotts preiszugeben. Alle Spuren führten jedoch nach Belgrad, und es gibt sogar eine hochinteressante, durchaus plausibel klingende, jedoch nicht hundertprozentig beweisbare These des Inhalts, daß der serbische Prinzregent Aleksandar Karadjordjevic selbst der oberste Chef der »Schwarzen Hand« gewesen sei und Oberst Dragutin Dimitrijevic den Mordplan, der zum Ausbruch des Ersten Weltkrieges führte, direkt auf seine Anweisung hin ausheckte.[75]

In Österreich reagierte man begreiflicherweise am empörtesten auf den Doppelmord von Sarajavo. Generalstabschef Conrad von Hötzendorf erblickte in dem Attentat Serbiens offene Kriegserklärung und trat – energisch wie immer – dafür ein, der »serbischen Giftschlange« endlich den Kopf abzuhauen. Auch der österreichisch-ungarische Außenminister Leopold Graf von Berchtold, der eine Zeitlang Botschafter in St. Petersburg gewesen war und Conrads Präventivkriegsthese bisher immer skeptisch gegenübergestanden hatte, plädierte nun für die denkbar härteste Gangart.

Wilhelm II. war noch im Juli in Böhmen auf Schloß Konopischt mit dem später ermordeten Erzherzog-Thronfolger zusammengetroffen. Die beiden befreundeten Waidmänner hatten natürlich auch die Weltlage erörtert, wobei Franz Ferdinand Wilhelm seine Überzeugung mitteilte, daß ein Krieg mit Rußland den Untergang der Donaumonarchie bedeuten würde.[76] Als Wilhelm II. die Nachricht von der Ermordung seines Jagdfreundes überbracht wurde, befand er sich auf See. Er nahm in Kiel an einer Segelregatta teil, die Hiobsbotschaft erreichte ihn an Bord seiner kleinen, aber schnittigen Yacht *Meteor.* Der deutsche Kaiser war sichtlich geschockt. Er ließ das Rennen sofort absagen und kabelte seinem Reichskanzler Theobald von Bethmann Hollweg: »Dieses feige, scheußliche Verbrechen hat mich ins Tiefste meines Herzens erschüttert!« Obwohl Fürstenmord für Wilhelm II. das unverzeihlichste aller Verbrechen war, das unbedingt Sühne verlangte, rechnete auch er zunächst nicht damit, daß das Attentat von Sarajevo Krieg bedeuten würde. Mit dieser Meinung stand er nicht alleine da. Nikolaus II. war derselben Ansicht. Die renommierte Pariser Zeitung *Le Figaro* bestätigte in einem Leitartikel, der den Titel »Kein Grund zur Beunruhigung« trug, daß politisch motivierte Morde auf dem Balkan leider nichts Außergewöhnliches seien. Der König von England, Nikolaus' Vetter, George V., schrieb am Tag des Attentats in sein Tagebuch: »Ein schrecklicher Schock für den lieben, alten Kaiser!« Drei Tage später setzte seine Gattin Königin Mary hinzu: »Armer Kaiser, nichts bleibt ihm erspart!«[77]

Franz Joseph I. erfaßte die Sachlage mit glasklarem Verstand und schrieb dem deutschen Monarchen: »... Nach den bisherigen Erhebungen hat es sich in Sarajevo nicht um die Bluttat

eines einzelnen, sondern um ein wohlorganisiertes Komplott gehandelt, dessen Fäden nach Belgrad reichen, und wenn es auch vermutlich unmöglich sein wird, die Komplizität der serbischen Regierung nachzuweisen, so kann man wohl nicht im Zweifel darüber sein, daß ihre auf die Vereinigung aller Südslawen unter serbischer Flagge gerichtete Politik solche Verbrechen fördert und daß die Andauer dieses Zustandes eine dauernde Gefahr für mein Haus und meine Länder bildet ...«[78]
Dann bat Franz Joseph, der das Wort Krieg bemerkenswerterweise bewußt vermied, um Deutschlands Unterstützung zu erhalten in seinem Bestreben, sich den Beistand Rumäniens und Bulgariens zu sichern, und beendete den Brief mit den Sätzen: »Dies wird aber nur dann möglich sein, wenn Serbien, welches gegenwärtig den Angelpunkt der panslawischen Politik bildet, als politischer Machtfaktor am Balkan ausgeschaltet wird. Auch Du wirst die Überzeugung haben, daß die erhaltende Friedenspolitik aller europäischen Monarchen bedroht sein wird, solange dieser Herd von verbrecherischer Agitation in Belgrad ungestraft fortlebt!«[79]
Auch dieses Schreiben belegt, daß man zwar daran dachte, Serbien zu züchtigen, aber keineswegs einen Weltkrieg entfesseln wollte. Conrad von Hötzendorf beabsichtigte, sofort zuzuschlagen, aber Außenminister Berchtold beschloß, zuerst eine schon einmal erfolgreich erprobte Taktik anzuwenden. Am 18. Oktober 1913 hatte er nämlich Serbien ein Ultimatum auf den Tisch geknallt, in dem es aufgefordert worden war, das besetzte Albanien innerhalb einer Woche zu räumen. Bei Nichterfüllung sei mit schlimmsten Konsequenzen zu rechnen, hatte Berchtold damals gedroht. Nach acht Tagen gab Serbien klein bei. Der österreichisch-ungarische Außenminister griff nun auf die bewährte Taktik des Vorjahres zurück und formulierte neuerlich ein scharfes, diesmal auf achtundvierzig Stunden befristetes Ultimatum an Serbien. Kaiser Franz Joseph I. billigte es schon am 19. Juli. Doch erst vier Tage später, am 23. Juli, exakt fünfundzwanzig Tage nach dem Doppelmord, wurde es der Belgrader Regierung überstellt. Diese Verzögerung hatte einen guten Grund. Wien wußte von Poincarés Staatsbesuch in Rußland und wartete bewußt das Ende desselben ab, damit der Zar und der Präsident von Frankreich keine gemeinsamen, sorgsam abgestimmten Reaktionsschritte setzen konnten.

Nach Aussagen aller maßgeblichen Politiker der damaligen Zeit und auch nach dem Urteil nahezu aller modernen Historiker und Autoren war das Ultimatum praktisch unannehmbar.[80]
Auf den Punkt gebracht, stipulierte es das Verbot jeglicher antiösterreichischen Propaganda, die Auflösung der »Schwarzen Hand« und die Akzeptanz von nach Serbien entsandten k.u.k. Untersuchungsorganen, deren Aufgabe es sein sollte, bei der Unterdrückung der subversiven Bewegung mitzuwirken. Berchtold hatte darin allerdings auch unverhohlen erklärt, daß die Ermordung des Thronfolgers in Belgrad geplant worden war und die Attentäter die bosnische Grenze unter Mithilfe der serbischen Polizei illegal passiert hatten. Österreich forderte daher nicht nur die Erlaubnis, auf serbischem Staatsgebiet eigene Ermittlungen durchzuführen, sondern auch die sofortige Suspendierung aller Offiziere, die ihre österreichischfeindliche Haltung offen zur Schau trügen. Dieses Ultimatum bedeutete in den Augen aller internationalen Diplomaten Krieg.
Wie nicht anders zu erwarten, bemühte sich Serbien sofort nach Erhalt des Dokumentes um russische Schützenhilfe. Als Sasonow den Wortlaut zum erstenmal las, schüttelte er bekümmert den Kopf und bemerkte lakonisch: »Das ist der europäische Krieg!« Daß Nikolaus keineswegs so skeptisch war, geht aus einem Telegramm hervor, das er Prinzregent Aleksandar noch am selben Tag übersandte: »Solange die leiseste Hoffnung besteht, daß ein Blutvergießen vermieden werden kann, werde ich alles in dieser Richtung mögliche tun. Wenn wir dieses Ziel trotz unseres aufrichtigen Wunsches nach Frieden nicht erreichen, kann Eure königliche Hoheit versichert sein, daß Rußland dem Schicksal Serbiens keinesfalls gleichgültig gegenüberstehen wird.«[81] Am 24. und am 25. Juli gab es in Zarskoje Selo hektische Beratungen. Der eilends einberufene Kriegsrat wurde von zwei Männern dominiert: Außenminister Sergej Sasonow und Großfürst Nikolaj Nikolajewitsch, der damals das Amt des Generaltruppeninspektors der russischen Armee bekleidete. Übereinstimmend erläuterten sie dem Zaren, daß Rußlands Großmachtstellung es verlange, die absolute Demütigung Serbiens nicht hinzunehmen. Nikolascha war empört über den ungewöhnlich scharfen Ton des Ultimatums an das kleine Balkankönigreich. Seine Annahme würde die Aufgabe der serbischen Staatssouveränität bedeuten, betonte der Onkel des Zaren nachdrücklich.

Obwohl also alle Zeichen auf Sturm standen, beschloß Nikolaus dennoch, nicht nur sein eigenes Land, sondern auch Serbien vor einem Krieg zu bewahren. Er instruierte Sasonow, sofort alle diplomatischen Kanäle auszuloten, um die Krise vielleicht doch noch, quasi in allerletzter Sekunde, unblutig entschärfen zu können. Der Außenminister trat sogleich in Aktion. Nikolaus' Direktive »Um jeden Preis Zeit gewinnen!« Folge leistend, ersuchte er zunächst Österreich-Ungarn um eine Verlängerung der Ablauffrist des Ultimatums. Wien lehnte diesen Vorschlag des Zaren, der gleichzeitig auch den Regierungen von London, Berlin, Rom, Paris und Belgrad unterbreitet wurde, glatt ab. Während Sasonow nun an die deutsche Reichsregierung appellierte, Österreich zu einem Umdenken zu bewegen, ging der Gossudar noch einen Schritt weiter und bat seinen Cousin Wilhelm II. telegraphisch, all seine Autorität geltend zu machen, damit der österreichisch-serbische Streitfall dem Internationalen Schiedsgericht in Den Haag zur Schlichtung vorgelegt werden könne. Wilhelm II., der wiederholt geäußert hatte, daß Serbien kein Staat im europäischen Sinne, sondern eine Räuberbande sei[82], ließ das Telegramm unbeantwortet. Mit charakteristischer Impulsivität versah er es allerdings mit der Randnotiz: »Schiedsgericht?! Blühender Unsinn! Kommt auf gar keinen Fall in Frage!« Daß er nicht im entferntesten daran dachte, mäßigend auf seinen Bündnispartner einzuwirken, geht aus einem Kabel hervor, das der deutsche Botschafter am Hofe Franz Josephs I. noch am selben Tag erhielt: »Vermeiden Sie sorgfältig den Eindruck, daß wir Wien zurückhalten wollen!« Hinter der Antwort, die Reichskanzler Bethmann Hollweg Sasonow zukommen ließ, steckte natürlich ebenfalls der Kaiser. Der Balkanstreit gehe nur die beiden unmittelbar betroffenen Staaten, also Österreich und Serbien, etwas an, und alle anderen Länder täten gut daran, sich nicht in diesen internen Konflikt einzumischen, verlautbarte Berlin.

Der rastlose Sasonow erbat daraufhin die Vermittlerdienste Großbritanniens. Das Foreign Office in London reagierte umgehend. Sir Edward Grey schlug eine internationale Botschafterkonferenz zur Beilegung der gefährlichen Krise vor. Der Zar und Sasonow, die frohlockend zustimmten, wurden schnell ernüchtert, als die deutsche Reichsregierung es kategorisch ablehnte, an einer solchen Konferenz teilzunehmen. Nun beschloß der Zar, Serbien zur Mäßigung zu ermahnen. Er ging jedoch nicht so weit wie die *Times* in London, die empfahl, das Ultimatum vorbehaltlos anzunehmen[83], sondern wies Sasonow an, auf Serbiens Premier Nicola Pasic einzuwirken, alle Bedingungen Österreichs zu akzeptieren, die die Eigenstaatlichkeit und Souveränität seines Landes nicht bedrohten. Pasic tat, wie ihm geheißen. Obwohl die serbische Antwortnote äußerst versöhnlich und fast unterwürfig klang – sieben von den acht verlangten Punkten wurden angenommen, lediglich die Forderung, österreichische Ermittlungsbeamte in Belgrad aktiv werden zu lassen, wurde abgelehnt –, kann nicht davon ausgegangen werden, daß Serbien genausowenig an einer militärischen Auseinandersetzung gelegen war wie seinem russischen Schutzpatron. Aus einem Telegramm, das Miroslav Spaljakovic, der serbische Botschafter in St. Petersburg, der Belgrader Regierung noch vor der Annahme des Ultimatums übermittelte, geht nämlich deutlich hervor, daß Serbien sehr wohl auf einen Krieg hinarbeitete: »... Der gegenwärtige Augenblick ist einzigartig, da Rußland entschlossen ist, bis zum Äußersten zu gehen und eine historische Tat zu vollbringen. Nach meiner Ansicht ergibt sich für uns eine glänzende Gelegenheit, das Ereignis (gemeint ist das Attentat in Sarajevo; Anmerkung des Verfassers) weise auszunützen und die völlige Vereinigung der Serben zu bewerkstelligen. Daher ist es wünschenswert, daß Österreich-Ungarn uns angreife!«[84] Offenbar hatte es Pasic aber vorgezogen, nicht auf seinen Botschafter zu hören. Seine an Unterwürfigkeit grenzende Antwort auf das Ultimatum verblüffte den österreichischen Außenminister Berchtold und seine Kollegen. Sie ging am 26. Juli in Wien ein. Zwei Tage lang beratschlagten die politischen Entscheidungsträger Österreich-Ungarns. Sie mußten zugeben, daß Serbiens Reaktion nicht uneinsichtig war. Dies bestätigte auch Kaiser Wilhelm II., der vom Wortlaut der Note erstmals erfuhr, als er am 28. Juli von einer Kurzreise nach Norwegen zurückkehrte. Grinsend sagte er: »Jetzt, da Serbien klein beigegeben hat, gibt es keinen Kriegsgrund mehr. Dies ist eine Kapitulation der demütigsten Art!« Wie so oft, sollte sich Wilhelm II. auch hier täuschen. Während der Kaiser lachend von der entschärften Lage und der gebannten Gefahr sprach, hatte sich Österreichs »Falkenführer« Conrad von Hötzendorf durchgesetzt. Die serbische Antwort wurde zurückgewiesen

und in der Nacht vom 28. auf den 29. Juli erklärte Österreich-Ungarn Serbien den Krieg. Conrads Panzerschiffe eröffneten die Feindseligkeiten in den frühen Morgenstunden des 29. Juli 1914. Das Bombardement der Österreicher begann um fünf Uhr. Über die Donau hinweg beschossen die Panzerschiffe Belgrad. Auf den Dächern der serbischen Hauptstadt flatterte noch vereinzelt die weiße Fahne im Wind. Doch das störte die österreichische Schiffsartillerie nicht. Auf Belgrad wurde bis zum Einbruch der Nacht geschossen.
In Petersburg geriet der Zar in verhängnisvollen Zugzwang. Er orderte sogleich eine Teilmobilmachung seiner Armee entlang der russisch-österreichischen Grenze an. Die Ausweitung des Krieges hing nun im wesentlichen von zwei sehr ungleichen Männern ab – Nikolaus II. und seinem Cousin Wilhelm II. In den Tagen unmittelbar vor Ausbruch des Infernos sollten sich die beiden Herrscher in ihrem gegenseitigen Bemühen, der Welt den Frieden zu erhalten, eine wahre Flut von Telegrammen übersenden. Wilhelm, der von der Kriegserklärung seines Bündnispartners und der prompten Attacke auf Belgrad überrascht worden war und sich darüber ärgerte, daß man ihn nicht rechtzeitig von der Operation in Kenntnis gesetzt hatte, betrachtete den Krieg als rein »balkanesische Sache«. Serbien hatte es verdient, daß Österreich nun mit ihm abrechnete. Es galt nur, den Zaren davon zu überzeugen, daß Deutschland und Rußland neutral bleiben müßten. Er würde Nicky schon hinzubiegen wissen, sagte sich der deutsche Kaiser. Auf seine Überredungskraft setzend, übersandte er Nikolaus folgende Eildepesche:

> ... Mit der größten Beunruhigung höre ich von dem Eindruck, den das Vorgehen Österreichs gegen Serbien in Deinem Land hervorruft. Die gewissenlose Wühlarbeit, die seit Jahren in Serbien am Werke war, hat schließlich zu dem abscheulichen Verbrechen geführt, dem Erzherzog Franz Ferdinand zum Opfer gefallen ist. Der Geist, der die Serben zu Mördern ihres eigenen Königs und seiner Gemahlin machte, herrscht noch im Lande. Du stimmst sicher mit mir überein, daß wir beide, Du und ich, sowie alle Souveräne ein gemeinsames Interesse daran haben, darauf zu bestehen, daß alle für diesen feigen Mord moralisch verantwortlichen Personen ihre verdiente Strafe erhalten ... Andererseits verstehe

ich vollkommen, wie schwierig es für Dich und Deine Regierung ist, den Strömungen Eurer öffentlichen Meinung entgegenzutreten. Im Hinblick auf die herzliche und innige Freundschaft, die uns beide seit langem mit festem Bande verbindet, biete ich daher meinen ganzen Einfluß auf, um Österreich zu veranlassen, durch sofortiges Handeln zu einer befriedigenden Verständigung mit Dir zu kommen ...[85]

Nikolaus war ebenfalls auf die Idee gekommen, sich an seinen Cousin zu wenden. Als Nikolascha immer energischer darauf bestand, die Teilmobilmachung in eine Generalmobilisierung umzuändern, und ein russischer Truppenaufmarsch nun auch an der Grenze zu Deutschland bevorstand, telegraphierte der Zar Wilhelm II. Das Schicksal wollte es, daß sich die beiden Telegramme kreuzten. Nach westlicher Zeitrechnung war es der 29. Juli, als Wilhelm das Telegramm nervös aufriß und las:

... In diesem äußerst ernsten Augenblick wende ich mich an Dich um Hilfe. Ein unwürdiger Krieg ist an ein schwaches Land erklärt worden. Die Entrüstung in Rußland, die ich völlig teile, ist ungeheuer. Ich sehe voraus, daß ich sehr bald ... gezwungen sein werde, äußerste Maßnahmen zu ergreifen, die zum Krieg führen werden. Um ein solches Unheil wie einen europäischen Krieg zu verhüten, bitte ich Dich im Namen unserer alten Freundschaft, alles Dir Mögliche zu tun, um Deinen Bundesgenossen davon zurückzuhalten, zu weit zu gehen.[86]

Umgehend antwortete er:

... Ich rege ... an, daß es für Rußland durchaus möglich wäre, bei dem österreichisch-serbischen Konflikt in der Rolle des Zuschauers zu verharren, ohne Europa in den entsetzlichsten Krieg zu verwickeln, den es je gesehen hat. Ich halte eine direkte Verständigung zwischen Deiner Regierung und Wien für möglich ... und, wie ich Dir schon telegraphiert habe, setzt meine Regierung ihre Bemühungen fort, diese Verständigung zu fördern. Natürlich würden militärische Maßnahmen von seiten Rußlands, die Österreich als Drohung ansehen würde, ein Unheil beschleunigen, das wir beide zu ver-

> meiden wünschen, und meine Stellung als Vermittler gefährden, die ich auf Deinen Appell an meine Freundschaft und meinen Beistand bereitwillig übernommen habe.[87]

Einen Tag später war wieder der Zar an der Reihe. Er ging auf die russische Teilmobilmachung ein und verlieh seiner Hoffnung Ausdruck, daß diese keinen Einfluß auf Wilhelms Vermittlertätigkeit haben würde. Wörtlich telegraphierte der Zar: »Wir brauchen Deinen starken Druck auf Österreich, damit dieses zu einer Verständigung mit uns kommt.« Diese Nachricht erzürnte den Kaiser. Wütend drahtete Wilhelm II. zurück:

> ... Österreich hat nur gegen Serbien mobil gemacht und nur einen Teil seines Heeres. Wenn, wie es jetzt nach Deiner und Deiner Regierung Mitteilung der Fall ist, Rußland gegen Österreich mobil macht, so wird meine Vermittlerrolle, mit der Du mich gütigerweise betraut hast und die ich auf Deine ausdrückliche Bitte übernommen habe, gefährdet, wenn nicht unmöglich gemacht werden. Das ganze Gewicht der Entscheidung ruht jetzt ausschließlich auf Deinen Schultern, sie haben die Verantwortung für Krieg oder Frieden zu tragen![88]

Kurz nachdem diese Depesche eingegangen war, meldete sich Außenminister Sasonow zur Audienz an. Er war nun wahrscheinlich der profilierteste Politiker Rußlands. Am 12. Februar hatte Nikolaus Ministerpräsident Kokowzow seines Amtes enthoben. Es war für Kokowzow außer Frage gestanden, daß er seine Entlassung Alexandras Animosität zu verdanken hatte. Maria Fjodorowna hatte Kokowzow ersucht, ihren Sohn nochmals vor all den Speichelleckern, die ihn umgaben, zu warnen und die Rasputin-Frage erneut aufs Tapet zu bringen. Die Antwort des Grafen hatte aus der traurig hingeworfenen Bemerkung bestanden: »Ich bin machtlos und kann leider gar nichts tun. Niemand ist bereit, mich anzuhören oder mir Glauben zu schenken, denn die Zarin sieht in mir einen Feind!« Es war für die Kaiserinwitwe vollkommen unverständlich, daß Nikolaus ausgerechnet Iwan Goremykin reaktiviert und zu Kokowzows Nachfolger gemacht hatte. Nicht genug damit, hatte er den neuen alten Premier – der von sich selbst behauptete, er sei ein jahrelang eingemotteter Pelzmantel, den man zur Feier des Tages wieder hervorkrame, um ihn bei nächster Gelegenheit abermals wegzuschließen[89] – auch noch als tatkräftigen Mann mit frischen Kräften bezeichnet. Es war also nicht der Marionettenpremier Goremykin, der vor Kriegsausbruch die politischen Fäden zog, sondern Sasonow.

Der Außenminister hielt sich nicht lange mit Vorreden auf, sondern erklärte dem Gossudaren knallhart: »Majestät, ich fürchte, Sie können den Befehl zur Generalmobilmachung nicht länger verschieben. Meiner Ansicht nach ist der Krieg unvermeidbar geworden.« Nikolaus erbleichte, sprang aus seinem Sessel und fragte erregt: »Wissen Sie, was Sie da von mir verlangen, Sergej Dmitriewitsch? Bedenken Sie die Verantwortung, die zu übernehmen Sie mir raten. Vergessen Sie nicht, daß dies heißen würde, Hunderttausende russische Menschen in den Tod zu schicken!« Sasonow blieb fest. »Es gibt keine Alternative«, erwiderte er. »Österreich und Deutschland gehen daran, Rußlands natürliche Verbündete auf dem Balkan zu versklaven. Wollen wir dem tatenlos zusehen? Haben wir nicht alles versucht, diese Tragödie zu verhindern? Sollen wir Rußland bewußt dem Gutdünken der unberechenbaren Mittelmächte ausliefern?« Auf diese bohrenden Fragen schwieg der Zar lange. Sasonow konnte förmlich fühlen, wie sehr ihn die ganze Angelegenheit aufwühlte, welch schweren inneren Kampf er mit sich selbst ausfocht. Tief durchatmend sagte der Herrscher, dem der Schweiß auf der Stirn stand, schließlich resignierend und mit sorgenvoller Stimme: »Sie haben recht, Sergej Dmitriewitsch. Uns bleibt wirklich nichts anderes übrig. Wir müssen uns gegen einen Angriff wappnen. Hiermit erteile ich den Befehl zur Generalmobilmachung!« Am Abend desselben Tages schickte Nikolaus, der den Gedanken an Krieg nicht ertragen konnte, Wilhelm II. noch ein Telegramm nach Potsdam:

> Ich danke Dir herzlich für Deine Vermittlung, die Hoffnung zu geben beginnt, daß doch noch alles friedlich enden kann. Es ist technisch unmöglich, unsere militärischen Vorbereitungen einzustellen ... Es liegt uns fern, einen Krieg zu wünschen. Solange die Verhandlungen mit Österreich wegen Serbien andauern, werden meine Truppen keinerlei herausfordernde Handlungen unternehmen. Ich gebe Dir mein feierli-

ches Wort darauf. Ich setze mein ganzes Vertrauen in Gottes Gnade und hoffe auf den Erfolg Deiner Vermittlung ...[90]

Die Antwort kam postwendend:

> In meinem Bestreben, den Frieden der Welt zu erhalten, bin ich bis an die äußerste Grenze des Möglichen gegangen. Die Verantwortung für das Unheil, das jetzt die ganze zivilisierte Welt bedroht, wird nicht auf mich fallen. In diesem Augenblick steht es noch in Deiner Macht, es abzuwenden. Niemand bedroht die Ehre oder die Macht Rußlands, das wohl in der Lage ist, das Ergebnis meiner Vermittlung abzuwarten. Meine Freundschaft für Dich und Dein Reich, die mir mein Großvater auf dem Sterbebette als Vermächtnis hinterließ, ist mir stets heilig gewesen, und ich habe oft ehrlich zu Rußland gestanden, wenn es in schwerer Bedrängnis war, namentlich während seines letzten Krieges. Noch kann der Friede Europas durch Dich erhalten bleiben, wenn Rußland einwilligt, die militärischen Maßnahmen einzustellen, die Deutschland und Österreich-Ungarn bedrohen müssen. Willy.[91]

Am nächsten Morgen sprach sich die Nachricht von der Generalmobilmachung Rußlands in der deutschen Hauptstadt jedoch schnell herum. Wilhelm II. und seine Ratgeber waren verärgert und entsetzt. Der russische Riese marschierte, rund viereinhalb Millionen Mann würden bald unter Waffen stehen. Die gewaltige »Dampfwalze«, wie die britischen Medien den gigantischen russischen Heereskoloß in den Anfangsmonaten und -jahren des Krieges titulieren würden, mußte angehalten werden, ehe sie sich, alles niederdrückend und jeden Gegner durch ihren schieren Umfang erschlagend, den deutschen Grenzen näherte. Wilhelm beschloß, nun auch den Ultimatumsweg zu gehen. Die Ereignisse überschlugen sich. Gegen Mitternacht überreichte Graf Friedrich von Pourtales, Deutschlands Botschafter in St. Petersburg, ein vornehm-würdiger alter Mann, der Doyen aller in Rußland akkreditierten Diplomaten, Sasonow im Auftrag seiner Regierung ein auf zwölf Stunden befristetes Ultimatum. In ihm wurde Rußland aufgefordert, die Generalmobilmachung einzustellen und für nichtig zu erklären. Mit preußischer Exaktheit wartete Wilhelm II. auf das Verstreichen der Frist. Am

1. August 1914, präzise um zwölf Uhr mittags, handelte der Kaiser. Rußland hatte es augenscheinlich vorgezogen, das Ultimatum zu ignorieren, und so erteilte auch er den Befehl, sofort zu mobilisieren und alle Streitkräfte für den Eventualfall bereitzuhalten. Um siebzehn Uhr desselben Tages reagierte der Zar auf diese neue dramatische Entwicklung. Seine an Wilhelm adressierte Depesche, die Zarskoje Selo nun verließ, hatte diesen Inhalt:

> ... Verstehe, daß Du gezwungen bist, mobil zu machen, doch ich hätte gerne die gleiche Zusicherung, die ich Dir gegeben habe, nämlich zu wissen, daß diese militärischen Maßnahmen nicht einen Krieg nach sich ziehen und daß wir fortfahren, für das Wohl unserer beiden Länder zu verhandeln ... Unserer langjährigen Freundschaft muß es mit Gottes Hilfe gelingen, Blutvergießen zu vermeiden. Voll Vertrauen erwarte ich mit Spannung Deine Antwort. Nicky.[92]

Der Zar konnte nicht ahnen, daß dieses Telegramm zu spät kam. Die deutsche Reichsregierung hatte nämlich schon eine Stunde früher beschlossen, Rußland den Krieg zu erklären. Botschafter Pourtales erhielt den chiffrierten Befehl, die Kriegserklärung an das Zarenreich exakt um siebzehn Uhr vorzubringen. Pourtales war allerdings kein solcher Pünktlichkeitsfanatiker wie sein Souverän. Vielleicht überlegte der in Ehren ergraute, Rußland liebende Diplomat auch noch verzweifelt, wie man die Lawine, die sich nun anschickte, mit donnernder Urkraft zu Tal zu stürzen, in allerletzter Minute aufhalten könnte; vielleicht war er einfach zu betroffen, um dem Befehl sofort nachzukommen. Jedenfalls traf der Botschafter nicht um siebzehn Uhr, sondern mehr als zwei Stunden später in Sasonows Büro ein. Es war 19.12, als Pourtales Sasonow gegenüberstand. Der alte Mann wirkte verstört, blaß, übernervös und unruhig. Dreimal wiederholte er die Frage: »Eure Exzellenz, können Sie mir verbindlich versichern, daß Rußland seine Generalmobilmachung einstellen wird?« Sasonow verneinte jedesmal. Daraufhin holte der Botschafter mit zittrigen Fingern die Kriegserklärung aus der Tasche. Sie Sasonow auf den Schreibtisch legend, sagte er müde: »So muß ich jetzt leider meine Pflicht tun. Ich bin autorisiert, Ihnen diese Note zu übergeben. Seine Majestät der Kaiser, mein

erlauchter Landesherr, nimmt im Namen des Reiches die Herausforderung an und betrachtet sich als mit Rußland im Kriegszustand befindlich!« Dann begab er sich zu seiner Botschaft und traf alle Vorbereitungen zur Abreise.
Nikolaus kam gerade von der Abendandacht zurück, als Hofminister Frederiks aufgeregt in sein Arbeitszimmer stürmte und ihm mitteilte, daß Sasonow die deutsche Kriegserklärung erhalten hatte. Der Zar wirkte wie versteinert. Mit leichtem Kopfnicken sagte er: »Die Minister sollen um neun Uhr in den Palast kommen!« Dann ging er ins Speisezimmer, wo ihn Alexandra und die vier Töchter zum Abendessen erwarteten. Ruhig informierte er Alexandra über die traurige Sachlage. Die Kaiserin und die verschreckten jungen Mädchen begannen zu weinen. Nikolaus tröstete sie und zog sich sodann in sein Audienzzimmer zurück, ohne einen Bissen angerührt zu haben. Er blieb lange auf in dieser Nacht. Um 1.45 Uhr schrieb er, auch in dieser Situation so erstaunlich lakonisch wie immer, ins Tagebuch: »Bei unserer Rückkehr vom Gottesdienst erfuhren wir, daß uns Deutschland den Krieg erklärt hat.« Im Schlafzimmer nahm er zusammen mit seiner Gattin noch eine Tasse Tee zu sich. Um zwei Uhr entschloß er sich, ein heißes Bad zu nehmen und sich sodann zur Ruhe zu begeben. Da brachte ihm ein sichtlich erregter Lakai »ein wichtiges Telegramm von Seiner Majestät Kaiser Wilhelm«. Es war die letzte Nachricht, die er je von Wilhelm II. erhalten sollte. Fassungslos las der Zar:

> … Ich habe gestern Deiner Regierung den Weg angegeben, durch den allein noch der Krieg vermieden werden kann. Obwohl ich um Antwort bis heute mittag gebeten habe, hat mich bis jetzt noch kein Telegramm meines Botschafters mit einer Antwort Deiner Regierung erreicht. Ich war daher genötigt, meine Armee mobil zu machen. Sofortige, bejahende, klare und nicht mißzuverstehende Antwort … ist die einzige Möglichkeit, endloses Elend zu vermeiden. Bis ich diese Antwort erhalten habe, bin ich leider nicht in der Lage, auf den Gegenstand Deines Telegramms einzugehen. Ich muß Dich ernstlich ersuchen, daß Du unverzüglich Deinen Truppen Befehl gibst, unter keinen Umständen die geringste Verletzung unserer Grenzen zu begehen …[93]

Nikolaus überflog das ihm vollkommen absurd erscheinende Telegramm ein zweites und ein drittes Mal. War Wilhelm II. verrückt geworden? fragte er sich wütend. Deutschland und Rußland befanden sich bereits sieben Stunden im Kriegszustand! Und nun ersuchte ihn der Kaiser, die deutsche Grenzhoheit zu akzeptieren! War dies ein makaberer Scherz des niemals aufrichtigen, hoffnungslos im Netz seiner eigenen Lügen verfangenen Hohenzollernherrschers, wie er Wilhelm vier Monate später in einem Gespräch mit Frankreichs Botschafter Maurice Paleologue charakterisieren sollte? Entrüstet las er die unerklärliche Depesche Alexandra vor. Sie reagierte genauso empört wie er selbst und fragte ihn: »Du wirst das doch nicht beantworten!« »Natürlich nicht!« sagte der Gossudar angewidert.
Wilhelms letztes Telegramm an den Zaren, wie immer in englischer Sprache abgefaßt, gibt uns auch heute noch Rätsel auf. Hätte es noch vor der Kriegserklärung zugestellt werden sollen? War es in der Hektik der Ereignisse einfach vergessen worden? Oder war es schlicht bürokratische Schlamperei, die das Telegramm zeitweilig unter einem Aktenberg in Potsdam oder in der deutschen Botschaft in St. Petersburg verschwinden ließ? Hatten Sasonows Beamte das ominöse Telegramm vielleicht sogar bewußt zurückgehalten? Allerdings ist es bezeichnend, daß Wilhelm die Depesche zu exakt jenem Zeitpunkt absandte, da seine Regierung Rußland den Krieg erklärte. Handelte es sich also um einen der vielen unerklärlichen Spontaneinfälle Wilhelms? Wollte er den Zaren dadurch verunsichern, einschüchtern und zu einem unehrenhaften Schritt verleiten, wie Nikolaus ihm später unterstellte? Was immer auch die Ursache für Wilhelms letztes Telegramm an Seine Majestät den Zaren gewesen sein mag, die Kriegserklärung war erfolgt und ließ sich nicht mehr rückgängig machen.
Am 3. August erklärte das deutsche Kaiserreich auch Rußlands Verbündetem Frankreich den Krieg. Österreich-Ungarn, das niemals an eine militärische Auseinandersetzung mit der Republique Française gedacht hatte, zahlte nun den Bündnispreis und mußte wenig später die französische Kriegserklärung hinnehmen. Als Deutschland, den verhängnisvollen Schlieffenplan in die Tat umsetzend, über das neutrale Belgien herfiel und es als ideale Startrampe zur ins Auge gefaßten Invasion in Frankreich betrachtete, reagierte die stärkste Seemacht der Erde. Großbritannien trat an die Seite Frankreichs und Rußlands.

Der Hurrapatriotismus, der Rußland wie auch alle anderen kriegführenden Länder in jenen ersten Tagen überrollte, war ungeheuerlich. »Zum Schutze des heiligen Rußland«, wie die überall im Land verbreitete Parole lautete, wurde Einigkeit demonstriert. Die verbannten Mitglieder der Romanow-Familie durften zurückkehren. Vergeben waren alle Sünden und Verfehlungen, denn nun galt es, Rußlands Ehre zu verteidigen und treu hinter dem Zaren zu stehen. Der liebe Onkel Pawel und seine morganatische Frau, Mischa und Gräfin Brassowa, Kirill Wladimirowitsch und Ducky – sie alle kehrten nach Bekanntwerden der gegenseitigen Kriegserklärungen in ihre Heimat zurück.
Dies hatte – allerdings schon fünf Monate früher, als von einem Krieg noch keine Rede war – auch ein anderer ungewöhnlicher Mann getan, der nicht verbannt worden war, sondern in London ein angenehmes Bohemiendasein und ausgesprochenes Lotterleben geführt hatte. Es war Felix Fürst Jussupow, der letzte männliche Nachkomme der reichsten Familie Rußlands. Der schöne Felix, wie ihn Verwandte und Freunde spöttisch bezeichneten, war in die Heimat zurückgereist, um eine Nichte des Zaren, Irina, die Tochter von seiner Schwester Xenia, und Nikolaus' bestem Freund Sandro, zu heiraten. Der Mann, der die begehrenswerte Irina zum Traualtar führte, war allerdings bisexuell. 1887 in Moskau geboren, war Felix Jussupow in einer Atmosphäre sagenhaften Reichtums aufgewachsen. Seine Eltern nannten sechsunddreißig riesige Güter ihr eigen. Sie besaßen Ölfelder, Fabriken, Kohlen- und Eisenbergwerke. Ihr größtes Gut lag am Kaspischen Meer. Wie Jussupow dreiundvierzig Jahre später in seinen Memoiren schrieb, erstreckte es sich über zweihundert Kilometer und war das echte Eldorado eines Ölmagnaten: »Rohöl war so reichlich vorhanden, daß der Erdboden davon vollgesogen war und die Bauern ihn benützten, um ihre Wagenräder zu schmieren.«[94] Felix' Familie gehörten allein in Petersburg vier Prachtpaläste, in Moskau waren es nur drei. Das Petersburger Moikapalais, in welchem der Mörder Rasputins zur Welt kam, war so riesengroß, daß bei Soireen sage und schreibe zweitausend Gäste bequem tafeln konnten. In dieser Jussupowschen Residenz waren die Teller aus reinem Gold, wie auch die Aschenbecher. Unzählige Fabergé-Wunderwerke gehörten genauso zum Inventar wie die an den Glanz des Louvre erinnernde Gemäldegalerie. Die Jussupow-Kunstschätze waren

unbezahlbar. Im Moikapalast standen unglaubliche Raritäten, Möbelstücke, wie sie sonst kaum irgendwo in Rußland zu finden waren. Es gab ein eigenes Marie-Antoinette-Zimmer, in welchem Stühle, Kommoden, Tische, ein Nähkästchen und sogar ein Spinnrad der unglücklichen Tochter Maria Theresias zu bestaunen waren. Zu den besonderen Attraktionen des Palastes zählte ein Kronleuchter aus dem Besitz der legendären Königskurtisane Madame de Pompadour. Ein Heer von tatarischen Dienern in Originaltracht servierte auserlesene Speisen. Diese waren ein Hinweis auf die Herkunft des Jussupow Clans. Dessen Stammvater war nämlich der mächtige Tatarenkhan Jussuff gewesen.

Die Jussupow-Familie hatte stets eine bedeutende Rolle in der Geschichte Rußlands gespielt. Zu den bekanntesten Ahnen Felix' gehörte unter anderen Dmitri Jussupow, ein langjähriger und einflußreicher Berater Peters des Großen. Ein anderer Fürst aus diesem hochangesehenen Geschlecht, Nikolaj, war einer der zahllosen Geliebten Katharinas der Großen. Nikolaj Jussupow war nicht nur der Vertraute von drei Zaren, Paul I., Alexander I. und Nikolaus I., sondern offenbar auch der Hedonismus in Person. Am Ende seines langen Lebens – er starb mit einundachtzig – blickte er stolz auf eine Mätressenliste zurück, die nicht weniger als dreihundert Frauen umfaßte, deren gesammelte Porträts eine eigene Gemäldegalerie auf seinem bevorzugten Landsitz Archangelskoje in der Nähe von Moskau füllten. Hier fühlte sich der liebestolle Fürst Nikolaj Jussupow, der noch kurz vor seinem Tod eine leidenschaftliche Romanze mit einer vollbusigen siebzehnjährigen Dienstmagd hatte, am wohlsten. Dieses Landgut war schon fast so etwas wie eine Stadt für sich, mit Parks, Gärten, einem Zoo, geheizten Gewächshäusern, Glas- und Porzellanmanufakturen und einem großen Theater.

Der Vater des schönen Felix war nicht ganz so exzentrisch veranlagt. Aber auch er schwelgte gelegentlich auf absonderliche Weise in seinem unermeßlichen Reichtum. Einmal überraschte er seine Frau, Felix' Mutter Zenaida, mit einem Geburtstagsgeschenk besonderer Art. Er teilte ihr lachend mit, daß er gerade den höchsten Berg auf der Krim gekauft hatte, und bat sie, diesen als bescheidenes Zeichen seiner Zuneigung anzunehmen.[95]

Als Felix Jussupow 1914 nach Rußland zurückkehrte, stellte das Vermögen seiner Familie sogar das des Herrschers aller Reußen

in den Schatten. Es wurde auf unglaubliche neunhundert Millionen Rubel geschätzt. Felix, der auf Wunsch seiner Mutter bis zu seinem fünften Lebensjahr Mädchenkleider tragen mußte, entwickelte sich zu einem überschlanken, feminin wirkenden jungen Mann mit den längsten Wimpern Rußlands. Vielleicht hatten ihn seine frühen Kindheitsjahre nachhaltig geprägt; er gefiel sich jedenfalls noch als Teenager in der Rolle des Transvestiten. Er schminkte sich täglich, zog gern ein blaues Samtkleid der Mutter an, setzte sich eine Perücke auf den Kopf und zog als Frau verkleidet durch die Nachtclubs der Hauptstadt. Dort erregte er aufgrund seiner außergewöhnlichen Schönheit die Aufmerksamkeit vieler gutaussehender Männer mittleren Alters. In seinen Memoiren gab Jussupow unumwunden zu, daß er in so manch heißer Séparéenacht die Lust schneidiger, homosexuell veranlagter Offiziere gestillt hatte.
Wenn das Wort dekadent jemals auf einen Menschen wie maßgeschneidert zutraf, so war dies Felix Jussupow, der fanatische Oscar-Wilde-Bewunderer, der seine ersten Sexualerfahrungen bereits mit zwölf Jahren sammelte, als er sein wildes Geschlechtsleben zusammen mit einem argentinischen Gespielen und dessen nymphomanischer Gefährtin gleich mit einer Orgie zu dritt beginnen ließ. Ob er nun mit fünfzehn in Neapel ein Freudenhaus nach dem anderen erkundete oder seinen Neigungen mit zweiundzwanzig im Pariser Rotlichtdistrikt frönte, er war stets von dem Wunsch durchdrungen, seine unbeschreibliche Lust zu befriedigen, wie er viele Jahre später schreiben sollte. Der Mann, der von sich selbst sagte, er liebe die Schönheit, den Luxus, den Komfort, die Farbe und den Duft der Blumen, experimentierte auch mit Drogen. Er schnupfte Kokain und rauchte Opiumpfeifen.
Tatsache ist, daß Fürst Felix Jussupow sich eine Weile in Oxford als Student versuchte – allerdings ohne jemals eine Prüfung abzulegen. Danach lebte er einige Jahre in London, in einem mondänen Appartement mit orangefarbenen Samtvorhängen und zahlreichen Tieren. Für sein leibliches Wohl sorgten eine französische Köchin und ihr Mann, der als Butler und Diener in einer Person fungierte. Felix' Bohemiendasein wäre wahrscheinlich in diesem Stile weitergegangen – mit Zechgelagen, mitternächtlichen Orgien, als leidenschaftlicher Gitarrist sang der Fürst gerne stundenlang Zigeunerlieder, während ihm so

illustre Gäste wie die weltberühmte Tänzerin Anna Pawlowa oder Manuel, der ehemalige König von Portugal, der sein sinnloses Exildasein ebenfalls durch Ausschweifungen aller Art zu versüßen suchte, verzückt zuhörten –, wenn nicht sein älterer Bruder bei einem Duell ums Leben gekommen wäre. Nikolaj Jussupow war von einem gehörnten Ehemann gefordert und erschossen worden. Nun war Felix Alleinerbe des größten Vermögens von Rußland. Als er siebenundzwanzigjährig nach Petersburg zurückkehrte, war es kaum zu vermeiden, daß sich der lasterhafte Fürst und der berüchtigte Orgiast Rasputin kennenlernten. Der Muschik versuchte auch beim mädchenhaft schönen Millionenerben seine Hypnoseexperimente. Felix fand ihn anfänglich anziehend und abstoßend zugleich.
Der Zar, der Felix für homosexuell hielt, mochte ihn nicht. Es ist anzunehmen, daß damals niemand genau über den Werdegang Felix Jussupows Bescheid wußte, den er erst in den fünfziger Jahren geradezu genüßlich schildern sollte. Nikolaus stand der Ehe zwischen Irina Romanow, Xenias Tochter, und dem reichsten Manne Rußlands zuerst skeptisch und ablehnend gegenüber. Aber Irina hatte sich Hals über Kopf in den Schönling verliebt, der ihr wie ein reinkarnierter griechischer Gott, wie Phoebus Apollon selbst erschien. Seine perversen Neigungen konnte sie sich freilich nicht einmal in ihren kühnsten Träumen ausmalen. So machte der Zar wieder einmal gute Miene zu einem Spiel, das ihm so gar nicht gefiel. Er fungierte sogar als Trauzeuge seiner Nichte, die Marie Antoinettes Spitzenschleier, ein kostbares Geschenk ihres Bräutigams, trug. Das Hochzeitsgeschenk des kaiserlichen Onkels fiel ebenfalls sehr großzügig aus und bestand aus neunundzwanzig Diamanten. Aber als Felix bei Ausbruch des Krieges in die Garde eintreten wollte, verweigerte ihm Nikolaus dies, da er der Meinung war, daß gerade in dieser Eliteeinheit kein Platz für verweichlichte Lebemänner mit abartigen Neigungen war. So kam es, daß Fürst Felix Jussupow auch in den beiden ersten Kriegsjahren sein Dandydasein wiederaufnahm. Er führte das Leben eines durch und durch übersättigten, unbotmäßigen Millionärstaugenichtses. Immerhin erfüllte er – zumindest zeitweise – seine ehelichen Pflichten. Am 8. März 1915 schenkte ihm Irina eine Tochter. Dennoch wäre er nur eine dubiose Randfigur in der Untergangstragödie des Zarenreiches geblieben, wenn er nicht Ende

1916 den Entschluß gefaßt hätte, die schwankende Dynastie zu retten und als ruhmreicher Held in die Geschichte einzugehen, indem er Rasputin ermordete.

Nachdem wir uns nun ausführlich mit der Vorgeschichte Jussupows befaßt haben, wollen wir unser Augenmerk erneut auf den Hochsommertag des 2. August 1914 richten (Julianischen Kalenders, dem wir in diesem Kapitel der Einfachkeit halber zeitweilig den Vorzug geben; nach Gregorianischem Kalender war es der 20. Juli), an welchem der Zar im Winterpalast feierlich das Manifest über den Kriegseintritt Rußlands verlas. Auszugsweise hörte es sich so an:

> Wir, Nikolaus der Zweite, von Gottes Gnaden Kaiser und Selbstherrscher über ganz Rußland, erklären all Unseren Untertanen:
>
> Unserem historischen Auftrag entsprechend, ist Rußland dem Schicksal der slawischen Völker … niemals untätig gegenübergestanden. In voller Einmütigkeit und mit besonderer Kraft haben sich in den letzten Tagen die brüderlichen Gefühle des russischen Volkes gegenüber den Slawen erhoben, als Österreich-Ungarn an Serbien … unannehmbare Forderungen gestellt hat. Die entgegenkommende und friedliebende Antwort der serbischen Regierung verachtend und die wohlwollende Vermittlung Rußlands zurückweisend, ist Österreich unverzüglich zum bewaffneten Angriff übergegangen, indem es die wehrlose Stadt Belgrad unter Beschuß genommen hat. Da Wir kraft der eingetretenen Umstände gezwungen sind, die erforderlichen Vorsichtsmaßnahmen zu ergreifen, haben Wir befohlen, Armee und Flotte mobil zu machen, jedoch gleichzeitig … alle in Unserer Macht stehenden Bemühungen zum friedlichen Ausgang der aufgenommenen Verhandlungen aufgeboten. Inmitten freundschaftlicher Beziehungen hat das mit Österreich verbündete Deutschland entgegen Unseren auf jahrhundertealte gute Nachbarschaft bauenden Hoffnungen und ungeachtet Unserer Versicherung, daß die ergriffenen Maßnahmen keineswegs feindseligen Charakter ihm gegenüber haben, deren sofortige Einstellung gefordert und nach Zurückweisung dieser Forderung Rußland unverzüglich den Krieg erklärt. Nunmehr steht nicht allein die Verteidigung der zu Unrecht

> beleidigten, Uns allen teuren Heimat bevor, sondern es gilt auch, die Ehre, Würde und Unverletzlichkeit Rußlands und seiner Stellung unter den Großmächten zu wahren. Wir sind unerschütterlichen Glaubens, daß zur Verteidigung der russischen Erde einmütig und selbstbewußt alle Unserer treuen Untertanen aufstehen werden ... Möge das Band zwischen Zar und Volk enger werden ... und möge Rußland, sich wie ein Mann erhebend, den dreisten Angriff der Feinde abwehren. Im tiefen Glauben an die Gerechtigkeit Unserer Sache ... erbitten Wir im Gebet den Göttlichen Segen für das Heilige Rußland ...[96]

Nach der Verlesung des von Nikolaus eigenhändig aufgesetzten Manifestes brauste ungeheurer Jubel auf. Großfürst Nikolaj Nikolajewitsch war der erste, der den Ruf »Gott schütze den Zaren!« anstimmte, den alle Anwesenden sogleich wiederholten. Dann wurde im prächtigen Nikolaussaal eine improvisierte Messe abgehalten. Fünftausend Betende verfolgten in andächtiger Spannung, wie der Zar auf die berühmte wundertätige Muttergottes von Wladimir zuschritt, jene Ikone, vor der einst Napoleonbezwinger Feldmarschall Kutusow Gottes Segen erfleht hatte. Vor ihr stehend, erhob Nikolaus die rechte Hand und schwor, keinen Frieden zu machen, solange sich nur noch ein einziger Feind auf russischem Boden befand.

Der Gossudar, der Infanterieuniform trug, nahm nun die ganz in Weiß gekleidete Alexandra bei der Hand und führte sie auf den Balkon des Winterpalastes. Das Herrscherpaar starrte auf die unübersehbare Menschenmenge hinab, auf das endlose Gewimmel flatternder Fahnen, Ikonen und Banner mit dem Kaiserwappen. Die Begeisterung der dreißigtausend Erschienenen war unbeschreiblich groß. Es wurde gebetet, gelacht und gesungen. Nikolaus wollte zu einer Rede ansetzen, doch schon seine ersten Worte gingen im Jubelgeschrei unter. Da verstummte der Zar und neigte ehrfürchtig das Haupt. Diese Geste ließ auch die erregten Massen erstaunlich schnell ruhig werden. Minutenlang herrschte Totenstille auf einem der größten Plätze Europas. Jemand intonierte die Zarenhymne, und alle stimmten mit ein. Viele Menschen weinten, genau wie das von Emotionen überwältigte Kaiserpaar.

Der Krieg, von dem jeder glaubte, er würde in nur drei Mona-

ten zu Ende sein[97], elektrisierte die Massen. Michail Rodsjanko traf auf Arbeiter, die noch vor einer Woche Straßenbahnwagen aus ihren Gleisen gekippt, von Revolution geträumt und Telefonleitungen zerschnitten hatten. Jetzt trugen diese Männer das Bildnis des Gossudaren durch die Straßen. »Es geht um Rußland!« sagte einer von ihnen. »Wir wollen uns um den Zaren scharen und die Deutschen besiegen!« Wie selbst Kerenskij zugeben mußte, schien sich die revolutionäre Gesinnung praktisch über Nacht in nichts aufgelöst zu haben. Weggehext vom Phantom des Krieges, hatten alle bolschewistischen Parolen und Phrasen ihre Bedeutung verloren. Offiziere konnten nicht früh genug an die Front kommen. Der Hochadel sprach vom tödlichen Duell zwischen Slawen- und Germanentum. Die Menschen, die in jenen Tagen und Nächten singend und grölend durch die Straßen der Großstädte liefen, schienen von der Unbesiegbarkeit der gewaltigen russischen Armee überzeugt. Unglaubliche Rufe wurden laut. »Nieder mit den Deutschen! Sie können nur Wurst machen, aber nicht kämpfen. Wir brauchen ihnen nur unsere Mützen ins Gesicht zu werfen, und sie werden die Flucht ergreifen!« erklärte ein Hauptmann in Tiflis seiner Kompanie. Ein Infanteriegeneral, der an der Spitze seiner Truppen aus Petersburg hinausmarschierte, verblüffte den zufällig seinen Weg kreuzenden französischen Botschafter mit folgendem leidenschaftlichem Wutausbruch: »Nieder mit Preußen, Exzellenz!« brüllte er. »Wir werden diese dreckigen Preußen vernichten! Kein Preußen und kein Deutschland mehr! Wilhelm nach St. Helena!« Dieser Ruf »Wilhelm nach St. Helena!« war in den kommenden Tagen immer wieder zu vernehmen, als Regiment um Regiment abrückte und die Straßen der Groß- und Kleinstädte durch den militärischen Gleichschritt regelrecht erzittern ließ. Es war, als ob ganz Rußland marschierte.
Vielen ausländischen Beobachtern erschien dieser Massenkriegsexodus der endlosen Kolonnen, Kavallerieschwadronen, Infanterie- und Artillerieregimenter mit den schweren Troßfahrzeugen, Ambulanzen und Feldküchen, der staubaufwirbelnden Kosakentruppen, die mit aufgepflanzten Bajonetten zur Front abrückten, wie ein Bild aus längst vergangenen Zeiten. Der englische Konsul in Moskau stellte Vergleiche mit den wildentschlossenen Tatarenkriegern und Alexander Newskijs Sieg über die Schweden im 13. Jahrhundert an. Die als besonders

aufsässig und rebellisch geltenden Stahlarbeiter der Putilow-Werke, die noch vor ein paar Wochen wieder einmal mit Generalstreik gedroht hatten, legten auf einmal unbezahlte Nachtschichten ein. Rund um die Uhr wurde gearbeitet, Armeeaufträge hatten absolute Priorität. Alexander Kerenskij, der wirklich alles andere als ein Monarchist war, notierte, daß die Kriegserklärung ein Wunder bewirkt hatte »... Nichts blieb von den Barrikaden, von den Straßendemonstrationen, von den Streiks und überhaupt von der ganzen Revolutionsbewegung, weder in Petersburg noch im ganzen weiten Reich. Innerhalb einer Stunde wandelte sich die Stimmung eines ganzen Volkes. Mit einer Pünktlichkeit und Ordnung, die alle überraschte, vollzog sich die Mobilmachung ... Der Krieg wurde ... vom Volk als ein von außen aufgezwungenes Übel aufgefaßt, von dem man sich schnell befreien mußte. Das Ziel des Krieges bestand für neun Zehntel des russischen Volkes nur in einer einzigen Aufgabe: der Verteidigung ...«[98]

Die kochende Volkswut richtete sich gegen alles, was deutsch war oder deutsch klang. Angesehene Politiker deutscher Herkunft, deren Vorfahren vor mehr als hundert Jahren eingewandert waren, erwogen eine Namensänderung. Aus dem altehrwürdigen Sankt Petersburg wurde das russifizierte Petrograd. Glücklicherweise erlebte der abgereiste Graf Pourtales nicht mehr mit, wie der aufgebrachte Mob die deutsche Vertretung, »seine« Botschaft, verwüstete, sah nicht, wie dreckige Arbeiterhorden über die teuren Teppiche trampelten, die Gemälde zerschnitten, das gesamte Mobiliar zu Bruch schlugen, das Geschirr bis auf den letzten Porzellanteller zertrümmerten und seine Privatkunstsammlung abtransportierten. Nachdem das große granitgraue Botschaftsgebäude dermaßen vernichtet und unbewohnbar gemacht worden war, setzte man, quasi als Krönung des Vandalismusaktes auch noch den roten Hahn aufs Dach. Während die Botschaft des verhaßten deutschen Kaisers bis auf die Grundmauern niederbrannte, billigte die Duma in nie zuvor dagewesener Einstimmigkeit und Schnelle das beachtlich hohe Militärbudget der Regierung. Es war offenkundig, daß beinahe jeder Mann diesen Krieg für eine ganz vom Volk getragene, vaterländische, heilige Auseinandersetzung zwischen Gut und Böse betrachtete.

Der Tradition folgend, fuhr Nikolaus nach Moskau. Hier in der alten Hauptstadt, dem Symbol des Vaterlandes, erflehte er im weißmarmornen Sankt-Georgs-Saal des Kreml den Beistand Gottes. Am 17. August um elf Uhr vormittags sprach er, begleitet von Alexandra, den vier Töchtern, dem von Nagorny getragenen Zarewitsch, den wieder heftige Beinschmerzen plagten, und Großfürstin Ella, die in ihrem grauen Nonnengewand hinter ihm stand, die begeisternden Worte: »Ein wunderbarer Aufschwung hat ganz Rußland erfaßt, unabhängig von Nationalität und Alter. Von hier, aus dem Herzen Rußlands, schicke ich meinen tapferen Soldaten heiße Grüße. Gott ist mit uns!« In Moskau war die Kriegseuphorie vielleicht sogar noch größer als in Petrograd. Eine Million Menschen beobachtete den triumphalen Einzug des Zaren. Sie waren überall, säumten die Straßen, standen an Türen und Fenstern, sogar auf den Dächern der Häuser. Die Kollektivseele des heiligen Rußland offenbarte sich mit ungeheurer Kraft. Jetzt war der langgehegte Traum von der mythischen Einheit zwischen Batjuschka und Volk endlich Wirklichkeit geworden. Ein monarchietreuer Duma-Abgeordneter bewunderte den andächtigen Eifer, die fast sakrale Entschlossenheit, die das ganze Volk des größten Reiches der Erde erfaßt zu haben schien, und notierte glücklich: »Alle haben sich zusammengeschlossen, die Revolutionäre haben sich versteckt, alle denken nur daran, gemeinsam Rußland zu dienen. Es atmet sich leicht in dieser reinen Atmosphäre, die wir kaum noch kannten.«[99]

Niemand hatte mit einer solchen Begeisterungswelle gerechnet. Am allerwenigsten die Sozialrevolutionäre, die geglaubt hatten, ein Kriegsausbruch würde gleichbedeutend mit dem Einsetzen der Revolution sein. Die Bolschewikenführer Lenin und Trotzki waren so niedergeschlagen wie nie zuvor. Während sich Trotzki in Paris betrank, verließ Lenin seine ärmliche Wohnung in der Züricher Spiegelgasse eine ganze Woche lang nicht und brütete in apathischer Hoffnungslosigkeit vor sich hin. Der revolutionäre Gedanke schien für immer erloschen zu sein.

Auch in London, Paris, Berlin und Wien war die Kriegseuphorie überwältigend. In Großbritanniens Hauptstadt ertönten in diesem verhängnisvollen August des Jahres 1914 ebenfalls Chauvinismus- und Hetzparolen. »Nieder mit dem Kaiser!« schrien die Londoner. »Long live the King!« und »Hang the Kaiser!« stand in den Auslagen vieler Geschäfte zu lesen. Lord

Kitchener, der härteste und berühmteste aller britischen Heerführer, dessen glorreiche Vergangenheit längst zur Legende verklärt worden war, bekleidete nun die Funktion des Kriegsministers und rief zur Generalmobilmachung des Empire auf. Die Gegner würden es nicht nur mit England, sondern mit dem gesamten britischen Weltreich zu tun bekommen, sagte Kitchener. Symbolisch gesehen, zogen also vierhundertfünfzig Millionen Untertanen der Krone in den Krieg, der alle Kriege beenden würde, wie man immer wieder verkündete.

In Paris plünderte der Mob österreichische und deutsche Geschäfte. Der Hurrapatriotismus der Franzosen hatte bereits am 31. Juli ein erstes prominentes Opfer gefunden. Sozialistenführer Jean Jaurès, der sich fast als einziger öffentlich für die Aufrechterhaltung des Friedens eingesetzt hatte, war von aufgebrachten Vaterlandsverteidigern umgebracht worden. Wer nicht für den Krieg sei, sei ein Hochverräter am französischen Volk, hieß es an der Seine.

Welche Szenen sich in Wien abspielten, schilderte Stefan Zweig in seiner Autobiographie: »... Musik dröhnte ... ich fand die ganze Stadt in einem Taumel ... Wie nie fühlten die Tausende und Hunderttausende Menschen, was sie besser im Frieden hätten fühlen sollen: daß sie zusammengehörten ... Alle Unterschiede der Stände, der Sprachen, der Klassen, der Religionen waren überflutet für diesen einen Augenblick von dem strömenden Gefühl der Brüderlichkeit. Fremde sprachen sich auf den Straßen an, Menschen, die sich jahrelang ausgewichen, schüttelten einander die Hände, überall sah man belebte Gesichter. Jeder einzelne erlebte eine Steigerung seines Ichs ...«[100] Junge Rekruten marschierten begeistert und mit freudig erregten Gesichtern die Ringstraße entlang und riefen ihren Müttern zu: »In sechs Wochen haben wir mit Serbien aufgeräumt! Zu Weihnachten werden wir auch Rußland, Frankreich und England geschlagen haben und unter dem Christbaum feiern!« Alle schienen wie betäubt, trunken von Blutdunst, wie Zweig es ausdrückte. Intellektuelle überboten sich mit Lobpreisungen auf den Krieg und Haßorgien auf die Gegner. Biedere Kaufleute stempelten »Gott strafe England!« auf ihre Briefbögen, gebildete Gesellschaftsdamen schworen, nie wieder ein Wort Französisch zu sprechen. Am meisten empörte den kosmopolitisch angehauchten Dichter, der von einer absurden Geistesverwir-

rung sprach, daß man auch das Andenken der großen Toten der feindlichen Länder entehrte und mit Schmutz übergoß: »... Shakespeare wurde von den deutschen Bühnen verbannt, Mozart und Wagner aus den französischen, den englischen Musiksälen, die deutschen Professoren erklärten, Dante sei ein Germane, die französischen, Beethoven sei ein Belgier gewesen, bedenkenlos requirierte man geistiges Kulturgut aus den feindlichen Ländern wie Getreide und Erz ...«[101]
In Berlin sagte Wilhelm II. am 4. August den versammelten Vertretern des Reichstages: »Mit schwerem Herzen habe ich meine Armee mobilisiert. Uns treibt nicht Eroberungslust, uns beseelt der unbeugsame Wille, den Platz zu wahren, auf den Gott uns gestellt hat! In aufgedrungener Notwehr, mit reinem Gewissen und reiner Hand ergreifen wir das Schwert, fest und treu, ernst, ritterlich, demütig vor Gott und kampfesfroh vor den Feinden!«[102]
Er sah sich jetzt nur noch als Soldatenkaiser und trug bei allen offiziellen Anlässen Felduniform. Auch seine Reden lösten Ovationsstürme aus. In Potsdam schrie er der erregten, schwitzenden Menschenmenge zu: »Ich kenne keine Parteien mehr, ich kenne nur noch Deutsche!« Der Applaus und die Hurrarufe waren ohrenbetäubend. Als er das Erste Garderegiment von Schloß Pleß aus verabschiedete, beendete er seine feurige Ansprache mit den Worten: »Drei Hurras auf unser Heer! Und jetzt wollen wir sie dreschen!«[103] Wilhelm, der im Laufe seiner Regierungszeit einhundertdreizehn Uniformänderungen angeordnet hatte, glaubte seinem Generalstabschef Helmuth von Moltke, daß es Deutschland gelingen würde, Frankreich bereits in sechs Wochen niederzuringen, um sodann die Hauptheeresmacht nach Osten werfen zu können. »Vorzüglich«, meinte der Kaiser, »zum Mittagessen in Paris, zum Abendessen in St. Petersburg!«[104]
Auch der Zar, der inzwischen den hünenhaften Nikolascha zum Oberbefehlshaber seiner Armeen gemacht hatte, war optimistisch. Er rechnete mit baldigen Siegen seiner treuen Truppen, die sein Onkel, der vielbewunderte Generalissimus Rußlands, umbarmherzig nach vorne peitschen würde.
Zu diesem Zeitpunkt schien Rasputin die Gunst des Herrschers völlig verloren zu haben. Es kam zu einer heftigen Auseinandersetzung zwischen Nikolaus und Alexandra, die natürlich nach wie vor an der Heiligkeit ihres sich nur langsam von seiner

lebensgefährlichen Verwundung erholenden Freundes festhielt. Wutentbrannt hielt der Zar seiner Gattin vor, daß sich der Starez erlaubt hatte, ihm im Augenblick der höchsten Staatsnot bevormundende unpatriotische Ratschläge zu erteilen. Geschehen war folgendes: Rasputin hatte wieder eines seiner Telegramme aus Pokrowskoje abgesandt. Obwohl es an Anna Wyrubowa adressiert war, betraf sein Inhalt ausschließlich den Zaren. Der krank darniederliegende Mönch hatte depeschiert: »Väterchen soll nicht zum Krieg rüsten, denn mit dem Krieg wird das Ende ... Rußlands kommen, und Ihr werdet eine völlige Niederlage erleiden!« Wie Anna Wyrubowa in ihren Memoiren berichtet, war der Zar dermaßen in Wut geraten, daß er das Telegramm vor ihren Augen zerfetzt und sie daraufhin angeherrscht hatte: »Gehen Sie!«

Es ist anzunehmen, daß Alexandras Freundin Tanja den Starez von der zornigen Reaktion des Gossudaren in Kenntnis setzte, denn schon einen Tag später raffte sich Rasputin erneut auf und schrieb direkt an den Zaren. Nach den Worten Maria Rasputins handelte es sich dabei um den letzten Brief, den ihr Vater dem Zaren vor der Kriegserklärung schrieb. Das schwer dechiffrierbare, mit harter Bauernhand hingekritzelte Schreiben Rasputins hatte diesen Wortlaut:

> Lieber Freund, ich sage es noch einmal, eine drohende Wolke hängt über Rußland, viel Kummer und Sorgen, es ist dunkel und kein Licht zu sehen. Ein Meer von Tränen, unendlich groß, und was soll ich vom Blut sagen? Es gibt keine Worte, das Grauen zu beschreiben. Ich weiß, man verlangt, daß Du Krieg führst, weil niemand weiß, daß er die Vernichtung bedeutet. Schwer ist Gottes Strafe. Wenn er die Vernunft wegnimmt, ist dies der Anfang vom Ende. Du bist Zar, Vater des Volkes, laß nicht zu, daß die Tollen triumphieren und sich selbst und das Volk zerstören. Nun, sie werden Deutschland erobern, und was ist mit Rußland? Wenn man es recht bedenkt, hat kein Land so gelitten seit Anfang der Zeit, es ist ganz in Blut getränkt. Schrecklich ist die Zerstörung und ohne Ende der Kummer.
>
> Grigori[105]

Wir wissen nicht, ob Nikolaus diesen Brief überhaupt gelesen hat. Vielleicht hatte ihn schon das Telegramm des Starez so aufgebracht, daß er das Schreiben ungeöffnet an Alexandra weiterreichte. Sicher ist, daß ihm die düstere Zukunftsprognose zugestellt wurde. Als der wieder genesene Rasputin nach Petrograd zurückkehrte, kam er gleich bei seinem ersten Zusammentreffen mit der Zarin in Anna Wyrubowas Heim auf seine bösen Vorahnungen zurück und sprach erneut von Untergang und Verderben. Diesmal schien er den Bogen allerdings eindeutig überspannt zu haben. Indigniert verfügte Nikolaus, daß der Starez Zarskoje Selo nicht mehr betreten dürfe. Rasputins Gegner, die damit gerechnet hatten, daß der Wundermönch nun wahrscheinlich für immer in der sibirischen Versenkung verschwinden würde, frohlockten zu früh. Denn Rasputin vollzog schnell eine erstaunliche Kehrtwendung. Aus dem erklärten Kriegsgegner wurde ein vehementer Befürworter. Mit großer Wahrscheinlichkeit hat Alexandra den Zaren dermaßen bedrängt, daß er das Aufenthaltsverbot wieder aufhob. Obwohl die »Stimme Gottes« jetzt ganz andere Visionen hatte, den Sieg der unüberwindlichen russischen Truppen prophezeite und offen verlautbarte, er freue sich über den Krieg, da dieser Rußland von zwei Kardinalübeln, der Trunksucht und der Freundschaft mit Deutschland, befreie, ließ der Zar seine Gattin wissen, daß sie ihren Bauern in Hinkunft zügeln solle. Er würde keinerlei Einmischung in Staatsinteressen mehr dulden. Leider hielt sich Alexandra nicht an diese Anweisung, und wie es die spätere Entwicklung zeigen sollte, war auch der Zar, vor allem aus Liebe zu seiner Frau, nicht konsequent genug, den ihm immer suspekter werdenden Rasputin endlich vom Hof zu entfernen. Neben dem sich alsbald als Wendehals betätigenden Rasputin hatte es allerdings auch einen sehr prominenten, einstmals sehr mächtigen Mann gegeben, der den Kriegseintritt Rußlands verdammte. Es handelte sich um den sechsundsechzig Jahre alten Grafen Witte.

Als der Krieg ausbrach, befand sich dieser Grandseigneur der Staatskunst auf Kur im Ausland. Sofort fuhr er in die Heimat zurück und versuchte in Petrograd alles in seiner Macht Stehende, den von ihm als sinnlos und wahnwitzig empfundenen Krieg zu stoppen. Leider schenkte man ihm so gut wie kein Gehör. Der Zar empfing ihn nicht, seine warnende Stimme ging klanglos im allgemeinen Kriegsgejohle unter. Es gelang dem ehemaligen Ministerpräsidenten lediglich, ein langes Gespräch mit Botschafter Paleologue zu führen. Sergej Witte machte kein Hehl aus seiner festen Überzeugung, daß Rußland so schnell wie möglich wieder Frieden schließen müsse. »Dieser Krieg ist Wahnsinn!« eröffnete er dem erstaunten Franzosen, der den großen, korpulenten Mann noch nie so erregt und wild gestikulierend erlebt hatte. »Warum soll Rußland kämpfen? Unser Prestige auf dem Balkan, unsere fromme Pflicht, unseren Blutsbrüdern zu helfen? – Das sind romantische, überholte Hirngespinste! Hier gibt doch ... kein Mensch mit Verstand etwas auf diese unruhigen und eitlen Balkanvölker, die gar nichts Slawisches an sich haben und bloß mit einem falschen Namen getaufte Türken sind. Wir hätten die Serben die Suppe auslöffeln lassen sollen, die sie sich eingebrockt haben ... Was können wir denn erwarten? Landgewinn? Herrgott – ist das Reich seiner Majestät denn noch nicht groß genug? Haben wir nicht in Sibirien, in Turkestan, im Kaukasus, in Rußland selbst riesige Gebiete, die nicht erschlossen sind? Und welche Gebiete sind das, mit denen man uns locken will? Ostpreußen? Hat der Zar nicht schon genug deutsche Untertanen? Galizien? Das ist voller Juden! ... Konstantinopel, das Kreuz auf der Hagia Sophia, der Bosporus, die Dardanellen? Eine zu verrückte Vorstellung, als daß sie auch nur einen Augenblick des Nachdenkens wert wäre. Und selbst wenn wir einmal einen Sieg auf der ganzen Linie voraussetzen, selbst wenn wir einmal annehmen, die Hohenzollern und die Habsburger müßten um Frieden bitten und unsere Bedingungen annehmen – das heißt dann doch nicht nur das Ende der deutschen Vorherrschaft, sondern auch die Ausrufung von Republiken in ganz Mitteleuropa. Und das heißt gleichzeitig das Ende der Zarenherrschaft! Was wir von einer Niederlage zu erwarten haben, davon will ich gar nicht erst reden!«[106]

Paleologue war freilich kaum der geeignete Mann, Wittes Warnung an den Zaren weiterzuleiten. Der französische Diplomat wußte sehr genau, daß sein Heimatland verloren gewesen wäre, wenn Rußland Frankreichs Angstgegner Deutschland nicht eine zweite Front im Osten beschert hätte. Für Frankreichs Interessen war es lebensnotwendig, daß das Zarenreich nicht nur an seiner Seite weiterkämpfte, sondern baldigst zu einer Großoffensive ansetzte. Deshalb teilte er dem Zaren empört mit, daß Wittes böse und gefährliche Ansichten nur der gerechten Sache der Verbündeten schaden könnten. Nikolaus gab ihm recht. Als der alte Graf ein Jahr später an den Folgen eines Gehirnschlages starb, waren zwei Millionen Russen gefallen, verwundet oder in Gefangenschaft geraten.

Paleologue hatte dem Zaren wiederholt klargemacht, daß die französische Armee, die dem Ansturm von fünfundzwanzig deutschen Korps standzuhalten hatte, wahrscheinlich unweigerlich zermalmt werden würde, wenn Rußland seine Offensive nicht konsequent vorantriebe. Sowohl der Zar wie auch Großfürst Nikolaj Nikolajewitsch bekräftigten, daß der russische Angriff sofort nach Ende der Mobilmachung erfolgen würde. Der von den Soldaten vergötterte Großfürst versprach Paleologue sogar, mit der Offensive vielleicht nicht einmal so lange zu warten, bis all seine Korps ihre volle Mannschaftsstärke erreicht hatten.

Frankreich konnte dem deutschen Ansturm, wie gesagt, nur standhalten, wenn der russische Riese schnell genug massiv auf dem östlichen Kriegsschauplatz auftauchte und ins Geschehen eingriff. Das wußte natürlich auch der deutsche Generalstab, der allerdings auf die Unbeholfenheit des russischen Heeresapparates hoffte. In der Kalkulation Moltkes ging es, vereinfacht ausgedrückt, um ein Wettrennen. Da das Eisenbahnnetz Rußlands unzureichend und nicht vollkommen ausgebaut war, würden die Nachschubtruppen des Zaren nicht weniger als eintausendzweihundert Kilometer zur Front zurücklegen müssen. Die Deutschen, deren Eisenbahnnetz, auf die Gesamtfläche des Landes umgerechnet, zehnmal so groß wie das russische war, hatten nur einen Weg von zweihundertfünfzig Kilometern, um ihre Elitetruppen an die jeweiligen Kriegsschauplätze zu transportieren. Im wesentlichen ging es also darum, im Westen in sechs Wochen mit Frankreich aufzuräumen, um sich dann voll und ganz auf den weitaus gefährlicheren Gegner Rußland konzentrieren zu können. Somit drehte sich alles um die Schwerfälligkeit der russischen Kriegsmaschinerie, die, den Überlegungen der deutschen Heeresleitung zufolge, nur mühsam und schleppend in Gang kommen würde. Zunächst sah es tatsächlich so aus, als ob die gewagte Kalkulation Moltkes voll aufgehen würde.

Bereits einen Tag, nachdem man Frankreich den Krieg erklärt hatte, überrannten die deutschen Truppen Belgien und Luxemburg. Das neutrale Belgien verfügte nur über eine fragmentari-

sche Armee, und obwohl viele Belgier als sogenannte »franc-tireurs« zu den Waffen griffen[107], und Resistance-Arbeit leisteten, war der deutsche Vormarsch natürlich nicht zu stoppen. Daß das deutsche Kaiserreich fortan in den Augen der Weltöffentlichkeit als Neutralitätsbrecher dastehen würde, war allen Verantwortlichen egal. Kanzler Bethmann Hollweg etwa bezeichnete die belgische Neutralitätserklärung verächtlich als einen Fetzen Papier. Die Elite des deutschen Heeres, eine Million Mann, überrannte Belgien und Nordfrankreich im August 1914. Auf der Gegenseite warteten fünf französische Armeen, kommandiert von General Joffre, sowie ein britisches Expeditionskorps unter Feldmarschall French bei Le Cateau, um eine Gegenoffensive einzuleiten. Die Franzosen unterlagen in der Schlacht bei Mülhausen in Lothringen und mußten sich hastig zurückziehen. Unaufhaltsam drangen Moltkes Truppen vor; bereits am 2. September, dreißig Tage nach Überschreitung der belgischen Grenze, standen fünf deutsche Elitearmeen zwischen Paris und Verdun. Nur noch fünfzig Kilometer trennten die Hunnen, wie man die Deutschen bald in der Feindpresse titulieren würde, von der französischen Hauptstadt.
In Paris schielte man verzweifelt nach Osten. Wenn die Armeen des Zaren nicht bald eine Verlegung der deutschen Truppenkonzentration erzwangen, gab es keine Hoffnung mehr. Ein einziger heftiger, mit gewohnter Vehemenz vorgetragener Vorstoß würde den Fall der Seine-Stadt bedeuten. Doch die russische Schützenhilfe blieb nicht aus. Wie er Paleologue versprochen hatte, griff Nikolascha bereits Mitte August an. Der Großfürst befehligte eine neunhundert Kilometer lange Front, die sich von der Ostsee im Norden bis zur österreichischen Provinz Galizien im Süden erstreckte. Äußerst widerwillig hatte Conrad von Hötzendorf, der ständig beklagte, daß die Deutschen den östlichen Kriegsschauplatz sträflich vernachlässigten, eine Armee von rund einer Million Mann zusammengezogen. Die Zusammenarbeit zwischen dem deutschen Generalstab und dem österreichischen Armeeoberkommando funktionierte schlecht. Conrad, der ja hauptsächlich Serbien schnell niederwerfen und erobern wollte, mußte sich in den kommenden Monaten zähneknirschend eingestehen, daß der Balkan mehr und mehr zum Nebenkriegsschauplatz wurde, während sich alles auf die Verteidigung der ostpreußischen Jagdgebiete Kaiser

Wilhelms zu konzentrieren schien, wie er entrüstet feststellte.[108] Sofort nachdem Großfürst Nikolaj am 16. August (Julianischen Kalenders) in der »Stawka«, seinem Hauptquartier, dem in einem Kiefernwald gelegenen polnischen Bahnknotenpunkt Baranonowitschi, eingetroffen war, begann die russische Großoffensive. Die Strategie des Großfürsten beruhte auf der zahlenmäßigen Überlegenheit seiner beiden Vorstoßarmeen unter den Generälen Rennenkampf und Samsonow. Samsonow erhielt Order, die Zweite russische Armee, welche einhundertsiebzigtausend Mann umfaßte, in nördlicher Richtung von Polen aus nach Ostpreußen in Marsch zu setzen, während Rennenkampfs zweihunderttausend Mann starke Erste Armee in südwestlicher Richtung entlang der Ostsee heranrückte. Rennenkampfs Aufgabe war es, die Hauptstreitmacht der Deutschen in Ostpreußen zwei Tage lang anzugreifen und effektiv zu lähmen. Dann sollte Samsonow eingreifen und den deutschen Verbänden den Rückweg abschneiden. Nach dem Konzept des Großfürsten sollte das Gros der deutschen Truppen eingekesselt und vernichtet, Danzig eingenommen und die Weichsel überschritten werden, um sodann direkt nach Berlin weitermarschieren zu können.
Rennenkampf, einem für seine Härte und Großsprecherei bekannten Kavallerieoffizier, gelang bereits am 17. August ein beachtlicher Teilerfolg, als er die deutschen Grenztruppen überrannte und nach eigenen Angaben wie Vieh vor sich hertrieb. Allerdings schien sich der General im Jahrhundert geirrt zu haben, denn seine an die Napoleonkriege erinnernde Taktik, Kavallerietruppen direkt ins deutsche Geschützfeuer reiten zu lassen, hatte den Verlust vieler junger Gardeoffiziere, der Eliteeinheit des russischen Heeres, zur Folge. Dennoch befand sich Rennenkampf auf dem Vormarsch. Viele geflüchtete deutsche Aristokraten berichteten später von den gefürchteten Kosaken des sibirischen Schützenregimentes, die riesengroße, schwarze Pelzmützen getragen und todesmutig mit ihren Bajonetten die Grenzbastionen gestürmt hatten.
In Berlin hatte man zwar mit einem Überfall auf Ostpreußen gerechnet, dennoch löste die Meldung, daß die Grenztruppen zum Rückzug gezwungen worden waren und unzivilisierte Kosakenhorden nun die prächtigen Gutshöfe der adelsstolzen Junker besetzten, große Bestürzung aus. Moltke gab Befehl, Rennenkampfs Armee in offener Feldschlacht zu begegnen,

obwohl mit dem Eintreffen der Zweiten russischen Armee unter Samsonow zu rechnen und die Einkesselungsgefahr somit gegeben war. Am 20. August kam es bei Gumbinnen zum Frontalaufeinanderprall. An diesem Tag verschoß die russische Artillerie vierhundertsechzig Granaten und schlug den zahlenmäßig unterlegenen, stark dezimierten Gegner in die Flucht. Die Deutschen sahen sich gezwungen, einen Großteil des Gebietes zu räumen. Der Generalstab reagierte, indem er das Oberkommando der Ostfront wechselte. Am 22. August fuhr ein Mann, der rasch zum gefeiertsten deutschen Feldherrn im Ersten Weltkrieg werden sollte, zusammen mit seinem Kollegen Generalmajor Erich Ludendorff voller Tatendrang nach Ostpreußen. Es war Generaloberst Paul von Beneckendorf und von Hindenburg, der 1847 geborene Soldat aus Berufung, der sehr unter seiner frühzeitigen Pensionierung gelitten und sich bereits Anfang des Monats um Wiedereintritt ins Heer bemüht hatte. Er sei es leid, nutzlos in seiner Wohnung in Hannover herumzusitzen, hatte Hindenburg damals geschrieben. Am 23. August war Hindenburg schon an Ort und Stelle und entwarf sogleich einen gewagten Plan, die Russen schnellstmöglich aus Ostpreußen zu vertreiben. Daß dieses Vabanquespiel tatsächlich Erfolg haben sollte, hatte zwei Hauptgründe. Einmal ruhte sich Rennenkampf viel zu lange auf seinen Siegeslorbeeren aus und verharrte bewegungslos in seiner Stellung – offenbar wartete er instruktionsgemäß das Eintreffen der Zweiten russischen Armee ab und wollte erst gemeinsam mit Samsonow wieder aktiv werden –, und zum zweiten kam Samsonow einfach nicht schnell genug voran.

Obwohl er Großfürst Nikolaj – dessen Armee den Österreichern in Galizien schwere Niederlagen zufügte und sich anschickte, Lemberg zu erobern, die Hauptstadt dieser österreichisch-ungarischen Provinz – telegraphierte, er rücke genau nach Plan vor und lege jeden Tag zwanzig Kilometer auf unwirtlichem, sandigem Terrain zurück, schlängelte sich sein Heereswurm nur unter größten Schwierigkeiten durch die unbewohnte Ödlandschaft entlang der polnischen Grenze. Die Lebensmittelvorräte gingen zur Neige, ganze Batterien waren in den von Sümpfen durchzogenen Birkenwäldern steckengeblieben. Am 24. August begannen Hindenburg und Ludendorff ihre tollkühne Operation. Sie beschlossen, Rennenkampfs Präsenz vorübergehend zu ignorieren und statt dessen Samsonows Armee abzufangen. Nur zwei Kavalleriebrigaden waren zur Überwachung des Siegers von Gumbinnen zurückgeblieben. Alle anderen verfügbaren Streitkräfte wurden jedoch per Bahn nach Süden geschafft. Unerklärlicherweise verharrte Rennenkampfs Erste Armee immer noch in ihrer Ausgangsposition, blieb also quasi im militärischen Abseits. Samsonows ausgelaugten und hungrigen Truppen aber stand nun ein artilleristisch weit überlegener Feind gegenüber, der sich zudem auch von seiner Mannschaftsstärke durchaus mit ihnen messen konnte. Samsonow, ein pessimistischer Asthmatiker mit einem Hang zum Fatalismus, erkannte die gefährliche Lage sofort und bat seinen unmittelbaren Vorgesetzten General Schilinski, den Befehlshaber der russischen Nordfront, telegraphisch, den Vormarsch einstellen zu dürfen. Dieser antwortete aber äußerst überheblich, verletzend und in völliger Verkennung des alarmierenden Tatbestandes. Er bezichtigte Samsonow der Feigheit, sprach von unsichtbaren, imaginären Feinden und bestand auf einem Vorrücken nach Plan. Am 26. August stieß Samsonows zweite Armee, die Narew-Armee, wie sie auch genannt wurde, bei Tannenberg auf Hindenburgs hochmotivierte Truppen. Es entbrannte eine mörderische Umfassungsschlacht nach klassischem Muster – Hindenburg hatte sich offensichtlich an Hannibal und dessen großen Sieg über die Römer bei Cannae im Jahre 216 vor Christus orientiert[109] –, die vier Tage währte. Samsonows erschöpfte Armee kämpfte heldenmütig, hatte aber keine Chance. Nachdem das orkanartige Trommelfeuer der deutschen Artillerie die Narew-Armee drei Tage lang fürchterlich dezimiert hatte, griff Hindenburgs Infanterie die eingekesselten Russen am vierten Tag in dreiseitiger Keilformation an und schlug sie buchstäblich entzwei. Samsonow, der den völligen Zusammenbruch seiner Armee nicht mehr aufhalten konnte, beschloß, mit ihr unterzugehen, und erschoß sich kurz vor der Kapitulation. Hindenburgs Sieg war gewaltig und machte ihn zum Nationalhelden. Neunzigtausend Russen gerieten in Gefangenschaft, und vierzigtausend waren gefallen.

Die schlecht vorbereitete Offensive der Russen zeigte nicht nur unmittelbare Folgen wie etwa die Entlassung Rennenkampfs oder die Ablösung Schilinskis. Sie war vielmehr in gewisser Weise – vor allem für Frankreich – sogar kriegsentscheidend.

Der russische Einfall in Ostpreußen bewirkte nämlich ein Umdenken beim deutschen Generalstab. Viele geflüchtete Junker beklagten in Berlin bitter die Kosakeninvasion, die das deutsche Heer nicht zu verhindern gewußt hatte. Wilhelm II. war empört und rief General Moltke augenblicklich zur Räson. Moltke mußte seinem Souverän recht geben, daß alle Erfolge an der Westfront ihren Wert verlören, wenn der Russe ungehindert nach Berlin vordringe. In den Augen von General Dupont, dem Chefadjutanten des französischen Generalissimus Joffre, machte Moltke nun den verhängnisvollsten aller Fehler. Er gab seinen ursprünglich unrevidierbaren Plan, sich Rußland erst nach der Niederwerfung Frankreichs voll zu widmen, auf und verlegte am 25. August, als die Schlacht von Tannenberg gerade mit besonderer Grausamkeit tobte, zwei Armeekorps und eine Kavalleriedivision von der West- an die Ostfront. Diese Entsatztruppen trafen erst nach dem Sieg von Tannenberg in Ostpreußen ein, das Abzugsmanöver war also im Grunde genommen vollkommen unnötig und sinnlos gewesen. Doch wie hätte der von seinem Kaiser hart bedrängte Moltke den Sieg Hindenburgs voraussehen können? War seine Fehlkalkulation wirklich so gravierend, daß sein berühmter Onkel sich im Grabe umdrehen mußte, wie Dupont vermeinte? Entscheidend war, daß diese Armeekorps nicht mehr rechtzeitig an die Westfront zurückdirigiert werden konnten, um an der Marneschlacht teilzunehmen. Das vielgerühmte, von den Franzosen zum großen Sieg hochstilisierte Wunder an der Marne war eigentlich in den Wäldern Ostpreußens vollbracht worden. Denn daß es den Franzosen in dieser mörderischen Schlacht, die drei Tage, vom 6. bis zum 9. September 1914, dauerte, gelang, den Vormarsch der Deutschen aufzuhalten, eine vierzig Kilometer breite Bresche zwischen die erste und die zweite deutsche Armee zu schlagen und den Rückzug der feindlichen Truppen bis zur Aisne zu erzwingen, hatten sie auch und vielleicht sogar in erster Linie den unzähligen toten Russen zu verdanken, die in Tannenberg mit ihrem Blut dafür zahlten, daß der Vorstoß auf Paris gerade zum kritischsten Zeitpunkt abgelenkt wurde.
Am 14. November trat ein neuer Kriegsgegner auf den Plan. Die Türkei schloß sich den Mittelmächten an, und Sultan Mohammed V. verkündete in Konstantinopel feierlich den Heiligen Krieg, den »Dschihad«, gegen die Entente.[110] Alle Moslems

wurden aufgefordert, bis zum letzten Blutstropfen gegen die Armeen des Teufels, die ungläubigen Russen, Franzosen und Briten, zu kämpfen. Für das Zarenreich entstand dadurch eine weitere lange Front im Kaukasus. Außerdem machte es der Kriegseintritt der Türkei Rußlands westlichen Verbündeten unmöglich, dem Zarenreich entscheidende Unterstützung zukommen zu lassen. Die Türken sperrten nämlich das Schwarze Meer und die begehrten Dardanellen, die die Briten Rußland im Falle eines Sieges zugesichert hatten. Deutschland blockierte die Ostsee, eine Verbindung zwischen den Alliierten war nur noch über den im Winter zugefrorenen Eismeerhafen Archangelsk und das im Pazifik gelegene Wladiwostok möglich. Als ein verzweifelter Versuch der Briten, die Dardanellen zu erobern, in der äußerst grausam und blutig geführten Schlacht von Gallipolli, bei der besonders viele Soldaten der sogenannten ANZAC-Forces, Australier und Neuseeländer, ums Leben kamen, scheiterte, war Rußlands Isolation so gut wie besiegelt.
Der Zar besuchte die Stawka, sooft er konnte. Gelegentlich nahm er auch Alexej zu seinen häufigen Aufenthalten im russischen Hauptquartier mit – sehr zum Leidwesen Alexandras, die ihm immer wieder schrieb, er solle darauf achten, daß sich ihr Liebling, den sie nun abwechselnd Baby, Tiny oder Sunshine nannte, nicht überanstrenge. Während des Krieges flammte die ungezügelte Briefleidenschaft Alexandras mit besonderer Heftigkeit auf. Bis zum Untergang des Imperiums schrieb sie Nikolaus nicht weniger als sechshundertdreiundfünfzig Briefe – glühende Liebesbezeugungen, die man eher einem schwärmerisch veranlagten, frisch verliebten Teenager als einer reifen, langjährigen Ehefrau und Mutter von fünf Kindern zugetraut hätte. Auch der Zar schrieb unzählige Antwortbriefe, die darauf hindeuten, daß die Liebesbeziehung zwischen den Eheleuten noch immer äußerst leidenschaftlich war. So nannte er sie unter anderem »meine heißgeliebte Sonne, mein liebes Frauchen, mein geliebtes Mädchen« und schrieb am 18. November 1914: »... Ich denke an unsere letzte Nacht. Es ist so entsetzlich traurig ohne Dich ... Mögen die heiligen Engel Dich schützen!«
Während die Zarin sich mit wahrem Feuereifer auf die Pflege der Verwundeten stürzte und bis Ende des Jahres fünfundachtzig Lazarette in ganz Rußland einrichtete, unternahm Nikolaus eine lange Reise durch den Kaukasus, um die dort gegen die

Türken kämpfenden Truppen zu besuchen. Wie er seiner Gattin begeistert mitteilte, faszinierte ihn das weite, bizarre Land mit den hohen Bergen und endlosen Steppen: »Wir fuhren am Kaspischen Meer entlang. Es tat dem Auge gut, auf die blaue Weite zu starren, ich wurde an das Schwarze Meer erinnert ... Nicht weit davon entfernt sind die Berge, schön angestrahlt von der Sonne ...« Wie er weiter ausführte, bezauberten ihn das Land, die vielen jungen Menschen und insbesondere die fröhlich und gesund wirkenden Mädchen eines Waisenhauses. Hier im kaukasischen Kosakenstanizen schien ein Teil der Zukunft Rußlands zu liegen: »... Ich saß lange an der offenen Waggontür und atmete mit Genuß die warme Frische der Luft. Auf jeder Station ist der Bahnhof voller Menschen, viele Kinder.«[111] Am 28. November schrieb ihm Alexandra zurück: »Mein Schatz! Ich freue mich, daß ihr alten Sünder das Glück habt, hübsche Gesichter zu sehen. Ich bekomme des öfteren andere, weniger ideale Körperteile zu sehen!«

In der Stawka lernte der britische Militärattaché Major-General Sir John Hanbury-Williams, der 1922 ein äußerst einfühlsames, lesenswertes Buch über seine persönlichen Begegnungen mit Nikolaus II. veröffentlichte[112], den Zaren näher kennen und schätzen. In seinem Buch betonte der Brite, daß der Herrscher aller Reußen immer sehr bescheiden auftrat, ein fröhlich heiteres Gemüt hatte und die Autorität seines oberkommandierenden Onkels, des »war lord« Nikolaj Nikolajewitsch, niemals antastete. Der Generalmajor, der eine große Vorliebe für das russische Nationalgetränk zu entwickeln schien und freimütig bekannte, daß ihm der Wodka »wie ein Fackelzug die Kehle hinunterrann«[113], zeigte sich besonders von Zarewitsch Alexej begeistert. Während seiner gesunden Phasen, wie Hanbury-Williams wörtlich schrieb, heckte der Knabe einen übermütigen Streich nach dem anderen aus. Sowohl im polnischen Baranonowitschi wie auch in Mogiljew am oberen Dnjepr, wohin das Hauptquartier im Hochsommer 1915 verlegt werden mußte, als der stärker werdende deutsche Vorstoß die russischen Armeen zum Rückzug zwang, war Alexej der erklärte Liebling und das Maskottchen aller ausländischen Militärattachés. Geradezu wehmütig erinnerte sich Hanbury-Williams später an den aufgeweckten Jungen in seiner Khakiuniform, der lange Stiefel trug, ausgezeichnete Manieren hatte, mehrere Fremdsprachen beherrschte und stets Späße mit den militärischen Abgesandten der verbündeten Mächte trieb, nachdem er seine anfängliche Scheu schnell abgelegt hatte.

Unvergeßlich sollte dem britischen Offizier der letzte Besuch des Zarewitsch in der Stawka bleiben. Er ereignete sich am 7. Dezember 1916, als Hanbury-Williams gerade ein schwerer Schicksalsschlag traf. Der Generalmajor erfuhr nämlich an diesem Tag, daß sein ältester Sohn und Erbe seines Titels in Flandern gefallen war. Tiefbekümmert zog er sich gegen zwanzig Uhr in sein Zimmer zurück. Er war den Tränen nahe und starrte wie betäubt auf den Fußboden, als plötzlich die halbwüchsige Gestalt Alexejs im Türrahmen erschien. Der Zarewitsch trat ein, verbeugte sich artig und sagte freundlich lächelnd und mit leiser, einfühlsamer Stimme: »Darf ich Ihnen Gesellschaft leisten? Mein Vater hat gesagt, ich soll mich ein bißchen zu Ihnen setzen, da Sie sich heute abend vielleicht einsam fühlen würden.«[114]

Wie erwähnt, entfaltete die Zarin gleich zu Beginn des Krieges trotz ihrer Herz- und Rheumabeschwerden eine ungeheure Aktivität. Wie zehn Jahre zuvor im Russisch-Japanischen Krieg, führte sie ihren eigenen Lazarettfeldzug:

> ... Der Winterpalast in St. Petersburg, des Katharinenpalais in Zarskoje Selo, der Petrowskij- und der Potjeschnijpalast in Moskau wurden zu Notambulanzen, in denen auch Zimmer für die Frauen und Mütter der Verwundeten reserviert waren. Nach einer zweimonatigen Intensivausbildung hatten sich Alexandra, Anja (Anna Wyrubowa; Anmerkung des Verfassers), Olga und Tatjana als Krankenschwestern qualifiziert, während die beiden jüngeren Großfürstinnen, Maria und Anastasia, als »Patronessen« in einem kleineren Lazarett in Fjodorowski Gorodok in Zarskoje Selo fungierten. Sie waren die einzigen Wesen im kaiserlichen Komplex, die noch in Zivilkleidern herumliefen. Sonst trugen alle Uniform, auch Alexandra und die älteren Mädchen, die nur ganz selten ihre Gewänder als Barmherzige Schwestern ablegten ...[115]

Das Engagement der Herrscherin war echt. Sie ersparte sich nichts. »Ich habe die Zarin von Rußland erlebt«, berichtete Anna Wyrubowa, »wie sie im Operationssaal ... Äthermasken hielt, Instrumente sterilisierte, bei den schwierigsten Operationen assistierte, aus den Händen der vielbeschäftigten Chirurgen amputierte Beine und Arme entgegennahm, blutige und sogar von Ungeziefer befallene Verbände entfernte und die Bilder, Gerüche und Qualen an diesem schrecklichsten aller Orte, einem Militärkrankenhaus mitten im Krieg, ertrug.«[116]

Daß die Zarin als ausgebildete OP-Schwester in Lazaretten bei Amputationen assistierte, wurde von vielen ihrer Verwandten als unschicklich empfunden. Doch Alexandra hielt es für ihre Pflicht, den sterbenden Söhnen Rußlands die Hand zu halten. Sie war nun Matuschka, das Mütterchen aller Russen, und ging ganz in ihrer Rolle als Landesherrin auf. Wie aus den vielen Briefen, die sie dem Zaren bis zum Ende des Jahres 1914 schrieb, hervorgeht, war die erste Frau des Landes wirklich eine aufopfernde Schwester, die sich nicht scheute, abgetrennte, faulige Gliedmaßen eigenhändig wegzutragen, den Verwesungsgeruch des Wundbrandes auf sich zu nehmen und blutig-eitrige Verbände zu erneuern. Anders als für Maria Fjodorowna, die den Anblick von Leidenden und Sterbenden nicht ertragen konnte und es als absolut unter ihrer Würde betrachtet hätte, einen Schwesternkittel überzustreifen und aktive Lazarettarbeit zu leisten, war der Tod für sie eine stets greifbare, reale Angelegenheit. Während Nikolaus in der Stawka lediglich mit Ausfallszahlen konfrontiert wurde, war die Zarin mit allen Facetten des menschlichen Leidens vertraut, wie aus einem besonders erschütternden Operationsbericht zu ersehen ist, den sie ihm Anfang November 1914 zukommen ließ: »Ich hatte ganz arme Kerle mit furchtbaren Wunden – kaum noch ein Mann, so in Stücke geschossen, vielleicht muß es abgeschnitten werden, da es so schwarz, hoffen aber, es retten zu können – schrecklicher Anblick. Ich habe die Wunden gewaschen und gereinigt und mit Jod … bestrichen … und verbunden … Ich hatte drei solcher Fälle, und einer hatte ein Röhrchen drin. Das Herz blutet einem …«[117]

In den letzten Monaten des ersten Kriegsjahres hatte Rasputins Einfluß bei Hof merklich nachgelassen. Der Zar nahm ihm seine ursprüngliche Untergangsvision immer noch übel und wünschte ihn nicht zu sehen, Alexandra wurde vollständig von ihrer sehr anstrengenden Lazarettarbeit in Anspruch genommen. Ihre Füße schwollen an, sie klagte über Zahn- und Kopfschmerzen.

Wenn sie sich nach einem langen, harten Arbeitstag in Zarskoje Selo erholte, benutzte sie einen Rollstuhl. Sie war so müde und ausgelaugt, daß sie selbst für Rasputin keine Zeit mehr zu haben schien. Als der heilige Teufel Anna Wyrubowa eines Novembertages anrief und sie bat, der Herrscherin seinen Besuch zu avisieren, erlitt er eine unerwartet brüske Abfuhr. Kurz angebunden sagte ihm Tanja, die Zarin sei zu beschäftigt, um ihm eine Audienz zu gewähren. Als der Starez, in dessen Kopf wahrscheinlich alle Alarmglocken schrillten, den Hörer zornig auf die Gabel knallte, ahnte er nicht, daß ihm gerade Anna Wyrubowa kaum zwei Monate später einen Vorwand liefern würde, die Gunst der Herrscherin abermals und endgültig zu erobern. Am 15. Januar 1915 wäre die beste Freundin der Zarin nämlich beinahe bei einem Zugunglück ums Leben gekommen. Aus Petrograd eintreffend, war der Zug auf halbem Wege nach Zarskoje Selo entgleist, und die aus den Trümmern geborgene Tanja schien eine sichere Todeskandidatin. Als der behandelnde Arzt die bewußtlose Frau im Krankenhaus erstmals untersuchte, diagnostizierte er eine leichte Schädelfraktur und schwere Rückgratverkrümmungen. Ein weiterer Blick auf die zerquetschten Beine und das von einem Stahlträger schwer lädierte Gesicht der Wyrubowa genügte dem Mediziner. »Sie braucht keine Behandlung mehr. Wir können nichts mehr tun. Laßt sie nur in Ruhe sterben!« sagte er der untröstlichen Zarin. Rasputin erfuhr erst am nächsten Tag von der lebensgefährlichen Verletzung seiner Vertrauten. Nach einer durchzechten Nacht eilte er schwer verkatert an ihr Krankenbett, wo sich mittlerweile auch der Zar eingefunden hatte, um zusammen mit der weinenden Alexandra Tanjas unvermeidliches Hinscheiden abzuwarten. Das Herrscherpaar wirkte traurig und hilflos, Anna stöhnte in halb bewußtlosem Zustand auf. Der Starez verneigte sich, sagte nur knapp »Batjuschka, Matuschka«, schlug ein Kreuz und schloß seine gewaltige Pranke um Anna Wyrubowas Hand. Er drückte kräftig zu und schrie: »Anuschka! Anuschka! Anuschka! Mach die Augen auf!« Atemlos beobachteten Nikolaus und Alexandra, wie sich Annas Augenlider tatsächlich etwas öffneten. Die Delirierende schien den Starez zu erkennen und murmelte kaum hörbar: »Vater Grigori! Vater Grigori! Hilf mir! Bete für mich!« Rasputin rüttelte sie mit aller Kraft und brüllte in herrischem Befehlston: »Steh auf, Anuschka! Steh jetzt auf!« Die Kranke versuchte sich zu erheben und flüsterte erneut: »Grigori!« Schweißgebadet drehte sich Rasputin um und sagte zur Zarin: »Sie wird durchkommen, überleben, sogar wieder gesund werden. Aber sie wird zeitlebens ein Krüppel bleiben!« Damit ließ er das Zarenpaar stehen, torkelte aus dem Zimmer und verlor das Bewußtsein.

Wieder rätselten die Mediziner über ein unerklärliches Phänomen. Anna Wyrubowa, der niemand auch nur die geringsten Überlebenschancen gegeben hätte, genas. Sie war zwar auf Krücken angewiesen und schleppte die gefühllosen, gelähmten Beine nach, aber sie überlebte. Es war verständlich, daß Anna Rasputin nun nur noch mehr verehrte. Er war nicht nur der Retter ihres Lebens, sondern der Gesandte Gottes, der Heiland Rußlands, der der Zarenfamilie vom Schöpfer selbst zur Seite gestellt worden war. So sah es zumindest Anna Wyrubowa, die fortan immer stärker in die Zarin drang, auf den Rat des Starez zu hören. Während Nikolaus offenbar weiterhin skeptisch blieb, war Alexandra, die andere Zeugin der Auferweckung von Anna, jetzt vollends überzeugt, daß der Sibirier ein wunderwirkender Heiliger sein müsse. In ihren Briefen an Nikolaus erwähnte sie Rasputin in den kommenden drei Jahren hundertfünfundzwanzigmal! »Hör doch auf unseren Freund!« ermahnte sie den Gemahl immer wieder. »Glaube ihm. Unser Wohl und das Wohl Rußlands liegen ihm am Herzen. Nicht umsonst hat Gott ihn uns geschickt, nur müssen wir mehr darauf achten, was er sagt ... Die Bedeutung nicht nur seiner Gebete, sondern auch seines Ratschlags ist groß ... Ich vertraue ganz auf seine Klugheit, denn Gott hat ihn ausersehen, uns zu sagen, was für Dich und unser Land richtig ist ... Er sieht weit voraus ...«[118]

Der Zar hatte zunächst andere Sorgen. Bis zum August des Jahres 1915 sollte sich die Kriegslage so rapide verschlechtern, daß er einen Schritt setzte, den E. M. Almedingen als »einen der größten Fehler seines Regimes« bezeichnete.[119] Angesichts der unaufhaltsam vorrückenden Deutschen entzog er Nikolascha das Kommando und übernahm selbst den Oberbefehl über die zurückweichenden russischen Armeen. Wie war es zu dieser Entwicklung, in der viele hellsichtige Beobachter bereits die ersten Anzeichen für den Untergang des Imperiums orteten, gekommen? Betrachten wir kurz den Verlauf des Krieges bis zum Verlust Warschaus am 5. August 1915.

Ab dem 14. September 1914 saß ein neuer Mann im Sessel des deutschen Generalstabschefs – Erich von Falkenhayn, der Moltke, dem man das Scheitern an der Marne anlastete, abgelöst hatte. Falkenhayn bekam bald Hilferufe aus Österreich. Denn Conrad von Hötzendorfs Konzept, Polen von Rußland zu trennen, war gescheitert. Der durch Galizien erfolgende Vorstoß der Österreicher, die nicht das Gros ihrer Armee einsetzten, sondern nur vierunddreißig Divisionen unter den Generälen Viktor von Dankl und Moritz von Auffenberg, wurde nach neunzehn Tagen zum Stillstand gebracht. In Ostpreußen sollten die Russen zwar nach Tannenberg auch noch bei den masurischen Seen eine vernichtende Niederlage erleiden, was die völlige Räumung der besetzten Gebiete zur Folge hatte, aber an der galizischen Front erzielten sie, nicht zuletzt aufgrund ihrer eklatanten zahlenmäßigen Überlegenheit, einen gewaltigen Sieg. Fünf russische Armeen traten in den beiden Schlachten um Lemberg an, das schließlich am 4. September (nach russischer Zeitrechnung 21. August) von General Peter Wrangel, der zuvor schon Czernowitz erobert hatte, eingenommen wurde. Zweihunderttausend Österreicher gerieten in Gefangenschaft, vier ganze Armeekorps Österreich-Ungarns wurden in die Flucht geschlagen. Österreich mußte das gesamte Ostgalizien räumen und faktisch tatenlos zusehen, wie russische Elitekavallerieeinheiten die Karpatenpässe überschritten. Abermals verfluchte Conrad von Hötzendorf die ausbleibende Unterstützung der Deutschen, denen man das Scheitern der Offensive seiner Ansicht nach zu verdanken hatte. Obwohl er den Deutschen nicht gerade zu besonderem Dank verpflichtet sei, wie Conrad dem Chef der Militärkanzlei Kaiser Franz Josephs I. erzürnt mitteilen ließ[120], forderte der österreichische Generalstabschef nun dringendst deutsche Verstärkungstruppen an, da den Russen mehr oder weniger das gesamte breite Donaubecken mit den beiden Hauptstädten der Donaumonarchie, Budapest und Wien, offenstünde. Tatsächlich zog Nikolascha einen russischen Vormarsch auf Wien in Betracht.

Wenn es auch nicht stimmt, daß die Lage Österreich-Ungarns so aussichtslos war, daß man in Wien schon an die Möglichkeit eines Separatfriedens mit Rußland dachte, so war Falkenhayn dennoch alarmiert genug, Conrads hartnäckigem Drängen endlich nachzugeben. Hindenburg erhielt die Weisung, vier Armee-

korps und eine Kavalleriedivision von Ostpreußen ins schwerbedrängte Galizien zu verlegen. Die lang herbeigesehnte deutsche Unterstützung traf also ein, aber die Frage, ob es den vereinigten deutsch-österreichisch-ungarischen Truppen wirklich gelungen wäre, das Vorrücken der Russen aufzuhalten, bleibt unbeantwortet. Denn nun griff der Zar zum erstenmal direkt in das Kriegsgeschehen ein und befahl Nikolascha überraschend den Rückzug. Die russischen Generalstäbler schüttelten den Kopf und die siegreichen Frontoffiziere, die die Karpaten mißmutig wieder verlassen mußten, wohl noch mehr. Warum hatte der Zar in dieser Phase, als seine Galizientruppen scheinbar alle Trümpfe in der Hand hatten und zum Vorstoß auf Wien bereit schienen, diesen stupiden Befehl erteilt, wie manche Militärhistoriker viele Jahre später, die Sachlage bequem im Arbeitszimmer analysierend, urteilten? Einmal mehr war es Frankreich gewesen, das, um sein Bestehen zitternd, gnadenlos die russische Karte ausspielte.
Paleologue sprach wieder beim Zaren vor und erklärte ihm, daß es nach Ansicht seiner Regierung von fundamentaler Bedeutung sei, daß Rußland erneut eine Hauptoffensive gegen Deutschland in die Wege leite. Wie Paleologues Memoirenwerk zu entnehmen ist, hegte man im französischen Generalstab die Befürchtung, daß sich die Russen »durch den relativ leichten Erfolg in Galizien den Kopf verdrehen lassen und die deutsche Front vernachlässigen, um ihre Kräfte weiter auf den Vorstoß auf Wien zu konzentrieren«.[121] Der Zar eilte dem schwachen Bündnispartner also ein zweites Mal zu Hilfe. Auf seinen direkten Befehl hin verlegte Nikolascha zwei der vier in Galizien stehenden Armeen in den Norden und hetzte sie in eine aussichtslose Großoffensive gegen Schlesien. Diese viele Menschenleben kostende Geste war zwar so nobel, wie es Nikolaus' Charakter entsprach, strategisch grenzte sie jedoch an eine Wahnsinnstat, denn damit wurde die einzigartige Chance, Österreich-Ungarn schon in den Anfangsmonaten des Krieges zu neutralisieren oder vielleicht sogar endgültig zu erledigen, mit sträflichem Leichtsinn vertan.
Es erhebt sich die Frage, warum Großfürst Nikolaj Nikolajewitsch dies nicht erkannte. Der Großfürst war, wie selbst seine Kontrahenten Hindenburg und Ludendorff später zugeben mußten, ein hervorragender Heerführer. Warum also führte er

diesen Rußlands Interessen zuwiderlaufenden Befehl aus? Die Antwort mag seltsam lapidar klingen: Weil er absolute und unbedingte Loyalität zum Zaren hatte. Das Wort des Neffen war für ihn Gesetz. Dies stellte etwa Botschafter Paleologue fest, als der den Großfürsten im Hochsommer 1915 in Mogiljew besuchte und einige Maßnahmen Nikolaus' in Frage zu stellen versuchte. Stolz und fast zornig fiel ihm Nikolascha ins Wort: »Ich diskutiere nie über die Ansichten Seiner Majestät, es sei denn, er erwiese mir die Ehre, mich um meinen Rat zu bitten!«[122] Frankreich war, wie gesagt, der Hauptnutznießer der grenzenlosen Opferbereitschaft Rußlands, das bedenkenlos sein Blut für den Bündnispartner gab, ohne daß ihm je dafür gedankt worden wäre. Wie Major-General Sir Alfred Knox, ein anderer britischer Militärbeobachter, feststellte, beruhte die unglaubliche Zähigkeit der russischen Truppen hauptsächlich auf der Kraft ihres Glaubens. Laut Knox stellte gerade dieser unerschütterliche Glaube an Gott und den gottgesalbten Zaren einen besonderen Machtfaktor in der russischen Armee dar.

Knox wunderte sich nicht nur darüber, daß die Russen den Krieg anfänglich als eine Auseinandersetzung unter Gentlemen betrachteten, sondern empfand die mit ungeheurem Schneid vorgetragenen Angriffe der Russen als geradezu selbstmörderisch. Nikolaschas Kavallerie jagte mit eingelegten Lanzen auf die schwer befestigten feindlichen Artilleriestellungen zu, die Infanteristen stürmten mit ihren vierkantigen Bajonetten Maschinengewehrnester der Österreicher. Entsetzt registrierte Knox, wie die mit größter Todesverachtung vorrückenden Russen oftmals reihenweise niedergemäht wurden. Noch mehr staunte der Brite über das Verhalten der Offiziere, die ihren Wagemut und ihre Kühnheit dadurch unter Beweis stellten, daß sie aufrecht und mit gezogenem Säbel ins Sperrfeuer der Deutschen marschierten, anstatt sich die Bodenbeschaffenheit zunutze zu machen und sich zusammen mit ihren Kompanien kriechend an den aus allen Rohren feuernden Feind heranzupirschen. Generalmajor Knox konnte sich des Eindrucks nicht erwehren, daß diese Art von Heldentum sinnlos war und die russischen Gardeoffiziere Krieg zu spielen schienen. Die Statistik gab Knox recht. Ende 1914 hatte das mehrmals erwähnte Preobraschenskij-Elitegarderegiment zum Beispiel mehr als die Hälfte seiner Offiziere verloren. Die besonders arg dezimierte 18. Division wies im Januar 1915

nur mehr sechsunddreißig Offiziere auf. Bei Kriegsbeginn hatte das Offizierskorps dieser Division noch dreihundertsiebzig Mitglieder umfaßt. Die Verluste der Russen waren also extrem hoch. Dies traf allerdings genauso auf Österreich-Ungarn zu, wie Manfried Rauchensteiner herausgearbeitet hat: »... Die gesamte Bilanz der ersten Kriegsmonate war erschütternd ... Von Kriegsbeginn bis Jahresende 1914 waren 189 000 Offiziere und Soldaten gefallen, über 490 000 verwundet worden und an die 278 000 waren kriegsgefangen oder vermißt. Zusammen war das eine runde Million Menschen ...«[123] Die russischen Ausfälle waren freilich um ein Vielfaches höher. Die gewaltigen Anfangsverluste hatten die Mannschaftsstärke der russischen Armee im Dezember 1914 auf zwei Millionen absinken lassen. Aber im Frühjahr 1915 waren die ungeheuren Verluste durch das scheinbar unerschöpfliche Reservoir an »Menschen« schon wieder vollkommen wettgemacht worden. 2,4 Millionen neue Rekruten waren an die Front befördert worden. Der russische Bär war wieder kampfbereit. Seine ersten Prankenhiebe sollten sich gegen die in Galizien vergeblich eine Offensive nach der anderen einleitenden Österreicher richten. Erneut hielt der Tod reiche Beute in den Waldkarpaten. Die Österreicher, die zur ersten Karpatenschlacht des Jahres 1915 nur mit hundertfünfzigtausend Infanteristen und eintausend Geschützen antraten, schlitterten in ein furchtbares Debakel. Bei minus fünfundzwanzig Grad tobte in dem tiefverschneiten, vereisten Karpatengelände eine grauenhafte Vernichtungsschlacht. Tausende Österreicher erfroren. Am 14. März meldete die k. u. k. zweite Armee den Verlust von vierzigtausend Mann. Die Truppenmoral der Österreicher war denkbar schlecht. Es herrschte ein Zustand hoffnungsloser Apathie. »Warum ist der Russe nicht entkräftet?« fragte sich das österreichische Armeeoberkommando verzweifelt. Fünf Tage später kapitulierte die von den Russen eingeschlossene Festung Przemysl. Der Oberbefehlshaber dieser stärksten Festung Österreichs, Feldmarschalleutnant Hermann Kusmanek von Burgneustädten, hatte nach einem selbstmörderischen, fehlgeschlagenen Ausbruchsversuch keine andere Wahl mehr, als die Feste nach Sprengung sämtlicher Objekte und Materialien dem Feind preiszugeben, wie er Conrad von Hötzendorf in seinem letzten Funkspruch mitteilen ließ.
Conrad quittierte den Fall der Festung Przemysl mit grimmi-

gem Zorn. Sein Versuch, dem eingeschlossenen Kusmanek mit rund hundertfünfzigtausend Mann zu Hilfe zu kommen, war kläglich gescheitert. Conrad begründete das Scheitern seines Entsatzheeres mit der Zähigkeit des Feindes und den abnorm ungünstigen Wetterverhältnissen. »Tiefer Schnee, enorme Kälte (– 23 Grad), Schneesturm«, schrieb er.[124] Hundertzwanzigtausend Österreicher gerieten in Gefangenschaft, und trotz der von Kusmanek buchstäblich in letzter Minute angeordneten Zerstörung aller militärischen Anlagen fielen den Russen noch neunhundert Geschütze in die Hand. Przemysl war für die Russen zweifelsohne ein Prestigeobjekt. Mit Tränen in den Augen brachte Nikolascha dem Zaren die Erfolgsnachricht von der Eroberung der feindlichen Provinz. Nikolaus, der sich beim Sieges-Tedeum über die strahlenden Gesichter seiner prächtigen Kosaken freute, belohnte den Generalissimus mit einem goldenen Degen. Im April fuhr der Zar dann durch die staubigen, blutdurchtränkten Straßen der galizischen Provinz und fand Gefallen an den kolossalen Festungsanlagen Przemysls. In Lemberg logierte er im Haus des österreich-ungarischen Generalgouverneurs und schlief in Kaiser Franz Josephs Bett, wie er seiner Gemahlin stolz schrieb. Schon betrachtete er den April als Glücksmonat. Am 24. hatte nämlich General Brussilows Achte Armee neuerlich die Karpatenpässe erobert. Wieder lag die begehrte Donauebene in greifbarer Nähe der siegreichen Russen.

Während Italien, in der sicheren Überzeugung, daß der Untergang des Habsburgimperiums nur noch eine Frage der Zeit sein würde, diese Gelegenheit benutzte, um Österreich-Ungarn am 26. April den Krieg zu erklären und sich später einige Teile aus dem sterbenden Kadaver zu schneiden – eine Hoffnung, die sich freilich drei Jahre lang als trügerisch erwies –, aber das opportunistische, im Feld eine eher erbärmliche Figur bietende Italien dennoch nicht hinderte, 1918 als Siegermacht aufzutreten und dem geschlagenen Rumpfösterreich unter anderem das heißumkämpfte Südtirol abzufordern –, und Rumänien vorerst weiterhin seine Neutralität wahrte, holten Hindenburg, Ludendorff und auch Conrad von Hötzendorf zum Gegenschlag aus. Die großangelegte deutsche Truppenkonzentration in Südpolen hatte schon in den Monaten März und April eingesetzt, als die Österreicher die Karpatenschlachten verloren. Am 2. Mai brach die von Conrad längst angeregte Großoffensive los. Auf Falkenhayns Geheiß stieß die Elfte deutsche Armee bei Tarnow-Gorlice mit dem VI. Korps der k. u. k. Armee zusammen und leitete den Angriff mit einem vierstündigen Dauertrommelfeuer ein. Siebenhunderttausend Granaten, abgefeuert aus fünfzehnhundert deutsch-österreichischen Geschützen, gingen auf den russischen Frontabschnitt nieder. Die russischen Befehlshaber, die sich so sicher gefühlt und ihren Truppen befohlen hatten, sich in den vordersten Linien einzugraben, erlebten nun eine Art der Kriegsführung, wie sie an der Westfront zwar schon länger praktiziert wurde, ihnen aber vollkommen neu und unbegreiflich war. Sir Bernard Pares, ein Augenzeuge des deutsch-österreichischen Durchbruchs bei Tarnow-Gorlice, erlebte, wie der gesamte russische Frontabschnitt faktisch ausradiert wurde, und schrieb: »Von einer benachbarten Höhe aus sahen wir auf acht Kilometern zu beiden Seiten eine ununterbrochene Linie feindlichen Feuers. Die russische Artillerie blieb so gut wie stumm. Die russischen Gräben und praktisch alles Leben dort wurden ausgelöscht. Die russische Division dieses Abschnitts schrumpfte von 16 000 auf 500 Mann zusammen.«[125]

Alle Maßnahmen, die auseinanderbrechenden Linien wieder zu konsolidieren, schlugen fehl. Nikolaschas Verstärkungstruppen, die mit der Bahn direkt auf das Schlachtfeld verfrachtet wurden, lagen sogleich im Geschützhagel. Sie wurden genauso unter dieser gewaltigen Granatenlawine begraben wie das eilends zum Gegenangriff getriebene Dritte Kaukasische Korps, das innerhalb einer Stunde vierunddreißigtausend Mann verlor. Dennoch setzte der erbärmliche Rest dieses Korps – ca. sechstausend Mann – den Kampf beherzt fort und konnte sogar noch einen kleinen Achtungserfolg erzielen. Bei einem nächtlichen Bajonettangriff machten die Resttruppen des Dritten Kaukasischen Korps siebentausendzweihundert Gefangene. Doch die Schlacht von Tarnow-Gorlice war unwiederbringlich verloren.

Die Dritte russische Armee, die die Hauptlast des deutsch-österreichischen Artilleriebeschusses zu tragen gehabt hatte, war praktisch bis zum letzten Mann vernichtet worden. Sie hatte »all ihr Blut« verloren, um es mit den Worten ihres Kommandierenden Generals zu sagen. Wie Rauchensteiner schrieb, boten die Russen bei ihrem zur Flucht ausartenden »Rückzug über das offene Gelände ein leichtes Ziel für die Gewehre und Maschinengewehre. Innerhalb von sechs Tagen verloren die Russen im engeren Bereich des Durchbruchsraums von rund 250 000 Mann 210 000, darunter 140 000 als Kriegsgefangene.«[126]

Alle – Falkenhayn, Hindenburg, Ludendorff und Conrad wurden von diesem unerwarteten Erfolg mitgerissen. Weitere deutsche Kavallerie- und Infanteriedivisionen trafen ein, nun marschierten die vereinigten deutsch-österreichischen Kavalkaden unaufhaltsam vorwärts. Nikolascha war verzweifelt. Eine Katastrophenmeldung jagte die andere. Am 2. Juni mußten die Russen Przemysl wieder räumen. Als zehn Tage später auch Lemberg von den Deutschen zurückerobert wurde, kam der Großfürst weinend in Nikolaus' Zimmer und regte demoralisiert an, ihn durch einen fähigeren Feldherrn zu ersetzen. Der Zar sprach dem Onkel sein Vertrauen aus und tröstete ihn mit gewohnter Ruhe und Gelassenheit. Für den Großfürsten ging es jetzt nur noch darum, die völlige Zerschlagung seiner Armee zu verhindern. Als Warschau am 5. August 1915 fiel, war Russisch-Polen verloren. Diese Hiobsbotschaft erreichte Nikolaus in Zarskoje Selo. Mit weißem Gesicht und zittrigen Händen las der Zar Alexandra das Telegramm vor, das die Nachricht vom Fall Warschaus verkündete.

Der russische Rückzug war von zunehmender Orientierungslosigkeit gekennzeichnet. Bei den Nachhutgefechten machte sich ein eklatanter Waffenmangel bemerkbar. Nikolascha schrieb die absolute Unterversorgung der Armee einem seiner Intimfeinde zu – dem katzengesichtigen, kahlköpfigen, zur Korpulenz neigenden Kriegsminister General Wladimir Suchomlinow. Suchomlinow, einer der vielen von Maria Fjodorowna so gehaßten Speichellecker, die den Zaren umgaben, erschien Muriel Buchanan als ewig parfümierter, pomadisierter Paradesalonsoldat. Die Tochter des britischen Botschafters gab nur die Meinung vieler Kritiker des neunundsechzig Jahre alten Kriegsministers wieder. Bei Hof unter der Bezeichnung »General Blitzschnell« gehandelt, weil er die Wünsche des Herrschers oftmals schon erfüllte, noch ehe sie geäußert worden waren[127], war Suchomlinow, nach Sasonows Worten ein vergnügungssüchtiger, pathologischer Lügner, der das Leben genoß und die Arbeit verabscheute[128], wirklich eine grobe Fehlbesetzung. Nicht umsonst war der Kriegsminister, der von den Frontgenerälen als Witzblattfigur und inkompetenter Lustgreis verteufelt wurde, ins Visier des Großfürsten geraten. Daß er seine Position schamlos dazu mißbrauchte, weit über seine Verhältnisse zu leben, Galagesellschaften zu geben und seiner ehrgeizigen, erst siebenunddreißig Jahre alten Frau teure Rivieraaufenthalte und Casinobesuche zu finanzieren, galt als offenes Geheimnis. Selbst in Friedenszeiten wäre dieser Mann untragbar gewesen.

Im Krieg erwies sich sein hoher Rang schlicht als Katastrophe. Als ehemaliger Kavallerieoffizier, der im Türkisch-Russischen Krieg von 1878 zum ersten und einzigen Mal Fronterfahrung gesammelt hatte, orientierte sich der für die Bewaffnung der Armee zuständige Suchomlinow weitgehend an den taktischen Prinzipien des vorigen Jahrhunderts. Er bekleidete sein Amt seit 1909 und war der Meinung, moderne Waffentechniken ignorieren zu können. Er hielt es für feige, sich Maschinengewehre zunutze zu machen, und vernachlässigte vor allem die Artillerieausrüstung des Heeres. Statt dessen träumte er von Sturmangriffen mit gezogenen Säbeln und eingelegten Lanzen. Dieser merkwürdige Genußmensch trug die Hauptschuld dafür, daß Rußlands Armee mangelhaft aufgerüstet und unvorbereitet in den Krieg hatte ziehen müssen. Ein einfacher Vergleich beweist, wie sehr Suchomlinow die Entwicklung der Zeit verschlafen hatte. 1914 wies die russische Armee ganze dreiundsechzig Batterien schwerer Artillerie auf, Deutschland hingegen dreihunderteinundachtzig! Und die Anzahl an Feldgeschützen pro Division war bei den Deutschen doppelt so hoch wie bei den Russen.[129]

Hinzu kam, daß Suchomlinow, der in seiner Megalomanie selbst auf den Posten des Oberkommandierenden spekuliert hatte, den Großfürsten Nikolaj Nikolajewitsch haßte und dessen Maßnahmen und Anordnungen manchmal regelrecht sabotierte. Wiederholt verhinderte er eigenmächtig dringend benötigte Munitionslieferungen. Der Mangel an Granaten ginge auf das Konto dieses ekelhaften Schreibtischgenerals, erklärte der tobende Nikolascha dem Zaren bei mehr als einem Anlaß. Als Suchomlinow schließlich im Juni 1915 abgesetzt wurde, triumphierte der Großfürst begreiflicherweise. Allein diese Maßnahme kam viel zu spät. Außerdem hatte die Suspendierung Suchomlinows ein peinliches Nachspiel für die Zarin. Im Mai hatte Nikolascha einen deutschen Spion entlarvt. Dieser Mann, Oberst Mjassojedow, behauptete, mit dem Kriegsminister im Bunde zu sein. Daraufhin wurde Suchomlinow verhaftet. Mit ihm stürzte eine andere einflußreiche Persönlichkeit, der reiche Bankier Rubinstein. Auch er wurde unter Spionageverdacht festgenommen. Im Zuge seiner Vernehmung stellte sich heraus, daß Alexandra über sein Bankhaus Geldzuwendungen an ihre hessischen Verwandten hatte fließen lassen. Und das mitten im Krieg und ohne Wissen des Zaren! Der Skandal wurde dadurch nicht gemindert, daß der beste Freund der Gossudarin, Rasputin, zum Intimkreis der beiden Verhafteten gehörte. Nikolaus stand wieder einmal zwischen allen Fronten. Er mußte die unbedachte Vorgangsweise seiner Frau rechtfertigen und verteidigen, sich erneut Vorwürfe über Rasputin, der auch kurz unter Spionageverdacht geriet, anhören und den wütenden Nikolascha zur Räson bringen.

Dann kam der grauenhafte Rückzug aus Galizien, die endlosen, der geschlagenen Armee folgenden Flüchtlingstrecks, ein Bild des Jammers und des Schreckens. Nun zeigte sich, welch unverzeihliche Fehler Suchomlinow begangen hatte. Wie der dem Großfürsten im Hauptquartier attachierte General Belajew meldete, ertrank die russische Armee im eigenen Blut. Aufgrund des Waffenmangels wurde der verzweifelte Vorschlag gemacht, manche Bataillone mit Wikinger-Streitäxten, besonders langstieligen Beilen, zu armieren. Gewehre waren so rar, daß viele Soldaten die Waffen von Gefallenen aufnehmen und mit ihnen weiterkämpfen mußten. Wie ein im Schützengraben auf das Gewehr eines getöteten Kameraden wartender Pionier dem englischen Diplomaten Sir Bernard Pares sagte, spielte sich hier kein Krieg mehr ab, sondern ein viehisches Abschlachten. Während die Infanteristen – manche mit Beilen ausgerüstet, größtenteils jedoch unbewaffnet – in den sogenannten Bereitschaftsgräben ausharrten, hagelte es pausenlos Granaten und Schrapnells. Es war erstaunlich, daß es angesichts dieser menschenunwürdigen Verhältnisse kaum zu Desertionen kam. Generalmajor Knox, der entsetzt die Flüchtlingskolonne beobachtete, Frauen und Kinder im Straßenstaub verenden sah und den Fall Warschaus hautnah miterlebte, fragte sich, ob sich die russische Armee je wieder von diesem Aderlaß erholen würde. Obwohl sich die russischen Reihen unaufhörlich lichteten und die Zahl der Gräber ständig zunahm, schien die Truppenmoral immer noch bemerkenswert gut. Knox hob in seinem Buch besonders eine Episode hervor, die sich am 5. August 1915 ereignete. Der Brite sprach mit einem Offizier des stark dezimierten Preobraschenskij-Garderegimentes und bedauerte den Verlust Warschaus und Russisch-Polens. Die Antwort des stolzen russischen Offiziers bestand aus einem Witz, den Knox nicht als Galgenhumor, sondern als Ausdruck des ungebrochenen Kampfgeistes interpretierte: »Wir ziehen uns bis zum Ural zurück, und wenn wir dort angekommen sind, wird von der Armee des Feindes nur noch ein einziger Deutscher und ein einziger Österreicher übriggeblieben sein. Der Österreicher wird sich wie üblich ergeben, und den Deutschen töten wir.«[130]

Kein Scherz konnte jedoch über die fatale Rückzugsbilanz hinwegtäuschen. Nikolascha mußte bekümmert das Fazit ziehen, daß rund die Hälfte seiner Armee ausgeschaltet worden war. Die unüberwindliche russische Armee geschlagen! Die Deutschen auf dem Vormarsch! Heimaterde bedroht! Diese Schlagworte beherrschten den Hochsommer des Jahres 1915 überall in Rußland. Der Haß auf die Njemzi, die Deutschen, steigerte sich ins Unermeßliche. Entsetzt stellte Alexandra fest, daß man nun auch ihr ihre deutsche Herkunft zum Vorwurf machte. Selbst in den Lazaretten zischten ihr manche Sterbende haßerfüllt »Njemka!« entgegen. Der Hurrapatriotismus des Vorjahres war verflogen, einer verbitterten, unsicher-pessimistischen Katerstimmung gewichen. Sogar die Kirche stimmte in diesen Kanon des Hasses mit ein. Sehr zum Leidwesen der Zarin verbot der Heilige Synod das Aufstellen von Christbäumen. Diesem Brauch durfte nicht mehr gefrönt werden, weil er als »deutsch« galt. Am wildesten entlud sich die Volkswut in der alten Hauptstadt Moskau. Fast eine ganze Woche lang wütete der Pöbel. Leute mit deutsch klingenden Namen lebten gefährlich, wie es das Beispiel des Baumwollmillionärs Knop bewies. Seine Villa wurde ausgeplündert und niedergebrannt. Er setzte sich gerade noch rechtzeitig ab, um die Polizei zu alarmieren. Diese war offensichtlich nicht gewillt einzuschreiten. Der Halbrusse Knop, der die Baumwollindustrie des Zarenreiches zu den führenden der Welt gemacht hatte, war nur eines von vielen Opfern. Auch die Fabrikanlagen anderer Industrieller deutscher Herkunft gingen in Flammen auf. Am Roten Platz eskalierte die Situation so sehr, daß nur eine Kosakenkompanie den Mob daran hindern konnte, Alexandras Schwester zu steinigen. Ella, die großfürstliche Nonne, trat der entfesselten Meute furchtlos vor den To-

ren ihres Klosters entgegen. Sie mußte sich wüsteste Beschimpfungen anhören. »Verschwinde aus Rußland, du deutsche Verräterin!« schrien die Rädelsführer der Randalierer. »Du beherbergst Spione! Nieder mit deiner Schwester! Sperrt die Zarin endlich auch ins Kloster! Wir werden Nikolaus absetzen und Rasputin an den Galgen bringen! Großfürst Nikolaj soll unser neuer Zar sein! Hoch lebe Nikolaus III.!« Ella hob beschwichtigend die Hände. Sie war sehr froh, als die Kosaken anritten und die wütende Menge sich rasch zerstreute, denn die ersten Steine waren bereits in ihre Richtung geschleudert worden.
Das Gerücht, daß sich Nikolascha zum neuen Zaren ausrufen lassen wollte, entbehrte zwar jeder Grundlage, machte aber dennoch in der gesamten Romanow-Familie die Runde. Mag sein, daß ein bestimmter Zweig der Familie – am ehesten der Kreis um Großfürst Kirill Wladimirowitsch – eine solche Entwicklung begrüßt hätte, doch zu einer echten Verschwörung kam es in jenen Tagen nicht. Wohl aber drang das Gerücht zu Alexandra durch, die den martialischen Onkel, der als eigentlicher starker Mann des Reiches galt, schon lange nicht mehr leiden konnte. Sie fürchtete, Nikolaschas Ruhm könnte den ihres zaghaften Gemahls überstrahlen. Es gab freilich noch eine andere, vielleicht gewichtigere Komponente. Der Großfürst und Rasputin waren einander spinnefeind. Wiederholt hatte Nikolaj Nikolajewitsch seinen Neffen, den Zaren, vor dem unberechenbaren Mönch gewarnt.
»Sollte er mir nochmals unter die Augen treten, dann schlage ich ihn augenblicklich zu Boden!« verlautbarte der Oberkommandierende im Freundeskreis. Der Starez andererseits hatte sich vergeblich bemüht, das Wohlwollen des mächtigen Mannes, der einst mitgeholfen hatte, ihn bei Hofe einzuführen, wiederzuerlangen. Er war sogar so weit gegangen, dem Generalissimus ein unterwürfiges Telegramm in die Stawka zu senden, mit der Bitte um Erlaubnis, selbst ins Hauptquartier kommen zu dürfen. Rasputin wollte offenbar eine geweihte Ikone mitbringen und die Truppen segnen. Nikolaschas Antwort traf den Sibirier wie ein Peitschenschlag: »Ja, komm nur, dann hänge ich dich sofort an den nächsten Baum!«
Wie immer setzte Rasputin sogleich seine wirksamste Gegenwaffe ein. Er ging zur Zarin und bekräftigte ihre Befürchtungen und Ängste, daß der Großfürst die Autorität des Zaren unter-

graben wolle. »Das ist ein furchtbarer Mann, Matuschka«, sagte er. »Er wird die Armee gegen Batjuschka aufwiegeln. Es ist unbestritten, daß er nach dem Thron strebt. Seine Niederlagen sind verständlich, denn Gott versagt ihm seinen Segen und seine Unterstützung. Er hat es abgelehnt, mich ins Hauptquartier kommen zu lassen, und sich damit gegen den Allmächtigen versündigt!« Der Starez wurde immer beschwörender. Leidenschaftlich fuhr er fort: »Das gemeine Telegramm des Großfürsten beweist, daß er mich ermorden will. Was soll dann aus Rußland werden, Matuschka? Wer wird denn den Thronfolger beschützen, wenn meine Gebete nicht mehr unablässig, Tag und Nacht, zum Himmel emporsteigen?«

Rasputins eindringliches Plädoyer verfehlte seine Wirkung nicht. Alexandra stellte sich ganz auf seine Seite. Im Juni bombardierte sie Nikolaus in ihren Briefen förmlich mit Anklagen gegen den Generalissimus. »Ich habe überhaupt kein Vertrauen in Nikolascha«, schrieb sie unter anderem. »Ich wünschte so sehr, er wäre ein anderer Mann und nicht gegen einen Mann Gottes gestellt ... Ich weiß, daß er keineswegs klug ist ... Es ist Nikolaschas und Wittes Schuld, daß es die Duma gibt, und sie hat Dir mehr Kummer als Freude bereitet ... Rußland wird des Segens entbehren müssen, wenn sein Souverän zuläßt, daß ein zur Hilfe herbeigesandter Mann Gottes verfolgt wird ... Du weißt, wie groß Nikolaschas Haß auf Grigori ist ... Nikolascha versteht so wenig von unserem Land und beeindruckt die Minister mit seiner lauten Stimme und seinem Gestikulieren ... Keiner weiß, wer jetzt der Zar ist ... Es ist, als ... treffe er die Entscheidungen ... Alle sind empört darüber, daß sich die Minister mit Berichten an ihn wenden, als wäre er jetzt das Staatsoberhaupt. Ach, mein Nicky, es ist nicht alles so, wie es sein sollte!«[131]

Der Zar ignorierte die ständigen Sticheleien seiner Frau und verteidigte den Onkel, so gut er konnte. Er bemühte sich redlich, das angespannte Verhältnis zwischen Alexandra und dem Oberkommandierenden zu verbessern. Nikolaus bewunderte den hünenhaften Nikolascha genauso wie all seine Offiziere und hegte niemals den geringsten Zweifel an seiner Aufrichtigkeit und unbedingten Treue. Daß seine Loyalität außer Frage stand, hatte der Großfürst immer wieder bewiesen, insbesondere durch einen vor kurzem erlassenen Tagesbefehl. Als während des verheerenden Rückzuges einige demoralisierte Offiziere die Frage aufwarfen, ob Rußland überhaupt noch kampffähig sei, reagierte der Großfürst umgehend. Besagter Tagesbefehl las sich wie folgt: »Alle treuen Untertanen wissen, daß in Rußland jedermann, vom Oberbefehlshaber bis zum gemeinen Soldaten, allein dem geheiligten und erhabenen Willen des von Gott Gesalbten, unseres hochverehrten Zaren, gehorcht, dem als einzigen die Macht gegeben ist, einen Krieg zu beginnen und zu beenden.«[132]

Warum setzte Nikolaus den treuen Kriegerfürsten dennoch ab? Weil der Ministerrat seine militärischen Führungsqualitäten in Frage stellte? Sicherlich nicht. Weil Alexandra so heftig gegen ihn intrigierte? Wohl kaum. Man kann vielmehr davon ausgehen, daß alle Verschwörungs- und Umsturzbeschuldigungen gegen den Großfürsten vollkommen haltlos waren.

Es war wohl das Pflichtbewußtsein, das Nikolaus dazu veranlaßte, in dieser kritischen Situation – die, da sowohl die Armee wie auch die Nation bedroht schien, noch nie dagewesene Maßnahmen erforderte – die volle Verantwortung für sein Heimatland zu übernehmen. Die zivile und militärische Gewalt mußte vereint werden. Der stetige Vormarsch des Feindes erforderte eine Machtkonzentration in seinen Händen, bekräftigte der Zar in seinem Ablösungsschreiben an den Großfürsten. War der Entschluß des Zaren, nun selbst an die Spitze seiner Armeen zu treten, wirklich ein so aberwitziger, ja idiotischer Schritt, wie später behauptet wurde? Zeugte er nicht im Gegenteil von großem Mut und Pflichtbewußtsein der Nation gegenüber? Wie bedrohlich die Lage war, hatte der neue Kriegsminister General Poliwanow, ein energischer, zupackender wortkarger Mann, dem Ministerrat schon im Juli auseinandergesetzt. »Ich halte es für meine Pflicht, Ihnen mitzuteilen, daß das Land in Gefahr ist!« sagte er zu seinen Kabinettskollegen. »Gott allein weiß, wo unser Rückzug enden wird!«

Der Zar machte sich seine Entscheidung auch keineswegs leicht. Bevor er den versammelten Ministern seinen Standpunkt erläuterte, betete er stundenlang in der Kathedrale Unserer Lieben Frau von Kasan. Am Abend des 28. August 1915 sprach er dann vor dem Reichsrat. Die Kabinettsmitglieder waren allesamt bestürzt über den unerklärlichen Entschluß des Gossudaren, jetzt selbst den Oberbefehl über alle Streitkräfte des Heeres und der

Marine zu übernehmen, und bestürmten ihn, dieses Vorhaben nicht in die Tat umzusetzen. Der vor Schreck erstarrte Sasonow artikulierte die Meinung aller Minister, als er seine Einwände, mit großer Leidenschaftlichkeit argumentierend, vorbrachte. Mogiljew, die Stawka, lag in Weißrußland, war also achthundert Kilometer von der Hauptstadt entfernt. Wie konnte der Zar die Staatsgeschäfte vom Hauptquartier aus führen? Würde der Regierungsapparat nicht unweigerlich auseinanderbrechen, wenn das Oberhaupt des Landes ständig in Mogiljew weilte? »Eure Majestät!« rief Sasonow erregt aus. »Ich bitte Sie, zu bedenken, daß man in Zukunft Sie allein für alle weiteren Niederlagen und Unruhen verantwortlich machen wird! Wird das Volk verstehen, daß Sie sich gerade zu jenem Zeitpunkt an die Front begeben, da unsere Armeen zum Rückzug gezwungen sind? Und, vor allem, wer soll Sie hier vertreten?« Nikolaus ließ sich nicht umstimmen. Nach zwei Stunden löste er den Ministerrat auf und sagte: »Meine Herren, die Pflicht verlangt, daß ich sofort ins Hauptquartier aufbreche. In zwei Tagen reise ich ab. Während meiner Abwesenheit wird selbstverständlich die Zarin die Amtsgeschäfte vertretungsweise wahrnehmen!« Als Sasonow die Kabinettssitzung verließ, fragte er sich, ob der Herrscher völlig von Sinnen sei. »Die Zarin als Regentin!« dachte er. »Das kann nur zu einer Katastrophe führen!«

Der tüchtige Außenminister, der übrigens Stolypins Schwager war, stand mit seiner Meinung nicht alleine. Als Großfürst Andrej Wladimirowitsch, der Geliebte Mathilda Kschessinskajas und wahrscheinliche Vater ihres Sohnes, auf der Jelagin-Insel mit der Zarinmutter zusammentraf, fand er eine weinende, todunglückliche Frau vor. »Die Absetzung Nikolaj Nikolajewitschs wird uns unweigerlich in den Untergang führen!« äußerte sie entsetzt. »Wohin gehen wir, Andrej? Wohin gehen wir? Das ist nicht Nicky! Er ist lieb, ehrlich, gut – das ist alles sie. Sie allein ist verantwortlich für das, was vorgeht. Das hat nicht mein lieber Junge getan!«[133]

Nikolascha reagierte keineswegs empört auf seine Absetzung. Als ihm Poliwanow das Schreiben des Zaren persönlich überbrachte, sagte er erleichtert: »Gott sei gelobt! Der Zar entbindet mich von einer Aufgabe, die meine Kräfte aufzuzehren begann.« Auch diese Aussage beweist, daß der Großfürst niemals an eine Wachablösung gedacht hatte. Er empfing den Neffen freundlich

und versprach, sein neues Kommando, die Leitung der Südfront im Kaukasus, nach bestem Wissen und Gewissen wahrzunehmen. Während Nikolascha nun also den türkischen Gegner in Schach zu halten hatte, saß Nikolaus in der Stawka.
Ahnte er, daß er die Staatsgeschäfte einer Frau anvertraut hatte, die ganz im Banne des ihm nun grenzenlos unsympathischen Muschik stand und daher auf heftige Opposition stoßen würde? Nikolaus schüttelte den Kopf. Der Krieg hatte Vorrang. Er mußte gewonnen werden. Dann erst konnte er darangehen, neue Reformen einzuleiten, das Land endgültig zu stabilisieren und seiner Frau klarzumachen, daß man Rasputins Dienste eigentlich nicht mehr benötigte. Wahrscheinlich war ihm nicht bewußt, daß er sich sinnlosen Spekulationen hingab. Wie immer vertraute der Herrscher auf Gottes Allmacht und Gnade und hoffte, daß Alexandra, die Ersatzautokratin, ihre Sache vielleicht doch ganz gut machen würde. Während sich an der Front langsam bescheidene Erfolge einzustellen begannen, steuerten Alexandra und Rasputin in der Hauptstadt allerdings einen Kurs, der den Zerfall des Reiches beschleunigte. Der Zar war überzeugt, das Richtige getan zu haben. Ehe er in die Stawka aufbrach, hatte er Botschafter Paleologue erklärt: »Ich muß jetzt dorthin gehen, wo ich am meisten gebraucht werde. Und wenn zur Rettung Rußlands ein Opfer erforderlich ist, so werde ich dieses Opfer sein!«[134] Er ahnte wohl nicht, welch traurig-prophetischen Charakter diese Worte später haben sollten.
Im Hauptquartier war ihm sein Stabschef, der einzelgängerische, kleinwüchsige General Michail Wassiljewitsch Alexejew, eine große Hilfe. Alexejew, der alle Stationen einer Militärkarriere durchlaufen, Professor an der Petersburger Militärakademie gewesen war und 1914 bei der Herbstoperation gegen Galizien die Nordfront kommandiert hatte, war zwar kein geselliger Mann, aber gewissenhaft, bescheiden und sehr effizient. Natürlich hatte er nicht das Format des Großfürsten Nikolaj Nikolajewitsch, seine strategischen Fähigkeiten waren jedoch unbestritten. Anzulasten war ihm ein Drang zur Eigenmächtigkeit. Er wollte alles im Alleingang, in Eigenregie lösen, gab die Verantwortung ungern aus der Hand, überprüfte jedes noch so winzige Detail selbst und brütete im Gouverneurshaus von Mogiljew stundenlang über Generalstabskarten und Operationsplänen, ohne seine Offiziere an seinen Überlegungen teil-

haben zu lassen oder sie nach ihrer Meinung zu fragen. Nikolaus faßte sofort eine starke Zuneigung zu diesem Eigenbrötler, der niemanden so recht an sich heranzulassen schien und einen gelähmten Augenmuskel hatte. Keineswegs abschätzig bezeichnete er den Generalstabschef in einem Brief an die Zarin als »meinen schielenden Freund«. Wie sah nun die Kriegslage gegen Ende des Jahres 1915 auf?

In der dritten Oktoberwoche schlug sich Bulgarien auf die Seite der Mittelmächte. Diese Entwicklung überraschte den Zaren. »Wenn mir das jemand prophezeit hätte«, sagte er zu Alexejew, »hätte ich ihn für verrückt erklärt; das bulgarische Volk wird erst merken, wie sehr es in die Irre geführt wurde, wenn es zu spät sein wird.« Einen Monat später hatten die deutsch-österreichisch-ungarischen und die bulgarischen Truppen Serbien erobert. Conrads ursprüngliches Kriegsziel war damit erreicht. Aber Habsburgs oberster Falke hatte wenig Grund zum Jubeln. Die serbische Giftschlange lag zwar endlich zertrümmert am Boden, aber um welchen Preis! Der Dreimonatskrieg war zum Weltkrieg geworden, der kein Ende zu nehmen schien. Schon im Oktober hatte Conrad, der sehr unter der Bevormundung der hochmütigen deutschen Heeresleitung litt, wie er immer wieder beklagte, einen katastrophalen Versuch unternommen, die Moral und das Selbstvertrauen seiner eigenen Truppen zu stärken. Er beabsichtigte, den Russen im Alleingang eine empfindliche Niederlage zu bereiten, um dem deutschen Bündnispartner die Schlagkraft seiner Armee zu demonstrieren. Doch die von ihm initiierte, sogenannte schwarz-gelbe Herbstoffensive der k.u.k. Truppen endete am 14. Oktober in einem totalen Fiasko. Conrads Taktik des »operativen Flankenstoßes«[135] versagte völlig. In der Schlacht von Luck und Rowno in Ostgalizien, die geführt wurde, um das österreichisch-ungarische Staatsgebiet endgültig vom Feind zu säubern, besiegte General Brussilows Achte russische Armee die Österreicher unter ihrem General Joseph Ritter von Roth, dessen XIV. Korps regelrecht zerschmettert wurde. Conrads Armeeoberkommando mußte hundertdreißig Tote und Verwundete melden. Hunderttausend Mann gerieten in russische Gefangenschaft, wobei vor allem die Zahl der Überläufer und Deserteure extrem hoch war.

Im November gelang es Alexejew, auch die deutsche Offensive zum Stillstand zu bringen. Dies geschah nicht, weil die deutschen Truppen allmählich ermüdeten, sondern hauptsächlich deshalb, weil die Russen, nun auf eigenem Territorium kämpfend, zähesten Widerstand leisteten und dem Gegner faktisch jeden Fluß, Sumpf und Hügel streitig machten. Der deutsche Vormarsch kam an der Linie Riga – Dwinsk – Czernowitz ins Halten. Allerdings blieben ganz Polen und die südlichen baltischen Provinzen in deutschem Besitz. Für den deutschen Generalstab schien die Ostfront abgehakt zu sein. Bis Kriegsende ordnete er keine weiteren großen Offensiven an. So sollte der obengenannte Frontverlauf nahezu exakt der Westgrenze der Sowjetunion im Jahre 1939 entsprechen, als Hitlers Armeen ihren Blitzfeldzug gegen den Paktpartner Stalin einleiteten. Falkenhayn war der Ansicht, daß man der russischen Armee einen Denkzettel verpaßt hatte, von dem sie sich nicht wieder erholen würde. Das Hauptaugenmerk der obersten deutschen Heeresleitung wurde nun wieder verstärkt auf Frankreich gelenkt.

Im Februar 1916 begann die große Westoffensive Deutschlands. In der Schlacht von Verdun, die unter dem Schlagwort »die Hölle von Verdun« in die Geschichte einging, setzten die Deutschen ihre gesamte Artillerie und eine Million Mann ein. Der Kampf um Verdun, die vielleicht mörderischste Schlacht des Ersten Weltkrieges, dauerte nicht weniger als ganze fünf Monate, nämlich vom 21. Februar bis zum 21. Juli 1916. Daß die Deutschen trotz erheblicher Anfangserfolge, etwa der Eroberung der »Höhe 304« oder des Donaumontforts, ihren Sturmangriff aufgrund allzu hoher Verluste schließlich abbrechen mußten und die begehrte Festung nicht einnehmen konnten, lag nicht zuletzt am Verhalten der russischen Armee, deren Rückgrat offenbar keineswegs gebrochen worden war, wie Falkenhayn deprimiert konstatierte. Vollkommen unerwartet für Hindenburg und Ludendorff setzten die Russen nahezu zeitgleich mit dem deutschen Angriff auf Verdun wieder zu einer Offensive an. Die für äußerst stabil gehaltene Ostfront wackelte. Notgedrungen mußte Falkenhayn achtzehn Divisionen von Verdun abziehen und an die Ostfront werfen – mit ein Grund dafür, warum die Eroberung Verduns scheiterte. Am furchtbarsten für die Russen gestaltete sich die sogenannte Osterschlacht von 1916, die in Ostseenähe stattfand:

> ... Um fünf Uhr morgens begann die deutsche Artillerie die in den sumpfigen Boden eingeschnittenen russischen Gräben zu beschießen. Zur gleichen Zeit ließen die Deutschen Gas zu den russischen Linien hinüberströmen. Die Russen, die weder Gasmasken noch Stahlhelme hatten, hielten Stand. Jeweils nach einer Stunde stellte die deutsche Artillerie kurz das Feuer ein, weil man feststellen wollte, wie es auf die russischen Gräben gewirkt hatte. Und jedesmal antworteten die Russen mit Gewehrfeuer, worauf der Artilleriebeschuß von neuem einsetzte. Nachdem diese Zerstörung fünf Stunden angedauert hatte, waren die fünfhundert Mann starken russischen Bataillone auf neunzig bis hundert Mann zusammengeschmolzen. Als aber die deutsche Infanterie schließlich vorrückte, stellte sich ihr ein russischer Bajonettangriff entgegen. Die Russen gaben an diesem Tag nur zwei Kilometer Front preis. In der Nacht hörten die Deutschen, wie bei den Russen drüben Hunderte von Männern die Osterhymne sangen: »Christ ist auferstanden von den Toten und hat den Tod durch das Leben überwunden« ...[136]

Lange nach dem Krieg zollte Hindenburg der Standfestigkeit der zaristischen Soldaten respektvollst Tribut, als er schrieb: »Im Hauptbuch des Krieges ist die Seite mit den russischen Verlusten herausgerissen worden. Keiner kennt die Zahlen. Fünf oder acht Millionen? Wir haben keine Ahnung. Wir wissen nur, daß wir bei unseren Kämpfen manchmal ganze Berge gefallener Feinde vor unseren Gräben wegräumen mußten, um freies Schußfeld auf die neuen Angriffswellen zu bekommen.«[137]

1916, das letzte volle Jahr der Herrschaft Nikolaus II., stand im Zeichen einer sich langsam stabilisierenden Kriegslage, innenpolitisch gesehen aber markierte es den stetigen, unaufhaltsamen Verfall des Regierungsapparates. Von Anfang 1916 bis zum Ende des Imperiums wechselten einander nicht weniger als vier Ministerpräsidenten ab. Wenden wir uns aber zuerst noch einmal kurz dem Kriegsverlauf zu. Die entscheidendste Operation der russischen Armee in diesem Jahr war die sogenannte Brussilow-Offensive in Galizien. Sie richtete sich gegen Österreich und verlief sehr erfolgreich. Die im vorangegangenen Winter durch die Tatkraft und unbändige Energie des neuen Kriegsministers Poliwanow reorganisierte, mit neuem Ausrüstungsmaterial versehe-

ne und auf diese Weise aufgefrischte Armee des Zaren durchbrach im Juni die österreichischen Stellungen. Binnen eines Monats gelang es dem zähen General Brussilow, der der Operation seinen Namen gab, einen dreihundert Kilometer langen Korridor zu schaffen, der an manchen Stellen neunzig Kilometer breit war und die Russen neuerlich bis zu den Osthängen der Karpaten vorrücken ließ. Erst im September büßte die Offensive ihre Stoßkraft ein. Die österreichischen Verluste waren enorm: Sechhunderttausend Mann fielen, vierhunderttausend gerieten in Gefangenschaft. Brussilows Vorstoß bewirkte den Abzug von achtzehn deutschen Divisionen aus Verdun und trug maßgeblich dazu bei, daß Österreich-Ungarn kein Kapital aus seinem großen Sieg über Italien in der Schlacht von Caporetto schlagen konnte. Doch auch bei Brussilows Truppen war der Blutzoll unglaublich hoch. Die erfolgreiche Offensive zog den Verlust von 1,2 Millionen Mann nach sich. Trotzdem schien alles darauf hinzudeuten, daß sich das Kriegsglück nun eindeutig Rußland zuwendete. Rumänien beschloß, diese Konstellation auszunützen, und trat – in der sicheren Erwartung der Niederlage der Mittelmächte – im August ebenfalls in den Krieg ein. Die Rumänen zögerten also nicht, gegen Deutschland und Österreich vorzugehen, jene beiden Länder, die in den langen Jahren des Friedens zu ihren treuesten Bündnispartnern gehört hatten, beinahe heimtückisch anzugreifen. Der Überraschungseffekt bescherte den Rumänen einen Anfangserfolg. Kurzzeitig besetzten rumänische Truppen Siebenbürgen und machten sich für den Vorstoß in die ungarische Tiefebene bereit. Im Spätherbst jedoch bereiteten die Deutschen dem rumänischen Siegeslauf ein jähes Ende. General Falkenhayn vertrieb die Rumänen wieder aus Siebenbürgen, während Feldmarschall Mackensen von Bulgarien aus tief ins Herzland des Königreiches Rumänien vordrang. Verzweifelt wandte sich der rumänische Herrscher an den Zaren und erbat Hilfe. Allein Nikolaus II. waren die Hände gebunden. Denn als die Mittelmächte im September – sehr zum Leidwesen Conrad von Hötzendorfs – ein gemeinsames Militäroberkommando unter den Generälen Hindenburg und Ludendorff bestimmten und die Lage Rumäniens immer bedrohlicher zu werden schien, war auch die Brussilow-Offensive zum Stillstand gekommen.
Der Befehl zur Einstellung des Vormarsches kam zwar wieder direkt vom Zaren, aber hinter dieser für die Generäle unver-

ständlichen Entscheidung hatte Alexandra gestanden. Auf ihren Freund Rasputin Bezug nehmend, schrieb sie dem Gossudaren ständig, daß die Verluste zu hoch seien, der Wahnwitz der Deutschen bei Verdun nicht wiederholt werden solle, dieses sinnlose Gemetzel einzustellen sei und den abgestumpften Generälen Menschenleben nichts bedeuteten, was eine große, unverzeihliche Sünde sei. Den ganzen September schwankte Nikolaus hin und her. Generalstabschef Alexejew beschwor ihn, den Vormarsch auf keinen Fall einzustellen. Der Zar gab Alexejew recht und ließ seine Gattin wissen, daß er vernünftige Maßnahmen getroffen habe. Nach fünf weiteren Ermahnungsbriefen seiner Frau gab Nikolaus dann aber doch nach. Am 27. September erteilte er den Befehl, die Offensive abzubrechen. Vom militärischen Standpunkt aus betrachtet, war diese Entscheidung am ehesten damit zu vertreten, daß die Truppen vollkommen erschöpft waren und eine Erholungspause benötigten. Brussilow aber hielt die Einstellung des Vormarsches für einen schweren Fehler und äußerte später sarkastisch: »Eine Offensive ohne Verluste gibt es nur im Manöver! Um den Feind zu schlagen, müssen wir Verluste hinnehmen!«[138]

Am 21. November verstarb in Schönbrunn Seine k.u.k. Majestät Franz Joseph I. im Alter von sechsundachtzig Jahren. Zwei Monate zuvor hatte er einem Offizier gegenüber noch erklärt: »Es steht schlecht um uns, vielleicht schlechter, als wir ahnen. Die hungernde Bevölkerung des Hinterlandes kann auch nicht mehr weiter. Wir werden sehen, ob und wie wir den Winter überstehen können. Im nächsten Frühjahr mache ich aber Schluß mit dem Kriege. Ich will nicht, daß wir ganz und rettungslos zugrunde gehen!«[139] Nun war der Mann mit dem Silberbart tot. Während in den russischen Lazaretten Offiziere des Zaren österreichisch-ungarischen Kriegsgefangenen zum Tod ihres ehrwürdigen Souveräns kondolierten, wurde Franz Josephs Großneffe Karl neuer Kaiser von Österreich. Auch er wollte möglichst schnell den Frieden herbeiführen, wie aus seinem ersten Manifest hervorgeht. Der Friedenswille des jungen Kaisers war zweifelsohne echt und aufrichtig. Er wünschte sich den Frieden genauso inniglich wie Nikolaus von Rußland, aber leider waren beide Herrscher Gefangene ihrer Zeit, Puppen in den Händen eines Schicksals, das längst beschlossen hatte, daß Europa keine Kaiserreiche mehr benötigte.

Am 17. Dezember gab es in Rußland einen prominenten Todesfall. Rasputin, der vielleicht meistgehaßte Mann des Reiches, wurde ermordet. Ehe wir genauer auf die Umstände dieser Mordtat eingehen, wollen wir einen letzten Blick auf die verhängnisvollen Aktivitäten des Starez werfen, die den Zerfall des Imperiums – nach Ansicht fast aller modernen Historiker – beschleunigt hatten. War Rasputin wirklich im Alleingang für das Zerbröckeln des Staatsapparates verantwortlich? Hatte es tatsächlich Zeitpunkte gegeben, da jede Ernennung in die Führungspositionen von Regierung und Kirche durch seine Hände ging?
In der erstaunlich kleinbürgerlich wirkenden, fünfräumigen Wohnung des Starez in der Gorochowajastraße 64 waren in den vergangenen zwei Jahren in der Tat Menschen aller Schichten aus und ein gegangen. Abenteurer, Priester, Politiker, übersättigte Gesellschaftsdamen, Sänger, Fürsten, Schauspieler, Bauersfrauen und Arbeiter – sie alle gingen über die breite Treppe des großen Mietshauses, um in Rasputins Wohnung im zweiten Stock zu gelangen. Wenn er nicht gerade an den Folgen eines seiner Räusche laborierte, erhob sich der Starez bereits um sechs Uhr morgens und ging in die Frühmesse. Danach empfing er für gewöhnlich einen wahren Strom von Bittstellern aller Art. Wie sehr muß sich der Muschik daran berauscht haben, daß er regelrechte Audienzen abhielt und seine Macht auch gegenüber gesellschaftlich hochgestellten Persönlichkeiten voll ausspielen konnte! Rasputin handelte stets spontan. Fand ein Bittsteller seine Sympathie, so griff er kurzerhand zu einem schmutzigen Zettel, setzte ein kleines Kreuz an den oberen Rand und schrieb zumeist zwei Zeilen der Empfehlung. Die meisten dieser absonderlichen Spickzettel wurden – zusammen mit dem Ansuchen des jeweiligen Antragstellers – umgehend an die Zarin weitergeleitet. Manchmal benutzte der Starez, der nicht sehr gut schreiben konnte, vorgedruckte Zettel identischen Inhalts und überließ es dem Petitionär, sich an die richtige Adresse zu wenden.
Rasputin stellte nie Geldforderungen. Er nahm, was seine Besucher ihm freiwillig gaben. Zu Geld schien er kaum eine Beziehung zu haben. Bankiers überbrachten ihm Schecks, finanzkräftige Industriemagnaten händigten ihm bündelweise Banknoten aus, die er ungezählt in irgendeiner Schublade verschwinden ließ. So manche alte, den Segen des Starez erflehende und ihre

Armut beklagende Bauersfrau wußte später zu berichten, daß Rasputin ihr einfach eines dieser Geldbündel zugeworfen und gesagt hatte: »Da nimm, Mütterchen! Gott mit dir!« Attraktive junge Damen mußten allerdings damit rechnen, die Gefälligkeiten des »heiligen Mannes« in anderer Währung, nämlich mit ihrem Körper, zu bezahlen. Eine Vergewaltigungsanzeige nach der anderen ging bei der Petrograder Polizei ein, und obwohl das Rasputin-Dossier inzwischen zu einem riesigen, mehrere Schränke füllenden Protokollberg angewachsen war, wurde er nie eines Vergehens angeklagt. Seine Wohnung wurde rund um die Uhr von Ochrana-Agenten überwacht, die sorgsam jeden seiner Schritte notierten, seine Trinkgelage und Ausschweifungsorgien protokollierten und die Namen der jeweiligen Frauen, die die Nacht mit dem Starez verbracht hatten, festhielten. Rasputins Eskapaden waren natürlich auch in den Kriegsjahren Stadtgespräch in Petrograd. Häufig kolportiert wurde die Ernennung von Innenminister Chostow. Dieser, ein wohlbeleibter kaiserlicher Kammerherr, war Rasputin im Nobelnachtclub Villa Rode aufgefallen, nachdem der Bassist des dort auftretenden Zigeunerorchesters sein Mißfallen erregt hatte. Rasputin torkelte auf den soupierenden, angetrunkenen Chostow zu und sagte lallend: »Brüderchen, du bist dick und hast bestimmt eine gute Stimme. Hilf denen doch mal. Zeig ihnen, wie man singt!« Der Kamerherr wankte auf die Bühne und ließ seine Baßstimme erschallen. Wenige Wochen später wurde er, sehr zu seinem Erstaunen, zum Innenminister berufen. Die Vorgeschichte seiner Berufung war natürlich bereits in aller Munde, und der erzkonservative Monarchist Wladimir Purischkewitsch rief seinen Abgeordnetenkollegen in der Duma wütend zu, daß die Qualifikation für ein Ministeramt in Rußland nun wohl darin bestünde, über eine gute Singstimme zu verfügen und Zigeunerweisen zu trällern.

Geradezu blind und taub, unempfänglich für jegliche Kritik an ihrem Freund Grischka, weigerte sich die Zarin kategorisch, Berichte über den wahren, verkommenen Charakter Rasputins zu lesen. Sie wollte nichts von diesen schmutzigen Verleumdungen und geschmacklosen Treppenhausklatschgeschichten wissen. Für den Zaren waren diese Skandale nichts Neues, aber er verabscheute sie mehr und mehr. Seine Abneigung gegen Rasputin wuchs. Aber ihn für immer vom Hof zu entfernen, hätte die fortschreitende Hysterie seiner Frau wahrscheinlich nur verschlimmert. Dennoch erlegte Nikolaus dem Starez im April 1915 wieder einmal Aufenthaltsverbot auf und befahl ihm, sich eine Weile nach Pokrowskoje zurückzuziehen. Der Grund für die neuerliche Ausweisung aus der Hauptstadt war in dem Eklat zu erblicken, den der Muschik im Moskauer Luxusrestaurant Jar verursacht hatte. Der englische Konsul Bruce Lockhart war anwesend, als sich Rasputin gegen Mitternacht unsittlich entblößte und sinnlos betrunken herumschrie, daß er dies auch in Gegenwart des Zaren zu tun pflege und mit der Alten, wie er Alexandra bezeichnete, ohnehin nach Belieben umspringen könne. Der Kommandant des Moskauer Gendarmeriekorps, General Dschunkowski, legte Nikolaus II. persönlich einen detaillierten Bericht über diesen skandalösen Auftritt vor. Diesmal war der Gossudar außer sich vor Wut und stellte Rasputin zur Rede. »Was haben Sie dazu zu sagen, Sie Unglücksmensch?« brüllte er Rasputin an. Der Mönch verteidigte sich sehr geschickt. Er gab lediglich zu, betrunken gewesen zu sein. Als einfacher Bauer und Sohn der sibirischen Scholle sei er den Verlockungen des Großstadtnachtlebens erlegen. Alle anderen Vorwürfe aber wies er schärfstens zurück. »Bajutschka, ich habe dich oder Mama mit keinem Wort erwähnt!« sagte er. Der Zar schwieg eine Weile, um sodann das Aufenthaltsverbot zu verhängen. Er wollte Alexandra den inkriminierenden Bericht erst gar nicht zeigen, doch die Zarin erfuhr trotzdem davon und richtete nun ihrerseits heftige Angriffe gegen den integren Gendarmeriegeneral Dschunkowski. Nikolaus war es leid, ständig brieflich ermahnt zu werden, das eine oder andere zu tun, den einen oder anderen Politiker, General oder Berater zu entlassen, nur weil sich diese angeblich gegen den Mann Gottes versündigt hatten. Dennoch konfrontierte er Alexandra so gut wie nie mit einem glatten Nein. Im September 1915 hatte Alexandra ihren Willen durchgesetzt, Dschunkowski mußte gehen, Rasputin durfte wieder in die Hauptstadt zurück. Im Dezember dieses Jahres vollbrachte der janusköpfige Satyr aus Tobolsk sein letztes Wunder.

Alexej hatte sich bei einem Frontbesuch in Galizien einen Schnupfen zugezogen, der in heftigem Nasenbluten resultierte. In der Stawka konnte Professor Fjodorow die Blutung nicht zum Stillstand bringen. Der Zarewitsch wurde eilends nach

Zarskoje Selo gebracht und nächtelang von Nagorny im Bett gestützt, da er nicht flach liegen durfte. Mehrmals verlor das unglückliche Kind das Bewußtsein. Wieder schien das Ende nah. Die Zarin, die die blutigen Pfropfen in seiner Nase eigenhändig auswechselte, ließ schließlich Grischka holen. Rasputin traf um Mitternacht im Schloß ein und ging schnell ins Krankenzimmer. Er starrte den leidenden Thronfolger eindringlich an und sagte mit fester Stimme: »Beunruhigt euch nicht. Es wird nichts geschehen!« Bald darauf verließ er den Palast. Alexej schlief ein, und am nächsten Morgen war nicht nur die Blutung vorüber, sondern der Zarewitsch fühlte sich so ausgeruht und erfrischt, daß er darauf bestand, seinen Vater in die Stawka begleiten zu dürfen. Fjodorow erklärte Anna Wyrubowa später, er würde nicht einmal den Versuch unternehmen, diese neuerliche Wunderheilung mit rationalen Überlegungen zu erklären. Rasputin hatte die Zarin ein letztes Mal von seiner Heiligkeit überzeugt.

Welche Rolle spielte er nun im Ministerkarussell dieser beiden Jahre? Wie M. T. Florinsky in seinem Buch *Das Ende des russischen Imperiums* schrieb, »degenerierte die recht ehrbare und tüchtige Gruppe, welche die Spitze der bürokratischen Pyramide bildete, ab Mitte 1915 zu einer rasch wechselnden Folge von Günstlingen Rasputins. Es war ein erstaunliches, außergewöhnliches und erbärmliches Schauspiel, das in der Geschichte der zivilisierten Nationen keine Parallele hatte ...«[140] Es ist belegt, daß Innenminister Fürst Scherbatow und Religionsminister Samarin, die im Oktober 1915 aus ihren Funktionen entlassen wurden, erklärte Gegner des Starez waren. Die Zarin hatte hier sicherlich in Rasputins Sinne auf ihren Gatten eingewirkt. Im Februar 1916 wurde jedoch auch Premierminister Goremykin suspendiert – sehr zum Leidwesen Alexandras und Rasputins. Obwohl Alexandra Nikolaus mitteilte, daß Grischka den Gedanken, daß der Alte gehen müsse, nicht ertragen könne, blieb der Zar hart. Die Minister verstünden sich nicht gut mit dem lieben Alten, schrieb der Gossudar seiner Frau. Er müsse sich daher nach einem tatkräftigeren Mann umsehen. Der neue Mann war Boris Stürmer, ein siebenundsechzig Jahre alter Bürokrat deutsch-österreichischer Herkunft, der einen berühmten Vorfahren hatte. Einer seiner Onkel war jener Freiherr von Stürmer gewesen, der zum österreichischen Bewachungspersonal Napoleons I. in Longwood House auf der Kerkerinsel St. Helena gehört hatte. Stürmer wurde nicht nur aufgrund seines deutschen Namens angefeindet. Der ehemalige Provinzgouverneur von Jaroslaw galt als reaktionär und inkompetent. Der Duma-Präsident Rodsjanko bezeichnete ihn als totale Null, Sasonow hielt ihn für falsch und durchtrieben. Wer hatte Boris Stürmer dem Zaren empfohlen? Niemand anderer als der Metropolit der orthodoxen Kirche in Petrograd, ein Mann namens Pitirim, der von Rasputin in diese Position gehievt worden war. Guten Gewissens konnte der Sibirier daher spöttisch erklären: »Ich zeugte Pitirim, und Pitirim zeugte Stürmer!«[141]

Ab Februar 1916 agierte also Boris Stürmer als Ministerpräsident. Die Duma faßte seine Ernennung als Beleidigung auf. Wenn Stürmer »Rasputins Mann« war, so fiel es diesem nun natürlich leichter, unbequeme, seine Heiligkeit in Frage stellende Minister loszuwerden. Auf Rasputins persönlicher Abschußliste standen viele. Da war zunächst Kriegsminister Poliwanow. Dieser überaus fähige Mann, integer, forsch und kompromißlos durchgreifend, der in der Hauptsache für den Erfolg der Brussilow-Offensive verantwortlich zeichnete, bekam bald Alexandras Haß zu spüren. Poliwanow mochte Rasputin nicht, und er arbeitete eng mit der Duma zusammen – zwei echte Gründe für die Zarin, fortwährend in ihren Mann zu dringen, den Kriegsminister endlich ablösen zu lassen. Am 25. März war es soweit. Poliwanow mußte seinen Hut nehmen. Es erfolgte keinerlei Begründung, warum man ihn so abrupt aus dem Amt entfernt hatte. Ausnahmslos alle ausländischen Militärbeobachter waren empört über seine Absetzung. Major-General Knox sprach von einer Katastrophe und bezeichnete Poliwanow als den fähigsten Militärorganisator Rußlands.

Im Juli wurde dann auch Außenminister Sergej Sasonow plötzlich geschaßt, als er sich auf einem Erholungsurlaub in Finnland befand. Sasonow, von der Zarin immer wieder als »dieser arrogante, langnasige Kerl« angegriffen, hatte noch wenige Tage zuvor ein freundliches Gespräch mit Nikolaus geführt und fiel aus allen Wolken, als man ihm seine Entlassung mitteilte. Sein Ressort übernahm Stürmer – zusätzlich zum Präsidentenamt. Der nach den Worten von Paleologue einen »unerträglichen Falschheitsgeruch verströmende« Stürmer[142] war also auch bei den führenden Mitgliedern des ausländischen diplomatischen

Korps außerordentlich unbeliebt. Allein im Oktober 1916 bekam er einen noch verhaßteren und unberechenbareren Kollegen, dessen Ernennung zum Innenminister regelrechte Schockwirkung für jeden klar denkenden Politiker Rußlands hatte. Es war der vierundsechzig Jahre alte, kleinwüchsige, weißhaarige, wie Lenin und Kerenskij in Simbirsk geborene Alexander Protopopow. Protopopow war Vizepräsident der Duma gewesen, hatte im selben Jahr England, Frankreich und Schweden einen Besuch abgestattet – man erzählte sich, daß der Parlamentarier in Stockholm mit einem mächtigen Bankier zusammengetroffen war, den viele für einen deutschen Spion hielten – und war dem Zaren schon einmal von Michail Rodsjanko für den Posten des Handelsministers vorgeschlagen worden. Als Innenminister bekleidete Protopopow nun allerdings ein viel wichtigeres Amt. Ihm unterstanden die Polizei und die Ochrana – er hatte also eine Schlüsselfunktion im zerfallenden Großreich inne.

Natürlich war es wieder die Zarin gewesen, die ihren Gatten bestürmt hatte, auch diesen merkwürdigen Mann zu ernennen. Denn, wie sie Nikolaus schrieb, war Protopopow Rasputin schon seit vier Jahren wohlgesinnt. »Das sagt viel über ihn aus!« war am Ende ihres Briefes zu lesen. Rasputin kannte Protopopow in der Tat schon geraume Zeit. Nikolaus handelte jedoch nicht ausschließlich auf Alexandras (und somit Rasputins) Bestreben hin. Seine Überlegung war, daß der aus den Reihen der Reichsduma stammende Protopopow der ideale Mittler zwischen ihm und den Parlamentariern sein könnte. Das exakte Gegenteil war der Fall. Alle Abgeordneten sahen in dem Günstling Rasputins, der nun ins Kabinett Stürmer eintrat, einen Wendehals. Protopopow wurde als unfähig, krank, senil und debil eingestuft. Als Nikolaus hörte, wie negativ die Duma auf Protopopows Ernennung reagierte, sagte er, in maßloser Wut seine Faust auf den Schreibtisch donnernd: »Bevor ich ihn zum Minister ernannte, fanden ihn alle gut, jetzt ist er schlecht, weil ich ihn ernannt habe!«[143]

Protopopow bestand darauf, an den Sitzungen der Reichsduma teilzunehmen – was kaum in Einklang mit seinem Ministeramt zu bringen war –, erschien stets in der Uniform eines Polizeigenerals und postierte eine Ikone im Sessel neben sich. Diese Ikone behandelte er wie einen menschlichen Gesprächspartner. Rodsjanko und seine Kollegen erlebten fassungslos mit, wie

Protopopow mit ekstatisch rollenden Augen laut zur Ikone sprach: »Du hast recht. Wir müssen Rußland retten. Du meinst, ich bin Rußlands Retter? Wieder hast du recht. Ich fühle, daß ich Rußland retten werde. Nur ich allein kann Rußland retten!«[144] In Protopopows Verantwortungsbereich fiel auch das brisante Problem der Lebensmittelversorgung. Es war Rasputins Idee gewesen, das Landwirtschaftsministerium in dieser kritischen Frage gewissermaßen zu umgehen und diese in Kriegszeiten enorm wichtige Aufgabe dem Ressort seines Freundes Protopopow zu übertragen. Alexandra hatte diese Umänderung im Alleingang beschlossen, doch Nikolaus bestätigte sie im nachhinein, nicht einsehend, daß er damit eine der verantwortungsvollsten Aufgaben seines Großreiches in die inkompetenten Hände eines umstrittenen, ja alleits gehaßten Mannes gelegt hatte. Während die Zarin glücklich äußerte, daß Stürmer und Protopopow zutiefst von der gottgesandten Weisheit Rasputins überzeugt seien, jagte eine Regierungskrise die andere. Stürmers Privatsekretär wurde der Erpressung überführt und verhaftet. Erstmals hörte man auch von ernstzunehmenden Problemen im Heer. Die Armee, der Stolz des Gossudaren, zeigte bei zwei Anlässen, daß sie nicht mehr kompromißlos hinter der Krone stand. Bei einem Streik in Petrograd im Oktober des Jahres 1916 kam es zu einer regelrechten Meuterei von zwei Infanterieregimentern, die sich nicht nur weigerten, gegen die Demonstranten vorzugehen, sondern gemeinsame Sache mit ihnen machten und die Polizei unter Beschuß nahmen. Es bedurfte vier ganzer Kosakenregimenter, um die Meuterei niederzuschlagen. Hundertfünfzig der Rebellen wurden exekutiert. Zur selben Zeit hatte es in Marseille einen ähnlichen Zwischenfall gegeben. Eine russische Brigade – von Archangelsk aus über Frankreich zum griechischen Kriegsschauplatz entsandt – rebellierte offen und ermordete ihren kommandierenden Oberst. Französische Truppen stellten schließlich die Ordnung wieder her. Zwanzig russische Rädelsführer wurden daraufhin kurzerhand an die Wand gestellt.

Beide Vorfälle bewiesen Nikolaus, daß die Lage immer ernster wurde. Ebenso erkannte er, daß der wirtschaftliche Zusammenbruch nur noch eine Frage der Zeit sein konnte. Er begann an den Fähigkeiten Stürmers zu zweifeln und warf wiederholt das unlösbar scheinende Versorgungsproblem auf. Nikolaus sah das immer näher kommende Unheil, aber er fühlte sich oft wie ein unbeteiligter Zuschauer in seiner Theaterloge, der dem Eintreten einer Tragödie beiwohnte. Obwohl er sich zutiefst bewußt war, daß er die Hauptperson in dieser Tragödie war, sah er keine echte Möglichkeit, dem Sturm Einhalt zu gebieten. Als er in Kiew eintraf, um seine Mutter zu besuchen (die sich für den Rest des Krieges in dieser Stadt aufhalten sollte), sich zu erholen und Verwundete zu inspizieren, wirkte er müde, ausgelaugt, traurig, depressiv, aber auch zugleich übernervös und gereizt. Monsieur Gilliard schrieb später, er habe den Zaren noch nie so bekümmert gesehen, und berichtete davon, daß der sich für gewöhnlich gut in der Gewalt habende Zar seinen Sohn Alexej mehrere Male zornig angefaucht habe.[145]

Maria Fjodorowna stellte zwar fest, daß ihr Sohn ungewöhnlich still war, zögerte aber nicht, die sofortige Entlassung Stürmers zu verlangen. Gleichzeitig redete sie Nikolaus eindringlich ins Gewissen, den skrupellosen Abenteurer Rasputin umgehend für immer vom Hof zu verbannen. In Kiew erlebte Großfürstin Olga, die in einem Lazarett arbeitete, eine noble Geste des Landesvaters. Bei ihrem letzten Zusammentreffen mit dem kaiserlichen Bruder wurde sie Zeugin, wie Nikolaus mit einem Deserteuer konfrontiert wurde. In ihren Memoiren erinnerte sich die Großfürstin, daß der verwundete Deserteur vor Schreck erstarrte, als der Zar auf ihn zutrat: »... Nicky legte ihm die Hand auf die Schulter und fragte ganz ruhig, warum er desertiert sei. Der junge Mann stammelte, er habe, als ihm die Munition ausgegangen sei, auf einmal Angst bekommen, habe sich umgedreht und sei fortgelaufen. Wir hielten alle den Atem an, und Nicky sagte ihm, er sei frei. Da wälzte sich der junge Mann aus dem Bett, fiel zu Boden, umklammerte Nickys Knie und weinte wie ein kleines Kind. Ich glaube, uns allen standen Tränen in den Augen ... Ich sah Nicky nicht wieder.«[146]

Während der Zar in Kiew weilte, griff die Duma in überparteilicher Geschlossenheit und Einstimmigkeit die Regierung an. »Dunkle Gerüchte über Verrat und Untreue kriechen durch das ganze Land!« sagte der Führer der liberalen Kadettenpartei Miljukow in einer berühmt gewordenen Rede. »Diese Gerüchte machen auch vor den höchsten Namen nicht halt ... Der Name der Kaiserin wird immer häufiger zusammen mit den Namen der sie umgebenden Abenteurer genannt ... Was ist das –

Dummheit oder Verrat?«[147] Dann attackierte Miljukow Stürmer und Rasputin heftigst. Nahezu alle Abgeordneten stimmten in diesen Anklagetenor mit ein. Jeder kritisierte die Unfähigkeit und Korruptionsanfälligkeit der Regierung. Als der Zar nach Petrograd zurückkehrte, beschloß er, den Klagen der Duma den Wind aus den Segeln zu nehmen, indem er eilends den Ministerpräsidenten auswechselte. Nikolaus ernannte den ehemaligen Verkehrsminister Alexander Trepow zum neuen Premier. Alexandra war bestürzt zu erfahren, daß Trepow, ein überzeugter Monarchist, die Bedingung gestellt hatte, Protopopow ebenfalls umgehend zu entlassen. Der Gossudar sagte sofort zu. In einem Brief an die Gattin ging er auf die Absetzung Protopopows ein und bat sie, ihren Freund Rasputin aus dieser Angelegenheit herauszuhalten. Die Zarin gab sich nicht mit dieser Abfuhr zufrieden. Sie fuhr in die Stawka und begann ihren Privatkampf um Protopopow. Zwei Tage lang setzte sie Nikolaus hart zu, ehe dieser abermals nachgab und sich widerwillig bereit erklärte, Protopopow im Amt zu belassen.
Alexander Trepow, der den Zaren des Wortbruchs bezichtigte, wollte auf der Stelle zurücktreten. Forsch verbot ihm der Gossudar, einen solchen Schritt auch nur in Erwägung zu ziehen, und ermahnte ihn streng, weiter seinen Pflichten nachzukommen. Trepow, für den die Absetzung Protopopows nur der erste Schritt in seinem Plan, Rasputin loszuwerden, gewesen war, versuchte nun, den Starez zu bestechen. Er beauftragte seinen Schwager Mossolow, dem Wundermönch ein großzügiges Angebot zu unterbreiten. Der Premier bot dem Wüstling zweihunderttausend Rubel, stellte ihm ein stattliches Haus in Petrograd in Aussicht, dazu Geleitschutz und eine Rente auf Lebenszeit. Im Austausch dafür sollte Rasputin Protopopow zum Rücktritt bewegen und sich verpflichten, in Zukunft keinen Einfluß auf die Maßnahmen der Regierung Seiner Majestät mehr zu nehmen. Als Mossolow in der Gorochowajastraße erschien und dem Starez den verlockenden Vorschlag seines Schwagers erläuterte, wurde er ausgelacht. Rasputin erwies sich als unbestechlich.
Im Dezember 1916 lag die Revolution schon in der Luft. Das erklärte der steinreiche Industrielle Putilow jedenfalls Botschafter Paleologue. Auch Sir George Buchanan, der andere Doyen unter den Diplomaten der Allianzmächte, hatte schon vor

Monaten nach London telegraphiert: »Wenn der Zar seine jetzigen Ratgeber behält, ist eine Revolution, fürchte ich, unvermeidlich!« Es gab wilde Pläne, die unvermeidliche Katastrophe aufzuhalten, die Monarchie zu retten und eine dem Volk verantwortliche Regierung zu installieren. All diese im Grunde absurden Vorhaben, die erst viel später publik wurden, kamen jedoch nicht über das Planungsstadium hinaus. So beabsichtigte etwa eine Gruppe von Jagdfliegern, das Automobil des Zaren zu bombardieren, Nikolaus auf diese Weise auszuschalten und durch einen populären Herrscher zu ersetzen. Der in diese Offiziersverschwörung eingeweihte Kerenskij wußte später sogar den Namen des potentiellen Attentäters zu vermitteln. Ein hochdekorierter Kriegsheld, Staffelführer Hauptmann Kostenko, hätte Nikolaus II. im kamikazehaften Sturzflug attackieren und beseitigen sollen.[148]

Gegen Ende des Jahres wurde die Familie Romanow aktiv und bemühte sich ein letztes Mal vergeblich, Rasputin zu entfernen und Nikolaus zu einem Umdenken in der Frage der Staatsform zu bewegen. Der erste, der beim Gossudaren vorsprach, war sein Cousin Nikolaj Michailowitsch, ein anerkannter Historiker, der mit dem Liberalismus liebäugelte. Nikolaj Michailowitsch legte dem Zaren in der Stawka nahe, enger mit der Duma zusammenzuarbeiten. Der Großfürst drohte mit einer neuen Revolution, indem er an die vergangene von 1905 erinnerte. Bei seiner Verabschiedung überreichte der Großfürst dem Zaren einen Brief, der mehrere direkte, vernichtende Angriffe auf Alexandra enthielt. Unter anderem war in diesem Schreiben zu lesen: »... Du hast mir mehrfach gesagt, daß Du niemandem vertrauen kannst ... Wenn das stimmt, dann trifft das sicherlich auch auf Deine Frau zu, die Dich innig liebt, aber dem böswilligen Betrug der sie umgebenden Menschen erlegen ist ... Was ... über ihre Lippen kommt, ist das Ergebnis geschickter Verdrehungen, nicht die Wahrheit. Wenn Du nicht imstande bist, diesen Einfluß von ihr fernzuhalten, dann schütze Dich wenigstens vor der ständigen Einmischung ... Deiner geliebten Gattin! ... Du stehst am Beginn einer Epoche neuer Unruhen, einer Epoche von Attentaten. Glaube mir: Wenn ich so darauf dränge, daß Du Dich von den Fesseln befreist, dann in der Hoffnung und Zuversicht, Dich, Deinen Thron und unsere liebe Heimat vor schwersten ... Folgen zu bewahren!«[149] Nikolaus leitete den

Brief – offenbar ungelesen – an Alexandra weiter, die empört von Staatsverrat sprach und ihm empfahl, Nikolaj Michailowitsch nach Sibirien deportieren zu lassen, falls er dieses hochverräterische Thema nochmals anschnitte.
Ein paar Tage später begab sich Großfürst Paul, der liebe Onkel Pawel, der letzte überlebende Bruder Alexanders III., zum Zaren und übermittelte ihm den Wunsch der Familie, dem Land eine neue, zeitgemäßere Verfassung zu gewähren. Großfürst Pawel brachte dieses heikle Thema beim Tee in Zarskoje Selo aufs Tapet und stieß sofort auf eisige Ablehnung. Nikolaus erklärte ihm, er würde seinen Krönungsschwur, dem Sohn die absolute, unangetastete autokratische Macht als Vermächtnis zu hinterlassen, niemals brechen. Als Pawel dann auf die Machenschaften Rasputins zu sprechen kam und energisch dessen Entfernung forderte, griff der Zar gelassen zu seinem Zigarettenetui. Alexandra aber verteidigte den Starez und sprach von der alten Problematik des Propheten, der im eigenen Land noch nie etwas gegolten habe. Entnervt und aufgebracht verließ der Großfürst den Palast. Die Familie unternahm nun nur noch einen letzten verzweifelten Versuch, Alexandra umzustimmen. Man setzte quasi die Waffe der Geschwisterliebe ein und beorderte Ella aus Moskau herbei. Ella fuhr also ebenfalls nach Zarskoje Selo. In ihrem grauen Nonnengewand trat sie, wie eine vergeistigte Büßerin wirkend, vor ihre Schwester hin und beschwor sie, Rasputin im Namen Gottes und aller Heiligen nach Sibirien zurückzuschicken. Die Zarin reagierte heftig. »So glaubst also auch du all die abscheulichen Lügen über Vater Grigori! Wenn du mir nichts anderes zu sagen hast, ist es wohl besser, du gehst fort!« herrschte sie Ella wütend an. Diese erwiderte traurig: »Vielleicht wäre es besser gewesen, gar nicht zu dir zu kommen.« »Ja!« antwortete die Zarin knapp und befahl, ihre Schwester zum Bahnhof zu bringen. Die ehemaligen Hessenprinzessinnen reichten einander nicht die Hand, schieden also im Groll. Keine von beiden ahnte, daß dies ihre letzte Begegnung gewesen sein sollte. Während Purischkewitsch im Taurischen Palais unter dem tosenden Beifall aller Duma-Abgeordneten seine berühmteste Rede hielt und davon sprach, daß eine Revolution drohe und ein obskurer Muschik Rußland nicht länger regieren dürfe, hielt die Zarin weiter unverbrüchlich an dem von Gott Gesandten fest. Eine Woche später war Rasputin tot.

Er muß in diesen schneeverwehten, naßkalten Dezembertagen geahnt haben, daß sein Leben bedroht war. Offenbar hatte er Todesvisionen und verließ seine Wohnung nur noch bei Nacht. Als eindeutiges Indiz dafür, daß der Starez mit seiner Ermordung rechnete, darf wohl der merkwürdige, den Epilog seiner Legende bildende Brief gelten, sein Testament, das den Titel »Der Geist des Grigori Efimowitsch Rasputin-Nowych« trug und direkt an den Zaren adressiert war. Schon Anfang Dezember hatte Rasputin dieses düstere Vermächtnis Alexandra durch seinen Privatsekretär Simanowitsch überbringen lassen. Sie zog es vor, es Nikolaus nicht zu zeigen, ordnete aber eine strengere Bewachung des Wundermönches an. Rasputins letzter Brief lautete auszugsweise so:

> Russischer Zar!
> ... Ich spüre, daß ich vor dem 1. Januar aus dem Leben scheiden werde ... Wenn ich von gewöhnlichen Mördern getötet werde, insbesondere von meinen Brüdern, den russischen Bauern, hast Du, Zar von Rußland, nichts zu fürchten, bleib auf Deinem Thron und regiere ... Wenn ich aber von Bojaren, Adeligen, ermordet werde und wenn sie mein Blut vergießen, werden ihre Hände mit meinem Blut befleckt bleiben, denn fünfundzwanzig Jahre lang werden sie mein Blut nicht von ihren Händen waschen. Sie werden Rußland verlassen. Brüder werden Brüder töten ... sie werden einander töten und hassen und fünfundzwanzig Jahre lang wird es keine Adelige im Land geben. Zar von Rußland, wenn Du den Klang der Glocke hörst, die Dir sagt, daß Grigori getötet wurde, so wisse: wenn es Deine Verwandten waren, die meinen Tod herbeiführten, dann wird keiner von Deiner Familie, das heißt keines Deiner Kinder oder Verwandten ... am Leben bleiben. Sie werden vom russischen Volk getötet werden ... Bete, bete, sei stark ... Grigori[150]

Fürst Jussupow war schon einen Tag nach Purischkewitschs Duma-Rede bei dem Abgeordneten erschienen und hatte ihm aufgeregt mitgeteilt, daß er Rasputin zu ermorden gedenke und patriotische Komplizen benötige. Purischkewitsch war sofort Feuer und Flamme und beschloß, noch zwei verläßliche Männer in den Mordplan einzuweihen – Leutnant Suchotin und den

Militärarzt Dr. Lasowert. Als fünften Verschwörer gewann Felix Jussupow den Großfürsten Dmitri Pawlowitsch. Das Mörderquintett war komplett. Man traf sich regelmäßig und bestimmte schließlich den 17. Dezember als den Tag der Tat. Am Abend dieses Tages lud der schöne Felix Rasputin zu einem Dinner in den Keller des Moikapalais ein. Obwohl Simanowitsch und Anna Wyrubowa den Starez warnten, die Einladung anzunehmen, war dieser nicht zu bremsen. Er freute sich darauf, endlich die sagenhaft schöne Großfürstin Irina, Felix' Frau, kennenzulernen. Er zog seine beste Seidenbluse, eine schwarzglänzende Samthose und ein neues Paar Stiefel an und wusch sich sogar mit billiger Seife. Im Keller des Moikapalais empfing ihn der Fürst und erklärte ihm, Irina (die in Wirklichkeit auf der Krim weilte) halte sich im Obergeschoß auf und werde sich ihnen später anschließen. Rasputin hörte Grammophonmusik herunterdröhnen. Indem sie das Lied vom »Yankee Doodle Dandy« spielten, wollten die übrigen vier Verschwörer den Eindruck erwecken, die Großfürstin gebe eine Gesellschaft. In dem Kellergeschoß mit der niedrigen Gewölbedecke, den grauen Steinwänden, dem granitenen Fußboden, den kleinen Tischchen, dem teuren Perserteppich und dem riesigen Eisbärenfell vor einem Ebenholzkabinett war alles sorgsam vorbereitet worden. Auf einem der Tische standen die Teetassen, der Samowar brodelte, und die von Dr. Lasowert mit Zyankali präparierten Kuchenstücke warteten darauf, von Starez gegessen zu werden. Als Fürst Jussupow Rasputin den ersten vergifteten Kuchen reichte, schwitzte er. Zuerst wollte der Mönch nichts essen, doch dann verschlang er voller Gier gleich zwei Stücke. Jussupow, der damit rechnete, daß Rasputin jeden Augenblick umfiel, wartete vergeblich. Entsetzt registrierte er, daß sich keine Wirkung einzustellen schien. Als er sah, wie Rasputin genüßlich drei Gläser des gleichfalls vergifteten Madeiraweines leerte, drohte er, ohnmächtig zu werden. »Du siehst so blaß aus, Felix«, sagte Rasputin. »Söhnchen, greif zur Gitarre und sing uns ein Zigeunerlied!« Mit zitternden Fingern und wie paralysiert gehorchte der Fürst. Zwei ganze Stunden lang sang Jussupow, während der Vergiftete, der eigentlich längst hätte tot sein sollen, fröhlich mitgrölte. Jussupow war der Lage nicht länger gewachsen, entschuldigte sich unter einem Vorwand und lief wie von Sinnen hinauf ins Parterre, wo ihn die Komplizen schon

erwarteten. Zunächst waren sie alle ratlos. Dr. Lasowert hatte völlig die Nerven verloren, schüttelte immer wieder den Kopf und sagte nur: »Dieser Teufel! Dieser Teufel!« Dmitri Pawlowitsch schlug vor, das Unternehmen abzublasen und schnell nach Hause zu gehen. Purischkewitsch erwies sich als der Mann mit den härtesten Nerven und beschwor Jussupow, die Tat zu vollenden. Da raffte sich der verwirrte Fürst auf, packte den Browning-Revolver des Großfürsten und lief die steile Kellertreppe wieder hinunter. Rasputin grunzte ihm entgegen, daß er mehr Wein wolle. Jussupow half dem schwankenden Starez aufzustehen, führte ihn zu einem Kruzifix und empfahl ihm, jetzt ein Gebet zu sprechen. Der Fürst stand nun unmittelbar hinter Rasputin. Während dieser murmelte, das Ebenholzkabinett gefiele ihm besser als das Kreuz, schoß ihm Felix Jussupow direkt in den breiten Rücken. Wild aufbrüllend drehte sich Rasputin um und stürzte mit einem ungläubigen Augenausdruck rücklings auf das Eisbärenfell. Unmittelbar nachdem sie den Schuß vernommen hatten, eilten die vier anderen Verschwörer in den Keller. Dr. Lasowert untersuchte den Starez fachmännisch und diagnostizierte seinen Tod, obwohl er merkwürdigerweise keinen Blutkanal finden konnte. Aber Rasputins Puls schlug nicht mehr. Er mußte also tot sein.
Während die vier anderen wieder ins Parterre emporstiegen, blieb Felix Jussupow noch eine Weile allein mit dem Toten zurück. Ein paar Minuten später traf ihn fast der Schlag, als das Gesicht der Leiche zu zucken begann. Langsam öffneten sich Rasputins giftgrüne Schlangenaugen, wie der Fürst in seinen Memoiren schrieb, und der Starez sprang unerwartet und schnell auf die Beine. Wie bei einem Epileptiker schoß ihm gischtiger, weißer Schaum aus dem Mund, während er Jussupow kräftig zu würgen begann. Bevor sich der entsetzte und über alle Maßen verwirrte Mörder befreien konnte, riß ihm Rasputin noch eine Epaulette vom Kragen. Jussupow floh vor der wieder zum Leben erweckten Leiche und lief wie von Furien gehetzt die Stufen zum Parterre des Moikapalais empor. Rasputin verfolgte ihn – auf allen vieren, wie ein wildes Tier. Purischkewitsch, der dem Fürsten entgegenrannte und beinahe mit ihm zusammengestoßen wäre, hörte das Keuchen und unmenschliche Gebrüll des Wundermönches. Felix war in Panik und eilte schnurgerade auf die Wohnung seiner Mutter zu, immer wieder

verzweifelt schreiend: »Schießen Sie! Schießen Sie doch, Purischkewitsch! Er lebt! Er lebt! Er entkommt uns! Schießen Sie, Purischkewitsch!« Der Parlamentarier schluckte und rannte in den Hof hinaus. Es war eine gespenstische Szene. Purischkewitsch glaubte einen Geist zu sehen. Behende lief Rasputin durch den Schnee. Mit gewaltigen Schritten näherte er sich dem großen schmiedeeisernen Gartentor, das ins Freie führte. Purischkewitsch wirkte wie betäubt. Erst als er die mächtige Stimme des ehemaligen Fuhrmannes brüllen hörte: »Felix! Felix! Ich werde alles der Zarin sagen!« handelte er. Er zog den Stecher durch und schoß zweimal. In seiner Aufregung verfehlte er den Starez. Rasputin war bereits am Tor angelangt und rüttelte daran. Da traf ihn Purischkewitschs dritter Schuß in die Schulter. Er wankte und drehte sich um. Purischkewitsch feuerte erneut. Diesmal traf er den Starez in den Kopf. Er lief auf den in die Knie gehenden Rasputin zu, stieß den mit den Zähnen knirschenden, schwerverwundeten Mann vollends in den Schnee und trat ihm mit aller Kraft gegen seine Schläfe. Als Jussupow und Großfürst Dmitri Pawlowitsch atemlos angerannt kamen, zuckte Rasputins Körper immer noch. Er blutete stark. Dmitri Pawlowitsch trat ebenfalls kräftig auf ihn ein, während Jussupow wie ein Berserker mit einem mitgebrachten Gummiknüppel auf den Kopf des Starez einhämmerte. Endlich rührte sich der in einer großen Blutlache liegende unglaubliche Mann aus Tobolsk nicht mehr.

Die Verschwörer wickelten den Toten sodann in eine blaue Vorhangdecke und verschnürten sie mit einem Tau. Dann verfrachteten sie Rasputins Leichnam in Purischkewitschs Auto. Purischkewitsch und Dr. Lasowert fuhren bis zur nahegelegenen Petrowskij-Brücke. Dort hackten sie ein Loch in die zugefrorene Newa und stießen den blutigen, engverschnürten Körper des Wundermönches ins Eiswasser. Der Mord war geglückt. Doch als man Rasputin drei Tage später fand und untersuchte, stellte man fest, daß die eigentliche Todesursache Ertrinken gewesen sein mußte! Nicht das reichliche Gift, die vier Kugeln im Leib oder die Gehirnverletzungen, sondern das Wasser in seiner Lunge hatte zum Tod von Grischka Rasputin geführt. Die von ihm vorausgesagte Revolution, die das Zarenreich sturmflutartig hinwegfegen würde, sollte nicht lange nach seiner Ermordung eintreten.

Als sie von Rasputins Tod erfuhr – nach seinem Verschwinden wurden in ganz Petrograd hektische Suchaktionen eingeleitet, und nach drei Tagen fanden Taucher die Leiche unter dem Newa-Eeis –, brüllte die Zarin, daß die Mörder auf der Stelle gehenkt werden müßten. Nikolaus reagierte gelassener. Daß er seine Erleichterung jedoch kaum verbergen konnte oder gar fröhlich vor sich hin pfiff, als die Meldung von der Ermordung des Starez in der Stawka eintraf, wie manche moderne Autoren behaupten, ist allerdings schwer zu glauben. Als gläubiger Christ verurteilte er Mord. Noch dazu war das Verbrechen von seinem Neffen, einem Enkel des Reformzaren, und dem letzten Sproß des reichsten Fürstengeschlechts Rußlands begangen worden. Von Mogiljew aus drahtete er der Gattin: »Bin entsetzt und erschüttert!« Anna Wyrubowa berichtet, daß er später in Zarskoje Selo angewidert geäußert habe: »Es erfüllt mich mit Scham, daß die Hände von Verwandten mit dem Blut eines einfachen Bauern befleckt sind!«[151] Obwohl er Rasputin und seine unheilvollen Aktivitäten in letzter Zeit oftmals verflucht hatte, blieb Mord für ihn Mord, wie er seinem Onkel Paul sagte, der zu ihm kam, um sich für seinen Sohn Dmitri einzusetzen. Er ging zwar nicht so weit, die »Ungeheuer« Felix und Dmitri zu vernichten, wie Alexandra forderte, zeigte aber dennoch Härte. Trotz des heftigen Protestes der gesamten Romanow-Familie, die die Ermordung des Starez als dynastische Tat empfand, ordnete er Verbannung für die beiden Übeltäter an – und rettete ihnen damit das Leben, da sie so aus der Reichweite der blutigen Arme der Revolution gebracht wurden.

Dmitri mußte bei den russischen Truppen in Persien Dienst tut, Jussupow auf einem seiner großen Güter in Zentralrußland Zuflucht suchen. Purischkewitsch und die anderen gingen straflos aus. Der Abgeordnete war durch den grausamen Mord zum Duma-Helden geworden, und selbst der Autokrat und Selbstherrscher aller Reußen war zu diesem kritischen Zeitpunkt nicht mehr in der Lage, seine Immunität anzutasten.

Rasputins Leichnam wurde am 21. Dezember 1916 im Schloßpark von Zarskoje Selo unter einer im Bau befindlichen Kapelle – für deren Errichtung Anna Wyrubowa verantwortlich zeichnete – beigesetzt. Die kaiserliche Familie trug Schwarz, Alexandra hatte weiße Blumen mitgebracht und legte eine Ikone mit den Namenszügen ihres Mannes und der Kinder sowie einen

Abschiedsbrief in den Sarg. Tagelang weinte sie. Schließlich zeigte sie Nikolaus Rasputins Testament. Als auch gegen Anna Wyrubowa Morddrohungen laut wurden, befahl sie deren Umzug in den Palast. Im Januar 1917 ersetzte Nikolaus Premierminister Alexander Trepow durch den hochbetagten, willensschwachen Nikolaj Golizyn. Die Regierungsgeschäfte lagen also mehr oder weniger in den Händen des allseits gehaßten Protopopow, dem Duma-Präsident Michail Rodsjanko beim Neujahrsempfang zornig den Handschlag verweigerte.
Der Mord am Starez und die Verbannung von Jussupow und Großfürst Dmitri hatten die Kluft zwischen dem Zaren und den übrigen Mitgliedern der Großfamilie nur noch vergrößert. Nun intrigierte der Clan ganz offen gegen Nikolaus. Sechzehn Großfürsten sandten einen Emissionär zum Oberkommandierenden der Kaukasusfront. Bei Nikolaj Nikolajewitsch traf aber auch eine Abordnung der Reichsduma ein. Im Auftrag des Fürsten Lwow waren diese Männer nach Tiflis gekommen, um den martialischen Großfürsten zu beschwören, Nikolaus vom Thron zu entfernen. Nikolascha lehnte ab. Nikolaus' Cousin Sandro reiste in der Zwischenzeit aus Kiew an, um den Freund der Jugendtage zu bewegen, umgehend eine für die Duma akzeptable Regierung einzusetzen. Einmal im Palast, hielt sich der Großfürst nicht lange mit Vorreden auf, sondern sagte Alexandra im Beisein des Zaren: »Alix, deine Einmischung in Staatsangelegenheiten schadet Nickys Prestige. Ich war zweiundzwanzig Jahre lang dein treuer Freund, aber als Freund muß ich dir klarmachen, daß alle Kreise der Bevölkerung deiner Politik ablehnend gegenüberstehen. Du hast eine Familie mit so wunderbaren Kindern, warum kannst du dich nicht nur ihnen widmen und die Regierungsbelange deinem Mann überlassen?« Die Gossudarin antwortete lapidar: »Ein Autokrat darf die Macht niemals ganz dem Parlament abtreten!« Sandro wurde wütend und schrie: »Da irrst du gewaltig, Alix. Dein Mann hat am 17. Oktober 1905 aufgehört, ein Autokrat zu sein! Denk daran, Alix, ich habe dreißig Monate seit Übernahme des Höchstkommandos durch den Zaren und seiner Abreise in das Hauptquartier ... geschwiegen, dreißig Monate ... kein Wort gesagt ... über die unwürdigen Vorgänge ... in deiner Regierung, aber jetzt ist mir klar, daß du bereit bist zum Untergang, und dein Mann ebenso – doch was ist mit uns? Du hast nicht das Recht, auch deine

Familie und das ganze Land in den Abgrund zu stürzen!«[152] Nikolaus unterbrach die peinliche Szene und führte seinen Freund und Schwager wortlos zur Tür. Zurück in Kiew, schrieb der Großfürst dem Zaren einen letzten Brief. Die markantesten Passagen daraus lauteten so: »... Man kann nicht ein Land regieren, ohne auf die Stimme des Volkes zu hören. So seltsam es klingen mag, die Regierung ist es, die die Revolution vorbereitet. Wir erleben ein ganz neues Schauspiel – eine Revolution, die nicht von unten kommt, sondern von oben!«[153]

Der Clan um Kirill Wladimirowitsch beteiligte sich federführend an der sogenannten Verschwörung der Großfürsten, die im Januar 1917 wochenlang Stadtgespräch in Petrograd war, jedoch nie zur Ausführung gelangte. Kirill sprach offen von Palastrevolte und plädierte dafür, Nikolaus gewaltsam vom Thron zu entfernen. Seine Mutter Maria Pawlowna – die Witwe von Großfürst Wladimir – erklärte Michail Rodsjanko sogar, die Zarin müsse vernichtet werden. Der Duma-Präsident berief sich auf seinen Treueeid und erwiderte, daß er das Gespräch nur als gegenstandslos betrachten könne. Der Duma-Chef stand also immer noch kompromißlos hinter dem Zaren. Mitte Januar suchte ihn Nikolaus' Bruder Großfürst Michail auf. Mischa, der in der Thronfolge nach wie vor an zweiter Stelle hinter dem Zarewitsch rangierte, aber über keinerlei wirkliche Macht oder Einfluß verfügte, fragte Rodsjanko verzweifelt, wie man die Dynastie retten könne. Rodsjanko sprach unumwunden aus, daß die Zarin das Land in den Untergang treibe: »Alexandra Fjodorowna ist allgemein verhaßt. Alle Kreise verlangen ihre Entfernung. Solange sie an der Macht bleibt, befinden wir uns auf dem Weg zum Ruin!« Mischa gab ihm recht und bat ihn, beim Zaren vorstellig zu werden und diesem den Ernst der Lage unmißverständlich klarzumachen.

Am 10. Februar erhielt Rodsjanko seine Audienz. Der von Nikolaus oft als »einfältiger Dickwanst« bezeichnete Präsident des Parlaments trat ungewöhnlich forsch auf. Er sprach von drohenden Unruhen, davon, daß Protopopow sofort abgelöst werden müsse, eine der Duma verantwortliche Regierung einzusetzen sei und die Zarin, die im Volk als Verfechterin der Sache Deutschlands gelte, sich fortan jeglicher politischer Einmischung zu enthalten habe. Der Zar hörte ruhig zu und sagte: »Was haben Sie nur gegen Protopopow? Warum hassen Sie ihn so sehr? Er ist doch einer der Ihren. Er war doch Ihr Kollege in der Duma. Wenn dort soviel Streit und Hader vorherrscht, sollte ich sie vielleicht besser auflösen!« Rodsjanko erwiderte mutig: »Majestät, zwingen Sie das Volk nicht, zwischen Ihnen und dem Wohl des Landes zu wählen. Früher habe ich gebeten, jetzt fordere ich. Wir stehen vor großen Ereignissen, deren Ausgang nicht abzusehen ist. Wie ich sehe, haben Sie schon den gefährlichsten Weg gewählt – die Duma auseinanderzujagen. Ich bin überzeugt, in spätestens drei Wochen wird eine Revolution aufflammen, die alles hinwegfegt. Sie werden kein Zar mehr sein!«[154] Nikolaus war erschüttert und faßte sich mit beiden Händen an den Kopf. »Ist es möglich«, fragte er traurig, »daß ich zweiundzwanzig Jahre lang das Beste zu tun versucht habe und daß zweiundzwanzig Jahre lang alles ein Irrtum war?« Die Antwort ließ an Deutlichkeit nichts zu wünschen übrig: »Ja, Majestät, Sie schlagen seit zweiundzwanzig Jahren den falschen Weg ein! Ich halte es für meine Pflicht, Sie von meiner Vorahnung in Kenntnis zu setzen, daß dies der letzte Bericht ist, den ich Ihnen erstatte!«[155]

Der Zar schien alle Warnungen in den Wind zu schlagen. Botschafter Paleologue, der auch um eine Audienz ansuchte und beabsichtigte, ihn zu überreden, eine Regierungsumbildung vorzunehmen, wurde gar nicht erst empfangen. Wohl aber fand eine berührende Unterredung mit Sir George Buchanan statt, der Nikolaus gleichfalls vor dem Untergang warnte. Sie verlief leider genauso ergebnislos wie das Gespräch mit dem Duma-Präsidenten. Allerdings schien es am 21. Februar, als hätten Rodsjankos Worte ihre Wirkung dennoch nicht verfehlt. Überraschend bestellte der Zar Premier Golizyn zu sich und teilte ihm mit, er werde in Bälde die Duma besuchen und ein ihr verantwortliches Kabinett bestellen. Gegen zwanzig Uhr wurde der bejahrte Golizyn jedoch ein zweites Mal nach Zarskoje Selo beordert. Konsterniert vernahm der alte Mann, daß der Herrscher seine Meinung wieder geändert habe, ins Hauptquartier aufbrechen und die Kabinettsveränderung erst nach seiner Rückkehr vornehmen würde. Am 22. Februar verließ Nikolaus II. seine Familie und fuhr ein letztes Mal in die Stawka.

Im Februar 1917 zeigte sich der russische Winter von seiner unbarmherzigsten Seite. Das Thermometer fiel auf minus 35 Grad Celsius. Die Bewohner der Hauptstadt froren entsetzlich.

Zudem hatte sich eine regelrechte Hungersnot eingestellt. Doch nicht nur Lebensmittel, sondern auch Brennstoffe waren knapp. Die Eisenbahnversorgung brach zusammen. Als der Zar in die Stawka fuhr, waren zwölfhundert Lokomotivkessel infolge der extremen Kälte geplatzt. Gewaltige Schneeverwehungen legten weite Streckenabschnitte lahm, und in der Hauptstadt, in der die Lebensmittelvorräte, Kohle und Holz zur Neige gingen, griff das Chaos um sich. Textilarbeiter streikten, es kam zu Krawallen um die dringend benötigten Brotauslieferungen. Am Freitag, dem 23. Februar, plünderten aufgebrachte Bürger die Bäckereien und Geschäfte. Aber die gefürchteten Kosaken griffen nicht ein, sie begannen sich vielmehr mit den murrenden Massen zu solidarisieren. Auf den Ruf vom Vortag »Gebt uns Brot!« folgten am Samstag andere Empörungsschreie, die von streikenden Arbeitern und Studenten, die bereits Züge und Straßenbahnen lahmgelegt hatten und rote Fahnen schwingend durch die Nobelviertel zogen, in den Winternachmittag hinausgebrüllt wurden: »Nieder mit der Deutschen! Nieder mit Protopopow! Nieder mit dem Krieg!« Das Kabinett tagte bis in die frühen Morgenstunden. Nikolaus wurde telegraphisch ersucht, sofort in die Hauptstadt zurückzukehren. Mit Ausnahme Protopopows boten alle Minister geschlossen ihren Rücktritt an. Protopopow, der verlorener und verwirrter denn je wirkte, ließ den Zaren seinerseits wissen, daß kein echter Grund zur Beunruhigung bestehe.

Nikolaus II. drahtete dem Fürsten Golizyn, daß ein Regierungsrücktritt auf keinen Fall in Frage käme. Auf die Unruhemeldungen eingehend, kabelte er dem Militärgouverneur von Petrograd, General Chabalow: »Ich befehle, daß die Unruhen in der Hauptstadt, die in diesen schweren Zeiten des Krieges mit Deutschland unerträglich sind, morgen beendet werden!« Allerdings hatte der Militärgouverneur keine Elitetruppen, sondern hauptsächlich nur in Ausbildung begriffene junge Rekruten zur Verfügung. Die Petrograder Garnison umfaßte im Februar 1917 ungefähr hundertsiebzigtausend Mann, allesamt mangelhaft gedrillt und von nur wenigen wirklich verläßlichen und erfahrenen Offizieren geführt, die das Kaliber besaßen, mit einer Krise dieses Ausmaßes fertig zu werden. Trotzdem versuchte General Chabalow, den Befehl des Zaren auszuführen. Am Sonntag morgen prangten an allen öffentlichen Gebäuden Plakate, die ein Versammlungsverbot verkündeten und bei Nichtbefolgung

mit Militäreinsatz drohten. Kaum ein Mensch nahm jedoch Notiz von den papierenen Anordnungen Chabalows. Gegen siebzehn Uhr gab es am Newskij-Prospekt eine Schießerei. Fünfzig Streikende wurden getötet. Doch die Soldaten hatten nur sehr widerwillig das Feuer eröffnet. Obwohl an diesem Tag zweihundert Menschen umkamen, gab es auch Regimenter, die sich rundweg weigerten, dem Schießbefehl nachzukommen. Dazu gehörte unter anderem die Pawlowskij-Leibgarde, welche offen rebellierte und ihren Kompanieführer lynchte.
Gegen Mitternacht übersandte Michail Rodsjanko dem Zaren ein verzweifeltes Telegramm dieses Inhalts: »In der Hauptstadt herrscht Anarchie. Die Regierung ist gelähmt, der Verkehr und die Versorgung mit Lebensmitteln und Heizmaterial sind zusammengebrochen. Truppenteile schießen aufeinander. Auf den Straßen wilde Schießereien. Man muß unverzüglich eine Person, die das Vertrauen des Landes genießt, mit der Neubildung der Regierung beauftragen. Jede Verzögerung ist tödlich. Ich bete zu Gott, daß in dieser Stunde nicht der Souverän die Verantwortung zu tragen hat!«[156] Nikolaus' Reaktion war erstaunlich. »Der dicke Rodsjanko hat mir da einen Unsinn telegraphiert«, sagte er zu Generalstabschef Alexejew, »auf den ich mir nicht einmal die Mühe machen werde zu antworten!« Der Zar beschloß statt dessen, Stärke zu demonstrieren. Premier Golizyn wurde angewiesen, die Duma aufzulösen, und General Iwanow beauftragt, mit vier besonders zuverlässigen Frontregimentern nach Petrograd abzurücken und die Unruhen mit harter Hand umgehend zu beenden. Am Morgen des nächsten Tages, am Montag, dem 27. Februar, folgte ein weiteres Telegramm des Duma-Präsidenten: »Die Lage verschlechtert sich. Es sind umgehend Maßnahmen zu treffen, denn morgen ist es bereits zu spät. Die letzte Stunde ist angebrochen, in der sich das Schicksal der Heimat und der Dynastie entscheidet.«[157] Interessanterweise war man in Bolschewikenkreisen noch am Sonntag der Meinung, daß die Revolution fehlschlagen würde.
Das war ein Irrtum. Wie das Beispiel des Montags bewies, hörten die Unruhen keineswegs auf. Im Gegenteil – ein Regiment nach dem anderen meuterte und schloß sich der Revolution an. Das Semonowskij-Regiment, das legendäre Oranienbaum-Maschinengewehrregiment, das Ismailowskij- und sogar das vielleicht berühmteste, einst von Peter dem Großen gegründete

Preobraschenskij-Garderegiment – sie alle gingen zu den Aufständischen über. Die Soldaten umwickelten ihre Bajonette mit roten Fahnen, sangen die Marseillaise und zogen marodierend durch die Straßen. Botschafter Paleologue wurde Zeuge der Ausschreitungen und beobachtete, wie Soldaten und Zivilisten gemeinsam Palisaden errichteten, Gefangene aus den Kerkern befreiten, das Gerichtsgebäude in Brand steckten und randalierten. Protopopows Innenministerium, das Ochrana-Präsidium und zwanzig Polizeireviere gingen in Flammen auf. Die Peter-und-Paul-Festung wurde gestürmt, und am Ende dieses ereignisreichen Tages hatten sich rund siebzigtausend Soldaten der regulären Armee der Revolution angeschlossen.
Am Morgen desselben Tages fand die letzte Sitzung der kaiserlichen Regierung statt, während sich im Taurischen Palais die Duma-Abgeordneten heiser redeten. Der Sieg der Revolution stand bereits fest. Michail Romanow hielt es für angebracht, der Regierungssitzung beizuwohnen. Er hörte, wie man Protopopow zum Rücktritt aufforderte, registrierte, wie aufgeregt und hilflos die Minister wirkten, und beschloß, sich direkt an seinen Bruder zu wenden. Als er in der Stawka anrief, erreichte er nur Stabschef Alexejew. Er trug ihm auf, dem Zaren auszurichten, schnellstens eine dem Volk verantwortliche Regierung einzusetzen. Es dauerte eine dreiviertel Stunde, bis Alexejew zurückrief. Offenbar hatte er in der Zwischenzeit mit dem Zaren gesprochen. Mischa konnte mit seiner Mitteilung allerdings nicht viel anfangen. »Der Zar spricht Ihnen seinen Dank aus, Kaiserliche Hoheit!« sagte Alexejew. »Seine Majestät begibt sich jetzt nach Zarskoje Selo und wird dort seine Entscheidung treffen.« Während sich das Kabinett für immer vertagte – was damals freilich keiner der Minister ahnte –, wurde in der Duma beschlossen, die Anordnungen des Zaren in Anbetracht der chaotischen Zustände zu mißachten. Am Nachmittag trafen Soldaten, Studenten, Arbeiter, aber auch gerade aus den Kerkern befreite ehemalige Häftlinge mit finsteren Mienen im Parlamentsgebäude ein. Die Abgeordneten waren überfordert. Kerenskij riß die Initiative an sich und teilte dem bedrohlich wirkenden Mob mit, daß die Duma auf seiner Seite stehe. Um fünfzehn Uhr konstituierte die Duma unter dem Vorsitz von Rodsjanko einen Exekutivausschuß. Die soeben ins Leben gerufene Provisorische Regierung, deren dringlichste Aufgabe es war, die

Ordnung wiederherzustellen, war aber nicht die einzige Volksvertretung. Nach dem Muster von 1905 bildete sich ein Sowjet der Soldaten und Arbeiter, der bereits am Abend zusammen mit der Duma tagte. Wie Kerenskij schrieb, saßen nun zwei verschiedene Rußland nebeneinander, der Rat der herrschenden Klasse, deren Sache verloren war, und der Rat der Arbeiter, der im Begriff war, endgültig die Macht zu übernehmen.
In Zarskoje Selo meuterte die Garnison. Rodsjanko rief im Palais an und ließ die Zarin warnen. Er empfahl ihr, die Hauptstadt sofort zu verlassen. Alexandra weigerte sich. Die Lage hatte sich dramatisch verschlechtert: »... Zu dieser Zeit war der Bahnhof in Zarskoje Selo schon von Aufständischen besetzt. Es fuhren keine Züge mehr ... Die Gefängnisse waren gestürmt, die Polizeireviere demoliert, Polizisten gejagt. Das Stadtzentrum war von Menschen überflutet, überall Fahnen. Die Stadt versank unter blutrotem Fahnentuch ...«[158] Nur noch die Garde Equipage, das Gardebataillon der Marine, deren Oberkommandierender Großfürst Kirill war, verteidigte die Residenz des Herrschers aller Reußen. Am nächsten Morgen jedoch befahl Kirill Romanow den Abzug dieser Eliteeinheit. Der Großfürst hängte sich eine rote Schleife um und führte sein Bataillon zum Taurischen Palais, wo er als erstes Mitglied des Kaiserhauses den Treueeid auf die Duma ablegte. Kirill, der Alexandra immer gehaßt und die Schmach von 1905 nicht vergeben hatte, erklärte wenige Stunden später in einem Zeitungsinterview: »Voller Entsetzen fragte ich mich manchmal, ob sich die Zarin mit Kaiser Wilhelm verschworen hat!«
Vergeblich versuchte Alexandra, an Nikolaus zu telegraphieren. Sie schrieb sieben Telegramme, die alle mit dem ironischen Vermerk »Aufenthaltsort des Empfängers unbekannt« retourniert wurden. Am Dienstag, dem 2. März, war die gesamte Hauptstadt in den Händen der Aufständischen. Lediglich der Winterpalast wurde noch von General Chabalow und fünfzehnhundert loyalen Soldaten gehalten. Als man diesen androhte, sie von der Peter-Pauls-Festung aus unter Artilleriefeuer zu nehmen, ergriffen auch sie die Flucht. Petrograd war gefallen, der Zar hatte die Hauptstadt verloren.
An diesem schicksalhaften Tag hatte Nikolaus II. die Stawka schon um fünf Uhr morgens in Richtung Zarskoje Selo verlassen. Da er nicht wollte, daß Verpflegungszüge für Armee und

Zivilbevölkerung auf Abstellgleise verfrachtet wurden, entschied er sich für eine weitaus umständlichere Strecke – eine zwar patriotische, aber für ihn persönlich verhängnisvolle Tat. In Malaja Wischera, hundertsechzig Kilometer von Petrograd entfernt, erfuhr er, daß revolutionäre Soldaten die Nordstrecke besetzt hielten und beiderseits der Gleise Maschinengewehre postiert hatten. Der Zar hatte nun drei Möglichkeiten: nach Mogiljew zurückzufahren, nach Moskau aufzubrechen oder ins Hauptquartier von General Russki, nach Pskow, auszuweichen. Er entschied sich für Pskow. Dort erfuhr er alle Einzelheiten des Aufstandes, hörte von der Meuterei der Garnison und dem Verrat seines Vetters Kirill. Man machte ihn auch mit der Tatsache vertraut, daß Alexejew General Iwanow, dessen Truppen Bereitschaft bekundet hatten, zu den Revolutionären überzugehen, auf Wunsch Michail Rodsjankos zurückbeordert hatte. Nikolaus II. war ratlos. Die Frage seiner Abdankung wurde bereits gestellt. Alexejew zum Beispiel hielt Nikolaus' sofortige Abdankung für die einzige Möglichkeit, die Dynastie zu retten. Erstaunt vernahm der Gossudar, daß bereits zwei Abgeordnete, Basil Schulgin und Alexander Gutschkow, mit der Abdankungsurkunde in der Tasche auf dem Weg nach Pskow waren. Nikolaus stand mit dem Rücken zur Wand. In einer letzten Verzweiflungsaktion bat er die führenden Oberkommandierenden der Armee um Rat und Hilfestellung. Russki legte ihm stapelweise Antworttelegramme vor. Alle Generäle – Alexejew, Brussilow, Admiral Nepenin von der baltischen Front, der mitteilen ließ, er könne die Truppendisziplin nur mit größter Mühe aufrechterhalten, Ewert, der die Nordfront befehligte – und General Sacharow rieten zur Abdankung. Eine gewichtige Stimme fehlte jedoch vorerst. Aufgeregt fragte Nikolaus Russki: »Aber was ist mit Nikolascha? Was schreibt Nikolascha?« Da reichte ihm General Russki das letzte Telegramm. Es kam von Großfürst Nikolaj Nikolajewitsch aus dem Kaukasus. Als Nikolaus las »Auf den Knien und im Namen der Dynastie bitte ich Dich, abzudanken!«, erbleichte er. Der Zar fühlte sich wie eine Maus in der Falle.
Zuerst erwog er, zugunsten seines Sohnes Alexej abzudanken. Dann führte er ein längeres Gespräch mit Professor Fjodorow, der ihm auseinandersetzte, daß der Zarewitsch – auf sich allein gestellt und der Obhut der Eltern entrissen – bestenfalls zwanzig Jahre alt werden würde. Daraufhin änderte der Gossudar

seine Meinung und erklärte Gutschkow und Schulgin, er würde zugunsten seines Bruders Michail abdanken. Um Mitternacht unterschrieb er den Entwurf des Abdankungsmanifestes. Auf Wunsch der beiden Vertreter des Exekutivkomitees der Duma datierte er die Uhrzeit vor und setzte fünfzehn Uhr ein. Man bat ihn also zu lügen, um nicht den Eindruck entstehen zu lassen, die Abdankung sei ihm aufgezwungen worden. Wie Schulgin später schrieb, waren die Abdankungsworte des Herrschers so nobel formuliert, daß ihm der Entwurf der Duma geradezu erbärmlich vorkam.
Das Manifest des Zaren lautete auszugsweise so:

> In den Tagen des großen Kampfes gegen den äußeren Feind, der seit fast drei Jahren danach trachtete, unsere Heimat zu unterjochen, geruhte Gott der Herr, Rußland eine neue schwere Prüfung aufzuerlegen. Die inneren Volksunruhen drohten sich verhängnisvoll auf den weiteren Fortgang des Krieges auszuwirken ... In diesen für Rußland entscheidenden Tagen erachten Wir es als Gewissenspflicht, Unserem Volk den engen Zusammenschluß aller Volkskräfte zur baldigen Erlangung des Sieges zu erleichtern, und haben in Übereinstimmung mit der Reichsduma für richtig empfunden, dem Thron des Russischen Reiches zu entsagen und die oberste Macht niederzulegen. Da Wir Uns nicht von Unserem geliebten Sohn trennen mochten, übertragen Wir die Nachfolge Unserem Bruder, dem Großfürsten Michail Alexandrowitsch, und geben ihm Unseren Segen für die Übernahme des russischen Throns ... Gott der Herr stehe Rußland bei![159]

Um 1.45 Uhr schrieb der entthronte Herrscher einen aus tiefster Seele kommenden Aufschrei ins Tagebuch: »Aus dem Hauptquartier schickten sie den Entwurf eines Manifests. Am Abend kamen aus Petrograd Gutschkow und Schulgin, ich sprach mit ihnen und übergab ihnen das unterschriebene und überarbeitete Manifest. Ein Uhr nachts verließ ich Pskow, das Herz war schwer vom Durchlebten. Ringsum Verrat, Feigheit und Betrug!«[160] Ein letztes Mal fuhr der Zar zurück in die Stawka nach Mogiljew. Dort formulierte er folgende bewegende Abschiedsworte an seine Armee: »Meine innig geliebten Soldaten! Ich wende mich zum letzten Mal an Euch. Seit meiner Abdankung

vom Throne Rußlands, die ich auch für meinen Sohn vollzogen habe, liegt die Macht in den Händen der Provisorischen Regierung ... Unterstellt Euch der ... Regierung, gehorcht Euren Kommandeuren! Gott der Herr segne Euch, und der heilige Märtyrer und Eroberer Sankt Georg führe Euch zum Sieg!«[161]
Diesen letzten Tagesbefehl Nikolaus' II. bekamen die Truppen nie zu Gesicht. Der Sowjet hatte die Provisorische Regierung zu überzeugen gewußt, daß gestürzte Monarchen keinerlei Befehle mehr ausgeben durften. Als der Zar – nachdem er sich in Mogiljew von seiner aus Kiew angereisten Mutter verabschiedet hatte, die bei diesem Anlaß die Nerven verlor und haltlos weinte, während Nikolaus ruhig blieb und sie nach Kräften zu trösten versuchte – am 11. März 1917 mit dem Expreßzug in die Hauptstadt fuhr, sorgte er sich vor allem um seine Frau und seine Kinder. In Zarskoje Selo angekommen, verließen ihn sogleich die meisten Angehörigen der kaiserlichen Entourage. Der abgesetzte Herrscher wurde dem Palastkommandanten der Provisorischen Regierung unterstellt. Mit dem Auto brachte man ihn zum großen Eingangstor des Palais. Ein mürrisch wirkender Wachposten hielt den Wagen an. Der Mann spähte in das Auto und telefonierte mit einem Vorgesetzten. Dieser erschien wenige Minuten später auf den Palaststufen und brüllte ärgerlich: »Wer ist da?« Die Antwort stellte eine Schmähung besonderer Art dar: »Nikolaus Romanow!« – »Gut, darf passieren!« sagte der Offizier feixend.
Nikolaus ging in das große Vorzimmer, in dem es von Menschen wimmelte. Mechanisch erhob er die Hand zum Gruß und salutierte. Niemand reagierte. Er erntete lediglich viele böse Blicke und Hohngelächter. Mit bleichem Gesicht eilte Nikolaus die Treppe zu seinen Privatgemächern hinauf. Wahrscheinlich wurde dem entthronten Herrscher erst jetzt wirklich bewußt, daß er nun Gefangener der Revolution war ...

Der Kreuzweg – Vom Winterpalais nach Tobolsk und Jekaterinburg

Es ist Elisabeth Hereschs unbestrittenes Verdienst, auf die Machenschaften eines Mannes namens Alexander Parvus hingewiesen zu haben.[162] Dieser in der Türkei lebende Waffenschieber und Kriegsgewinnler, der sich auch Dr. Helphand nannte, war zweifelsohne ein deutscher Spion. Parvus hatte eine revolutionär-jüdische Vergangenheit und hieß eigentlich Israel Lazar. Heresch schreibt sehr genau über den angeblich später von Lenin in die Tat umgesetzten Revolutionsplan des jüdischen Waffenschiebers und behauptet auch, Helphand habe ihn dem deutschen Geheimdienst anempfohlen. Für diese These spricht vor allem die Tatsache, daß es der Slawistin gelang, Unterlagen zu finden, die beweisen, daß Revolutionskaufmann Lazar einen Spionagekredit in der Höhe von zwei Millionen Mark erhielt.

Parvus' exakte Rolle im Untergangsdrama des Zarenreiches bleibt so undurchsichtig wie er selbst. Tatsache ist jedenfalls, daß die Deutschen Lenin bewußt nach Rußland zurückschleusten, weil sie sich nach seiner Machtergreifung den sofortigen Friedensschluß und die bedingungslose Kapitulation Rußlands erhofften. In seinem großartigen Aufsatz »Die sieben Todsünden der Deutschen« schrieb Sebastian Haffner in diesem Zusammenhang über den Mann, der am 9. April 1917 sein Exil in der Züricher Spiegelgasse verließ, quer durch Deutschland nach Rußland zurücktransportiert wurde, um in seiner Heimat kräftig an den Zeigern der Weltuhr zu drehen:[163] »Der große Organisator, der mit Recht von den Sowjets als Gründer ihres Staates gefeiert wird, sozusagen der erste und einzige Heilige der roten Welt, wäre als ohnmächtiger Emigrant in Zürich verkümmert, hätten die Deutschen es ihm nicht ermöglicht, seine große Rolle in der Weltgeschichte zu spielen.«[164]

Auch der Nobelpreisträger Sir Winston Churchill äußerte sich in seinem Buch *Die Weltkrise 1911–1917* über das Vorgehen der Deutschen: »... Die Deutschen gingen gegen Rußland mit der grauenvollsten aller Waffen vor. Sie transportierten in einem plombierten Wagen Lenin wie einen Pestbazillus von der Schweiz hinein nach Rußland.«[165] Daß Lenin mit deutscher Rückendeckung in sein Heimatland zurückkehrte, geht unter anderem eindeutig aus einem Telegramm der deutschen Abwehraußenstelle in Stockholm hervor. Am 17. April drahtete ein in der schwedischen Hauptstadt stationierter Geheimdienstmann nach Berlin: »Lenins Eintritt nach Rußland geglückt. Er arbeitet völlig nach Wunsch!«[166] Daß diese Aktion geradezu selbstmörderischen Charakter trug, konnte das deutsche Kaiserreich damals nicht ahnen. Denn Lenin wollte ja nicht nur Rußland republikanisieren, sondern strebte ganz offen die proletarische Weltrevolution an.

Damit zurück zum gefangenen Zaren im Winterpalais, der von der gefährlichen Existenz seines roten Nachfolgers immer noch nichts wußte. Bereits einen Tag, nachdem Nikolaus faktisch die Haft im eigenen Palast angetreten hatte, bekam er die Hand der neuen Ordnung zum erstenmal richtig zu spüren. Als er durch den Park ging, trat ihm wiederholt der eine oder andere Wachposten entgegen und verwehrte ihm lachend den Weg.

Am Abend desselben Tages trafen drei Panzerwagen mit leicht angetrunkenen Revolutionssoldaten ein. Im Namen des Sowjets verlangten sie die sofortige Herausgabe des Bürgers Nikolaj Romanow. Es sei beschlossene Sache, so diese Helden der Revolution, den Gefangenen umgehend in die Peter-und-Pauls-Feste zu bringen und dort zu internieren. Beinahe wäre Nikolaus ausgeliefert worden. Ein Offizier der Palastwache trat den Abgesandten der Sowjets schließlich mutig entgegen und erklärte ihnen, er gehorche nur den Anordnungen der Regierung. Falls sie die Herausgabe des Zaren erzwingen wollten, so müßten sie sich auf ein Feuergefecht einstellen. Daraufhin stiegen die Soldaten in ihre Panzerwagen, feuerten einige Male in die Luft und verließen die Palastanlage in halsbrecherischem Tempo. Die Nacht brach herein, und um 0.30 Uhr erhellte ein gespenstisch anmutendes Feuer das dunkle Firmament. Andere Plünderer, zur Revolution übergegangene Soldaten der regulären Armee und Marodeure waren in die kleine Parkkapelle, die Rasputins Grab barg, eingedrungen. Sie holten Rasputins Sarg aus der

Erde, brachen ihn auf und kramten seine spärlichen Überreste hervor. Sie errichteten einen Scheiterhaufen, übergossen die Leiche mit Benzin und verbrannten sie. Ein besonders düsteres Drama rollte hier ab, als die Leiche bis sechs Uhr früh brannte, Rauchwolken und stickiger Qualm zum Himmel emporstiegen, während ein kalter Wind über den Kapellenvorplatz peitschte.

Nur ganz wenige Getreue brachten die Courage auf, bei der internierten Zarenfamilie zu bleiben. Zu dieser kleinen Schar »Schiffbrüchiger nach dem Sturm«, wie Anna Wyrubowa es ausdrückte, gehörten insgesamt vierzehn Personen: Hofdame Lili Dehn, Graf und Gräfin Benckendorff, Baronin Buxhoeveden, Pierre Gilliard und Fräulein Jekaterina Schneider, mit der Alexandra einst in Coburg eifrig Verben konjugiert hatte, Nastasja Gräfin Hendrikowa, zwei weitere Hofdamen, die Ärzte Botkin und Derewenko und natürlich die beste Freundin der Zarin, Anna Wyrubowa selbst. Während Jewgeni Botkin und Derewenko also nach wie vor mutig ihre Pflicht taten und sich vor allem verzweifelt um die junge Großfürstin Maria kümmerten, deren Maserninfektion eine gefährliche Lungenentzündung nach sich gezogen hatte, ließ ihr Kollege Dr. Ostrogowski, den neuen Verhältnissen in Windeseile Rechnung tragend, verlautbaren, daß der ungewöhnlich schlechte Straßenzustand keinerlei weitere Hausbesuche seinerseits erlaube. Noch schäbiger verhielt sich der Matrose Andrej Derewenko. Zehn lange Jahre hatte dieser Mann beim aufgrund seiner Krankheit oftmals schwierigen Zarewitsch Kindermädchen gespielt. Nun hielt er offenbar den Zeitpunkt für gekommen, die Rollen zu wechseln, spielte sich als Gebieter des Zarewitsch auf und befahl dem eingeschüchterten Knaben, ihm Teller und Tablette zu bringen oder Stühle umzustellen, während er selbst auf einem Damastsofa seines gestürzten Herrn herumlümmelte. Nachdem der Zarewitsch einige Zeit lang auf die eine oder andere Weise gedemütigt worden war, fiel es Derewenko sogar noch ein, ihn zu bestehlen. Als er für diese Tat vom treuen Hünen Clementi Nagorny beinahe verprügelt worden wäre, zog Derewenko es vor, das längst gesunkene Schiff des Zarismus endgültig zu verlassen.

Fünf Monate lang blieben die Zarenfamilie und ihr beträchtlich geschrumpftes Gefolge in Zarskoje Selo interniert. Jeder der faktisch Inhaftierten bewunderte die stoische Ruhe des Ex-

monarchen, der jede Schmähung und Erniedrigung mit Eselsgeduld und unerklärlicher Gelassenheit trug. Nur gelegentlich murmelte der wortkarge Nikolaus vor sich hin: »Es ist Gottes Wille. Es war sein Wille, daß ich herrsche. Möge uns der Allmächtige auch in der Not nicht verlassen!«
Allerdings war die Zeit der Romanows endgültig vorbei. Dies hatte Nikolaus' Nachfolger Großfürst Michail zu spüren bekommen, als ihn Kerenskij derart einschüchterte, daß ihm keine andere Wahl blieb, als dem Thron – nach einer Amtsperiode von nur wenigen Stunden – ebenfalls zu entsagen. In der Großfamilie, wo man Mischa allerdings nie sonderlich ernst genommen hatte, setzte man nun alle Hoffnungen auf den schrecklichen Onkel. In der Tat war die Autorität von Großfürst Nikolaj Nikolajewitsch ungebrochen. Selbst in Bolschewikenkreisen, wo Großfürst Michail, der Bruder des Zaren, verächtlich als »Kalif für einen Tag« bezeichnet worden war, genoß der ehemalige Oberbefehlshaber aller Streitkräfte immer noch großes Ansehen. Alle Mitglieder des Herrscherhauses mochten erleichtert aufgeatmet haben, als sie erfuhren, daß die Provisorische Regierung daran dachte, den stolzen Nikolascha erneut in seinem alten Amt zu bestätigen. Der Clan wurde jedoch schnell ernüchtert, die Euphorie wich wieder einer Depressionsstimmung. Denn als der Großfürst in Mogiljew eintraf, um das Kommando zu übernehmen, ereilte ihn ein Schreiben von Fürst Lwow, dem Chef der Provisorischen Regierung. Lwow war wohl nur vorgeschoben worden, die wahren Fäden zog Justizminister Alexander Kerenskij, der immer mehr zum starken Mann des Kabinetts avancierte und wahrscheinlich auch für den Brief an Nikolascha verantwortlich zeichnete, in dem es unter anderem wörtlich hieß, daß die nationale Stimmung entschieden gegen die Betrauung irgendeines Mitgliedes des Hauses Romanow mit einer öffentlichen Funktion sei. Eindringlich wurde Nikolaj Nikolajewitsch gebeten, sein Amt nicht anzutreten. Verbittert reiste der Großfürst auf die Krim ab, wo sich auch schon die Zarinmutter mit Töchtern und Gefolge eingefunden hatte.
Ehe er die Stawka verließ, übergab er seinem Nachfolger Alexejew jedoch noch ein an die Regierung gewandtes, ironisch-bissigsarkastisches Schreiben, in welchem zu lesen war: »Bin glücklich, meine Vaterlandsliebe wieder einmal unter Beweis stellen zu dürfen. Woran bislang allerdings niemand gezweifelt hat!«

Kerenskij, der noch einige Bedeutung erlangen sollte und den Anna Wyrubowa als »kleine, glattrasierte, theatralisch wirkende Person« beschrieb[167], erschien für gewöhnlich in selbstkreierter Phantasieuniform und kopierte Napoleon I., indem er demonstrativ den rechten Arm über die Brust hielt und gelegentlich im Uniformrock verschwinden ließ. Mit sichtlichem Genuß durchstöberte er die Privatgemächer des Zaren und verfügte die Verhaftung und Entfernung aus Zarskoje Selo von Lili Dehn und Anna Wyrubowa. Als er dem Zaren zum erstenmal Auge in Auge gegenüberstand, soll er zwar vor Erregung gezittert haben, doch nur wenige Tage später erklärte der Mann, der sich im Exil stets als Beschützer der Zarenfamilie aufzuspielen wußte, anläßlich einer Debatte über die Abschaffung der Todesstrafe seinen Mitgenossen unverblümt: »Ich bin dafür, die Todesstrafe abzuschaffen – die einzige Ausnahme stellt der Zar dar!«[168]

Während die Hofdame Lili Dehn bald wieder freigelassen wurde, warteten auf die kaum gehfähige Anna Wyrubowa fünf harte Monate in einem garstigen Verlies der Peter-und-Pauls-Festung. Ihre beste Freundin, die Zarin, sollte Tanja niemals wiedersehen. Während Kerenskij im April 1917 eine Untersuchung der hochverräterischen prodeutschen Aktivitäten der Zarin einleitete und einmal mehr vom Machtrausch gepackt zu werden schien, wartete Lenin in der Züricher Spiegelgasse darauf, endlich die Weltherrschaft an sich reißen zu können. Just zu dem Zeitpunkt, da man die Untersuchung gegen die Zarin mangels Beweisen einstellte und die Haltlosigkeit der Beschuldigungen nolens volens zur Kenntnis nehmen mußte, kehrte Lenin an der Spitze von sechsunddreißig Erzbolschewiken in seine Heimat zurück. Der berühmteste plombierte Zug aller Zeiten hatte seine Reise in die Unsterblichkeit vollendet.

Lenin ging sogleich ans Werk. Zehn Jahre lang hatte er keinen Fuß auf Heimaterde mehr gesetzt. Nun jubelte ihm eine aufgeregte, wild schreiende, tobende, keuchende, entfesselte Menschenmenge zu. Ein Meer von blutroten Fahnen umgab den gedrungenen, kahlköpfigen Mann aus Simbirsk, der bald nach seinem triumphalen Einzug in der Hauptstadt in einem Panzerfahrzeug zur Villa der lieben kleinen K., dem reizenden Schloßhotel, fuhr und dieses zu seiner ersten Operationsbasis machte. Auf Mathilda Kschessinskajas Balkon hielt er seine erste Brandrede in seiner neuen roten Heimat.

Er plädierte für die sofortige Einstellung aller Kampfhandlungen und brandmarkte den Krieg als schändliches Imperialistengemetzel. Dennoch war Lenin nicht unumstritten. Manche der Genossen waren der Meinung, er sei zu lange im Ausland gewesen, um die Lage im revolutionären Rußland richtig beurteilen zu können. Doch Kritik hatte diesen Mann noch nie beeindrucken können. Selbst als er bei einer Sowjettagung mit Schmährufen bedacht wurde, grinste er nur mephistophelisch in sich hinein. Mitte Mai 1917 kehrte der nach ihm wohl berühmteste Exilbolschewik Leo Trotzki ebenfalls in seine Heimat zurück. Trotzki reiste aus Amerika an, aus New York, um genauer zu sein, wo er jahrelang in der 162nd Street der Lower East Side gehaust und in der von ihm ins Leben gerufenen Emigrantenzeitung *Nowy Mir* Hetzartikel gegen den Zarismus verfaßt hatte. Lenin und Trotzki ergänzten sich großartig, wobei ersterer – eindeutig und keinen Widerspruch duldend – die Führungsrolle für sich beanspruchte. Beide traten lautstark für den sofortigen Friedensschluß ein.
Im Juli warf Fürst Lwow, der eigentlich nie ganz Herr der Lage gewesen war, das Handtuch. Neuer Ministerpräsident wurde Alexander Kerenskij. Dieser machte keinen Hehl aus seiner Überzeugung, daß der Krieg um jeden Preis fortgesetzt werden müsse. Diese kompromißlose Haltung machte ihn beim darbenden, von Lenins Brandreden aufgeputschten Volk nicht gerade populär. Die Beliebtheit seiner beiden Kontrahenten Lenin und Trotzki nahm zu, während seine eigene abnahm. Kerenskij blieb allerdings kaum eine Wahl. Wie sehr ihn die Westmächte unter Druck setzten, geht am besten aus einem Gespräch hervor, das Elihu Root mit ihm führte, der Leiter einer amerikanischen Delegation, welche ins Land gekommen war, um der Provisorischen Regierung einen Riesenkredit in der Höhe von dreihundertfünfundzwanzig Millionen Dollar in Aussicht zu stellen. Ziemlich barsch erklärte der Amerikaner Kerenskij: »Kein Krieg mehr – keine Kredite mehr!«
Um den Westmächten seinen guten Willen zu signalisieren, arbeitete Kerenskij eigenhändig den Plan zu einer neuen Großoffensive aus, die Mitte Juli in Galizien einsetzte. Kerenskij war persönlich an der Front und beobachtete die Eröffnung des schweren russischen Bombardements, dem das geschwächte und arg dezimierte österreich-ungarische Heer einmal mehr

wenig entgegenzusetzen hatte. Die fast sechzig Kilometer lange österreichische Frontlinie wurde durchbrochen, fünfzehn Tage lang marschierten die russischen Truppen scheinbar unaufhaltsam vorwärts. Mit dem Eingreifen deutscher Reserveeinheiten kam abermals die Wende. Die deutschen Truppen brachten den Vormarsch beinahe mühelos zum Stillstand, der russische Rückzug war von zunehmender Orientierungslosigkeit gekennzeichnet und artete schließlich zur panikartigen Massenflucht aus. Zwei Tage später, am 16. Juli, marschierten in Petrograd bereits die aufgebrachten Massen. Eine Million Demonstranten fand sich in den Straßen der Hauptstadt ein, immer wieder Lenins Parolen skandierend: »Nieder mit dem Krieg! Nieder mit der Provisorischen Regierung!« Kerenskij kämpfte um sein Überleben.

Er ließ verlautbaren, daß Lenin nichts anderes als ein deutscher Spion sei und die jetzt erfolgende Revolte nur einen Sinn und Zweck habe: nämlich die russische Einheit zu spalten, um damit den »Hunnen«, den Truppen des verhaßten deutschen Kaisers, den Einmarsch in die teure Heimat zu erleichtern. Kurzzeitig triumphierte Kerenskij. Loyale Regimenter stürmten Lenins Hauptquartier, das reizende Schloßhotel der kleinen K., und besetzten auch die Büros der *Prawda,* Trotzkis bevorzugtes Operationsgebiet. Kerenskij hatte es geschafft, die Rebellion niederzuschlagen. Während Leo Trotzki sich stellte, floh Lenin neuerlich nach Finnland, diesmal in der Verkleidung eines Heizers.

Nun wollte Kerenskij den Zaren und seine Familie so schnell wie möglich loswerden, um später – im Falle einer wahrscheinlichen Ermordung des Exmonarchen – die Hände in Unschuld waschen zu können. Falls dem Zaren und den Seinen an irgendeinem fernen Verbannungsort etwas zustieße, würde niemand ihn verantwortlich machen können. Der Zar erfuhr, daß man ihn wegbringen lassen würde, und hoffte, nach Livadia geschickt zu werden. »Livadia!« dachte er und träumte davon, dort das Leben eines Gutsbesitzers führen zu können. Kerenskij hielt nichts von dieser Idee, da ihm die Krimtataren als zu romanowtreu erschienen.

Während die Möglichkeit eines ausländischen Exillandes eruiert wurde (wobei sich England und Frankreich beide weigerten, den gestürzten Nikolaus II. und seine Familie aufzunehmen;

insbesondere Frankreich belohnte die kompromißlose Bündnistreue des Zaren also mit glattem Verrat), bestimmte Alexander Kerenskij schließlich die westsibirische Stadt Tobolsk zum endgültigen Verbannungsort. Der Abreisetag und der Ort unterlagen striktester Geheimhaltung. Als der Zar Premierminister Kerenskij fragte, wohin es ginge, antwortete dieser lediglich lapidar, er solle wärmere Kleidungsstücke bereithalten. Am 31. Juli war es dann soweit. Einen Tag zuvor hatte Zarewitsch Alexej gerade seinen dreizehnten Geburtstag gefeiert. Am Abend der Abreise erlaubte Kerenskij dem Zaren gnädigerweise, sich von seinem Bruder Michail zu verabschieden. Unter schwerer Bewachung wurde Mischa ins Palais gebracht. In Nikolaus' Tagebuch finden wir dazu folgende Eintragung: »31. Juli. Unser letzter Tag in Zarskoje Selo ... Nach dem Mittagessen warteten wir darauf, den Zeitpunkt der Abreise zu erfahren, der immer wieder verschoben wurde. Kerenskij kam unverhofft und erklärte, daß Mischa bald hier sein werde. Wirklich, etwa halb elf kam der liebe Mischa in Begleitung Kerenskijs und des Chefs der Wache. Es war sehr schön, sich wiederzusehen, aber im Beisein der Fremden kam kein Gespräch zustande ...«

Die Brüder nahmen Abschied, traten verlegen von einem Fuß auf den anderen, berührten sich an den Händen. Dann umarmten einander der letzte und der vorletzte Zar der Geschichte.

Dreihundertsechsunddreißig Mann aus dem in Zarskoje Selo stationierten Scharfschützenregiment unter dem Kommando von Oberst Jewgeni Kobylinski bestiegen am darauffolgenden Tag bei Morgengrauen – zusammen mit ihren Schutzbefohlenen, der Kaiserfamilie und ihrem bescheidenen Gefolge – einen Sonderzug. Diesmal saß Nikolaus II., der letzte Herrscher aus dem Hause Romanow, jedoch nicht in einem rollenden Palast. Müde blickte Nikolaus aus einem der Fenster, der Zug rollte langsam an. Der Zar murmelte ein Gebet, warf einen letzten Blick zurück auf das in der Morgensonne entschwindende Petrograd und schloß das Abteilfenster. Seine Kreuzwegreise in den Tod hatte begonnen.

Nach viertägiger Fahrt traf der als Sonderzug des japanischen Roten Kreuzes getarnte Gefangenentransport in Tjumen ein. Von dort aus stiegen die Insassen auf den Dampfer *Russ* um. Zwei Tage lang fuhren sie den Tura-Fluß entlang, bis sie schließ-

lich Tobolsk erreichten. Als der Dampfer an Pokrowskoje, dem Heimatort Rasputins, vorbeifuhr, eilte Alexandra aufgeregt zum Fenster und schrie: »Er hat mir prophezeit, daß ich sein Dorf eines Tages besuchen werde! Er hat es gesagt!«
In Tobolsk requirierte Kobylinski das Gouverneurshaus und beeilte sich, es zur Gefängnisresidenz des entthronten Herrschers umzufunktionieren. Das Haus befand sich in erbärmlichem Zustand. Es dauerte acht Tage, bis Kobylinski die Räumlichkeiten halbwegs bewohnbar gemacht hatte. In der am Zusammenfluß von Irtysch und Tobol gelegenen, ehemaligen florierenden Handelsstadt Tobolsk lebten an die zwanzigtausend Menschen. Der Großteil der Bevölkerung schien immer noch monarchietreu zu sein. Als die Menschen erfuhren, wer im Gouverneurshaus einsaß, dem »Haus der Freiheit«, wie man es ironischerweise umgetauft hatte, gingen viele fast täglich vorbei, bekreuzigten sich und murmelten: »Gott schütze den Zaren!« Gelegentlich saß Alexandra auf dem Balkon und stickte. Vorbeikommende Bauern verneigten sich tief und ehrfürchtig vor der unglücklichen Frau, die für sie immer noch die Gossudarin war.
Oberst Kobylinski, der sehr viel Wert auf Disziplin legte, schien dem Zaren mit Sympathie zu begegnen, genauso wie die meisten seiner Soldaten. Kobylinskis Macht schrumpfte jedoch erheblich zusammen, als im Oktober zwei Parteikommissare in Tobolsk eintrafen – Wassili Pankratow, der vierzehn lange Jahre in der Schlüsselburger Festung in Einzelhaft gesessen hatte, und Alexander Nikolski. Obwohl man das exakte Gegenteil hätte annehmen können, nämlich daß gerade Pankratow, der Langzeithäftling von Schlüsselburg, dem Zaren mit besonderem Haß begegnet wäre, erwies sich der kleine Kommissar, wie Nikolaus ihn seiner Familie gegenüber bezeichnete, als korrekter und fairer Mann. Pankratow war gutmütig und schätzte die taktvolle und noble Art des Mannes, der vor gar nicht allzu langer Zeit noch fast die halbe Erde beherrscht hatte und nun sein Gefangener war. Wesentlich anders stand es da um Alexander Nikolski, den zweiten Zivilkommissar. Er benahm sich betont grob und unhöflich, sah im Zaren jenes Monster, das ihn zu langer Zwangsarbeit verurteilt hatte, und beschloß in sadistischer Art, quasi Rache in Raten zu üben. Genüßlich drang er unangemeldet in die Privatgemächer der Inhaftierten ein und durchsuchte

sie jeden Morgen erneut. Nikolski ordnete auch sofort an, Photos von allen Gefangenen zu machen. Als Nikolaus mit diesem Befehl konfrontiert wurde, verließ ihn kurz seine sprichwörtliche Gelassenheit. Zornig fragte er: »Was soll das? Mein Gesicht dürfte allgemein bekannt sein!« – »Fein, und jetzt machen wir eine Aufnahme für die Verbrecherkartei!« brüllte Nikolski höhnisch lächelnd.

Den im Oktober einsetzenden harten sibirischen Winter hatte kein Mitglied der Zarenfamilie je zur Gänze erlebt. Bis etwa dreizehn Uhr schien die Sonne zwar ungemein hell, dann aber senkte sich die arktische Finsternis auf das froststarrende Land herab. Wiederholt beschwerte sich der nun nur noch stärker unter der Einschränkung seiner Bewegungsfreiheit leidende Nikolaus bei Pankratow darüber, daß er so mangelhaft über die Vorgänge im Reich informiert werde, obwohl man ihm ausdrücklich erlaubt hatte, regelmäßig Post zu empfangen. Natürlich erhielt der Zar lediglich gefilterte Nachrichten. So bekam er nur bruchstückhaft mit, was sich in der ersten Novemberwoche in der Hauptstadt zutrug.

Am 6. November griff Lenin endgültig nach der Macht. Nach so vielen vergeblichen Anläufen und Versuchen schlug nun wirklich seine große Stunde. Der Mann, der Lenin die Machtübernahme erst wirklich ermöglichte, war paradoxerweise niemand anderer als sein Intimfeind Premierminister Alexander Kerenskij. Bereits im August war es zu einer gefährlichen Eskalation der permanent schwelenden Staatskrise gekommen, als der starke Mann der Armee, Generalissimus Kornilow, im Alleingang beschloß, die bolschewistische Seuche ein für allemal auszurotten. Der Oberbefehlshaber aller Streitkräfte forderte vorerst nur ein gnadenloseres Durchgreifen gegen die Bolschewisten. Es müsse endlich Ordnung gemacht werden, an der Front wie im Hinterland, versuchte der General seinen Premier zu überzeugen. Kornilow bestand darauf, ein Exempel zu statuieren, die inhaftierten Bolschewistenführer zu liquidieren und jeden Widerstand murrender Arbeitermassen drakonisch und blutig im Keim zu ersticken. Als Kerenskij wenig Bereitschaft erkennen ließ, diese harte Gangart zu sanktionieren, befahl der General seinem Kollegen Krymow, umgehend mit einem Bataillon berittener Kosaken auf Petrograd vorzurücken.

Daraufhin bekam es Kerenskij mit der Angst zu tun und malte

schon das Gespenst einer Militärdiktatur an die Wand, der er offenbar dadurch entgegenwirken wollte, daß er sich mit den Bolschewisten verbrüderte. So nahm der Premierminister also zähneknirschend eine Proskinese vor dem Sowjet in Kauf und bat diesen um Hilfe gegen die drohende Gefahr von rechts. Er schloß eine Art Kuhhandel mit dem Chefverhandler der Bolschewisten ab. Er würde Trotzki und die restlichen sich noch in Haft befindlichen führenden Köpfe der Bewegung freilassen. Im Gegenzug müßte die Lenin-Partei ihre Roten Garden und die Arbeiterschaft mobilisieren, umgehend den Kampf mit Kornilows Truppen aufzunehmen. So geschah es auch. Allerdings kam es nie zu echten Kampfhandlungen. Kornilows Operettenputsch scheiterte kläglichst, denn die meisten seiner Kosaken gingen einfach in die Reihen der Rotgardisten über. Kerenskijs Rechnung ging dennoch nicht auf. Erst als er – vermeintlich wieder fest im Sattel sitzend – von den Rotgardisten verlangte, ihre Waffen wieder niederzulegen, erkannte er, welchen Flaschengeist er da aus dem Gefängnis befreit hatte. Der Geist hieß Kommunismus, und sein Kopf Lenin saß immer noch in Finnland. Als der Proletarierfürst jedoch von der brisanten Neuentwicklung der Dinge erfuhr, reiste er sofort und abermals verkleidet nach Petrograd zurück. Er präsidierte einer Geheimsitzung des Zentralkomitees der Bolschewiken und überzeugte die Deputierten wortgewandt, daß die Zeit der unvermeidlichen Erhebung gegen die immer noch herrschende Ausbeuterschicht endlich gekommen sei.

In der ersten Novemberwoche war es dann tatsächlich soweit. Erstaunlicherweise verlief die Machtübernahme nahezu ohne Blutvergießen. Im Handumdrehen besetzten die Bolschewisten die Schaltzentralen der Macht – sämtliche Bahnhöfe, Post- und Telegraphenämter, Brücken und öffentlichen Gebäude –, während der Panzerkreuzer *Aurora* die rote Flagge hißte und am dem Winterpalast gegenüberliegenden Newa-Ufer vor Anker ging. Kerenskijs letzte Verzweiflungsmaßnahme bestand darin, das von waffenstarrenden Rotgardisten beinahe übervölkerte Petrograd unter dem Schutz der amerikanischen Fahne zu verlassen, die er einfach auf dem Dach seines Wagens hatte montieren lassen. Später sollte er darüber berichten, daß er sich zur Armee habe durchschlagen wollen, um sofort effektive Gegenmaßnahmen in die Wege zu leiten, und sich unter größter Gefahr aus der Hauptstadt entfernt habe. In Wirklichkeit hatte der »kleine Napoleon« Kerenskij – wie so viele andere auch – nur daran gedacht, das eigene Fell zu retten. Seine lediglich von einem Frauenbataillon bewachten Ministerkollegen zum Beispiel ließ er bedenkenlos im Stich. Am Abend des 6. November 1917 demonstrierten die bolschewistischen Matrosen der *Aurora* ihre Macht, indem sie einen einzigen blind (!) geladenen Schuß abgaben. Eine Stunde später streckte das von Kerenskij als besonders zuverlässig empfundene Frauenbataillon die Waffen.

Als der Zar langsam die wahren Ausmaße der bolschewistischen Machtübernahme erfuhr, verfluchte er Kerenskij. Gilliard gegenüber äußerte er, daß Lenin und Trotzki deutsche Agenten seien, schmutzige Lumpen und Verräter, und er nun zutiefst bedaure, abgedankt zu haben. Vorerst aber änderte sich nichts am Alltag der Gefangenen von Tobolsk. Drei Monate später aber wurden alle älteren, zumeist noch aus der kaiserlichen Garde stammenden Soldaten des Wachpersonals durch frische, zuverlässige Rekruten mit Parteihintergrund ersetzt. Sogleich wurden die Schikanen wieder stärker. Der Zarenfamilie wurde verboten, am Gottesdienst teilzunehmen. Für den Gossudaren selbst hatte diese Wachablöse peinliche und demütigende Konsequenzen. Ihm wurde nämlich untersagt, die Schulterstücke zu tragen, auf die er immer so stolz gewesen war, da ihm der Oberstenrang von seinem vergötterten Vater verliehen worden war. Wutentbrannt mußte er sich diesem Befehl beugen. Doch nicht nur der Zar war empört. Oberst Jewgeni Kobylinski, genauso wütend wie sein Exherrscher, beschloß, alles zu unternehmen, diesen sinnlosen Befehl wieder rückgängig zu machen. Er setzte Nikolski, der die neue Demütigung des Zaren freudestrahlend begrüßte, auseinander, daß Nikolaus immer noch der Cousin zweier regierender Häupter und daher mit gebührendem Respekt zu behandeln sei. Der Oberst wurde ausgelacht. Man drohte ihm sogar ziemlich unverhohlen mit der Rache der Revolution. Kobylinski sah ein, daß er die ihm von Kerenskij übertragene Kontrollfunktion über das Wachpersonal nicht mehr ausüben konnte. Welche Machtbefugnis hatte er dann noch? Schließlich vertrat er eine Regierung, die es nicht mehr gab. Traurig ging er zum Zaren und erläuterte ihm die Sachlage und seine prekäre Situation im speziellen. Später schrieb er über die diese beiden Männer bewegende Unterhaltung: »Ich ... sagte zu ihm: ›Majestät, mir gleitet die Autorität zusehends aus den Händen ..., deshalb möchte ich von meinem Posten zurücktreten ... Ich bin erschöpft!‹ Der Zar legte mir den Arm um die Schulter, in seinen Augen standen Tränen. Er erwiderte: ›Ich flehe Sie an, bei uns zu bleiben. Jewgeni Stepanowitsch, bleiben Sie um meinetwillen, bleiben Sie um meiner Gemahlin und der Kinder willen!‹ ... Dann umarmte er mich ... Ich beschloß zu bleiben.«[170]

Wie Pierre Gilliard schrieb, hatten die Verbannten von Tobolsk manchmal das Gefühl, auf einem fernen Stern zu leben. Am 17. März 1918 notierte der Schweizer: »... Fastnachtssonntag ... Schlitten fahren vor unseren Fenstern ... Schellengeläut, Mundharmonikaklänge und Singen ... Die Kinder sehen dem Treiben sehnsüchtig zu ... Nie waren die Voraussetzungen für eine Flucht günstiger ... Mit Hilfe Oberst Kobylinskis ... wäre es ein leichtes, die unverschämte, aber nachlässige Wachsamkeit unserer Wachen zu täuschen. Es bedarf nur des planvollen und entschlossenen Eingreifens einiger weniger mutiger Geister ...«[171]

Bestand wirklich eine reelle Fluchtchance für die seit Anfang März auf Soldatenrationen gesetzte Zarenfamilie? Wohl kaum. Die einzig ernstzunehmende Person, die mit wahrem Feuereifer einen Fluchtplan nach dem anderen schmiedete, saß im fernen Petrograd. Es war die wieder auf freien Fuß gesetzte Anna Wyrubowa. Tanja startete eine Sammelinitiative unter eingefleischten Monarchisten und brachte tatsächlich eine stattliche Geldsumme zusammen. Die Koordinationsfähigkeiten der »jederzeit zur Befreiung unseres teuren Herrschers bereiten Kaisertreuen bis in den Tod« waren jedoch erbärmlich. Offenbar konnte man sich nicht recht darüber einigen, wem bei der geplanten Befreiungsaktion der Vorzug gegeben werden sollte. Man diskutierte hitzig und allen Ernstes darüber, ob man nur den Zaren oder nur den Thronfolger oder aber auch die ganze Familie retten sollte, während für die Gefangenen im weltabgeschiedenen Tobolsk die Lebensuhr immer leiser zu ticken begann.

Die weitaus verhängnisvollste Rolle in dieser Befreiungsgroteske spielte sicherlich Boris Solowjew, der Schwiegersohn Rasputins. Solowjew, ein Abenteurer mit dunkler, bewegter Vergangenheit, der vorgab, in Berlin studiert und in Indien übersinnli-

che Wahrnehmungen gehabt zu haben, war mit Maria Rasputin verheiratet. Diese Tatsache allein genügte der Zarin. Der Starez wachte noch über den Tod hinaus über das Schicksal seiner kaiserlichen Schutzbefohlenen. Als Alexandra erfuhr, daß man Solowjew mit der Ausarbeitung eines Fluchtplanes betraut hatte, frohlockte sie. Der Zar blieb skeptisch. Zu Recht, wie sich herausstellen sollte. Solowjew tauchte zwar einige Male in Tjumen auf, um die Lage zu sondieren, aber nichts geschah. Immer wieder beteuerte der Schwiegersohn des Starez, daß erhebliche Geldmittel nötig seien, um die Aktion erfolgreich abschließen zu können. Die ihm blind vertrauende Anna Wyrubowa übergab ihm schließlich den Löwenanteil des von ihr gesammelten Geldes. Solowjew versprach, sogleich erneut in die Tobolsker Gegend zurückzukehren. Die Befreiung konnte starten. Wie Tatjana Botkin später kommentierte, wäre es vielleicht tatsächlich möglich gewesen, die Korruption des Wachpersonals auszunützen. Mit Geld war auch im revolutionsgeschüttelten Tobolsk alles möglich. Die Tochter des Leibarztes von Nikolaus und Alexandra schrieb: »... Man brauchte nur die Wachen zu bestechen, von denen bereits viele zu den Hoheiten gesagt hatten: ›Sobald uns die Bolschewiken bezahlt haben, werden wir gehen!‹ Sicher hätten sie keinen Widerstand geleistet, wenn das Geld von den Monarchisten gekommen wäre!«[172]
Was aber tat Solowjew? Er tauchte zwar noch einmal kurz in Tjumen auf, erzählte einigen kaisertreuen Offizieren von seinem unfehlbaren Fluchtplan, um sich sodann schleunigst mit dem ihm anvertrauten Vermögen aus dem Staub zu machen. Der Schwiegersohn des Starez schlug sich nach Berlin durch und eröffnete dort später ein in Emigrantenkreisen nicht unbeliebtes Speiselokal. Angeblich soll die von ihm gestohlene Summe mehr als zweihundertfünfzigtausend Rubel betragen haben.
Ein ganz anderer Mann jedoch – der von Alexandra stets gehaßte Erzbischof Hermogen, der, wir erinnern uns, Rasputin einst mit dem Kreuz gezüchtigt hatte – gab mutig sein Leben für den Gossudaren. Die Zarin selbst hatte Hermogen nach Tobolsk strafversetzen lassen. Im März des Jahres 1918 erreichte den hünenhaften, bärenstarken und furchtlosen ehemaligen Erzbischof von Saratow ein brieflicher Hilfeschrei der Zarinmutter. »Machen Sie nun Ihrem Namen Ehre!« schrieb Maria Fjodorowna dem Kirchenfürsten. Der streitbare und energische Bi-

schof, dessen Namensvetter, Patriarch Hermogen, genauso am Anfang der Romanow-Dynastie gestanden hatte wie der Heldenmuschik Iwan Susanin, trat auch umgehend in Aktion. Auch er entwarf einen Plan, der sich vor allem die Unwirtlichkeit Sibiriens hätte zunutze machen sollen. Hermogens Befreiungskonzept beruhte hauptsächlich auf der Tatsache, daß es in Sibirien geheime Schleichpfade gab, »ferne, festungsgleiche Klöster, Flüsse, an denen Boote versteckt lagen« und »Gemeindemitglieder, die sich noch nicht von Gott losgesagt hatten«.[173] Aber Hermogens Fluchtplan gefiel Alexandra nicht. Sie lobte zwar seinen Mut und erklärte, ihm seine Sünde vergeben zu haben, aber innerlich konnte sie sich einfach nicht dazu überwinden, einem Mann unbegrenztes Vertrauen zu schenken, der den nun bei den Engeln ruhenden Vater Grigori gehaßt und geschlagen hatte.

Allein Hermogen ließ sich von der Absage der Zarin nicht beeindrucken. Auf die Macht Gottes bauend, beschloß er, die Zarenfamilie nötigenfalls auch gegen ihren Willen zu retten. Wie er betonte, ging es vor allem darum, den Thronfolger aus den Klauen der bolschewistischen Teufelsanbeter zu befreien. Kurz vor Ostern handelte der streitbare Kirchenmann. In einer spektakulären Aktion verhängte er – mit Donnerstimme von der Kanzel herab – den Kirchenbann über alle Bolschewiken. Dann rief der Bischof von Tobolsk alle versammelten Gläubigen auf, zusammen mit ihm zum »Haus der Freiheit« zu pilgern, den Zarewitsch in ihre Mitte zu nehmen und ihn und auch alle anderen Inhaftierten unter den Schutz der heiligen Mutter Kirche zu stellen. Die Befreiungsprozession nahm jedoch ein fatales Ende, als sich immer mehr Tschekisten unter die Betenden mischten. Auf halbem Wege zum Gouverneurshaus sah sich Hermogen von einer Minute auf die andere von finster blickenden, schwerbewaffneten Rittern der Revolution umringt, während sich seine Schäflein schnell in alle Winde zerstreuten. Manche der Gläubigen gaben später an, gar nichts von der Misere ihres Bischofs mitbekommen zu haben. Sie hätten die Prozession lediglich deshalb vorzeitig verlassen, weil sie die für diese Jahreszeit ungewöhnlich stark herabbrennende Sonne nicht mehr ertragen konnten. Jedenfalls war kein einziger Prozessionsteilnehmer bereit, einen Finger für den Kirchenfürsten zu rühren. Hermogen wurde verhaftet. Demonstrativ weigerte sich der stolze Mann, seine Insignien abzugeben. Als man ihn abführte, wehrte er sich nicht, sondern murmelte nur verächtlich: »Kreaturen des Satans!« Der Erzbischof von Tobolsk starb den Tod eines Märtyrers. Hermogen wurde an gußeiserne Roststäbe gefesselt und daraufhin im Tobolfluß ertränkt. Der Name seines Mörders ist überliefert. Es war ein Mann namens Pascha Cochrjakow, der später nicht zögern sollte, sich immer wieder seiner Heldentat zu rühmen.

Der Zar erfuhr nichts vom Tod des Erzbischofs. Wohl aber las er in einer französischen Zeitung, daß die bolschewistische Regierung im März einen Friedensvertrag mit dem Deutschen Reich abgeschlossen hatte. Der Verhandlungsort war Brest-Litowsk gewesen. Als Chef der mit den Deutschen, Österreichern und Türken verhandelnden russischen Delegation fungierte Leo Trotzki. Im Frieden von Brest-Litowsk verlor Rußland praktisch ein Drittel seiner Westgebiete. In Nikolaus' Augen hatten die Bolschewisten Russisch-Polen, die baltischen Staaten und weite Teile Weißrußlands und des Kaukasus einfach an den Erzfeind Deutschland verschachert. Entrüstet schrieb der gestürzte Monarch ins Tagebuch: »Heute meldeten Telegramme, daß die Bolschewisten oder der Rat der Volkskommissare, wie sie sich jetzt nennen, die demütigenden Bedingungen der deutschen Regierung akzeptieren müssen, denn die feindlichen Heere rücken vor ... Entsetzlich!«[174]

Anfang April traf Kommissar Wassili Jakowlew in Tobolsk ein. Um diesen gutaussehenden Mann, der ein Matrosenhemd unter dem stets geöffneten Pelzmantel trug, rankten sich sogleich die wildesten Gerüchte. Eine Zeitlang munkelte man, Trotzki selbst sei unter falschem Namen nach Tobolsk gekommen, um den Zaren außer Landes zu schaffen. Das Wachpersonal unterhielt sich darüber, ob der ehemalige Herrscher nach Japan, England, Norwegen oder gar Deutschland gebracht werden würde. Was aber war die wahre Aufgabe, die wirkliche Mission des Mannes mit dem »eher intelligenten Gesicht«, wie ihn Tatjana Botkin beschrieb, die zusammen mit ihrem Bruder Gleb in der Nähe des Gouverneurshauses Quartier bezogen hatte und täglich an ihm vorbeiging, um einen flüchtigen Blick auf die Gefangenen werfen zu können? Nikolaus selbst glaubte, Jakowlew wolle ihn nach Moskau bringen, damit ihm dort der Schauprozeß gemacht werden könne. Es ist nicht von der Hand zu weisen, daß es tatsächlich kurzzeitig einen solchen Plan gab. Wie Trotzki Jahre später im mexikanischen Exil äußerte, wäre er nur zu gerne als öffentlicher Ankläger in einem Schauprozeß gegen Nikolaus Romanow, den Schlächter des russischen Volkes, aufgetreten. Heute wissen wir jedoch, daß Lenin nichts an einem sicherlich viel Staub aufwirbelnden Schauprozeß gegen den Exzaren lag und er diese Idee deshalb zurückwies, vielleicht auch aus Angst vor dem profilierungssüchtigen Trotzki, der seine eigene Popularität zu überstrahlen drohte.

Während man in Moskau also über das weitere Schicksal der Zarenfamilie debattierte, tobte in Sibirien ein regelrechter Wettstreit um die Romanows. Der Omsker Sowjet etwa betrachtete Tobolsk als persönliches Lehen, aber auch für die am Rande des Urals gelegene Stadt Jekaterinburg übte die Zarenfamilie offenbar eine besondere Faszination aus. In Jekaterinburg war die Anti-Romanow-Stimmung vielleicht sogar noch ausgeprägter als in Omsk, und die lokalen Parteibonzen versprachen dem nach Rache dürstenden Volk, alles zu tun, Nikolaus den Blutigen seiner gerechten Strafe zuzuführen. Welchen Auftrag Jakowlew wirklich hatte, läßt sich heute nicht mehr eindeutig eruieren, wenngleich die Moskau-Variante sehr plausibel erscheint. Auf jeden Fall sollte Jakowlew die Zarenfamilie aus Tobolsk evakuieren. Alexejs Krankheit machte ihm jedoch vorerst einen Strich durch die Rechnung. Der Junge hatte wieder schwere innere Blutungen. Nach der Ansicht einiger moderner Historiker hatte der Zarewitsch den neuerlichen Ausbruch der heimtückischen Krankheit selbst heraufbeschworen, als er – offenbar in Selbstmordabsicht – in einem Holzboot die Treppe hinunterrodelte und dabei gegen einen Balken krachte. Wie immer es auch gewesen sein mag, Jakowlew mußte entnervt feststellen, daß der Thronfolger nicht reisefähig war. Wieder sehnte das Kind den Tod herbei.

Jakowlew sah sich gezwungen, umzudisponieren. Er beschloß nun, Nikolaus allein mitzunehmen. Als sich der Zar dezidiert weigerte, sagte der stets höflich auftretende Kommissar: »Bitte überlegen Sie sich Ihren Entschluß. Wenn Sie jetzt nicht mit mir kommen, schickt Moskau vielleicht einen anderen Mann, der es nicht so gut mit Ihnen und Ihrer Familie meinen wird wie ich. Seien Sie ganz beruhigt. Ich bürge mit meinem Leben für Ihre Sicherheit. Wenn Sie nicht allein fahren wollen, können Sie mitnehmen, wen Sie wollen …«[175]

Seit der Freigabe der Geheimarchive im Jahre 1991 erscheint Jakowlews Mission in einem klaren Licht, das allerdings immer noch so manchen diffusen Schatten wirft. Das Aktenstudium läßt aber den berechtigten Schluß zu, daß der Lenin-Freund und Vorsitzende des Allrussischen Zentralkomitees Jakob Swerdlow den Terrorspezialisten Jakowlew nur als Marionette benutzte. Wenn wir den zugänglich gewordenen Unterlagen Glauben schenken wollen, so hatte Swerdlow Jakowlew persönlich befohlen, die Zarenfamilie nach Moskau zu bringen.
Der Kommissar war im Besitz des Mandats eines Bevollmächtigten des Allrussischen Zentralkomitees. Was besagte dieses Mandat? Es war eine Art Blankovollmacht und kam einem Befehl an die lokalen Bolschewistenführer gleich, allen Anordnungen des Kommissars kompromißlos Folge zu leisten. Auf Insubordination stand der Tod. Der ehemalige Schlosser hatte sich auch schon einen, wie er glaubte, idealen Plan zurechtgelegt. Er wußte von den internen Rivalitäten zwischen Omsk und Jekaterinburg und dachte daran, die Inhaftierten zunächst nach Tjumen zu bringen, um sodann den Tobol zu überschreiten. Die Jekaterinburger Sowjets wollte Jakowlew dadurch ausmanövrieren, daß er zwar in Richtung der Uralstadt fuhr, dann aber auf die entgegengesetzte Route nach Omsk umschwenkte. Auch in diese Stadt wollte er nicht fahren, sondern sie vielmehr umgehen, indem er eine Ausweichroute benutzte, die ihn direkt nach Moskau führen sollte. Es gab noch einen anderen Grund für diesen auf den ersten Blick etwas verworren erscheinenden Plan. Seine Heimatstadt Ufa lag in der Nähe. Falls man ihm ernstzunehmende Schwierigkeiten in den Weg legen sollte, konnte er sich dorthin flüchten. In Ufa war seine Autorität ungebrochen, und er konnte auf die Hilfe und Unterstützung zuverlässiger Parteigenossen bauen. So sah der geniale Plan von Wassili Jakowlew aus.
Nach einigem Zögern beschloß der um seine Familie besorgte Zar, Jakowlews Befehl zu befolgen und allein mit dem Kommissar abzureisen. Alexandra befand sich nun im größten Seelenkonflikt ihres Lebens. Einerseits wollte sie den geliebten Mann nicht ganz auf sich allein gestellt ins Ungewisse fahren lassen, andererseits war da ihr Alexej, der erneut mit dem Tode rang. In ihrer Verzweiflung suchte sie Zuflucht im Gebet. Weinend fiel sie auf die Knie und betete: »Herr, laß das Eis der

Flüsse schmelzen! Laß nicht zu, daß sie uns trennen! Bring Hagel und Sturm über das Land, mach die Wege unpassierbar!« Das Eis schmolz nicht, und als Jakowlew den 26. April als Abreisetag festlegte, war auch die Entscheidung der Exzarin gefallen. Sie würde mit ihrem Mann fahren. Großfürstin Maria, die engelgleiche Maschka, würde ihre Eltern begleiten, während die anderen Geschwister über Alexej wachen sollten.
Am Morgen des 26. April 1918 also bestiegen der Zar, Großfürstin Maria, die Zarin, Fürst Dolgorukow, Leibkoch Charitonow, die Lakaien Trupp und Tschemodurow, Kammerzofe Demidowna und auch Dr. Jewgeni Botkin die von Jakowlew organisierten schweren, unbequem-unförmigen Bauernwagen. Der treue Arzt hatte darauf bestanden, die Majestäten, denen er so lange gedient hatte, begleiten zu dürfen, obwohl Jakowlew es ihm freigestellt hatte, entweder beim kranken Zarewitsch zu bleiben oder einfach seiner Wege zu gehen. Seine Kinder Tatjana und Gleb starrten traurig aus dem großen Erkerfenster des Nachbarhauses und beobachteten den Exodus. Beide ahnten nicht, daß sie ihren Vater nun zum letztenmal zu Gesicht bekamen.
Einen Tag nach der Abreise seiner Eltern schrieb der geschwächte Zarewitsch unter Mobilisierung seiner letzten Kraftreserven seinem Vater einen kurzen Brief. Auch in diesem Schreiben kommt die große Frömmigkeit, welche alle Mitglieder der Zarenfamilie auszeichnete, sehr stark zum Ausdruck:

> Mein teurer und lieber Papa, mein Liebling!
> Ich hoffe, Ihr werdet bald ankommen. Ich werde versuchen, viel zu essen und bald gesund zu werden ... Gott sei mit Euch. Ich küsse Dich sehr und mache Dir ein Kreuzzeichen. Ich werde für Euch beten. Dein Alexej.

Die Reise nach Tjumen glich einem Alptraum. Dreihundert Kilometer lang quälten sich die Zarin und Großfürstin Maria, faktisch auf dem Boden ihrer Karren liegend, durch das unwirtlich-rauhe Land, durch Schlamm und Schneewasser, das den Pferden manchmal bis zum Bauch reichte. Der Gefangenenkonvoi machte auch in Pokrowskoje halt. Ein letztes Mal sah Alexandra nun das Heimatdorf des Wundermönches. Es war ein erstaunlicher Zufall, daß Jakowlew die Pferde ausgerechnet vor dem Haus Rasputins wechseln ließ. Praskowje hörte den Lärm,

ging auf den Balkon, blickte hinunter, erkannte den Zaren und die Zarin und schlug mehrmals ein riesiges Kreuz in die Luft.
Immer noch glaubte der Zar, nach Moskau gebracht zu werden. In Tjumen angekommen, requirierte Jakowlew einfach den Erster-Klasse-Wagen eines fahrplanmäßigen Zuges. Als ihn Nikolaus aber fragte, wohin es denn gehe, reagierte der Kommissar ausweichend. »Ich muß erst in Moskau anfragen«, sagte er und begab sich zum Telegraphenamt. Zweihundertfünfzig Mann des Uralsowjets hatten den Kommissar und seine Fracht, wie der Tarnname für die Romanows war, in Tjumen erwartet. Jakowlew glaubte, die Männer seien zu seinem Schutz abkommandiert worden. Ihre wahre Aufgabe aber war, mit allen Mitteln dafür zu sorgen, daß der Zar auf keinen Fall in Moskau ankam. Nach längerer Wartezeit erreichte der Kommissar Swerdlow und erhielt Order, seinen Kurs auf die neue Hauptstadt beizubehalten. Swerdlow muß damals – natürlich mit Rückendeckung Lenins – ein Doppelspiel betrieben haben, denn gleichzeitig wurde der Jekaterinburger Sowjet angewiesen, den Kommissar nötigenfalls mit Gewalt daran zu hindern, nach Moskau durchzukommen. Auf der Fahrt nach Omsk erfuhr Jakowlew, daß man den Zug in dieser Stadt stoppen und ihm die Gefangenen abjagen wollte.
Jakowlew ließ sich nicht aus der Ruhe bringen. Erneut bewies der in unzähligen Kommandoaktionen erprobte Abenteurer, daß Gefahr ein Fremdwort für ihn zu sein schien. Bei der unmittelbar vor Omsk liegenden Station Ljublinskaja befahl er, die Lokomotive abkoppeln zu lassen. Auf ihr fuhr er – nur von seinem Telegraphisten begleitet – in den Bahnhof von Omsk ein, wo ihn schon eine Abteilung Rotgardisten erwartete, wie er in seinen Memoiren erläuterte. Die wütende Menge schien gefährlich, doch als der weder Tod noch Teufel fürchtende Mann aus Ufa schon zur Pistole greifen wollte, kam ihm unerwartet der Zufall zu Hilfe. Der örtliche Parteivorsitzende, der sich mit kräftigen Schritten den Weg durch die Rotgardisten bahnte, war zusammen mit Jakowlew auf der Parteischule in Italien gewesen. Die Männer erkannten einander, und Jakowlew durfte zusammen mit seinem wiedergefundenen Schulfreund zum Telegraphenamt. Nach einigen Fehlversuchen erreichte er Jakob Swerdlow. Aber anstatt ihm zu befehlen, planmäßig nach Moskau weiterzufahren, wies ihn der Vorsitzende des Allrussischen Zentralkomitees an, umgehend nach Tjumen zurückzu-

kehren und die Fracht von dort aus nach Jekaterinburg zu bringen. Jakowlew war fassungslos. »Was soll das?« fragte er mehrmals. »Wir haben uns mit den Uralern geeinigt!« lautete die lapidare Antwort. Wie im Zentralen Staatsarchiv der Oktoberrevolution nachzulesen ist, ging das telegraphische Frage-und-Antwort-Spiel noch eine Weile weiter. Schließlich erklärte Jakowlew sich bereit, den neuen Anordnungen Folge zu leisten, nicht aber, ohne seine Bedenken anzumelden: »Ich werde das Gepäck dorthin bringen, wohin Sie befehlen!« telegraphierte er dem Lenin-Intimus. »Aber ich halte es für meine Pflicht, den Rat der Volkskommissare noch einmal darauf hinzuweisen, daß ... Gefahr besteht ... Wird das Gepäck nach der ersten Reiseroute (Jekaterinburg; Anmerkung des Verfassers) befördert, so bezweifle ich, daß Sie es von dort je wieder herausbekommen ... Wir warnen Sie ... zum letztenmal und lehnen jede moralische Verantwortung für die Folgen ab!«[177]

Doch alle Proteste halfen nichts. Jakowlew hatte die Fracht nach Jekaterinburg zu bringen. Die Ankunft in der Uralstadt verglich er später mit dem Eintauchen in einen Hexenkessel. Überall standen wütende, fluchende, fäusteballende Menschen. Rufe wie »Tod dem Mörder!« und »Hängt den Zaren auf! Tod allen Romanows!« wurden laut. Der Zar mußte damit rechnen, gelyncht zu werden. In seiner Rekapitulation der Ereignisse schrieb Jakowlew später: »Es herrschte ein unbeschreibliches Getöse, drohende Rufe ertönten. Die Menge bewegte sich auf unsern Zug zu. Die Soldaten auf dem Bahnsteig griffen kaum ein. ›Bring den Romanow raus, ich will ihm in die Fresse spucken!‹ ›Maschinengewehre fertigmachen!‹ Das wirkte. Die Menge wich zurück. Ich wurde beschimpft.«[178]

Am 30. April 1918 um fünfzehn Uhr übergab Jakowlew die Fracht dem Kriegskommissar des Uralsowjet, Alexander Beloborodow. Makabererweise erhielt der Hassardeur Jakowlew, dessen Leben abenteuerlich bis zum Schluß verlief[179], sogar eine Quittung ausgestellt. Auf dem schmierigen Zettel, den ihm Beloborodow überreichte, stand:

1. Der ehemalige Zar, Nikolaj Alexandrowitsch Romanow
2. Die ehemalige Zarin, Alexandra Fjodorowna Romanowa
3. Die ehemalige Großfürstin Maria Nikolajewna Romanowa

Die Genannten sind in der Stadt Jekaterinburg unter Aufsicht zu stellen.

Die drei Gefangenen wurden, von der wütenden Menge wüst beschimpft und mit bösen Blicken bedacht, in ein cremefarbenes Stadthaus gebracht, das man nach seinem enteigneten Besitzer, einem Ingenieur, das Ipatjew-Haus nannte. Fünf Wochen sollte es nun dauern, bis die Zarenfamilie wieder vereint sein würde – um gemeinsam in den Tod zu gehen.

Der Frühling zog in Sibirien ein. Dennoch blieb das Wetter wechselhaft, einen Tag gab es hellen Sonnenschein und Wärme, dann wieder naßkalte, regnerische Tage und sogar heftige Schneefälle. Die Zarin pflegte gerne in den Garten zu blicken und zog es vor, im Haus zu bleiben, während der Bewegung so sehr liebende Nikolaus sofort den Wunsch äußerte, jeden Morgen spazierengehen zu dürfen. Der Vorsitzende des Uralgebietssowjets lehnte dieses Ansinnen kalt lächelnd ab und verfügte statt dessen, daß alle Fenster des Ipatjew-Hauses mit weißer Kalkfarbe überzogen wurden. Nicht einmal der Ausblick in den Garten sollte Alexandra bleiben. Die düstere Gefängnisatmosphäre hellte sich ein wenig auf, als am 23. Mai Olga, Tatjana, Anastasia und der Zarewitsch zusammen mit Clementi Nagorny eintrafen.

Zuerst waren die Gefangenen mit dem Schiff nach Tjumen gebracht worden. Von dort aus war es mit dem Sonderzug nach Jekaterinburg gegangen. Obwohl es stimmt, daß man Alexej verbot, nachts die Toilette zu benutzen, erscheint die von einigen modernen Historikern vertretene These, daß Olga, Tatjana und Anastasia auf dem Dampfer *Russ* vergewaltigt worden seien, eher unplausibel. An Bord der *Russ* befand sich auch Alexander Wolkow, der treue alte Soldat und Diener, der Nikolaus einst das Exerzieren beigebracht hatte. Wolkow wunderte sich über die Undiszipliniertheit der betrunkenen Wachesoldaten, die mit Maschinengewehren auf vorbeifliegende Vögel feuerten.

Am Tag des heiligen Nikolaus (nach russischer Liturgie; Anmerkung des Verfassers) – oder eigentlich vielmehr in der Nacht des 23. Mai – erreichte der Sonderzug Jekaterinburg. Folgende Personen trafen also unter strengster Bewachung ein: der Thronerbe, seine drei Schwestern, Clementi Nagorny, Wolkow, des Kaisers ehemaliger Generaladjutant Tatisschew, Jekaterina Schneider, Gräfin Hendrikowa, Pierre Gilliard und Sidney Gibbes, der Lakai Trupp, Baronin Buxhoeveden, der Koch Charitonow und der Küchenjunge Sednew. Es herrschte leichter Nieselregen.

Nicht alle durften ins Ipatjew-Haus. Pierre Gilliard und Gibbes wurden auf freien Fuß gesetzt. Der Kommandant des »Hauses zur besonderen Verwendung« war ein Trunkenbold namens Awdejew, der sich ein herrliches Spiel daraus machte, den Zaren zu peinigen. »Zum Teufel mit Ihnen und Ihrer Brut!« sagte der ungeschlachte, ständig eine Alkoholfahne verströmende Mann, als ihn der Zar einmal höflich ersuchte, nicht in Gegenwart seiner Töchter zu fluchen.

Über die letzten zwei Monate der Romanows in Jekaterinburg ist sehr viel geschrieben, gemutmaßt und spekuliert worden. Noch immer tobt ein Historikerstreit um einen mysteriösen Briefwechsel zwischen dem Zaren und einigen offenbar zu seiner Befreiung bereiten Offizieren. Unserer Ansicht nach handelte es sich dabei eindeutig um fingierte Briefe, was auch der Zar erkannt haben dürfte. Tatsache ist, daß es keinerlei Befreiungsversuche gab (und ein Entkommen aus dem Ipatjew-Haus wohl auch unmöglich gewesen wäre) und sich die Lage im Juli dramatisch zuspitzte. Denn die sogenannte Tschechische Legion befand sich im Anmarsch auf Jekaterinburg. Was hatte man darunter zu verstehen? Es handelte sich um etwa fünfzigtausend Mann, ehemalige Kriegsgefangene, die Masaryk nach dem Friedensschluß von Brest-Litowsk formiert hatte.[180] Die Tschechische Legion verbündete sich mit den antibolschewistischen Kräften, der sogenannten Weißen Armee unter Admiral Koltschak, und kontrollierte bereits weite Teile Westsibiriens. Als man vom Anmarsch der kaisertreuen »Weißen« erfuhr, herrschte eine Weile Hochstimmung im Ipatjew-Haus. Insbesondere Botkin hoffte stark auf das baldige Eintreffen der Tschechen und die Rettung seines Herrscherpaares. Dies taten auch Sidney Gibbes und Pierre Gilliard sowie der inzwischen in einem Gefängnis schmorende alte Soldat Alexander Wolkow. In der Ferne konnte man bereits ganz deutlich Artilleriefeuer hören. Glaubte auch der Zar, daß Befreiung nahte? Vielleicht. Allein alle Hoffnungen erwiesen sich leider als nur allzu trügerisch, denn mit dem neuen Kommandanten des »Hauses zur besonderen Verwendung«, dem ehemaligen Uhrmacher Jakow Jurowski, schritt der Tod durch die Tür. Der immer ganz dunkel gekleidete Kommandant, von Alexej nur der Herr in Schwarz genannt, ein sozialrevolutionärer Jude (sein eigentlicher Vorname war Jankel), strahlte eine unheimliche Aura aus. Jurowski

machte es sich zum besonderen Spaß, den kranken Zarewitsch anzuflegeln. »Wie ist es, wenn man noch so jung und immer krank ist?« fragte er Alexej einmal. »Wie ist es, wenn man alt ist?« antwortete der Zarewitsch.
Wiederholt machte Dr. Botkin den Kommandanten darauf aufmerksam, daß der kranke Prinz dringend Medikamente benötigte. »Wir haben keine!« sagte Jurowski schneidend. Am schlimmsten jedoch traf den Zarewitsch der Verlust seines wahrscheinlich treuesten Dieners und Freundes, Clementi Nagorny. Als ein betrunkener Wachesoldat Alexej ein goldenes Halskettchen stehlen wollte und ihn dabei aus dem Bett stieß, stürmte Nagorny, der den Schrei seines Schutzbefohlenen gehört hatte, ins Zimmer und streckte den Mann wutentbrannt mit einem gewaltigen Fausthieb zu Boden. Ehe er abgeführt wurde, sagte Nagorny noch zu Dr. Botkin: »Denken Sie bitte daran, das Bein Seiner Hoheit zu schienen.« Alexej weinte. Der Zar war empört und ging zum Kommandanten. »Ich lasse nicht zu, daß Nagorny etwas passiert!« sagte er. »Bitte seien Sie doch gerecht. Es war schließlich Ihr Mann, der angefangen hat!« »Was ist schon Gerechtigkeit?« stieß Jurowski haßerfüllt hervor. »Wissen Sie es? Ich weiß es nicht!«
In der Nacht vom 16. auf den 17. Juli erreichte das Drama sein düsteres Finale. Kurz vor Mitternacht schrieb der unter Schlaflosigkeit leidende Jewgeni Botkin einem Freund in Moskau einen Brief. Der Leibarzt des Zaren konnte diesen Brief jedoch nicht ganz vollenden. »... Meine freiwillige Gefangenschaft hier ist weniger durch die Zeit als durch meine irdische Existenz begrenzt«, notierte Botkin. »Im Grunde bin ich bereits tot – tot für meine Kinder – tot für meine Arbeit. Ich bin tot, aber noch nicht begraben, oder lebendig begraben – wie auch immer: Die Folgen sind nahezu identisch ... Vorgestern ... sah ich plötzlich undeutlich das Gesicht meines Sohnes Juri vor mir liegen, aber er war tot und hatte die Augen geschlossen. Gestern vernahm ich ... ein Wort, das sich wie Papulja anhörte. Ich war nahe daran, aufzuschluchzen. Doch nein – das ist keine Halluzination gewesen, denn das Wort wurde ausgesprochen, die Stimme war unverwechselbar, und ich zweifelte keinen Augenblick daran, daß meine Tochter, die wohl in Tobolsk war, zu mir sprach ... Ich werde vermutlich diese Stimme nie wieder so lieb vernehmen und diese Berührung nie wieder so zärtlich verspüren, mit

der mich meine kleinen Kinder so verwöhnt haben ... Wenn Glaube ohne Werke tot ist, so können doch Taten ohne Glauben leben ... Dies rechtfertigt meine letzte Entscheidung, als ich meine eigenen Kinder ohne zu zögern zu Waisen machte, um meiner Pflicht als Arzt bis zum Ende zu genügen, wie Abraham keinen Augenblick zögerte, als Gott ihn aufforderte, seinen einzigen Sohn zu opfern!«[181]

Als Botkin diesen Satz zu Ende geschrieben hatte, klopfte es. Jurowski war an der Tür und befahl ihm, den Zaren und seine Angehörigen zu wecken, da alle verlegt werden müßten. Botkin tat wie ihm geheißen. Alle Gefangenen wuschen sich und zogen sich an. Zwanzig Minuten später eskortierte man sie auf den Hof. Durch einen langen Gang gelangten sie dann, die Stufen hinabsteigend, in ein fensterloses Souterrainzimmer. Der Raum war kahl und leer. Alle Möbel waren weggebracht worden. »Was, nicht einmal ein Stuhl?« fragte Alexandra. »Sollen wir denn stehen?« Daraufhin ließ Jurowski zwei Stühle bringen. Auf dem einen nahm Alexandra Platz, auf den anderen setzte Nikolaus den Zarewitsch, den er getragen hatte. Jurowski verschwand wieder. Etwa eine Viertelstunde lang blieben sie allein – der Zar, die Zarin, die fünf Kinder, Botkin, der Lakai Trupp und die Kammerzofe Demidowna. Dann wurde die Tür aufgetreten. Jurowski trat schnell ein, hinter ihm drängten sich zwölf bewaffnete Männer in den nur notdürftig beleuchteten Raum. »Was ist?« fragte der Zar. Die Antwort kam kurz und bündig: »Ihre Verwandten haben versucht, Sie zu befreien! Wir müssen Sie erschießen!« Der Zar hob schützend die Hände, als Jurowski den Feuerreigen eröffnete und ihn in die Brust traf. Alexandra und die Töchter versuchten sich zu bekreuzigen. Ihre Schreie gingen im Lärm der widerhallenden Schüsse unter. Einer der Todesschützen bestätigte später, daß der sterbende Zar noch etwas gesagt hatte. Die Augen verdrehend, murmelte er: »Sie wissen nicht, was sie tun!«[182] Während der Zar und die Zarin sofort tot waren, lebten die Kinder noch eine Weile. Vor allem die Töchter lehrten die Mörder beinahe das Fürchten, als die Kugeln von ihnen abzuprallen schienen und als Querschläger durch den Raum zischten. In ihre Korsetts waren nämlich Diamanten eingenäht, so daß sie fast wie kugelsichere Westen wirkten. Selbst Jurowski war erschrocken. »Die Kugeln prallten von ihren Leibern ab und sprangen wie Hagelkörner durchs Zimmer!« berichtete er später.[183] Als sich der Rauch ein wenig lichtete, verrieten sowohl Anastasia als auch Alexej noch Anzeichen von Leben. Ein Mitglied der Mordbrigade trat an Anastasia heran und versetzte ihr vierzehn Bajonettstiche, während ein anderer Schütze den das Bein seines toten Vaters umklammernden Zarewitsch mit dem Kolben seines Nagant-Revolvers auf den Hinterkopf schlug. »Weg!« schrie Jurowski, stieß den Mann fort und feuerte Alexej sicherheitshalber gleich dreimal in den Kopf. Nun lebte nur noch die Kammerzofe Demidowna. Die etwas dickliche Frau lag sogar völlig unversehrt inmitten der Toten. Sie stand unter Schock und schrie furchtbar auf. Man rammte ihr ein Bajonett in die Brust. Doch es war offenbar zu stumpf und drang nicht richtig ein. Wieder ihre Todesangst hinausbrüllend, griff die Zofe mit beiden Händen nach dem Bajonett. Da zertrümmerten ihr zwei Schützen mit den Kolben ihrer Revolver den Schädel. Die Arbeit der Henker war getan, die Schandtat vollbracht. Mit den Toten im Souterrainzimmer des Ipatjew-Hauses von Jekaterinburg war auch das Zarenreich endgültig und für alle Zeiten gestorben.

Epilog

Jurowski und seine Mörderkollegen – zwei von ihnen, Jermakow und Nikulin, machten dem Kommandanten zwanzig Jahre später die Ehre streitig, den Zaren erschossen zu haben, und behaupteten unabhängig voneinander, selbst den tödlichen Schuß auf Nikolaus den Blutigen abgegeben zu haben – hatten erhebliche Probleme, die Leichen loszuwerden. Alles hatte sehr heimlich und vor allem sehr schnell zu gehen, da die Armee der Weißen heranrückte. Wie wir aus den Aufzeichnungen Jurowskis, die übrigens erst 1989 veröffentlicht wurden, ersehen können, ging bei der Beseitigung der Leichen so »ziemlich alles schief, was schiefgehen konnte«.[184] Nachdem man die verbrannten und mit Schwefelsäure übergossenen, zersägten Leichenteile zunächst in einem Grubenschacht etwas außerhalb von Jekaterinburg deponiert hatte, sah sich Jurowski gezwungen, die Überreste der Romanows und der mit ihnen Ermordeten wieder aus dem Schacht zu holen und an einen sichereren Ort bringen zu lassen. Die Angst vor der Entdeckung und damit vor der Aufdeckung des grausamen Massenmordes war groß. Jurowski fand schließlich eine andere Waldgrube, wo die Gebeine bis 1991 lagen. Siebzig Jahre lang weigerte sich die Sowjetunion, zuzugeben, daß der Befehl zur Ermordung der Zarenfamilie von der Parteispitze, also direkt von Lenin, kam. Heute haben wir den eindeutigen Beweis dafür, daß er es war, der den Mord mehr oder weniger in Auftrag gab.

Im Zuge des bolschewistischen Revolutionsterrors kamen noch weitere Mitglieder des russischen Herrscherhauses um, darunter Großfürst Michail, Nikolaus' Bruder Mischa. Er wurde noch vor dem Zaren – zusammen mit seinem schottischen Sekretär Johnston – unweit der sibirischen Stadt Perm in einem Petroleumlager erschossen. Sein Mörder Andrej Markow, der erst 1964

als uralter, hochdekorierter Parteifunktionär starb – er war mit dem Rotbannerorden ausgezeichnet worden –, hinterließ ebenso eine Aussage zur Tat.
Einen Monat nach Jekaterinburg starben in Sibirien wieder Romanows. Ella, die Schwester der Zarin, Großfürst Sergej Michailowitsch, die Brüder Igor und Konstantin Romanow und deren Diener wurden in einem Bergwerk bei Alapajewsk ermordet. Den widerstandleistenden Großfürsten Sergej erschoß man, die anderen wurden bei lebendigem Leib in einen Grubenschacht gestoßen. Danach warf man ihnen eine Handgranate nach.
Während Ströme von Blut das Riesenland durchzogen und der Bruder den Bruder tötete, wie Rasputin vorausgesagt hatte, gelang vielen anderen Romanows die Flucht ins Ausland. Von der Krim aus gelangten die Zarinmutter, Großfürst Nikolaj Nikolajewitsch, Olga und Xenia sowie Sandro in die Freiheit. Die Zarinmutter lebte zuerst eine Weile bei ihrer Schwester in England, um sich sodann in ihr Heimatland Dänemark zurückzuziehen, wo sie 1928, im Alter von einundachtzig Jahren, verstarb. Viele Romanows zogen Frankreich als Exilland vor. So auch Großfürst Nikolascha und der Kirill-Clan. In den zwanziger Jahren lebten etwa zwei Millionen Exilrussen in Europa. Viele von ihnen wollten, daß sich Nikolascha zum Zaren erklärte. Doch der überragende Stratege zeigte kein Interesse. Die Ehre, Zar ohne Land und Volk zu sein, überließ er gerne dem von ihm als Verräter verachteten Kirill. Auch die Mörder Rasputins überlebten, wie wir schon erfuhren. Dmitri Pawlowitsch verdingte sich eine Weile als Champagnervertreter in Florida, ehe es ihm gelang, eine reiche Erbin aus Cincinatti/Ohio zu ehelichen. Felix Jussupow verstarb Ende der fünfziger Jahre hochbetagt in Paris. Alexander Kerenskij wurde ebenso uralt und lebte abwechselnd in Frankreich und Amerika. Er schrieb viele Erinnerungsbücher, die alle einer einzigen Verteidigungsschrift gleichkommen. 1972 verstarb auch er.
Die Rasputin-Legende gedeiht noch heute. Es gibt unzählige Bücher und Filme über den Wüstling, der, wie manche Historiker glauben, das Zarenreich im Alleingang zu Fall brachte.
Im Laufe der Jahre und Jahrzehnte tauchten zahllose falsche Anastasias, Olgas, Marias, Tatjanas und sogar Alexejs auf. Am bekanntesten wurde sicherlich der Fall der Anna Anderson.

Heute wissen wir, daß die 1983 in Amerika verstorbene Frau niemand anderer als die polnische Fabrikarbeiterin Franziska Schankowski war.
Die derzeitige russische Thronprätendentin Großfürstin Maria (aus der Kirill-Linie) lebt in einer stattlichen Villa in der Nähe von Madrid. Ihren Sohn Georgij nennt sie liebevoll den Zarewitsch. Innerhalb des Romanow-Clans ist die Großfürstin jedoch nicht unumstritten.
Die Romanows dürfen heute zwar wieder nach Rußland einreisen, die von Großfürstin Maria erträumte Restauration aber ist nicht mehr als eine Fiktion, ein unerreichbarer Wunsch nach längst vergangener Größe. Wenn auch das Zarenatlantis nicht mehr erstehen wird, so ist es doch eine ausgleichende, sehr verspätete Gerechtigkeit der Historie, daß man sich im Rußland des ausgehenden 20. Jahrhunderts offen zum Zarenmord bekennt und allmählich wieder beginnt, das Andenken des letzten Zaren zu ehren.

Anmerkungen

Vorwort

1 Edward Radsinski. *Nikolaus II. Der letzte Zar und seine Zeit.* München: Goldmann, 1994.
2 Elisabeth Heresch. *Nikolaus II. »Feigheit, Lüge, Verrat«.* Frankfurt/Main – Berlin: Ullstein, 1994, S. 9.
3 So etwa auch der Franzose Marc Ferro. Siehe dazu: Marc Ferro. *Nikolaus II. Der letzte Zar.* München: Heyne, 1993.
4 Juri Buranow und Wladimir Chrustaljow. *Die Zarenmörder. Vernichtung einer Dynastie.* Berlin: Aufbau Taschenbuchverlag, 1994.
5 Peter Kurth. *Anastasia. Die letzte Zarentochter. Das Geheimnis der Anna Anderson.* Bergisch Gladbach: Gustav Lübbe, 1989, S. 479.
6 Tatjana Botkin. *Meine Erinnerungen an die Zarenfamilie.* Frankfurt/Main – Berlin: Ullstein, 1994.
7 Brief Dr. Otto von Habsburgs an den Autor vom 20. November 1992.
8 Botkin, S. 22.
9 Radsinski, S. 14.

Der Zarewitsch zwischen zwei Särgen

1 Ferro, S. 19.
2 Edith M. Almedingen. *Die Romanows. Die Geschichte einer Dynastie. Rußland 1613–1917.* Frankfurt/Main – Berlin: Ullstein, 1993, S. 359.
3 Heresch, S. 18.
4 Almedingen, S. 359.
5 Radsinski, S. 21.
6 Almedingen, S. 362.
7 Ibidem.
8 Ibidem, S. 20–21.
9 In federführender Funktion vor allem der Franzose Marc Ferro, der im übrigen der gesamten Romanow-Dynastie äußerst negativ gegenüberzustehen scheint.

10 Almedingen, S. 367.

11 Ibidem, S. 371.

12 Vorreiterrolle nehmen hier Peter Kurth und Marc Ferro ein, um nur zwei Beispiele zu nennen.

13 Hartwig A. Vogelsberger. *Slatin Pascha – Zwischen Wüstensand und Königskronen.* Graz – Wien – Köln: Styria, 1992, S. 166.

14 Falls der geneigte Leser mehr über das ungewöhnliche Schicksal des Karthagers, der »größer als Achilles, Kyros und Alexander war«, um es mit den Worten des deutschen Romanciers Gisbert Haefs zu sagen, und bis heute nichts von seiner Faszination verloren hat, erfahren will, erlaube ich mir, ihn auf meine Hannibal-Biographie *Hannibal – Karthagos Kampf um die Weltherrschaft* (München: Herbig, 1996) hinzuweisen.

15 Elisabeth Heresch. *Alexandra. Tragik und Ende der letzten Zarin.* Frankfurt/Main – Berlin: Ullstein, 1995, S. 46–48.

16 Heresch, *Alexandra,* S. 58.

17 Mathilda Kschessinskaja erhielt diesen Beinamen offenbar aufgrund ihrer ausdrucksstarken, betörenden Augen. In Anspielung auf ihre Mätressenrolle war vom »Hirschpark« die Rede, was historische Assoziationen wachrief. Im sogenannten Hirschpark, einem idyllischen Landschlößchen, wohnten nämlich die zahlreichen Gespielinnen und »Haremsdamen« von König Ludwig XV. von Frankreich, der als unersättlicher Don Juan galt.

18 Radsinski, S. 36–37.

19 In Nikolaj Gogols großartigem Romanepos, das in der Zeit der »Wirren« spielt, verliebt sich Andrij, der Sohn des eisenharten Kosakenhetmans Taras Bulba, in eine polnische Adelige namens Panotschka. Die in Rußland einfallenden Polen üben Verrat an den zunächst mit ihnen verbündeten Kosaken. Nach einer heißen Schlacht gegen das die Ukraine bedrohende, eroberungssüchtige Türkenheer, die der wagemutige Taras Bulba und seine tollkühn kämpfenden Kosaken durch ihr beherztes Eingreifen zugunsten der Polen entscheiden, läßt der Polenfürst die Bundesgenossen angreifen. Taras Bulba entgeht dem Gemetzel und schwört Rache. Die dezimierten und verstreuten Kosaken werden jedoch gezwungen, ihre Bruderschaft aufzulösen und ihre »geheiligte Steppe« zu verlassen. Als sichtbares Zeichen der Demütigung schneidet sich Taras Bulba seinen Haarschopf ab und zieht sich verbittert ins Privatleben zurück. Den neuen Verhältnissen Rechnung tragend, schickt er seine beiden Söhne an die Universität von Kiew. Dort verliebt sich der ältere Sohn Andrij in besagte polnische Adelige – Panotschka. Als sich die Kosaken schließlich offen erheben und mit einem gewaltigen Heer gegen die Polen ziehen, kommt es zum »Show-

down« zwischen Vater und Sohn. Andrij, der zuerst auf der Seite seines vergötterten, gealterten, aber immer noch bärenstarken und unbarmherzigen Vaters reitet, schleicht sich heimlich in die eingeschlossene Polenstadt, um seine als Faustpfand benützte Geliebte Panotschka zu retten. Vor die Wahl gestellt, entweder der Verbrennung der großen Liebe seines Lebens beizuwohnen oder den Angriffsplan der Kosaken zu verraten, entscheidet er sich blutenden Herzens für das letztere. Als das von seinem Vater angeführte Kosakenheer dann zum Sturmangriff auf die Stadt ansetzt, reitet ihm Andrij Bulba an der Spitze einer polnischen Abteilung entgegen. Während die Kosaken einen gewaltigen Sieg feiern und die polnischen Truppen restlos vernichten, stellt Taras Bulba seinen Sohn zur Rede. Er kann ihm den Verrat nicht verzeihen und erschießt ihn mit Tränen in den Augen.

20 Friedrich Hartau. *Wilhelm II.* Reinbek bei Hamburg: Rowohlt, 1978, S. 123.

21 Mündliche Mitteilung von Edward Lord Houghton vom 3. März 1984.

Im Schatten des Titanen – Das erste Jahrzehnt der Herrschaft Nikolaus' II.

22 Robert K. Massie. *Nikolaus und Alexandra. Die letzten Romanows und das Ende des Zaristischen Rußlands.* Frankfurt/Main: S. Fischer Verlag, 1968, S. 82.

23 Massie, S. 108.

24 Vogelsberger, Slatin Pascha, S. 226.

25 Ferro, S. 117–118.

26 Massie, S. 118.

27 Nicholas Mansergh. *The Coming of the First World War.* New York: Longmans Green, 1949, S. 103.

Das Schreckensjahr – »Nikolaus der Blutige« und die Revolution von 1905

28 Stalin hatte sich bei diesen brandgefährlichen Aktionen lediglich als organisierender Agitator betätigt. Die Ausführung überließ er in der Hauptsache seinem Adlatus Wassili Jakowlew, einem Mann mit drei Namen, der sowohl Eisenbahnen wie auch Poststationen überfiel und ausraubte. Es war dieser den Terrorismus als seine Lebensaufgabe betrachtende Parademarxist, der 1918 die inhaftierte Zarenfamilie von Tobolsk nach Jekaterinburg bringen und im Schlußakt des Morddramas eine sehr kontroverse, bis heute nicht eindeutig geklärte Rolle spielen sollte.

Wassili Jakowlews richtiger Name war Konstantin Mjatschin. 1918 leitete er – unter seinem Parteinamen Jakowlew – eine Zeitlang das Mordinstrument Tscheka, des »strafenden Schwertes der Revolution«, wie Lenin es ausdrückte. Im Bürgerkrieg lief er, vermutlich mit Wissen der Tscheka, zur gegenrevolutionären »Weißen Armee« Admiral Koltschaks über.
In zahlreichen Publikationen wird erwähnt, er sei von den Weißen als Verräter entlarvt und erschossen worden. In Wirklichkeit floh er 1919 nach Charbin. Bis 1927 lebte er unter dem Namen Stojanowitsch in China und fungierte als Berater des chinesischen Revolutionärs Sun Yat Sen. Dann kehrte er nach Rußland zurück und wurde zu zweijähriger Zwangsarbeit im Lager Solowki auf dem Weißmeerkanal verurteilt. Nach der Verbüßung seiner Strafe bekleidete der letzte Begleiter der Zarenfamilie auf deren Reise in den Tod zahlreiche Ämter, ehe er 1938 im Zuge der stalinistischen Säuberungswelle für immer in einem Gulag verschwand, um nichts als Spekulationen über seine wahre Rolle bei den Vorbereitungen zum Morddrama von Jekaterinburg zu hinterlassen. Der legendäre »Outlaw« und Desperado Jakowlew, dem die Revolution so viel zu verdanken hatte und der entscheidend dazu beigetragen hatte, Lenin an die Macht zu bringen, nahm sein interessantestes Geheimnis mit ins Grab.

29 Radsinski, S. 87.
30 Ferro, S. 151.
31 Alexander Kerenskij. *The Crucifixion of Liberty.* New York: Day, 1934, S. 162.
32 Kokowzow, S. 53.
33 Massie, S. 127–128.
34 Alexander Romanow. *Once a Grand Duke,* S. 183–184.
35 Witte, S. 162.
36 Hartau, S. 78–80.
37 Massie, S. 129.
38 Heresch, Alexandra, S. 135.

Die mächtige Gestalt – Pjotr Stolypin, seine Reformen und sein Traum vom großen, starken Rußland

39 Massie, S. 265.
40 Ferro, S. 175.
41 Bernard Pares. *The Fall of the Russian Monarchy.* New York: Vintage Books, 1961, S. 117.
42 Kokowzow, S. 222.
43 Vorres, S. 114–115.
44 Gordon Brook-Shepherd. *Die Opfer von Sarajewo.* Stuttgart: Engelhorn Verlag, 1988, S. 232.

45 Ibidem, S. 193.
46 Brook-Shepherd, S. 193.
47 Radsinski, S. 109.
48 Tatjana Botkin, S. 85.
49 Radsinski, S. 109.
50 Maria Rasputin. *My Father.* London: Cassell, 1934, S. 45.
51 Vorres, S. 139.
52 Tatjana Botkin, S. 249.
53 Fülöp-Miller, S. 106–107.
54 Radsinski, S. 118.
55 Liepman, S. 22.
56 Massie, Nikolaus und Alexandra, S. 270–271.

Der Schwanengesang – Die Apotheose der Romanow-Dynastie

57 Heresch, Alexandra, S. 222–223. Ausführlicher zitiert bei Massie, Nikolaus und Alexandra, S. 274–275.
58 Pierre Gilliard. *Thirteen Years at the Russian Court.* New York: Doran, 1921.
Pierre Gilliard. *Das tragische Schicksal der russischen kaiserlichen Familie.* Reval 1921.
Weitere Bücher des Französischlehrers der Zarenkinder, der nach seiner Rückkehr in seine Schweizer Heimat Universitätsprofessor wurde:
Pierre Gilliard. *Kaiser Nikolaus II. und seine Familie. Veröffentlichungen eines Augenzeugen.* Berlin 1922.
Pierre Gilliard. *La fausse Anastasie. Historie d'une pretendue Grand-Duchesse de Russie.* Paris 1929.
59 Wyrubowa, Memoirs, S. 81.
60 Gilliard, Thirteen Years, S. 40.
61 Radsinski, S. 128.
62 Massie, Nikolaus und Alexandra, S. 214–215.
63 Kurth, Der letzte Zar, S. 25.
64 Edward Duke of Windsor. *A King's Story.* New York: Putnam, 1947, S. 69.
65 Sergej Truffanow. *The Mad Monk of Russia.* New York: Century, 1918, S. 108.
66 Rodsjanko, S. 53.
67 Diese Aussage stammt von Großfürst Sergej Michailowitsch Romanow.
68 Massie, Nikolaus und Alexandra, S. 286.
69 Tatjana Botkin, S. 133.
70 Vorres, S. 130.
71 Maria Rasputin, S. 21

72 Maurice Paleologue. *An Ambassador's Memoirs.* New York: Doran, 1921, S. 12–13.
73 Ibidem, S. 13.

Das letzte Aufbäumen – Rußland im Weltkrieg und der Untergang des Imperiums

74 Brook-Shepherd, S. 283.
75 Kühnelt-Leddihn, S. 105.
76 Hartau, S. 104.
77 Alan Palmer. *Franz Joseph I.* München – Leipzig: List Verlag, 1995, S. 454.
78 Massie, Nikolaus und Alexandra, S. 306.
79 Palmer, S. 456–457.
80 Erik Kühnelt-Leddihn nimmt hier eine Ausnahmestellung ein. Nach ihm war der Ton des Ultimatums zwar scharf, enthielt aber keine außerordentlich erniedrigenden Punkte. Leddihn begründet seine Ansicht, mit der er, wie gesagt, ziemlich alleine dasteht, mit einem etwas konstruierten Fallbeispiel aus der Jetztzeit, auf die übliche Kooperation zwischen zwei Staaten in einem grenzüberschreitenden Kriminalfall hinweisend. Siehe dazu: Kühnelt-Leddihn, S. 166.
81 Massie, Nikolaus und Alexandra, S. 313.
82 Heresch, Nikolaus, S. 179.
83 Kühnelt-Leddihn, S. 168.
84 Heresch, Nikolaus, S. 181.
85 Massie, Nikolaus und Alexandra, S. 320.
86 Ibidem.
87 Massie, Nikolaus und Alexandra, S. 321.
88 Ibidem, S. 321–322.
89 Kokowzow, S. 439.
90 Massie, Nikolaus und Alexandra, S. 322.
91 Ibidem, S. 323.
92 Heresch, Nikolaus, S. 187.
93 Massie, Nikolaus und Alexandra, S. 324–325.
94 Felix Jussupow. *Lost Splendour.* London: Jonathan Cape, 1953, S. 65.
95 Ibidem, S. 101.
96 Heresch, Nikolaus, S. 330.
97 Tatjana Botkin, S. 181.
98 Heresch, Nikolaus, S. 198.
99 Radsinski, S. 145.
100 Stefan Zweig. *Die Welt von Gestern. Erinnerungen eines Europäers.* Stockholm: Berman Fischer, 1942, S. 207.

101 Ibidem, S. 217.
102 Hartau, S. 109–110.
103 Ibidem, S. 111.
104 Pares, S. 195.
105 Massie, Nikolaus und Alexandra, S. 335.
106 Paleologue, S. 122–123.
107 Kühnelt-Leddihn, S. 168.
108 Gerhard Ritter. »Die Zusammenarbeit der Generalstäbe Deutschlands und Österreich-Ungarns vor dem Ersten Weltkrieg«, in: *Zur Geschichte und Problematik der Demokratie.* Festgabe für Franz Herzfeld, 1958, S. 547.
109 Siehe Vogelsberger, Hannibal, S. 184–193.
110 Manfried Rauchensteiner. *Der Tod des Doppeladlers.* Graz/Wien/Köln: Styria, 1994, S. 183.
111 Radsinski, S. 152.
112 John Hanbury-Williams. *The Emperor Nicholas as I Knew Him.* London: Arthur Humphreys, 1922.
113 Ibidem, S. 18.
114 Hanbury-Williams, S. 138.
115 Kurth, Der letzte Zar, S. 121–122.
116 Ibidem, S. 122.
117 Massie, Nikolaus und Alexandra, S. 384.
118 Ibidem, S. 393.
119 Almedingen, S. 407.
120 Franz Graf Conrad von Hötzendorf. *Aus meiner Dienstzeit 1906–1918.* 5 Bände, Wien/Leipzig/München, 1921–1925, IV. Band, S. 563.
121 Paleologue, S. 129.
122 Ibidem, S. 261.
123 Rauchensteiner, S. 188.
124 Ibidem, S. 207.
125 Pares, S. 227.
126 Rauchensteiner, S. 214.
127 Pares, S. 194.
128 Sergej Sasonow. *Fateful Years.* New York: Stokes, 1918, S. 286.
129 Nikolaj Golowin. *The Russian Army in the World War.* Oxford: University Press, 1931, S. 32.
130 Knox, S. 309.
131 Massie, Nikolaus und Alexandra, S. 374.
132 Ibidem, S. 261.
133 Radsinski, S. 161.
134 Heresch, Nikolaus, S. 270.
135 Rauchensteiner, S. 285.

136 Massie, Nikolaus und Alexandra, S. 367.
137 Pares, S. 367.
138 Golowin, S. 95.
139 Palmer, S. 474.
140 M. T. Florinsky. *The End of the Russian Empire.* New York: Collier Books, 1961, S. 67.
141 Ibidem.
142 Pares, S. 344.
143 Radsinski, S. 170.
144 Rodsjanko, S. 219.
145 Gilliard, Thirteen Years, S. 178.
146 Vorres, S. 150–151.
147 Radsinski, S. 172.
148 Alexander Kerenskij. *Russia and History's Turning Point.* New York: Macmillan, 1965, S. 147.
149 Radsinski, S. 174.
150 Pares, S. 399.
151 Wyrubowa, Memoirs, S. 183.
152 Heresch, Nikolaus, S. 258.
153 Alexander Romanow, S. 283.
154 Radsinski, S. 190–191.
155 Ibidem.
156 Radsinski, S. 196.
157 Ibidem.
158 Radsinski, S. 199–200.
159 Radsinski, S. 208.
160 Ibidem, S. 209.
161 Gilliard, Thirteen Years, S. 203–204.

Der Kreuzweg – Vom Winterpalast nach Tobolsk und Jekaterinburg

162 Heresch, Nikolaus, S. 229.
163 Vogelsberger, Slatin Pascha, S. 283.
164 Hartau, S. 113.
165 Ibidem.
166 Ibidem.
167 Massie, Nikolaus und Alexandra, S. 519.
168 Heresch, Nikolaus, S. 311.
169 Ibidem, S. 222.
170 Massie, Nikolaus und Alexandra, S. 563.
171 Ibidem, S. 566.
172 Kurth, Der letzte Zar, S. 180.
173 Radsinski, S. 251.

174 Radsinski, S. 271.
175 Kurth, Der letzte Zar, S. 181.
176 Elisabeth Heresch. *Alexej, der Sohn des letzten Zaren.* München: Langen-Müller, 1997, S. 383–384.
177 Radsinski, S. 301.
178 Ibidem, S. 304.
179 Ibidem, 3. Kapitel, Fußnote 4.
180 Gordon Brook-Shepherd. *The Austrians.* London: Harper-Collins, 1997, S. 212.
181 Kurth, Der letzte Zar, S. 194.
182 Radsinski, S. 417.
183 Kurth, Der letzte Zar, S. 197.

Epilog

184 Kurth, Der letzte Zar, S. 200.

Bibliographie

Alexander Romanow. *Einst war ich Großfürst.* Leipzig 1932.
Alexander Romanow. *Once a Grand Duke.* New York 1932.
Alexandra Fjodorowna Romanow. *Letters of the Tsaritsa to the Tsar.* London 1923.
Alexandra Fjodorowna Romanow. *Als deutsche Zarin im Weltenbrand. Intime Aufzeichnungen aus der Zeit Rasputins.* Dresden 1932.
Alexandra Fjodorowna Romanow. *Die letzte Zarin. Ihre Briefe an Nikolaus II. und ihre Tagebuchblätter von 1914 bis zur Ermordung.* Herausgegeben und eingeleitet von Joachim Kühn. Dresden 1934.
Alferjow, E. E. *Imperator Nikolaj kak tschelowjek silnoj woli.* Moskau 1991.
Alferjow, J. *Briefe der Zarenfamilie aus der Haft.* Geordanville 1984.
Amwrossi, Erzbischof. *Dem lichten Andenken an die Großfürstin Jelisaweta Fjodorowna.* Jerusalem 1925.
Almedingen, Edith M. *Die Romanows. Die Geschichte einer Dynastie.* Frankfurt/Berlin 1993.
Almedingen, Edith M. *The Empress Alexandra.* London 1961.
Awdejew, A. »Nikolaus Romanow in Tobolsk und Jekaterinburg«, in: *Krasnaja Now,* Nr. 5, 1918.
Bainbridge, Henry Charles. *Peter Carl Fabergé: An Illustrated Record of His Life and Work.* London 1949.
Balfour, Michael. *Der Kaiser Wilhelm II. und seine Zeit.* Berlin, 1967.
Basily, Nicolas de. *Memoirs.* Stanford 1973.
Benkendorff, Paul. *Last Days at Tsarskoje Selo.* London 1972.
Berberowa, N. *Menschen und Lügen.* New York 1968.
Billington, James H. *The Icon and the Axe.* New York 1966.
Block, A. *Notizbücher.* Moskau 1965.
Botkin, Tatjana. *Meine Erinnerungen an die Zarenfamilie.* Frankfurt/Berlin 1994.
Botkin, Tatjana. *Au temps des tsars.* Paris 1980.
Botkin, Gleb. *The Real Romanows.* New York 1931.

Botkin, Gleb. *The Woman Who Rose Again.* New York 1937.
Brook-Shepherd, Gordon. *Die Opfer von Sarajewo.* Stuttgart 1988.
Brook-Shepherd, Gordon. *The Austrians.* London 1997.
Buchanan, Sir George William. *Meine Mission in Rußland.* Berlin 1926.
Buchanan, Muriel. *Dissolution of an Empire.* London 1932.
Burzew, W. *Die wahren Mörder Nikolaus' II. – Lenin und seine Genossen.* Paris 1921.
Buxhöveden, Sophie. *The Life and Tragedy of Alexandra Fjodorowna, Empress of Russia.* New York 1928.
Buxhöveden, Sophie. *Left Behind. Fourteen Months in Sibiria During the Revolution.* New York/London 1929.
Buranow, Juri und Chrustaljow, Wladimir. *Die Zarenmörder. Vernichtung einer Dynastie.* Berlin 1994.
Bykow, P. M. *The Last Days of Tsardom.* London 1934.
Bykow, P. M. *Die letzten Tage der Romanows.* Swerdlowsk 1926.
Bykow, P. M. »Der lichte Knabe«, Artikelsammlung über den Zarewitsch Alexej, Geordanville 1984.
Chamberlin, William Henry. *The Russian Revolution 1917–1921.* New York 1921.
Charques, Richard. *The Twilight of Imperial Russia.* New Jersey 1959.
Cherniavsky, Michael. *Tsar and People.* Yale 1931.
Churchill, Winston S. *The World Crisis 1911–1917.* London 1920.
Churchill, Winston S. *The World Crisis. The Aftermath.* New York 1931.
Conrad, Franz Graf. *Aus meiner Dienstzeit 1906–1918.* Wien/Leipzig 1921–1925.
Cowles, Virginia. *The Last Tsar.* New York 1977.
Cowles, Virginia. *Der Kaiser.* Frankfurt 1976.
Cowles, Virginia. *The Gay Monarch.* New York 1926.
Dieterichs, M. K. *Die Ermordung der kaiserlichen Familie im Ural.* Wladiwostok 1922.
de Grece, Eugenie. *Le Tsarevitch: enfant martyr.* Paris 1980.
Ernst Ludwig von Hessen und bei Rhein. *Erinnertes.* Darmstadt 1983.
Ferro, Marc. *Nikolaus II. Der letzte Zar.* München 1993.
Fischer, Louis. *The Life of Lenin.* New York 1965.
Florinsky, M. T. *The End of the Russian Empire.* New York 1961.
Frankland, Noble. *Imperial Tragedy.* New York 1961.
Gilliard, Pierre. *Das tragische Schicksal der russischen kaiserlichen Familie.* Reval 1921.
Gilliard, Pierre. *Thirteen Years at the Russian Court.* New York 1921.
Gilliard, Pierre. *Kaiser Nikolaus II. und seine Familie. Veröffentlichungen eines Augenzeugen.* Berlin 1922.

Gilliard, Pierre. *La fausse Anastasie. Historie d'une pretendue Grand-Duchesse de Russie.* Paris 1929.
Griechenland, Prinz Michael von. *Die Zarenpaläste Rußlands.* München 1994.
Golowin, Nikolaj. *The Russian Army in the World War.* Oxford 1931.
Griesser-Pecar, Tamara. *Die Mission Sixtus. Österreichs Friedensversuche im Ersten Weltkrieg.* Wien/München 1988.
Habsburg, Geza. *Carl Fabergé. Hofjuwelier des Zaren.* München 1986.
Hamann, Brigitte. *Elisabeth. Kaiserin wider Willen.* Wien/München 1984.
Hanbury-Williams, John. *The Emperor Nicholas as I Knew Him.* London 1922.
Harcave, Sidney. *First Blood. The Russian Revolution of 1905.* New York 1962.
Hartau, Friedrich. *Wilhelm II.* Reinbek bei Hamburg 1978.
Heckstall-Smith, Anthony. *Sacred Cowes.* London 1956.
Heresch, Elisabeth. *Blutiger Schnee – Augenzeugenberichte der Oktoberrevolution.* Graz/Wien/Köln 1987.
Heresch, Elisabeth. *Das Zarenreich. Glanz und Untergang.* München 1991.
Heresch, Elisabeth. *Nikolaus II.* Frankfurt/Berlin 1994.
Heresch, Elisabeth. *Alexandra. Tragik und Ende der letzten Zarin.* Frankfurt/Berlin 1995.
Heresch, Elisabeth. *Alexej, der Sohn des letzten Zaren.* München 1997.
Hindenburg, Paul von. *Aus meinem Leben.* Leipzig 1920.
Iroschnikow, Michail P. und Protsai, Ludmilla A. und Schelejew, Juri P. *Vor der Revolution. Das alte St. Petersburg.* Köln 1991.
Iroschnikow, Michail P. und Protsai, Ludmilla A. und Schelejew, Juri P. *The Sunset of the Romanow Dynasty.* Moskau 1992.
Iswolski, Alexander. *Memoirs.* London 1920.
Jena, Detlev. *Die russischen Zaren in Lebensbildern.* Graz/Wien/Köln 1996.
Jussupow, Felix. *Das Ende Rasputins.* Paris 1927.
Jussupow, Felix. *Lost Splendour.* London 1952.
Kennan, George. *Russia Leaves the War.* Princeton 1956.
Kerenskij, Alexander. *Die Kerenskij-Memoiren.* Wien/Hamburg 1966.
Kerenskij, Alexander. *The Catastrophe.* New York 1927.
Kerenskij, Alexander. *The Crucifixion of Liberty.* New York 1934.
Kerenskij, Alexander. *Russia and History's Turning Point.* New York 1965.
Kerenskij, Alexander und Bulgyn, Paul. *The Murder of the Romanows.* London 1935.

King, Greg. *The Last Empress. The Life and Times of Alexandra Fjodorowna, Tsarina of Russia.* New York 1994.
Know, Alfred. *With the Russian Army 1914–1917.* New York 1921.
Kokowzow, Wladimir. *Out of My Past. The Memoirs of Count Kokowzow.* Stanford 1935.
Kschessinskaja, Mathilda. *Dancing in Petersburg.* Garden City 1961.
Kurth, Peter. *Anastasia. Die letzte Zarentochter.* Bergisch-Gladbach 1989.
Kurth, Peter. *Der letzte Zar.* München 1995.
Kühnelt-Leddihn, Erik. *Die falsch gestellten Weichen. Der rote Faden 1789–1984.* Graz/Wien/Köln 1985.
Liepman, Heinz. *Rasputin. Heiliger und Dämon.* München 1986.
Lieven, Dominic. *Nicholas II. Emperor of all the Russias.* London 1993.
Lincoln, W. Bruce. *The Romanows.* New York 1983.
Lubov, Millar. *Grand Duchess Elisabeth of Russia. Martyr of the Communist Yoke.* Redding 1991.
Lyons, Marvin. *Nicholas II. The Last Tsar.* New York 1974.
Massie, Robert K. *Nikolaus und Alexandra. Die letzten Romanows und das Ende des zaristischen Rußland.* Frankfurt am Main 1968.
Massie, Robert K. *Die Romanows. Das letzte Kapitel.* Berlin 1995.
Massie, Robert K. *The Romanow Family Album.* New York 1982.
Magnus, Philip. *King Edward the Seventh.* New York 1964.
Mansergh, Nicholas. *The Coming of the First World War.* New York 1949.
Marye, George Thomas. *Nearing the End in Imperial Russia 1914–1916.* Philadelphia 1919.
Moorehead, Allan. *The Russian Revolution.* New York 1958.
Morris, James. *Farewell the Trumpets. An Imperial Retreat.* London/New York 1980.
Mosley, Leonard. *Hirohito. Emperor of Japan.* New York 1966.
Mossolow, Alexander. *At the Court of the Last Tsar.* London 1935.
Moynahan, Brian. *Das Jahrhundert Rußlands. 1894–1994.* München 1994.
Mylunas, Andrej und Mironenko, Sergej. *A Lifelong Passion. Nicholas and Alexandra. Their Own Story.* London 1996.
Oakley, Jane. *Rasputin: Rascal Master.* New York 1989.
Oukhtomskij, E. E. *Voyage en Orient, 1890–1891, den Son Altesse Imperiale le Tsarevitch.* Paris 1893.
Palmer, Alan. *Kaiser Franz Joseph I.* München/Leipzig 1995.
Paleologue, Maurice. *An Ambassador's Memoirs.* New York 1921.
Pares, Bernard. *The Fall of the Russian Monarchy.* 2 Bände, New York 1961.

Pares, Bernard. *A History of Russia.* New York 1960.
Payne, Robert. *The Life and Death of Lenin.* New York 1964.
Pipes, Richard. *Die russische Revolution.* Reinbek bei Hamburg 1992.
Pobedonoszew, Konstantin. *Reflections of a Russian Statesman.* Michigan 1965.
Purischkewitsch, Wladimir. *Comme j'ai tue Raspoutine.* Paris 1923.
Radsinski, Edward. *Nikolaus II. Der letzte Zar und seine Zeit.* München 1992.
Rauchensteiner, Manfried. *Der Tod des Doppeladlers.* Graz/Wien/Köln 1994.
Reed, John. *Ten Days That Shook the World.* New York 1935.
Ritter, Gerhard. »Die Zusammenarbeit der Generalstäbe Deutschlands und Österreich-Ungarns vor dem Ersten Weltkrieg«, in: *Zur Geschichte und Problematik der Demokratie,* Festgabe für Franz Herzfeld, Berlin 1958.
Rodsjanko, Michail. *The Reign of Rasputin.* London 1927.
Sasonow, Sergej. *Fateful Years.* New York 1928.
Sokolow, Nikolaj. *Enquete judiciare de la famille imperiale russe.* Paris 1924.
Spiridovitch, Alexandre. *Les Dernieres Années de la Cour de Tsarkoie-Selo.* Paris 1928.
Trotzky, Leo. *The History of the Russian Revolution.* New York 1932.
Truffanow, Sergej. *The Mad Monk of Russia.* New York 1918.
Tuchman, Barbara. *The Guns of August.* New York 1962.
Tupper, Harmon. *To the Great Ocean.* Boston 1965.
Vogelsberger, Hartwig A. *Slatin Pascha – Zwischen Wüstensand und Königskronen.* Graz/Wien/Koln 1992.
Vogelsberger, Hartwig A. *Kaiser von Mexiko – Ein Habsburger auf Montezumas Thron.* Wien/München 1992.
Vorres, Ian. *Last Grand Duchess. The Memoirs of Grand Duchess Olga Alexandrowna.* London 1964.
Kaiser Wilhelm II. *Aus meinem Leben.* Berlin 1927.
Kaiser Wilhelm II. *Ereignisse und Gestalten.* Berlin 1922.
Windsor, Edward Duke of. *A King's Story.* New York 1947.
Witte, Sergej. *Memoirs.* New York 1921.
Zweig, Stefan. *Sternstunden der Menschheit.* Frankfurt am Main 1964.
Zweig, Stefan. *Die Welt von Gestern.* Stockholm 1942.

ADDENDA

Rasputin, Maria. *My Father.* London, 1934.

Bitte beachten Sie
die folgenden Seiten

Der große preußische Heeresreformer und Stratege: Vorbild den einen, Feindbild den anderen.

Klaus Hornung zeichnet in seiner historisch-politischen Biographie das vielseitige Porträt des heute sehr kontrovers beurteilten Staatsmannes.